李炜教授追思集

中山大学中国语言文学系现代汉语及语言学教研室 ◎ 编

中山大學出版社
SUN YAT-SEN UNIVERSITY PRESS
·广州·

版权所有　翻印必究

图书在版编目（CIP）数据

李炜教授追思集/中山大学中国语言文学系现代汉语及语言学教研室编．—广州：中山大学出版社，2020.4
　　ISBN 978 - 7 - 306 - 06852 - 1

Ⅰ. ①李… Ⅱ. ①中… Ⅲ. ①李炜（1960—2019）—纪念文集 Ⅳ. ①K825.46 - 53

中国版本图书馆 CIP 数据核字（2020）第 042839 号

出 版 人：王天琪
策划编辑：王旭红
责任编辑：王旭红
封面设计：曾　斌
版式设计：曾　斌
责任校对：刘爱萍
责任技编：何雅涛
出版发行：中山大学出版社
电　　话：编辑部 020 - 84110283，84111996，84111997，84113349
　　　　　发行部 020 - 84111998，84111981，84111160
地　　址：广州市新港西路 135 号
邮　　编：510275　　传　　真：020 - 84036565
网　　址：http://www.zsup.com.cn　E-mail：zdcbs@mail.sysu.edu.cn
印 刷 者：广州市友盛彩印有限公司
规　　格：787mm×1092mm　1/16　27 印张　426 千字
版次印次：2020 年 4 月第 1 版　2020 年 4 月第 1 次印刷
定　　价：84.00 元

如发现本书因印装质量影响阅读，请与出版社发行部联系调换。

编委会

顾　问　唐钰明

主　编　中山大学中国语言文学系现代汉语及语言学教研室

编　委　庄初升　刘街生　林华勇　陆　烁
　　　　李丹丹　和丹丹　石佩璇　刘亚男
　　　　黄燕旋　于晓雷

李炜教授（1960—2019）

1. 1960年与父母合影
2. 童年时期的李炜单人照（摄于1966年）

1.
2. 3.

1. 1975年在兰州市青年京剧团工作剧照
2. 1977年在兰州市青年京剧团工作期间留影
3. 1977年在兰州市青年京剧团工作剧照

1. 1979年在西北师范学院（现西北师范大学）就读期间留影
2. 1979年在西北师范学院（现西北师范大学）就读期间参加校运动会留影
3. 1981年春节与母亲赴广东探亲期间合影

1.
2.
3.

1. 1985 年在兰州大学攻读硕士研究生期间与导师黄伯荣先生合影（左一）

2. 1996 年与兄长李旭合影（左一）

3. 2002 年博士研究生毕业留影

1.
2.
3.

1. 2004年在日本大东文化大学访学、任教（左一）

2. 2005年在吉首大学演讲

3. 2007年策划举办第八届全国少数民族传统体育运动会民族大联欢（长隆）期间与工作人员合影（右二）

1. 2007年在韩国参会交流期间与参会者合影（右三）
2. 2008年与导师唐钰明先生伉俪、濑户口律子教授合影（左一）
3. 2009年在潮州参加广东省中国语言学会年会期间与邵敬敏、江蓝生、张敏、屈哨兵等专家合影（右三）

1.
2.
3.

1. 2010年在台湾交流期间与余光中先生合影（右一）

2. 2010年带学生开展田野调查期间与调查对象一家合影（后排左二）

3. 2010年带队赴新疆考察留影

1.
2.
3.

1. 2011年带编者赴阳江与导师黄伯荣先生讨论教材编写工作（右一）

2. 2012年与导师黄伯荣先生伉俪合影（左一）

3. 2012年与导师黄伯荣先生和《现代汉语》编写组讨论教材出版工作（右一）

1. 2013年在中国人民政治协商会议第十一届广东省委员会第一次会议上
2. 2014年在中山大学"陈寅恪奖"颁奖典礼上（右一）

1. 2015年与父母、兄嫂、侄女合影（后排左一）
2. 2015年在中山大学毕业季草坪音乐节上演唱经典民歌《如果》

1.
2.

1. 2015年获中山大学卓越服务奖（右一）
2. 2016年《现代汉语》教材编写组加班开会（右一）

1. 2017年教师节与博士生合影（中）
2. 2017年与"一带一路"国际职业汉语培训首期示范班师生合影（前排左三）

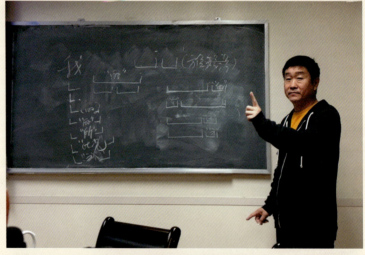

1.
2.
3.

1. 2017年在中山大学中文系冬至饺子节联欢晚会上朗诵《钗头凤》

2. 2018年在《现代汉语学习参考》编写会议上

3. 2018年在"基于汉语的神经语言学理论研究与康复训练研讨会"期间和中山大学同事合影（左二）

1. 2018年带领中山大学神经语言学研究团队在夏威夷大学马诺阿校区参会合影（左三）
2. 2018年中山大学无党派知识分子联谊会赴甘孜送讲座（右二）

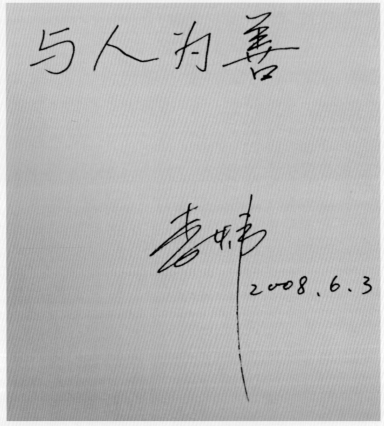

给中山大学中国语言文学系2008届本科毕业生的毕业寄语

学问之外的教授

陈平原

答应给中山大学中国语言文学系[①]现代汉语及语言学教研室编的《李炜教授追思集》撰写序言，已经过去了两个多月。好几次准备动笔，最后都因各种原因岔开去。我明白，自己潜意识里，一直在回避这篇文章。追思文章不好写，尤其当谈论的对象是平辈乃至晚辈时，这笔真有千斤重。直到前几天晚上，接到编辑小组发来全书初稿，方才必须面对这一无法回避的事实——那位深深地爱学问、爱学生、爱生活、爱母校的中大[②]教授李炜，确实已经远去了。

追思集中文章，很多饱含深情，且文笔生动。读完后，李炜教授的形象栩栩如生，跃然纸上。说实话，我这序言无法提纲挈领，只能是拾遗补缺。李炜教授的专业成绩以及学术贡献，书中多有叙述，如主持国家社会科学基金重大项目"海外珍藏汉语文献与南方明清汉语研究"，开展"一带一路"沿线国家国际职业汉语培训，促成中山大学神经语言学教学实验室的建设，以及合著《现代汉语》《清代琉球官话课本语法研究》等，我虽说也是中文系教授，但隔行如隔山，其实是没有能力评判的。不过，有个细节很动人，可见其精神境界。书中好几篇文章提及，2015年11月广东省中国语言学会在华南理工大学召开年会，刚做完手术不久的李炜，竟然带着吊瓶打车来到会场，发表完学术报告，再赶回医院。单是这个细节，你就能体会一个尽职尽力的学者，是如何以学术为第一生命。

其实，大学教授做学问，乃天经地义。至于才华大小，运气好坏，业绩高低，有时强求不得。但只要热爱这份工作，全力以赴，鞠躬尽瘁，就

[①] "中国语言文学系"简称"中文系"，下同。——编者注
[②] 本书所称"中大"指"中山大学"。——编者注

是好学者。与眼下以著作及头衔为标尺的潮流迥异，我更看重大学教授的另一面——"传道授业解惑"。教书是个良心活，是否尽心尽力，真正知根知底的，除了本人，就是自己的学生。其他任何外在指标，无论如何精心设计，都是不得要领的。因此，我特别关注书中众多研究生及本科生的追忆。称他是最爱学生的老师，或说他最受学生爱戴，必须落实到细节，方才板上钉钉。除了会讲课，把课堂变成舞台，语言极具感染力，李炜的最大长处，就是处处为学生着想，所谓"毕业前学术第一，毕业后家庭第一"的赠言，或者因没有子女，常说"学生就是我的子女，学生就是我的生命"，都让人对这位沧海横流中真正的"老师"肃然起敬。

大概是年轻时曾在兰州青年京剧团当过演员的经历，使得李炜有某种江湖气，以及强烈的表演欲。这一点，只要稍微接触，同他吃过一顿饭或听过两节课，你就能深切感觉到。某种意义上，这是一种天赋，随性风趣，豪爽大气，交友极广，只要他在场，就不愁没有欢声笑语。一句话，这个热爱生活，喜欢美食，对葡萄酒或兰州牛肉面有特殊爱好的个性化教授，与一般人心目中忧国忧民满脸苦相，或正襟危坐目不斜视的书呆子截然不同。偶尔在饭桌上听他高谈阔论美酒美食，说实话我是不当真的，因这年头美食家成了时尚，遍地皆是。没想到书中此类笔墨甚多，我只好调整记忆，多少有点相信了。

李炜的好奇与好玩，最让我惊讶的是，他除了本行语言学教授之外，居然还是广东省流行音乐协会副主席、广东省电影家协会副主席。2004年中大八十周年校庆，学校须举行盛大庆祝活动，校方知道他有组织大型晚会的经验，请他出面主持，他竟不辱使命。2018年庆祝改革开放四十周年，广东省委宣传部在北京为中大中文系七八级校友陈小奇举办个人作品演唱会，李炜不顾病后身体尚在恢复中，主动参与策划工作，且亲力亲为——我也是被他的热情感动，放弃别的工作，参与观赏与讨论。

老实说，因专业及性情不同，我与李炜本无多少交集；之所以多有来往，很大程度是因他中大中文系系主任身份。应他的邀请或居中联系，我连续多年回母校做学术演讲。记忆最深的是2015年那一次。那年11月，我到中大参加大学顾问董事会，给李炜写信："我本月18日晚到达中大，19日上午参加学校顾问董事会，下午6点25分航班回北京。学校安排顾问董事下午参观大学城（而后转珠海），我想不重要，还不如给中文系做一场学术演讲。你看时间是否合适，再商议。"他很快回复："好的平原兄，我非常期待您在系里做学术演讲。只是时间怎样安排还想听您的意见。至少我系没有安排中午讲座的先例。如果两点半开始是不是赶机场有些紧张。最迟四点得出发去机场，因为四点后堵车高峰就到了。有点冒险。若两点开始我得和他们商量下，也不知道周四下午有课的学生多不多……一般来说保证人气的话晚上最好。"我的答复是："不追求人气，讲一个小时就可以了。也可做成年轻教师及研究生座谈会，那就更自由了。若大家都忙，则不要勉强。我主要考虑好久没有贡献，才自告奋勇。"讨论的结果，还是专题演讲比座谈会更合适，于是敲定了题目及演讲时间。最后李炜来电："对不起仁兄，我在外面不在学校。我已安排范书记和郭冰茹（主任助理）与您对接，如果有什么不到的地方恳请谅解。"直到看这部追思集书稿，我才明白，之所以"不在学校"，这个时间他正在医院里与病魔恶斗！

本书收录李炜 2016 年春节所撰《给中大中文系老师的一封信》，其中提及"2015 年对我而言是不同寻常的一年。这一年我有一半时间是在病床上度过的，但这一年却是我有生以来最为感动的一年。因为这一年是我们中文系一个'大写加粗'的丰收年！"这是一个躺在病床上仍为中文系的未来殚精竭虑的系主任给全系教师写的工作总结。以下这段话我感慨尤深："有个别指标我系的确偏低，我也百思不得其解，无计可施。比如为了夯实学生过硬的基本功，练就一手随心所欲准确表达的笔头功夫，自 1986 年始我们在本科一年级推行'百篇作文'制度，到今年已有三十年。2013 年在广东省第二届高等教育省级教学成果评选中我系的《强化写作训练，着眼提高素质》获得一等奖且得分第一，但是当我们代表广东参加在全国教学成果评选时，第一轮就被'枪毙'了。"不仅李炜，我也对此感到很郁闷。

中大中文系从 1986 年起，记得是黄天骥教授主导，规定本科一年级学生在一年内要交一百篇大小作文，以锻炼学生们的写作能力。李炜上任后，没有刻意求新，推倒重来，而是进一步夯实基础，总结经验，力图在理论上有所提升。为此，他来北京找时任北大[①]中文系系主任的我，希望我写一封推荐信。这封写于 2012 年 7 月 4 日的推荐信，我恰好留有底稿：

---

① 本书所称"北大"指"北京大学"。——编者注

中山大学中文系自1986年开启"百篇"作文写作计划,至今已坚持了26年,非常不容易。除了毕业生的积极反馈,大众媒体的深入报道,我更想从一个文学教授的角度,思考此问题。

在《作为学科的文学史》(北京大学出版社,2011)中,我谈及晚清以降文学教育的重心,由技能训练的"词章之学",转为知识积累的"文学史"。如此转折,并不取决于个别文人学者的审美趣味,而是整个中国现代化进程决定的。"文学史"作为一种知识体系,在表达民族意识、凝聚民族精神,以及吸取异文化、融入"世界文学"进程方面,曾发挥巨大作用。至于本国文学精华的表彰以及文学技法的承传,反而不是其最重要的功能。因此,有必要自觉反省当下中国以"积累知识"为主轴的文学教育,呼唤那些压在重床叠屋的"学问"底下的"温情""诗意"与"想象力"。

在我看来,中文系学生所需要的基本素质,除了专业知识、独立思考能力等,还有一点不容忽视,那就是口头的以及书面的表达能力。如果中文系毕业生只会掉书袋,不会写文章,那将是极大的遗憾——甚至可以说是教育的失败。

20世纪二三十年代,很多大学中文系开设"各体文写作"课程;五六十年代更设立了专门的写作教研室。80年代以后,写作教研室逐渐消亡,写作课也日渐没落。决定此大趋势的,并非"写作课"不值得教,而是在"论文至上"的时代,若专教这门课,必定吃力不讨好。

用不着"高瞻远瞩",当老师的都明白,写作能力的提升,对学生极为重要。可能力的培养,单靠课堂讲授是不够的,必须配合具体的写作实践。所谓"因材施教",没有比教授认真批改学生作文更能落实、有效的了。如今中国各大学中文系,大都将训练、指导的责任推给了中学语文教师,或期待学生自己去摸索;这就难怪,很多名牌大学中文系的毕业生写作能力欠佳。

而中山大学中文系的教授们勇敢地直面此困境,左冲右突,上下求索,"杀出一条血路来",且形成常规化的制度,持之以恒,坚持不怠,实在令人钦佩。

具体的操作规程,如是否一定"百篇",能否延长交稿,如何兼及各种文体等,均可商议;但中大中文系的这一探索,十分难能可贵。各大学情况不一，不见得会照搬中大的经验，但我相信，重视学生写作能力的培养，当是日后中文系发展的一个方向。

我注意到，李炜这篇《"百篇作文"实践教学，能力和品行同步提升——26年的坚持与收获》2013年获中山大学第七届教育教学成果奖一等奖，隔年又获第七届广东教育教学成果奖一等奖。可修订成《三十年的"百炼成篇"与社会服务——中大中文系本科实践教学模式》，代表广东参加全国教学成果评选时却意外落奖了。没能获奖的原因，我猜想，不是方向不对，而是别的大学很难学。参加过重大奖项评审的都知道，若想获奖，太陈旧的不行，太新潮的也不行——后者因评委容易意见分歧。中大方案并非完美，但注重写作这一思路，今天越来越被各大学所关注。在这个意义上，中大虽败犹荣。

有件小事，涉及李炜，但他本人并不知情。我曾多次谈及，作为乡土教材的地域文化读本，最好与方言区相一致，广东与其谈"岭南文化"，不如三大方言区分而治之。2017年我和林伦伦、黄挺合作主编的《潮汕文化读本》顺利出版，里外上下均大获好评，于是我建议出版社趁热打铁，邀请黄天骥、李炜、周小兵三位先生与中小学一线教师通力合作，编一套高水平的《广府文化读本》。没想到出版社很认真，查阅相关信息后给我复信："从目前的资料看，李和周都没做过广府文化方面的研究。"真是尽信书（网络）不如无书（网络），明明李炜跟我谈过，他想编珠三角的歌谣（童谣），而且对中小学语文教育很有兴趣。可被出版社这么一说，我也对这个祖籍山东、出生于兰州的语言学家到底粤语水平如何没把握。读本书诸多回忆文章，方知这位语言学家，不仅说得一口地道的兰州话，他的北京话、河南话、陕西话、广州话等也都达到了以假乱真的地步。人说好事必定多磨，但多磨的不一定就是好事。没能请到中大这几位先生当主编，实在很遗憾。当初颇有怨言，可事后想想，或许歪打正着，撇开乡土教材，李炜能腾出更多时间，完成他的"一带一路"沿线国家国际职业汉语培训或神经语言学教学实验室建设——后者无疑在体制内更容易获得声誉。

相对于那些我说不清、道不明的语言学著作，我更有体会的是李炜在学术组织方面的热情与业绩。从2002年7月任中山大学中文系副主任、2011年3月起代理主任、2012年1月至2017年2月任系主任，李炜做了十五年的院系行政工作。当下中国大学，院系一级（各大学说法不一）领导一般都由教授承担，"官阶"不高（所谓的"处级"），但责任重大，要做到挥洒自如还真不容易。私心太重不行，过于清高也不行；没学问做不好，学问太大也做不好。必须能上能下，能粗能细，能雅能俗，这方面的分寸，我以为李炜拿捏得很好。

如今，热情、风趣、亲民、能办事且有真性情的李炜教授走了，同事及学生们出一本追思集，我很愿意共襄盛举。

2020 年 1 月 14 日于京西圆明园花园

目　　录

生平简介 …………………………………………………… 1
给中大中文系老师的一封信 …………………………… 李　炜 2
《鸿爪雪泥》序 ………………………………………… 李　炜 5
《广东阳江方言研究》序 ……………………………… 李　炜 8
《边走边喝》序 ………………………………………… 李　炜 12
千言万语牛肉面 ………………………………………… 李　炜 16

第一编　同事追思

奠君清泪到黄泉 ………………………………………… 黄天骥 25
魂兮，归来 ……………………………………………… 唐钰明 30
炜哥，你咋走得恁早？ ………………………………… 康保成 33
欲祭疑君在，天涯哭此时 ……………………………… 欧阳光 37
缅怀炜哥 ………………………………………………… 李　萍 41
与炜哥交往点滴 ………………………………………… 杨　权 43
性情通脱忆李炜 ………………………………………… 董上德 47
怀念炜哥 ………………………………………………… 丘国新 49
那个明媚了周边世界的炜哥 …………………………… 彭玉平 53
新年将到怀念李炜兄 …………………………………… 庄初升 57
咬定青山不放松 ………………………………………… 杨泽生 60
忆李老师 ………………………………………………… 刘街生 64
忆李炜教授 ……………………………………………… 王奕晖 68
生如夏花之绚烂 ………………………………………… 郭冰茹 71

来去如风　快意人生 …………………………………… 罗　燕 75
古道热肠驰天地　潇洒旷达度春秋 …………………… 徐　红 80
深切怀念兄长李炜教授 ………………………………… 林华勇 83
几件小事 ………………………………………………… 胡传吉 86
攀登科学高峰，探索人类新知 ………………………… 陆　烁 89
天妒英才，生人何似 …………………………………… 邵明圆 93

第二编　学界追思

追思李炜先生 …………………………………………… 陆俭明 99
人去了，文尚在 ………………………………………… 江蓝生 103
深切悼念李炜兄弟，沉痛追思李炜兄弟 ……………… 邵敬敏 106
怀念李炜老师 …………………………………………… 濑户口律子 109
深切悼念李炜教授 ……………………………………… 柯理思 112
记李炜教授二三事 ……………………………………… 刘昭明 114
性急的兄弟，不舍的你！ ……………………………… 周　荐 117
怀念李炜兄 ……………………………………………… 汪维辉 120
天堂里多了一位才子 …………………………………… 张玉金 123
怀念李炜先生 …………………………………………… 方　梅 126
朋友好找，知音难觅 …………………………………… 徐　杰 128
师兄李炜 ………………………………………………… 聂志平 130
继往遗泽留遐世，从兹名士少斯人 …………………… 漆永祥 134
给炜哥出书二三事 ……………………………………… 王　飙 137
才情卓绝满豪气、英年硕望痛断肠 …………………… 赵春利 142
我心中的李炜老师 ……………………………………… 周　娟 144

第三编　亲友追思

在李炜教授告别仪式上的悼词 ………………………… 李　旭 149
对二爸的回忆 …………………………………………… 李启明 150

追念那个万里挑一的有趣灵魂 …………………… 黄　钢 154
斯人若彩虹 ……………………………………… 张东辉 161
中大失才子，我失好兄弟 ………………………… 黄绮仙 164
怀念义兄李炜教授 ………………………………… 王　刚 168
纪念铁哥们、好兄长 ……………………………… 王　箭 172
长歌当哭 ………………………………………… 陈小奇 176
我心中永远鲜活生动的教授 ……………………… 傅勇凡 179
那些舞动中的记忆碎片 …………………………… 王中圣 185
他就像一阵风 …………………………………… 关　键 189
他在清风明月的彼世界 …………………………… 黄礼孩 193
悼念李炜教授 …………………………………… 王亚彬 197
你花盛开，蝴蝶自来 ……………………………… 黄仁兴 199

第四编　学生追思

那张永远镌刻在学生心中的笑脸 ………………… 李兴文 205
当时只道是寻常 …………………………………… 高伯齐 208
飘扬在康乐园上空的笑声 ………………………… 陈高飞 218
告别 ……………………………………………… 李丹丹 226
恩师李炜先生 …………………………………… 和丹丹 231
怀念我的恩师李炜先生 …………………………… 王　琳 234
追忆恩师 ………………………………………… 石佩璇 237
我的老师 ………………………………………… 刘亚男 240
忆老师 …………………………………………… 黄燕旋 244
在李炜教授告别仪式上的悼词 …………………… 于晓雷 247
老师与他的神经语言学事业 ……………………… 杨靖雯 250
追忆恩师李炜先生 ………………………………… 张荣荣 254
这世上最好的老师 ………………………………… 林梦虹 257
炜哥，亦师亦友真性情 …………………………… 张　超 259
忆恩师 …………………………………………… 洪　妍 263

感恩李炜老师	沈　冰 265
师父	王　健 267
脍不厌细	段　超 269
致恩师	魏兴舟 271
他在曾经拥有你们的春秋和冬夏	王　旭 274
难忘师恩	胡佳艳 278
吾师炜哥	吴　翀 281
怀念李炜老师一二事	何琬冰 283
追思恩师小事几则	张湖敏 285
我眼中的李炜老师	尤丽雅 287
怀念我的老师李炜先生	黎光创 289
怀念李炜老师	崔文惠 291
忆我们敬爱的李炜老师	丁　可 293

第五编　各界寄语

| 学生寄语 | 301 |
| 各界友人寄语 | 316 |

第六编　媒体报道

| 生前媒体报道 | 335 |
| 媒体纪念追悼 | 347 |

附录一　唁电、挽联	360
附录二　李炜教授年表	385
附录三　立项项目表	395
附录四　荣誉、奖项	398

| 后记 | 401 |

生平简介①

　　李炜教授，男，汉族，山东冠县人，1960年3月15日生于兰州。1978年9月至1982年7月，就读于西北师范学院中文系，获学士学位；1982年9月至1985年7月，就读于兰州大学中文系，师从黄伯荣教授，获硕士学位；1999年9月至2002年6月，就读于中山大学中文系②，师从唐钰明教授，获博士学位。1985年10月起在中山大学中文系任教，先后任讲师（1987年）、副教授（1997年）、教授（2004年），2006年起任博士生导师，其间于2003年3月至2004年4月在日本大东文化大学（东京）讲学。2002年7月起任中山大学中文系副主任，2011年3月起任中山大学中文系代理主任，2012年1月至2017年2月任中山大学中文系系主任。主持国家社会科学基金重大项目"海外珍藏汉语文献与南方明清汉语研究"等多项国家级课题，著有《清代琉球官话课本语法研究》等著作，并合作主编《现代汉语》《基于域外文献的南方汉语研究论集》等教材、论文集，在《中国语文》《方言》《语言研究》《语言教学与研究》等学术期刊发表数十篇有重要影响的论文，为中文系和中山大学的建设与发展做出了突出的贡献。生前曾任广东省中国语言学会会长、中国语言学会常务理事、广东省本科高校中国语言文学类专业教学指导委员会主任委员、教育部高等学校中国语言文学类专业教学指导委员会委员、中山大学中国非物质文化遗产研究中心学术委员会委员、广东省第十一届政协委员、中山大学无党派知识分子联谊会会长、广东省电影家协会副主席、广东省流行音乐协会副主席等社会职务。

　　李炜教授胸怀博大，作风正派，为人坦荡，治学严谨，工作勤勉，才华横溢，师德高尚，注重立德树人，教学业绩显著，深受学生爱戴，也深得同事和同行的尊重。

---

① 本文部分表述转引自中山大学2019年5月6日发布的李炜教授讣告。
② 本书所称"中文系"指"中国语言文学系"，所称"中大"指"中山大学"。——编者注

给中大中文系老师的一封信

李　炜

各位同仁：

值此新春佳节阖家团圆之日，我怀着感激之情给诸位写这封信。2015年对我而言是不同寻常的一年。这一年我有一半时间是在病床上度过的，但这一年却是我有生以来最为感动的一年。因为这一年是我们中文系一个"大写加粗"的丰收年！

杨权老师拿到了我系第六个国家社会科学基金重大项目，彭玉平老师继吴承学老师、黄仕忠老师之后成为我系第三位长江学者特聘教授，陈斯鹏老师和谢有顺老师捧回了今年刚刚设立的长江学者青年学者席位。罗俊校长一再向我们强调：要以北大、复旦第一方阵高校为追赶对象。我们今年的成果证明了这不是不可能。北大中文系九十九名教师拿到七个国家社会科学基金重大项目，复旦中文系八十名教师拿到六个，而我系仅有五十八名教师同样拿到六个！北大去年获聘新设立的长江学者青年学者只有一名（复旦没有），而我系有两名。去年我系获得第七届全国高校科研优秀成果奖一、二、三等奖各一项，获得广东省年度哲学社会科学优秀成果奖一、二、三等奖各两项……这种"大满贯"式的累累硕果使我系无论是在我校"十二五"规划总结评估中还是在2015年工作成绩评价中均获得毫无争议的好评。

中山大学中文系有许多杰出的系主任，比如鲁迅先生、商承祚先生等，他们的学术成就和对我中文系的贡献都远在我之上，我忝列其中，感受到身上的重任；然而在我生病卧床的时候，我系却取得如此大的成绩，于是我由衷地觉得，对于这样一个齐心团结、昂扬向上的集体而言，我这个系主任是多么微不足道，甚至也许是多余的。

我系之所以能够有如此可喜的成绩，主要归功于全系同仁的空前团结。在当今教育界浮躁功利的时代，同单位争名夺利、相互为战的现象并不少见，甚至拳脚相加、斯文扫地；文人相轻、睚眦必报也由来已久。然而这些事情没有发生在我们系，相反我们是一个"你中有我，我中有你"的团队。就以我系目前获得的六个国家社会科学基金重大项目来说，黄天骥老师的重大项目离不开黄仕忠老师，黄仕忠老师的重大项目同样离不开黄天骥老师的支持；我的重大项目少不了庄初升老师，庄老师在我的重大项目担任子课题负责人后又发展出自己的重大项目；吴承学老师则刚担任了杨权老师重大项目子课题的负责人！正是这种不分你我、互相支持的精诚团结，同心同德，才成就了今天的中山大学中文系。

不仅如此，我系的老师们一直躬身践行"厚道、温良、谦恭"的君子之道。还要以杨权老师为例，2014年杨权老师与庄初升老师同时申报国家重大项目，但当时的客观条件限制，学校只准我们报一个。当时我认为庄老师的项目论证相对充分些，于是费尽心思准备找杨老师谈谈，没想到杨老师当即表态："没问题，就照炜哥你说的办，'我们要的是成功率！'"我肃然起敬，也对杨老师心怀愧疚。所幸，上天不负！庄老师成功获得重大项目，一年后，杨老师的重大项目也成功中标。当面临评职称等级，将教授分成三六九等这种无聊却又无奈的事情时，我系有老师将原本毫无悬念属于自己的资格，以不申报的方式主动让给当年将要申请重大项目的老师，目的是给同事加分以提升对外的竞争力！

我系信奉、推崇的是"温良恭俭让"，那些"语不惊人死不休"的做派和言论，无论是"右"的还是"左"的，在我中大中文系向来就没有立足之地。

当然，在本次"十二五"规划总结评估中，学校也给我系挑出了一些缺陷和不足，但我对此立即进行了有礼有节的争辩。比如说按学校要求，我们在成功申报教育部的哲学社会科学研究重大项目指标上为零，我说此事责任在我，因为我一直向老师们强调：在国家社会科学基金重大项目与教育部重大项目之间，一定要首先争取拿下前者！因为二者的显示度明显不一样。现在看来我问心无愧，否则我们可能就没有拿下六项国家社会科学基金重大项目的战绩了。又比如我系没有按"千人计划"指标引进人才，此事责任更在我，因为我不知道海外哪位爷敢号称中文学科的"千人"?！所以我压根就没理过这茬儿。我认为在中文学科里实施"千人计划"纯粹是一个典型的"屁股指挥脑袋"的指标。如果以中国语言和文学为主要研究对象的学科，也要从海外引进超过国内学者水平的人才，那无异于从日本人或印度人那里找到超过顺德人厨艺的正宗粤菜厨子！所以我说假如国外名校也想引进所谓"中文千人"的话,那来我们这儿找人准没错儿。

有个别指标我系的确偏低,我也百思不得其解,无计可施。比如为了夯实学生过硬的基本功,练就一手随心所欲准确表达的笔头功夫,自1986年始我们在本科一年级推行"百篇作文"制度,到今年已有三十年。2013年,在广东省第二届高等教育省级教学成果评选中,我系的《强化写作训练,着眼提高素质》获得一等奖且得分第一,但是当我们代表广东参加全国教学成果评选时,第一轮就被"枪毙"了。后来听说评审的意见是:"中大中文系不懂创新,拿着一个三十年不变的东西来丢人……",对此我一直郁闷着。直到徐兴无教授(南京大学文学院院长,该院荣获国家教学成果一等奖)对我说:"我最担心的就是你们的'百篇'冲出来和我们PK!"这我才释然了!去年我在我们中大附属第六医院住院治疗时,发现六院的院训——"守真",我真想和好友兰平兄(六院院长)说,这明明是对我系个性特征的最佳概括。改变诚然重要,但是为了改变而改变则往往贻害无穷!我系的老师们都很清楚什么是我们的"真",都很清楚最重要的事情不是几级教授,也不是什么重大项目之类,而是踏踏实实地指导培养好自己的学生!"百篇"是"守旧",但学生获益。实践证明,三十年来我系本科毕业生集体记忆中最为闪亮的就是"百篇",每每谈起,都为经受过"百篇"的煎熬而感到骄傲。我认为这种"守旧"就是不折不扣的"守真"!这种"真"不仅存在于我们老师中间,也传承给了我们的学生,成为中大中文系全体师生的共同印记。所以我们不仅已经坚持了三十年,还将继续坚持无数年!

罗俊校长经常讲:我们今天追求指标,是为了明天能够不再去考虑指标。只有成为游戏的胜利者才有可能成为规则的改变者。抱怨是不能解决问题的,我们只有更加紧密地团结,争取更大的成绩,才能更快地接近我们共同追求的目标——真正获得一个中国文人应有的尊严与自由!

感谢大家过去五年对我的支持和包容。能为这个温暖的集体服务,我感到很有面子。我为我们中文系感到由衷的骄傲,为我系有你们这样优秀的老师们感到由衷的骄傲。

时间不停,脚步不息,祝我们在新的一年里能获得更多更大的进步。也祝愿每一位同仁新春愉快,阖家安乐!

2016年春节

《鸿爪雪泥》①序

李 炜

父亲的这部书稿完成于17年前。这部书为读者打开了一扇特别的窗户，从这里可以窥见自1944年至1976年一位普通知识分子眼里的中国。

这部书稿我是一口气看完的，我给几位好友看，他们也是一口气看完。它不像史书那么理性，又不像小说那样感性。它以真人真事贯穿始终，有血有肉有"体温"，有哭有叹有感悟，更是有情有义有思想！我认为，这是一部极具文献价值和文学价值的佳作。我敬佩我的父亲，他是一位有家国情怀的人，他是一位有社会担当的人！

我是父亲的小儿子，生于1960年，也是这书中的一个小角色。记得我8岁那年，父亲的老友王起雷叔叔（书中多次提到他）有次来我家，他用浓重的河南口音问我："炜炜，你说这世界上啥最可怕？"我回答是鬼，被他否定了。他说："木（没）人见过鬼，鬼长啥样那都是编哩。"我又说是狼，又被他否了。他说："那狼多好看呀！浑身那毛可漂亮。"最后我说是蛇。他又说："蛇也不可怕呀，那蛇皮多美，还滑溜溜哩！"我无语了。他最终的答案是："这世界上人才是最可怕的动物，还长哩可难看，一会儿有毛，一会儿木毛……所有的动物都怕人。"当时我半信半疑，但没过多久发生的一件事让我对起雷叔叔的观点深信不疑。事情是这样的——

有天早上我们二年级照例"天天读"（背诵"老三篇"），不知哪根筋搭错了，我问前排座位一个小眼睛（比我眼睛还小）厚嘴唇姓王的同学："你说伟大领袖拉不拉屎的？"不料这家伙突然大呼："啊哟！这个反革命！"吓得我失魂落魄，慌忙捂上他的嘴。后来"讲数"的结果是我以后要给他当马骑。这是当时兰州娃娃们的一种游戏，俩人打架或摔跤，赢

---

① 《鸿爪雪泥》（南方日报社2016年版），作者李东文，原兰州大学新闻系副主任，李炜教授之父。

家骑在输家的肩上,一只手搭在输家头顶,另一只手在空中挥舞口中大声吆喝着"驾!",在人群中招摇过市。很侮辱人的一种游戏。这小子真他妈狠,愣是让我给他做了整整一学期的马!一旦不从他便大呼:"啊哟!"我就立马吓怂了,乖乖听命。从那时起我开始提防这世间最可怕的动物——人。

那时中华传统道德被当作"四旧"扫进所谓"历史的垃圾堆"。脑子里天天被灌输的就是"阶级斗争""无限忠于""造反有理"。记得当时妈妈所在的学校兰州女师①有一个头号"走资派"叫宋兆芳,她是女师校长,她备受折磨,天天扫地扫公厕,许多小孩一见她就向她扔石头吐唾沫,其中不乏本身也是"黑五类"的孩子。她"平反"后不止一次对人说:"陈懿(我母亲)的两个儿子从来没打过我,别的孩子打我他俩在场就会护我。"我不大相信"人之初,性本善",我觉得人都是善恶的综合体,只是由于本性不同善恶比重也会不同。

从这本书中可以看到这样一种现象,在"阶级斗争天天讲"的年代里,那些保持良善不明辨是非者,往往更多是普通工人和农民。

比如主动收留我保护我的陈妈妈一家,在她家时她和她八级钳工的丈夫陈伯伯经常跟我说:"你爸妈都是好人。"还有那两位主动送探监的孩子(我哥哥和他的小伙伴)回家的工人师傅,他们用默默的行动说明了他们的立场。再讲一件对我触动极大的事。1981年,我第一次随母亲到广东过年,见到了我的四位舅舅,大舅叫陈慰盛,大舅母叫黄健英。直到二十多年后我大舅去世时,我才知道了一个秘密:大舅同我没有血缘关系。大舅是我外公陈凤祥买来的长工,大舅母则是我外婆张丽卿从潮州买回来的童养媳。进入这个家庭后,我外公外婆完全把他俩当作自己的孩子,还给他俩取名,大舅的"慰"字和大舅母的"健"都是外公外婆亲生孩子的字辈(我母亲以前叫陈健华),他俩长大后,我外公外婆又撮合他俩结了婚,组建了新家。

20世纪50年代末,我外公蒙冤入狱,外婆含冤自尽无人敢收尸,是大舅和大舅母将外婆遗体偷偷埋在一个只有他俩知道的地方,而且在三年后又秘密将外婆遗骨"起金"用"金罂"二次葬。(按:此"金"为骨

---

① 本书所称"兰州女师"指"兰州女子师范学校"(1965年更名"兰州市第三中学"。——编者注

头之意,"罌"是容器名称。"起金二次葬"即挖开泥土取出全副骨头放入"金罌"二次埋葬。客家人的历史是迁徙的历史,为了方便带着祖宗的遗骨一起迁徙,客家人创造了起金二次葬的风俗。)直到外公"平反"后,他们两口子才说出这个秘密。1990年我外公去世后,我们将外公外婆合葬在一起,这事也主要靠大舅、大舅母来张罗。过了几年大舅又去世了,我们把他葬在了我家墓地里,这里有外公外婆,还有外曾祖母(当地人叫"婆太")。这块墓地在竹园村东面的山顶上,风景极美。在这块洁净的墓地上,"阶级斗争"显得苍白无力。

我常常想,为什么人性的光芒总是能闪烁在这最底层的工农大众身上?也许正是因为他们受教育程度低、读书少(或没读过),所以他们只"认死理",而这些"死理"恰恰是中华传统价值观中最基础的部分,这些"死理"千百年来仅凭长辈们的口耳相传便可传承下来。所以底层的工农大众正是用这样的最普通的认知再加上他们没被污染的本性,"屏蔽"了那些横行的邪说歪理。因此,"苟不教,性乃迁",也得分教什么,教的若是邪恶那还不如不教。

马丁·路德·金说:"一个国家的繁荣不取决于它国库之殷实,不取决于它城堡之坚固,也不取决于它公共设施之华丽;而在于它的公民的文明素养,即在于人们所受的教育,人们的远见卓识和品格的高下。这才是真正的厉害所在,真正的力量所在。"

是为序。

2016年5月16日于中山大学中文堂

《广东阳江方言研究》[①]序

李 炜

1948年,黄伯荣先生在中山大学语言学系(中国第一个语言学系)完成了他的本科毕业论文《阳江话词汇研究》,这应当是中国最早使用现代语言学方法研究广东方言词汇的成果。大半个世纪以来,黄先生利用工作之余一直在断断续续地调查和研究他的家乡话阳江方言,到老人家去世前已累积两尺[②]多高的手稿,内容涉及阳江方言语音、词汇、语法等诸方面。记得1982年我师从黄先生读硕士研究生上第一次课时,黄先生讲的并不是我意料之中的语法(我是现代汉语语法专业研究生),而是一些发音难度较高的国际音标,其中印象最深的就是阳江等粤西方言中特有的边擦音。这至少说明了两个问题:一是黄先生重视学生的基本功,重视田野调查;二是从一个侧面反映出黄先生的家乡情结。以我对导师的了解,他应该是想把黄廖本《现代汉语》[③]教材编写等要紧事办得差不多了,再来系统写这部《广东阳江方言研究》,但我猜是我打乱了黄先生的原计划。

2009年,我系(即黄先生的母系中山大学中文系)邀请黄先生领军编写中大本《现代汉语》[④],"为了报答母校的培育之恩"(黄先生原话),也为了实现他多年未能实现的《现代汉语》教材编写新理念,黄先生不顾高龄,以身作则带领团队打了整整两年的攻坚战,于2011年年底完成了编写工作,交由北京大学出版社出版(该教材不久后被列入教育部

[①] 《广东阳江方言研究》(中山大学出版社2018年版),作者黄伯荣,著名语言学家、教育家,李炜教授恩师。

[②] 1尺≈0.333米。

[③] 本书所称"黄廖本《现代汉语》"指"由黄伯荣、廖序东主编的《现代汉语》"。——编者注

[④] 本书所称"中大本《现代汉语》""黄李本《现代汉语》"指"由黄伯荣、李炜主编的《现代汉语》"。——编者注

"十二五"规划教材①)。在这最为艰苦忙碌的两年中,黄先生指导编写团队召开了近两百次编写研讨会,编写内容的所有指令均由黄先生发出,对我们撰写的每一段内容,黄先生都会提出详尽的意见,无论赞同还是反对,赞同的先生会说明好在哪里,不赞同的更会详述他的理由,推翻重来是常有的事。邮箱里储存的几百封黄先生给编写团队的邮件证明了他是名副其实的第一主编!令人心痛的是,这些邮件大量发自深夜或凌晨。一位年过九旬的老人这样拼命地工作,谁能不担心?但我们怎么劝说先生注意休息都没用,家人力劝也没有太大效果,所以当中大本《现代汉语》教材问世不久,黄先生就住进了医院。2013年4月,该教材的学习参考书也出版了,我和我系党委书记丘国新拿着刚出版的学习参考书去阳江医院向黄先生汇报。那时黄先生病情已经很严重,不能说话了。然而,当他看到学习参考书时,双眸发光,异常激动,紧紧握着我的手大声吼着。我听不懂老人家在喊什么,丘书记跟我耳语道:"老人家在交接力棒给你,你一定要接好班啊!"我当时泪流满面……如果不是因为中大本《现代汉语》,兴许黄先生是可以按他的原计划写完《广东阳江方言研究》的。

其实中大本《现代汉语》还有一位做出很大贡献的"编外编者",也就是这本遗著整理编写的核心人物——黄绮仙。她是黄先生的三女儿,我叫她三姐。在黄先生领军编写中大本《现代汉语》时,三姐就是黄先生的左右手。当时,黄先生指挥"广州战役",基本是靠电子邮件,黄先生年事已高,视力不好,加之不熟电脑操作,因此,大量邮件内容的撰写和处理工作基本都是由三姐来承担的(在兰州的四姐也曾分担过一部分工作)。三姐将黄先生口述的修改意见和对下一步编写的要求都整理成文字,念给黄先生听,黄先生认可后,她再发给我们。两年多的时间里数百封邮件,如此繁重的任务她完成得很出色,从不出错。而这次整理编写遗著的工作难度就更大了,您很难想象面对那摞记录、撰写于大半个世纪里不同时点,尺寸不一、颜色不同、纸质各异的两尺多高的手稿该怎么办。它们有些是钢板蜡纸刻写,而更多的则是手写,许多已字迹不清。说实在话,能准确辨识这些字迹并能完全明白其意的恐怕非三姐不可。三姐尽管不是现代汉语(方言)科班出身,但她身上具备了一般科班出身的人所

---

① 该教材于2014年入选第二批"十二五"普通高等教育本科国家级规划教材。——编者注

没有的三点优势：一是她的语言敏感度超棒，她是我见过的普通话发音最为标准的广东粤西人；二是她做事的细致与耐心程度非常人所能及；三是她肯学习、肯钻研，是那种遇到困难不绕着走，而是像习总书记所说的"逢山开路，遇水架桥"的那种人。因此，她能够胜任以上两项专业性很强、难度很大的工作也就不足为奇了。我老是在想，如果不是"唯成分论"的动荡年代耽误了她，她一定会是一位优秀的学者。

　　在这部遗著的整理编写工作中，我没有出多少力，为此我深感内疚。本来至少应当与三姐并肩作战才对，可2017年由我负责的两项重大项目同时展开，无术分身。一项是为响应"一带一路"倡议，开展了国际职业汉语培训，我作为第一完成人与相关单位和专家共同研发了国际职业汉语培训与评估标准体系。该体系于2017年8月31日通过了教育部科技成果评审，这是国内语言学界首次通过该项评审的科技成果。我还负责在北京建立了国际职业汉语云平台，并在广州成功开办了"一带一路"国际职业汉语首期示范班。该项目两度被《人民日报内参》报道，获得了中共中央政治局常委领导同志的批示。另一项是我的团队与中山二院①合作进行了"基于汉语的失语症治疗"临床试验项目，取得了突破性进展，2018年有望取得跨学科重量级科研成果。这两个项目的阶段性成果已撰写成论文，我将应邀出席即将在美国举行的"第六届商务汉语工作坊暨第二届商务汉语教育国际会议"和"第二十六届国际中国语言学会年会"。这都是关于汉语自信即将文化自信落到实处的项目，我坚信黄先生的在天之灵是绝对支持的！

　　如果说我对这部遗著有一点贡献的话，恐怕主要是内容定位的把关。我始终坚持这部遗著必须要原汁原味，不能走样，后人的补充要以不同字体（或其他办法）与原作区分开来，并在凡例中加以说明。三姐完全接受了我的观点。黄先生的本意肯定是要对自己家乡的方言进行全面系统的描写与研究，但是先生仙逝后，相信无人能按先生真正的意图来续写，包括我。所以当三姐问我为什么语法部分黄先生只写了补语的时候，我回忆了这样一件事。2009年，我和丘国新书记代表系里赴阳江当面恳请黄先生领军编写中大本《现代汉语》时，黄先生提出的唯一条件是我必须同时任主编，否则不干，我只能遵从师命。而我答应之后，黄先生要我做的

---

① 本书所称"中山三院"指"中山大学附属第三医院"。——编者注

第一件事情就是命我把补语部分写出来给他看,我照做了,黄先生看后很满意,然后说:"现在可以开工了。"窃以为,汉语句子呈现出前松后紧的态势,以主要动词为界,补语就是"后紧"的主要载体,而"紧"的部分往往是句中最难分析清楚的部分,至少从语义指向上看,补语既可指向主语,又可指向宾语,还可指向整个动作行为(如"我们踢赢了这场球""我们踢破了那个球""我们踢完了这场球"),而从句法上看,它除了补充修饰谓词性词语之外,还往往具有完句的功能(例略)等。总之,先生把补语作为系统描写的切入点一定是有其深意的。黄先生的有些"深意"可能需要几十年才能领悟到,例如1982—1985年,我读黄先生的研究生时,也承担着黄廖本《现代汉语》主编助理的相关工作。记得当年黄先生最常谈到的就是"动宾"问题。他认为"述宾"的说法不好,但将"动宾"理解成"动词+宾语"也不对,因为前者是词类名称,后者则是句子成分名称,不在一个层次上。所以他很想推出一个新概念——"动语",就是带了宾语的动词或动词性短语。黄先生还认为,"尽管'动语+宾语'处在'主语+谓语'中谓语的下位层次上,但'动宾'最为重要,它往往是句子的核心所在"。尽管我们把"动语"写进了中大本《现代汉语》,但真弄明白其深意则是在2017年的两大项目推进过程中。两个项目团队几乎同时发现了一个有趣的现象:在句法方面,动宾组合(无论是词还是非词)是汉语能力恢复和汉语习得中最基本、最易掌握因而最为重要的组合关系。对失语症者来说,他们最易恢复的是"吃饭、喝茶、看电视、拿杯子";而对汉语零基础的外国学员来说,他们常常出现"吃饭过、看电视完"这类偏误,因为在他们心里,动宾组合最为基本。其实,从认知角度看,"动作+实(事)物"是最"基底"的表达……这里先不展开谈了,我只想说,黄先生的"真心思"没有谁敢说都清楚。

为了让这部遗著的内容尽可能全面系统,出版质量尽可能高,阳江日报社黄仁兴社长专门组织了一个以阳江职业技术学院中文系容慧华老师为主的5人小组协助三姐的工作。没有他们的鼎力支持,这部遗著不可能在如此短的时间内问世。对他们的付出,我在此深表谢意。

是为序。

2018年春节写于中山大学中文堂

《边走边喝》[①]序

李 炜

马克思认为，人与动物的区别在于人会使用工具。

乔姆斯基认为，人与动物的区别在于人类的语言具有创造性。

本人则认为，人与动物的区别在于人会喝酒。

古希腊诸神中，有狄俄尼索斯任酒神。估计那时喝的就是原始葡萄酒，因为欧陆盛产葡萄。饮葡萄酒早已成为欧洲文明最重要的基因之一。可以这么说，一个对葡萄酒不了解的人，也就不会真正了解西方文明。而对中华文明而言，饮酒更是其重要基因之一。因为我们很难想象，不许李白畅饮，不准苏轼大喝，那唐诗宋词将会是怎样一个样态。杨玉环如果没与唐明皇喝醉，那后世也就观赏不到那美轮美奂的京剧《贵妃醉酒》了。而武松如果没有痛饮那"三碗不过冈"的酒，可能反被景阳冈的那只老虎吃掉啦……

诚然，过量饮酒对身体不好，但实话说，吃啥喝啥过了量都不好。什么叫酒不过量？这是因人而异的，过不过量更多的应当是体质问题，尤其是自我感觉。在我看来，"昨晚喝'大'了，胡说八道了，别往心里去啊"之类的说辞往往是为借酒发泄、一吐为快找个借口而已。在我国，不同地方对酒量的要求差异是很大的，一般来说，北方人的酒量就远大于南方人。我出生在兰州，在我的印象中，这简直就是一座浸泡在酒坛中的城市。每次回兰州，我对发小或同学的聚会是既渴望又惧怕，怕的就是喝大酒。去年回兰州，一次酒聚前，我到处找酸奶喝（因为广州人认为饮烈酒前喝喝酸奶可解酒又护胃）。我一边喝着酸奶一边与店家大哥聊："听说喝了酸奶可以解酒。"店家不解地反问我："解酒做啥？"我回答："防止喝大。"店家断然回我："唉！喝酒嘛，不喝大了还喝啥嘛?!"我立

[①] 《边走边喝》（华中大学出版社2018年版），作者李建侯，国家一级品酒师，李炜教授好友。

马被噎得差点背过去,当时有个地缝我准钻!兰州人不把50度以下的酒当酒,至于啤酒,在兰州人看来,只是用于解酒的饮料而已。而在一次高端学术会议上,一位我很敬重的上海籍老学者,左手握着一小听啤酒,右手用力向桌面一击,大声道:"大家今晚不醉不归啊!"当时整张台平均每人也就这一小听啤酒……

喝酒这事很像穿鞋,舒不舒服脚知道,鞋不重要。我赞成喝得舒服就好,不赞成"喝给人看"的死要面子活受罪。从这个意义上说,我还是推崇葡萄酒。尤其是与好友聚喝时,那葡萄酒的视觉(美艳的色泽)、听觉(水晶杯轻触时的悦耳)、味觉(酒体变化散发出的迷人气息,更有味蕾浸润其中的美妙),以及它的触觉(葡萄酒是有"酒体"的!可通过敏锐的舌尖与舌面去"抚摸"它——不过这得有相当的道性),各种器官综合感受,真是一个十分完美的享受过程。而且真懂葡萄酒的朋友一定不会逼着你一整杯一整杯地"一口闷"。

在我的葡萄酒酒友中,李建侯是我最喜爱、最尊重的,这不仅是因为他技艺高超,更是因为他人品超好。我俩成为挚友已多年,多年来,他常常带着我与一班粤港澳台的专业品酒师们一起品酒。这个专业圈子的弟兄们个个精通差不多每款酒的产地、产区、葡萄品种甚至葡萄树的树龄。他们只需小抿一口,甚至只对着酒杯深深地一嗅,便可得出以上信息。还有更神的,比如建侯的一位同学阿辉,在一次品酒聚会上,建侯请他秀了一把他的嗅觉功力:他只要嗅过一遍就能记住,之后便可准确地将每杯酒与其主人一一对应,即使我们故意打乱也没用。我有意整蛊他,趁他没留意,我把旁边一位女孩子的酒倒了一些在我杯子里,让他再猜一次。其他的仍然准确,到我这儿时,他嗅了嗅,皱着眉头谨慎地对我讲:"有你的味道,但好像还有个女生的味道。"而我在这个小圈子中的"江湖地位"完全是靠建侯他们发掘、培养并"炒作"出来的。我不会谈产区,对单宁含量的多寡、树龄的长短也不甚了了,可我很喜欢用我的文学艺术表述方式来谈饮后感。比如,与他们一起品鉴几款珍藏级的年份酒,这是需要耐心等待,边等边品,即使熬通宵也在所不辞。因为好的年份酒结构复杂精致,往往醒得慢,而且在醒的过程中又变幻丰富,惊喜不断。专业品酒师们往往会时不时地嗅,在不同的节点上小口啜饮,并时不时评价:"看看!看看!现在又不同了,从鲜果味到干果味了……"那个又接着说:"好像还有矿物质的味道!"很长时间后待酒醒透时他们会发出类似的赞叹:"哇!现在整个释放出来了!太棒了!嗯嗯嗯……啧啧啧……"而此时的我可能会这样评说:"这一款像个可爱又慵懒的小公主,她约好你今天来找她玩耍。但你到她家门口时,她还在睡觉,于是你只好苦等,有时想走,但一想到再等一下就可和她一起嬉戏,你只好再等……现在你听到她起床洗漱的声音了……她好像出来了,但为什么又回去了呢?哦!可能想要再换一条更漂亮的裙子……现在她真的出来了!正向你走来!""而这一款呢,更像一位神秘内敛的绝色美人,一般人她都不理会,只等待懂她的人到来并为其绽放,而她一旦绽放就会将其融化……"我的这类"酒评"每每受到包括专业品酒师在内的所有在场人的追捧。多年来,由于不断地与建侯及广大酒友们欢聚畅饮,饮后又"大放厥词"、胡发酒评,不知不觉地,我在这个圈子中的"江湖地位"也就越来越高,高得连自己都难以置信。现在又边写边喝了几杯,于是很想与《边走边喝》的读者朋友们分享几点我对葡萄酒的感受:

1. 越好的酒,越要与好友分享,独饮好酒是可耻的。

2. 在多姿多彩、无穷丰富的葡萄酒世界里,对具体的人而言,绝大多数葡萄酒并不存在最好,只存在"至啱我"(最适合我)或"我最喜爱"。比如同样是法国酒,我的最爱是玛歌,而你的最爱也许是勃艮第;同样是意大利酒,我的最爱是阿玛罗尼,而你的最爱也许是巴罗洛。葡萄酒本身的确有档次高低之分,但从饮者的感受来讲,这种差异大多可以被消解掉。我常常把旧世界(以欧陆为代表)的葡萄酒比作燕尾服/晚礼服或者正装/裙装,而将新世界(如新西兰、澳大利亚、阿根廷等)的葡萄酒比作T恤衫加牛仔裤。旧世界的酒庄重、精致、豪华,富于变化;新世界的酒奔放、不羁、畅快,直抒胸臆。各具魅力,各有精彩。

3. 顶级好酒最好"斋品"。这是说顶级酒最好不要配菜,单品或只配高品质奶酪即可。

4. 不是所有的葡萄酒都应"斋品"。我认为,就整体而言,葡萄酒与相应的美食搭配才能构成一个完美的"生态"。在我看来,除了极少数"斋品"级的,绝大多数葡萄酒我们都应为其寻找美食来搭配。这种搭配首先应在同一地区或同一文化中组配,这方面的知识和体验建侯会在本书中充分论述和讲解。这里,我只想提个有趣的混搭:我曾经拿一支勃艮第红酒飞去兰州配上兰州牛肉面馆里买的牛腱子肉,将牛味十足,入口即化的腱子肉嚼至五成时,送一口勃艮第,肉的香和酒的美味(因为无法单用酸甜苦涩之类的词语描绘）都远超出它们原有的层次！我也曾用新西兰的冰镇长相思白葡萄酒配成都的"跳水美蛙"（泡椒麻辣田鸡），冰火两重天，舒爽之极！我还曾用意大利的桃红起泡酒（又叫"粉酒"）配潮州的"打冷"（冻海鲜熟食）和卤味，由于粉酒既可配白肉，亦可配红肉，所以这一组混搭便鲜甜得"不要不要的啦"！我还有一个"重要发现"：地道的广府白切鸡既可配红又可配白，还可配粉，通配！真是难得的佳肴。

好了，点到为止吧，再多说就有"抢戏"之嫌了。让我们打开这本书，跟着建俣边走边喝。一路上将结交更多"酒肉知己"，一路上将更爱自己，一路上将更加感恩上苍所赐！

活着，就要好吃好喝，谁让咱们是凡人，凡人就是饮食男女，天性也！何过之有？

新年伊始我和酒友们就搞了一次很有意义的活动。1月13日，我校管理学院43期EMBA李帅伟、徐涛、李景秋三位同学和曾参与过第12届全球华人高校EMBA戈壁玄奘之行比赛的一群同学，邀我在建俣的特思云葡萄酒餐吧，由建俣主持集体品酒，以选出作为"中大情"系列的葡萄酒（以"广州逸仙时空公司"名义投资），最后选定了一款阿玛罗尼（AMARONE）和一款经典基安蒂（CHIANTI CLASSICO），前者贵气风雅，后者豪气洒脱。并在原产地贴上了两款"中大情"酒标，分别是素描怀士堂和北门"国立中山大学"牌坊。这酒标与酒瓶及其他原有符号毫无违和感，甚至更靓！同学们做了件好事，浪漫的中山大学应该有属于自己品牌的葡萄酒。希望今后"中大情"能成为我和酒友们活动的主打酒。更希望它能在6年后（2024年）的中大百年校庆时大放异彩。我相信会的。

酒里乾坤大，肴中日月长。

是为序。

2018年春节于中山大学中文堂

千言万语牛肉面

李 炜

2017年春节，回兰州的第三天，我才成功吃到了牛肉面。回兰州的主要任务自然是陪父母过年，而陪父母一起吃早餐也是内容之一，初一早上一定要陪父母吃早餐——而吃牛肉面都讲究在早上吃，正宗的兰州牛肉面馆午饭后一般都要关门。可以肯定的是，您要是下午、晚上去，吃到的牛肉面不可能正宗。由于初二一觉睡到了快十点，就也被父母禁吃牛肉面了，妈妈的理由是："这么晚了我以为你改变主意了，还是在家吃吧。"

这次回兰州，经与父母"谈判"，达成了"一天在家早餐，隔天可以去吃牛肉面"的协议，但前提是不能起太晚。这让我想起了上小学的时候与父母达成的协议：只要睡午觉，就可以在下午上学前得到一根牛奶冰棍……在父母面前，你永远是个孩子，孩子就必须听话。

今早，阳光明媚，为了牛肉面，我特意起了个早。出门时，在客厅见到87岁的老父亲，他很贵族范儿地对我说："早上好！现在你可以去吃牛肉面了。"——是的，今天不是"限号日"。穿上羽绒衫，准备出门时，妈妈又说："你爸爸一早提醒我，'小儿子今天早上不在家吃，去吃牛肉面'。"在我家，做什么都讲究"二有"：有理据，有计划。记得大年三十，和父母讨论吃牛肉面计划时，父亲的理据是："我们没有理由剥夺你吃牛肉面的权利。"

我最喜欢在牛肉面馆的大门外吃。坐在门口的小凳子上，看着来来往往的车辆行人，这样吃才过瘾。这"毛病"13岁时就养成了，那时，我只去离我们京剧团不远的一家坐落在一个土坡上的小牛肉面馆。练完刀枪、翻完跟头后，慰劳自己的最好方式就是来这家吃一碗二细（才够硬够劲儿），而且一定是要端着出去，蹲在土坡上吃，看着路上的车来人往，觉得特香，并且觉得特有爷们范儿！现在大多不让蹲外面了，如果让蹲我还干！

在兰州，一碗牛肉面大约六七块钱，您可以选择大宽、宽的、韭叶子、二细、三细、细的以及毛细等各款牛肉面。想要豪华标配，那无非就是再加一份大片牛肉、一个鸡蛋，俗称"双飞"。如果有哪位想显摆、不差钱，点了两份肉，或要了俩蛋，那一定会被鄙视或当作傻×！至于小菜，则自由拣选，不在标配之列。

兰州牛肉面就是有着这样突出的社会功能，这也是我最为仰视牛肉面的理由：无论贫富还是贵贱，在牛肉面碗里统统都被消解掉了，所有的"装劲儿"也会被淹没在牛肉面的汤里，而可贵的平和、平等却在每一碗面中洋溢着！

非正宗牛肉面有如下指标：下午、晚上还能吃到的，不用自己端面而有服务员帮你端的，除了卖牛肉面还卖很多东西（比如盖浇饭等）的，听不到就餐者说兰州话的，以及打着类似于"舌尖上的中国"等旗号的！

挑剔的兰州人会把牛肉面的面、汤、肉三大要素分开评价，所以你常会听到"白老七的面、安泊尔的汤、吾穆勒的肉"之类的评语。诚然，三要素俱佳实属不易，但如果遵循这样的指引，开着车满世界跑去找正宗，除非陪外地朋友，否则真有点儿矫情。

吃牛肉面时，有两个要素取决于你自己：一个就是辣子放多少，自己拿主意。你在端面口除了先声明要哪款面之外，等到你的面出锅挑到碗里时，还要及时向添汤（汤里一般含少许青白萝卜片儿）加辣子的师父（而不是拉面的师父）声明"辣子多些"或"辣子少些"，如果不吱声儿，人家就会给你放个适中量。

在牛肉面"三项"中，面是最重要的，口中质感最难拿捏——毕竟处于"中心语"位置啊！我今天破例要了个"毛细"。当我在端面口对拉面师父喊"一个毛细！"时，他立马抬头，用疑惑的眼光看着我。我知道，他的疑惑在于："这个毛细是男的吃的吗？"

在兰州，点不同款的牛肉面往往能够反映出食客的不同社会特征。比如，细的和毛细一般是"女娃娃们"吃的——当然，没牙的老头老太太也会点。毛细怕是最女性化的一个面种了，那些勇于大冬天在长筒皮靴上露出一截儿大长腿的主儿就会点毛细以彰显其柔美，但不会是这个时候来，我想大概会在中午前后吧。

这就是拉面师父疑惑地看我的缘故——估计在他心里，我是个"丫丫子"。我也只好认了。当然，我的挚爱其实是二细，二细最为硬朗瓷实，是男性劳动者的上佳选择，要吃二细，消化能力得相当好。大宽（又称"肚带面"）是老兰州牛肉面的"好家"（深度爱好者）点的，以彰显其地域特征。宽的，尤其是薄宽，一般是退休男性爱吃的，一来好消化，二来形象上又比较男性化。

近几年的兰州有个大变化：男性点三细的最多。这恐怕与体力劳动者越来越少，消化能力越来越弱以及男性"阴柔化"倾向加剧相关。至于偶尔出现的点"三棱子、四棱子"（横切面为三角形和四方形的，很难消化）的主儿，那不是兰州本地的"搞事者"就是外地的猎奇者，好多年没见过了。

兰州牛肉面除了要放油辣子还要放醋。山西人说："吃面不放醋，如同吃烂布。"这话也同样适用于兰州人的味蕾。但兰州牛肉面馆只认一种兰州产的、特供清真牛肉面的香醋，而不认山西陈醋。经初步调查，这种醋也是清真的，对外不卖，只"配给"兰州本市各大清真牛肉面馆。不同于山西陈醋的是：兰州"清真醋"酸度低、"香度"高。我追问这醋叫啥名儿的时候，店家笑笑，和蔼地答道："你想喝咯就来吵！不要钱儿。"我明白了，这属于"商业机密"。——对了，这"喝"字用得好，记得有发小告诉过我，喝多了酒，到牛肉面馆子里要些醋喝，特解酒。没试过，但我信。

总之，没辣子没醋，那也不是正宗兰州牛肉面。我在广州的牛肉面馆里常见到不放辣椒不放醋的或专门要红醋（浙醋）的主儿，凡见到这样儿的我就会自然生出一个念头：先把这主儿拉出去打一顿，然后赔给人一碗西关云吞竹升面……

大清早出门，若是问一个兰州街坊："做撒去了?"他一般都会回答你："咥了个牛大蛮！""牛大"，即牛肉面大碗的简称。过去的牛肉面分大碗、小碗，现在都被不大不小的碗取代了。"咥"在兰州话里有"饕餮"之意。一碗好的牛肉面自然应该有被"咥光"的待遇。所以在一家老牌的牛肉面店里，你要是剩了半碗汤走人，店家很可能会不高兴，因为这是在质疑人家汤的水平；而一些老食客也会反感地看着你。在吃牛肉面的过程中，随时可以免费添汤。兰州牛肉面的汤相当讲究，标准的是用一整副牛的肩胛骨加一只老母鸡熬一天一夜而成，熬汤时要不断将漂浮起来的"沫沫子"撇出去，愣从浓汤熬成清汤。所以兰州牛肉面的全称应为：兰州清汤牛肉面，所以单喝汤都非常享受。今天吃完后又找师傅添了轮汤,但我这样做是不对的,应该在汤中尚有面时添汤,而不应拿个空碗去要汤。我知道,这也是一种兰州牛肉面文化。我猜想,空碗要汤与讨饭形似。

当然,您可能很诧异:这浓浓的一层辣椒和红油难道都要一起喝下去吗?非也。会不会吃牛肉面其实主要看喝汤的基本功:吹开"红云"见清汤。吹开红油并趁其返回嘴边前喝口汤,无论吹、喝都要适度,吹大发了可能把红油溅脸上,喝太大口了难免红油跟入口中。最好的节奏就是上面提到的这样,"生活充满节奏感"嘛。如此喝汤法,就决定了我们必须端起碗来喝。如果您拿着勺子喝,那不光会被兰州人看作是净装孙子,而且一定是在直接喝红油。记住了吗?以后跟我去吃兰州牛肉面千万别要勺子,否则别说认识我(但广州的云吞竹升面则一定是筷子、汤匙双管齐下)……

咱干脆不论辣椒红油,单说牛肉面的汤也行,它看着清淡,喝起来却浓郁鲜香,再配上兰州的清真醋,妙不可言!尤其是头天晚上喝多了晕一晚,早上一碗牛肉面吃光喝净,再出些许汗,保证舒爽到又想来两杯酒。这不,一碗牛肉面下去,酒意全消后,便在院里细细赏春花了……

那究竟什么样的牛肉面算正宗呢?依我看,兰州遍地都是正宗牛肉面!寻找它们的条件很简单:清真的地儿,排队人多的地儿,食客都说兰州话(或多数人说)的地儿!顺便再说一次,离开了兰州就没了正宗牛肉面。拿广州举例,广州无数家所谓"兰州牛肉拉面"都应该改为"化隆拉面"。另外,"兰州牛肉面"也不叫"兰州牛肉拉面",加个"拉"字就是假冒伪劣。广州之前开了家兰州东方宫的牛肉面,在广州可能算是唯一正宗的,但总感觉哪儿还有点不对劲儿。老板说,所有食材(包括调料)都从兰州空运来,但始终不能和兰州比的其实是——水。兰州的水"硬朗",广州的水"酸软"。

说到这儿您就明白了——不来兰州咋能吃到正宗牛肉面啊?朋友们,一定得来一趟啊!

当然,爱吃牛肉面者未必有牛肉面情结。我的一位发小,我叫她"小妹",在美国创业,回国投资后被多次请上天安门观礼台。而对于每天面对山珍海味的她来说,兰州牛肉面却完全是一种信仰,跟她一起吃牛肉面,你会被一种"仪式感"所感染。如果回兰州,吃了顿不太地道的牛肉面,她会整天不悦甚至发脾气。我以前就纳闷儿:我的父母和小妹的父母都在兰州待了大半辈子，也吃牛肉面，但似乎也没有牛肉面情结。后来弄明白了——这种情结需要从小种植，所以出生地很关键。我们的父母来自天南地北，没哪个是兰州出生的，除了兰州女师的发小们，没一个人的父母是兰州人。我所了解的兰大①子弟中，好像只有一个是父母为地道兰州人的，那就是央视的水均益（水家是兰州大户人家）。我们的父母基本上没有哪位是有牛肉面情结的，但我们这帮子兰州出生的"娃娃们"却没有哪个不具有牛肉面情结！出生地和籍贯是两码事，我妈妈籍贯梅州，但她始终如一地忠于潮州牛肉丸，因为她出生在广东潮州。

就兰州牛肉面的话题，我说了这么多，有朋友一定以为我对兰州牛肉面情有独钟。没错儿！但我还要告诉您，我钟情的不只是兰州牛肉面。一方水土，一方文化，许多地方都有我钟情的美食：

到西安，肯定去吃羊肉泡馍，且必须配糖蒜。水盆羊肉则必须配生蒜片。

到新疆，一定要吃喀什的炒烤肉，再配上馕。

到内蒙古，一定要吃羊肉馅儿的烧卖，配蒙古族奶茶。

到北京，一定得吃北京包子、炒肝儿、花生米儿再拍一蒜泥儿黄瓜配"小二"。

到天津，得来一笼狗不理，再来碗小米粥，当然也得是一大早吃。

到哈尔滨，把买来的红肠儿切成斜片儿摆在盘中，上面均匀地撒上切碎的生蒜末，搁微波炉里叮一分钟，配伏特加，拉开窗帘，看着雪景吃喝，最好是晚上。

到了大连，得吃蚬子面。

到青岛，必须来份儿韭菜炒海肠子，配青岛啤酒。

到宁波，得尝尝黄泥螺配老酒。

到上海，必须吃"生煎馒头"（生煎包子）。还有，上海浦东有家意大利菜馆，我看已超过了位于广州凯旋新世界的Oggi了，该店的意大利名酒很齐全，从小众的嘉雅（GaJa）到知名的巴罗洛（Balolo），当然也少不了我和哥们儿建傒的意大利红酒挚爱——阿玛罗尼（Amarone）。

到了潮汕地区，一定别忘了品牛肉丸，汤里一定要放潮州芹菜末儿（其他地方芹菜不适宜），再放点儿高质量的白胡椒，最好再放上中国第

---

① 本书所称"兰大"指"兰州大学"。——编者注

一牛的潮州紫菜。

到了梅州，必须来只正宗乡下的盐焗鸡，配客家娘酒，温热了喝。

到了武汉，别忘了吃街边的热干面（对，必须街边，否则味儿不对），晚上去江边吃"四季美"的汤包，配两口"霸王醉"（70度烈酒，口感极棒）。

到河南，少不了要在郑州吃正宗的羊肉烩面，在开封吃"天下第一楼"的灌汤包子，早上吃汝州的羊杂碎汤。喝多了别忘去洛阳吃浆面条儿，解酒。

到了海南，要吃临高烤乳猪配鹿龟酒，至于白切文昌鸡，那与新西兰的长相思是绝配——对了，别忘了鸡块上要点上黄灯笼辣椒酱。鸡肉嚼至五成，呷一口冰镇长相思，额滴个娘啊！冰火两重天！

到台湾，得去米其林级的"鼎泰丰"——不过广州也有了，在太古汇负一层。

在云南丽江，要想办法找到海拔4000米以上的山上散养的"乌骨鸡"，肉和骨头都是乌黑的，这种鸡可以轻松飞上树，肉超紧致。将其剁成块儿，放清水中炖它几个小时（否则咬不动）后烫各种菌子吃，只需配上新世界的西拉之类，开瓶即可畅饮，一口肉、一口菌子、一口酒，好不快哉！如果赶上松茸出产的季节，最好带上珍藏的勃艮第红酒去丽江，将鲜松茸做成刺身，蘸些wasabi[①]即可，入口即化，香过肉千倍，再将早已打开、醒过许久的勃艮第送入口中，您就是神仙啦！

到了山西，切盘儿平遥牛肉，配上15年以上的老汾酒，三两以后试下干拌削面，多放醋。吃完接着整酒，再配个醋泡"心里美"萝卜皮儿。

到成都，要吃"龙抄手"店里的"馋嘴美蛙"。

到重庆吃火锅时，别忘了点黑毛肚，"七上八下"即食，早了生、晚了老。

到贵州，要吃正宗酸汤鱼，别忘了加份儿凉拌折耳根（鱼腥草）。

去广西，一定要吃地道的桂林米粉，记得先吃干捞的，再喝汤，程序别乱才正宗。当然，亦可在畅游漓江时，吃点卤味，配些三花酒。

江西九江的红烧各类长江鱼绝对可圈可点，而餐后水果则当属江西赣州的脐橙啦！

---

① 日语注音，指芥辣。

到长沙，切不可忘了去找"杨裕兴"百年米面来吃，吃完你会被"一次性搞定"哒！

至于西藏，我曾于几年前在拉萨请我们中大第十六期援藏"研究生支教团"全体同学吃藏餐喝拉萨青稞啤酒，现在他们的评价仍是："在西藏一年，您请我们的那一顿是最好吃的。"牛皮不是吹的，"真吃货"的桂冠也不是谁都能戴的！

说到广州，我就"说都不会说啦"，毕竟"食在广州"嘛，非千言万语所能道尽。粤菜的原汁原味和兼容并蓄是它最突出的特征。前者以白切真味鸡（最好是清远走地鸡）为象征；至于后者，我可以这么说：这地球上所有的好酒，都可以在粤菜中找到可配乃至绝配"对象"。欲知详情，咱找时间整个美食美酒 EMBA 细细道来。对于广州美食带给我的感动，这里只举一例：2003—2004 年，我去东京待了一年，由于太忙没时间自己做饭，天天吃日本菜，一直到第三个月左右的某一天，突发感冒，躺在榻榻米上，突然想到了兰州牛肉面，口水哗啦啦地直流，但不知怎的，却自言自语地吐了一句粤语"肉粥"，言罢，眼泪止不住地流了下来……这大概说明，内心的忠诚与味蕾的所爱未必完全一致吧。

心要专一，舌应博爱。只要在我的味蕾上留存下了独一无二的美好记忆，我就会对它"情有独钟"！兰州真好！广州真好！北京真好！中国真好！世界真好！

（本文为学生王旭据李炜先生微信朋友圈整理）

第一编　同事追思

奠君清泪到黄泉

——悼念李炜教授

中山大学中国语言文学系　黄天骥

昨天上午，接到了李炜教授病危的消息，我想，要不要赶到医院去看望他？正犹豫间，恰巧外面打来一个需要沟通而费时很长的电话。放下电话，就收到李炜已经去世的微信。不禁黯然神伤，真后悔不能最后见他一面。

在上月中，我曾到医院探望过他，知道他病得很重，但又见到他气色还好，对治疗很有信心，也稍觉宽慰。怎么知道，一个活生生的生命，一个才华横溢、工作勤奋、满怀理想的中年教授，说走就走了！我放下手机，踱到阳台，想到骤然失去了一位有作为的同事和学生，只有栏杆拍遍，清泪直垂。

1985年，李炜从兰州来到中山大学中文系语言学教研室，从事中国语言的教学工作。当年，我正担任中文系系主任，工作繁忙，对这活蹦乱跳的年轻人没有留意。后来渐渐稔熟，听学生们反映，他讲课生动活泼，教学效果极佳，很受大家欢迎。我想，语言课一般容易讲得枯燥，对学生的说法，也只半信半疑。有一次，我们和校友一起聚会，李炜一杯酒落肚，学着我讲课的腔调，模仿我的神情和带着粤腔的"普通话"，竟然惟妙惟肖，引得校友们哄堂大笑。他又趁着酒兴，唱了《沙家浜》的唱段，俨然胡传魁的模样。我忽然明白，李炜曾经当过兰州青年京剧团的演员，他把语言学原理和知识舞台化，难怪能够把语言课讲得如此动听。从此，我知道，他是我校讲课的一张王牌。

李炜豪爽真率，胸怀坦荡，与同事和学生相处，有时甚至没大没小。但对待学习和工作，则十分严谨勤奋。有几次，我有事找他，却老找不着。我有点生气，问他是否又喝酒去了？他爽快回答："是，但吃了饭回校后，躲起来写论文去了。"我知道，他常常和校友联系，为的是广泛团结校友，推进学校和中文学科的发展。同时，又放弃休息，抓紧时间，认真备课，钻研学问。果然，在他工作最忙的几年里，连续在全国语言学的权威刊物上，发表了多篇高质量的学术论文，受到语言学界的关注和称誉。李炜的学术思路十分活跃，他严谨治学，却又不是只躲进书斋，而是把语言学原理和社会实际结合起来。近两年，他致力于"一带一路"的汉语教育，向上级提出方案和建议，受到领导的高度重视，并且指示批复。从此，他便联合各方，积极开展工作。过了一段，他又组织中山大学神经语言学教学实验室，并和中大多所附属医院一道工作。他曾兴奋地告诉我，对开展这跨学科的具有创新意义的项目，充满信心。可惜，今日斯人仙去，不知会给这些重要的项目，带来多大的损失！而从这些重大选题的意义和设计中，我们也清楚地看到李炜的家国情怀。

2004年，中大迎来八十周年校庆，学校准备举行盛大的庆祝活动。那时，李炜并没有担任学校任何的职务，但校方知道他有组织大型晚会的经验，便邀请他主持工作。李炜明知时间紧促，任务繁难，但仍欣然接受学校的委托。从组织节目、排练歌舞演出，到在小礼堂前边的草坪，搭建让人耳目一新的七彩舞台；从邀请专业导演莅临指导，到联系中央电视台派遣人员来现场向全国直播。每一件事，李炜都亲力亲为。由于他和国内文艺界有广泛的联系，时常帮助别人，这回，他振臂一呼，许多专业人士便无保留地前来帮助中山大学。这一段，他夜以继日，紧张工作，累得眼布红丝，身躯瘦了一圈。他还常常自掏腰包，招待来自各方帮忙的朋友。

有一天，他忽然找我，说是有一个节目，需要一位带有广州口音的教师，仅仅说一句台词。这节目的规定情景是：有一位校友，在海外挂念自己的老师，便打来电话问候。老师拿起电话，问道："您是哪位？"这一段表演，校友扮演者在舞台上打电话，而老师不用登台，只需在后台播放他询问时的录音。李炜认为，我的声音最具岭南特色，便请我专门说这一句话。我想，就说这四个字还不容易？也欣然答应。有一天，晚上八点，他带着我到市内录音师的工作室，略一寒暄，便开始录音。

起初，我对着麦克风做询问状："您是哪位？"谁知讲来讲去，不是神情不到位，就是音色、音调不合适；不是录音师否定，就是李炜摇头。这一句简单的话，我讲了十多次，还是不能通过。李炜看见我有些不耐烦了，便让我休息了一会，然后对着麦克风再讲。搞了半天，好容易才捕捉到合适的神态。一看手表，已是晚上十点半了。就这一句话，弄来弄去，足足折腾了我两个钟头。我真不高兴了，埋怨了他几句。李炜说："黄天老师①，您也知道，舞台表演是一次过的艺术，必须恰到好处。不认真是不行的。"经他一说，我反不好意思了。平时，我常以长辈的姿态，看到他大大咧咧的样子，总是嘱咐他要认真做事。这一回，倒是他以自己的体会和行动教育了我！确实，我们要对万千观众负责，一定要做到最好。我也觉察到，李炜似乎在生活上比较随便，其实做人做事，很认真，很负责。这一回，我看到了他细心如发认真工作的态度。他竭尽全力，费尽心血，办好校庆晚会，这又说明他多么热爱母校，为母校无私奉献，想方设法要为母校争光！当时，人们一致对校庆晚会表示满意，都认为校庆活动办得很成功。但是，恐怕很少人知道，李炜为母校付出了多少无偿的劳动。

别看李炜爱说爱唱，有时甚至嬉皮笑脸，但是，他非常注意继承传统的优良品德。作为教育工作者，他是尊师爱生的典范。在长达三十多年的工作中，无论是作为一般的教师还是担任系的领导，他不知替多少学生，解决了多少工作和生活的问题。在假日，他喜欢和学生畅叙；在平时，则和学生探讨学问。不算年轻的他，总是和本科生、研究生打成一片，学生们尊敬他，也把他视为兄长。所以，大家都喊他为"炜哥"。哪里出现炜哥，哪里便出现了欢乐。

李炜对待老师，又是十分尊敬的。前几年，兰州大学语言学家黄伯荣教授，退休后回到家乡阳江市。黄教授曾是李炜在兰大求学时的业师，当他知道老师回乡，便不顾交通不便，多次到阳江拜望，扶着黄老师散步，带着他品尝美食，帮着他整理家务。在黄教授的指导下，共同整理了《现代汉语》教材。这一部由师生两人共同主编的教科书，在语言学界产生了重大的影响。后来，黄教授生病了，李炜焦急得很，一有空余时间，便买食物、买药品，远赴阳江，连住数天，为老师端水煮药。过了几个月，黄伯荣教授不幸逝世，李炜便带了几位研究生，到阳江黄家，跑上跑下，帮助黄家子女料理后事。

由于黄伯荣教授在 20 世纪 50 年代曾在中大工作，也是中大的校友，李炜便拉着我和几位同事，到阳江参加黄教授的追悼会。在追悼会上，我

---

① 李炜老师对黄天骥老师的特称。

从未见过生性乐观的李炜,如此痛楚,如此哀伤。他身披孝服,在老师灵前,泪流满面,长跪不起。他待老师,如待父母。我们站在一旁,看到此情此景,不禁为之动容,为之震撼。这就是平素喜欢说段子、开玩笑的李炜吗?而从他对老师逝世的哀痛中,我看到他对老师真挚的感情,看到他尊师重道的高尚品德。

李炜在担任中山大学中文系系主任以后,全心全意地做好领导全系老师树人树德的工作,培育学生具有领袖气质和家国情怀。当学校提出力争早日进入全国高校第一梯队,要求各学院制定建立大团队、大平台、大项目的计划时,他闻风而动,广泛征求系里教师的意见;又反复思考,制定周详的发展计划。他把方案上交学校,得到了领导的肯定和表扬。他对我说过:写这计划,比写一篇学术论文更花时间,更费心思。但为了中大和中文系的发展,熬几个通宵,也是值得的。我很感动,人们都以为李炜坐不住,喜欢玩乐交际,谁知道他能够广泛团结师友,为母校和中文系的发展,公而忘私,耗尽心血。我仔细阅读了他制定的方案,也为中大在近几十年,能够培养出不说空话、不计个人得失的系主任,感到自豪和安慰。

在担任中文系系主任的几年中,他既继承前任已经取得的经验,又注意发扬创造,以期更好地搞好培养本科学生的工作。人们都知道,中大中文系从1986年开始,便规定本科一年级学生,在一年内要缴交一百篇作文;二年级则要写出八篇小评论。这措施,到李炜任期,已连续推行了近三十年。李炜一面秉承前任的做法,一面更注意把学生的写作锻炼和社会实践结合起来。他让三位教师带领部分学生,在训练过百篇写作的基础上,在东莞市委的指导和协助下,以田野调查的方法,全面了解莞城的历史和街道建筑、人文风俗,采访退休的革命者、机关干部、企业家、教师、残疾人和普通市民,经过努力工作,终于写成并出版了《东莞人》一书,受到社会的好评。李炜推行这一项措施,既让学生们得到了联系社会实际的锻炼,提高了思想认识,把德育和智育结合起来,也比过去单从写作训练着眼,更符合教书育人的方针。可见,他勇于探索,勇于改革,敢于在传承传统的基础上创新,时刻想方设法,完成母校交付的使命。

2016年春节,在家家团聚的时候,作为系主任的李炜,却给中文系全体老师写了一封动情的"家书"。在信中,他很自豪地回顾了近年来中文系取得的成果,恳切地说出希望同仁们团结一切,共同协作,取得更大的胜利。这封信,真挚地表达出他对母校和中文系师友的深情,坦诚地诉说了自己对教育的理念。今天,我打开微信的朋友圈,重读了这封信,并发现仅在十几个小时之内,在一个小小的公众号,阅读量竟超过7万。可见,绝大多数的知识分子,是有良知的,李炜的在天之灵,如果知道广大人士对他的认同,他完全可以宽慰。天堂里,没有诽谤,也没有疾病的痛苦。不过,中山大学从此失去一位优秀的教师,我国学坛也从此失去一位有影响有前途的语言学家,同学们也从此失去一位难得的良师益友。

我重新阅读李炜老师这一封家书,不禁热泪盈眶,随手写下一副挽联:

爱母校,爱师友,遍尝苦辣甜酸,能受天磨,引吭长歌舒浩气;
精语言,精学术,兼擅唱吟念打,忽惊柱折,奠君清泪到黄泉!

书成掷笔,聊寄哀思。更期望一代又一代的学人,能和李炜教授一样,全心全意,联系广大师生,时刻兢兢业业,拒绝拉帮结派,坚持党的高教方针,让中大中文系取得更大的发展。

2019年5月7日于广州
(本文原刊于《羊城晚报》2019年5月9日 A14版)

魂兮，归来

中山大学中国语言文学系　唐钰明

一

2019年5月6日，一个刻骨铭心的日子。我握住李炜结实的犹有余温的手，看着他慢慢地停止了呼吸。病室内外几十位师生顿时响起了一片啜泣之声。如此鲜活、犹如小伙子一样活蹦乱跳的他，真的就走了？他的哥哥李旭哭了，我劝他别哭，可我的心呀，却不知道是在流泪还是在滴血……5月11日，最大的能容纳几百人的遗体告别厅爆满了，亲属、朋友、学生、各界贤达，多达千人。我们这一队列，除陈春声书记、罗俊校长以及多位学校领导之外，还有黄天骥、李萍、邵敬敏，等等。跟遗体告别时，十几个硕、博士生突然同时下跪，令人震撼。在亲属行列中，我抱住了原非亲属的号啕大哭的蔡国威，他可是毕业多年的东莞籍学生啊！

二

李炜和我的关系，说是师生，不如说是朋友。本来他在中文系跟我是同事，叫我唐兄，后来以副教授的身份在职就读博士，才改称我为唐老师。他原来学的是现代汉语，跟着我用汉语史流动的观点，逐步由现代上推至明清。经过每周写一篇小论文的磨炼，他显得越来越成熟。2003年，他被派到日本大东文化大学任教，我建议他抓住濑户口老师的琉球官话研究，好好在这上面下功夫。果然，他取得了开创性的卓越成果，接连在《中国语文》发表7篇论文，成了重大项目的首席专家。近年，他不甘心固守一隅，还把视野扩展到了中国式的神经语言学，并和中山三院建立了良好的合作关系。他的目标是要在 Nature 和 Science 上发表论文。可惜呀，可惜！斯人已去，谁将是后来人？

三

李炜为人风趣幽默，豪爽大气，交友极为广泛。文艺界和社会各界，不少人和他肝胆相照，视为死党。学术界之中，据我所知，中外老幼，他也有大量朋友。例如日本濑户口律子、法国柯理思等。前几天和社科院①学部委员江蓝生先生聊天，提起当年她、我还有李炜，三人在荔湾湖上泛舟品茗，她还念念不忘呢。作为老师，他视学生如朋友，勠力同心，多方关照；作为系主任，他克己奉公，不占不贪，一心一意只想提高中文系在国内外的地位；作为广东省政协委员和中山大学党外职工联谊会会长，他为民请命，对不良现象大加鞭挞，树立了良好的形象。他还担任广东省语言学会会长，兼任珠海校区的院长，可谓精力旺盛，才华过人。他有时精细，有时粗犷。由于接触的人和事很多，不免有开罪人之处，可是人死万事皆成空，旧时恩怨就随风而去吧。

四

我女儿出国 30 年，儿子出国 20 年，我和老伴在广州是典型的空巢家庭。李炜常说，要把我们当成父母看待。平日嘘寒问暖，逢年过节则和丘国新带着精美礼物上门。好几年，他还邀了黄天骥、康保成几家一起共度年三十。有时候还邀上校外的朋友，比如石方明等共进晚餐，让我们空寂的家庭，充满了生气。我们一般只谈家事，不谈国事。虽然他有好消息总想跟我"汇报"，他称得上是"家事、国事、天下事，事事关心"，我则是"风声、雨声、读书声，声声入耳"。我儿子出差到日本，还曾经跟他一起畅谈军事，直到半夜呢。他父亲严格，母亲慈爱，他又极为孝顺。好几次他父母从兰州来广州，我们一起同游湖畔，畅谈古今，其乐融融。那些朝朝夕夕，又怎能忘啊？2017 年，我腰腿突然极为疼痛，初断为骨癌，数月失眠，痛不欲生。李炜的说法是：要像个男子汉！其间他多方筹措，联系医生，跑上跑下，陪伴左右。他不会开车，但每次都动员学生和同事轮流用车送。最后，终于确定为老年人退行性骨关节病。经过一年多的调养，我已行走自如，痊愈了。而此时，正是李炜婚姻纠缠、重病在身的时候。至今想起，白头人送黑头人，令人悲痛不已。

---

① 本文"社科院"指"中国社会科学院"。——编者注

五

　　数月以来，梦魂萦绕。李炜呀李炜，你可知你父母揪心地思念你吗？你可知你的老友们盼望着和你杯盏交错吗？你可知我和师母天天等着你"汇报"吗？作为唯物主义者，我不信神也不信鬼，可我多希望你能够重现人间啊。我禁不住大叫一声：魂兮，归来！归来！！归来！！！

2019 年 10 月 23 日于广州中山大学

炜哥,你咋走得恁早?

中山大学中国语言文学系　康保成

炜哥走的时候我在开车。我的博士生张哲(中山大学国际交流合作处副处长)一直守在他的病榻前,每过几分钟就用微信向我通报一次炜哥的病情。在此之前总想着去医院看看他,但炜哥数次婉拒了预约,或许是不愿意打扰我们吧?在他弥留之际,我左手把着方向,右手不离手机,期待着奇迹的发生。然而,中午12点半左右,最后一条消息传来:炜哥走了!

炜哥走了,世间再也没有李炜!我回忆着与他交往的三十多年,不禁泪如泉涌。

炜哥擅唱京剧,这是我认识他后的第一个印象。他比我早进中大一年,一次偶然的机会听他唱京剧,立马让我佩服不已,羡慕不已。后来才知道他少年时进过京剧团,练过童子功。他最擅长的是老生,诸如麒派的那段高拨子垛板:"老徐策,我站城楼,我的耳又聋,我的眼又花",马连良的拿手戏《甘露寺》中的那段"叫千岁'杀'字休出口",都唱得有板有眼,字正腔圆,令我这个"搞戏曲"的自愧弗如。后来熟了,多次劝他说:"不如你改行搞戏曲吧?"每当这时,炜哥就得意地笑了,小眼睛眯成一条缝。

炜哥终究没有改行,因为他喜欢自己的专业。

他做的是语言学研究,擅讲各种方言。他所在的甘肃兰州方言就不用说了,其他诸如陕西话、河南话、上海话、北京话、广州话、四川话等,他都能讲。于是,他就"见啥人说啥话"。遇见陕西人(比如宋俊华老师),他就说一口标准的关中方言;见到我这个河南人,他就总说河南话。有一次他被校招生办派去郑州招生,在我的母校河南省实验中学演讲,把普通话和河南话夹杂着讲,这种"两下锅"的讲法,令高三的毕业生们笑得前仰后合。第二年我又去河南招生,还是回母校讲演,校领导回忆起此事，说："李老师的演讲，硬是让我们的几个尖子生报考了中大。"要知道，河南省实验中学是全省最牛的中学，每年清华、北大都能考上十几二十名，中大并不是尖子生的第一选项。

我尤其佩服的是他讲广州话的本事。按说同是北方人，到广州的时间也差不多，他讲的广州话几可"乱真"，而我至今还是"识听不识讲"的水平。看到他操着流利的广州话和本地人交流，我真有点羡慕嫉妒恨。在我的印象中，有的老师讲普通话带有方言味道，他很喜欢模仿。例如他常常模仿黄天骥老师的口吻说："李炜呀，我不能再喝了，你看我'两朵桃花上脸来'。"这种善意的、似像非像的模仿，加上戏剧性的形体动作，往往令在场的人忍俊不禁。每到此时，黄老师从不介意，还和大家一起会心地笑个不停。炜哥有一次对我说："其实，我就是想逗老人家开心。"

炜哥善于演讲，口才一流，越是人多、场面大，他就越有超常的发挥。应当也属于"人来疯"的那种。有一段时间，他到广东电视台客串主持人，获得了出人意料的效果。

炜哥有语言天赋，这是他从事语言学研究的利器，但这并不是他的最终目的。他想要做的，是在语言学领域做出有价值的学术成果和学术贡献。他担任全国高校现代汉语研究会副会长、广东省中国语言学会会长，可谓实至名归。他最感兴趣也最擅长的，是方言、近代汉语和社会语言学。他于 2011、2013、2015、2017 年，先后在中国最顶尖的语言学学术期刊《中国语文》上发表了四篇有分量的学术论文，平均每两年一篇，受到国内语言学界的高度关注。2012 年，虽然他未在《中国语文》发表文章，却是他收获最大的一年。这一年，他作为首席专家，成功申报了国家社会科学基金重大项目"海外珍藏汉语文献与南方明清汉语研究"，并于 2014 年获得滚动资助。这一年，他与黄伯荣先生联合主编的大学本科教材《现代汉语》在北京大学出版社出版，获得同行一致好评。而这一年，正是他担任中山大学中文系主任的第一年。在从事繁忙的行政工作的同时，取得这么多耀眼的成果。炜哥，你太了不起了！

炜哥常常在笑谈中把他的专业和生活联系在一起。一次他坐我的车，侧面有一辆车突然冲出来，差点撞上我们。炜哥笑着说："明清小说常常有'斜刺里杀出来一支人马'的描写，这就是'斜刺里'。"还开玩笑说："'斜刺里'是近代汉语词汇，往往都是埋伏在那里，突然杀出的，刚才这车是有意冲你来的吧？"炜哥的父亲李东文老先生，以往每逢冬季都要从兰州到广州避寒,我叫他"李叔"。记得是炜哥任中文系代理系主任那年,有一次老先生在中大校园路上遇见我,说:"我不希望李炜当什么系主任,只希望他能像你一样,专心做学问我就满意了。"老先生的话中,明显带有恨铁不成钢的意思。我现在很想和李老先生说:"李叔,您的儿子在学术上尽力了,他没有辜负您的期望!"

炜哥从2011年3月起任代理系主任,全面主持系里工作。2012年1月正式担任中文系主任,直至2017年换届。在这六年中,炜哥兢兢业业,未有半点懈怠。在这之前,炜哥兴趣广泛,多才多艺,社会交往多,甚至还有一些江湖气。但在这六年中,炜哥几乎断绝了和社会上的一切联系,一心一意为中文系谋发展。六年中,中文系的各项评估指标都排在全校文科前列。比如国家社会科学基金立项数,尤其是重大项目立项数,不仅高于文科其他院系,而且在全国高校中文系(文学院)中也名列前茅,而教师的体量却明显小于这些院系。中文系的短板是教材,李炜不仅在全系教工会上多次强调教材的重要性,而且还以身作则,带领一批中青年教师日夜奋战,完成了他和黄伯荣先生共同主编的《现代汉语》教材,成为补短板的一项很有分量的成果。

毋庸讳言,由于"文人相轻"以及其他方面的原因,中文系也存在复杂的人事纠葛。炜哥光明磊落,坦坦荡荡,做事公正,顾全大局,甚至有时候委曲求全,以此获得了多数教工的衷心爱戴。我们多么希望在2017年的换届中炜哥能够继续带领中文系,完成他对全系未来发展的设想。此前,为了应付评估,他根据中文系的实际情况,打破以前教研室的编制,对全系进行"拆"和"并"的措施。简单说,就是把师资力量较强的专业如古代文学一分为三,而把力量相对较弱的三支队伍整合为一,这样每一个方向都有强势的学科带头人。这一措施,获得了校领导的首肯。他私下不止一次对我说:"这只是应付评估的临时措施,填表好看而已。从长远看,我们应该下大力气补短板,例如,在中国语言文学这个一级学科下,我们还应建立少数民族语言文学这个二级学科,这样我们的一级学科就全了;对某某专业,有合适的人才也一定及时引进,彻底改变学科发展不均衡的状态;我们的发展瓶颈在于体量小,要向校领导争取编制,增大体量,这样就好进人了。"然而,炜哥的设想尚未来得及实施,他就因"年龄原因"被换下了。这一年,他刚满五十七岁(民意测验时还未到五十七)。两年后,炜哥辞世。这真是"出师未捷身先死,长使英雄泪满襟"！

炜哥的婚姻问题没有解决好，这或许是他父母亲的最大遗憾。李叔、李婶不止一次和我谈起这事。2013年，我和太太去兰州，两位老人携李炜的哥哥、嫂子在兰州市大十字的一家餐厅招待我们，又一次对我和太太说："李炜离我们太远，我们老了，也不能常去。你们是他最好的同事、哥们儿，多操点心，给他介绍一个合适的，过日子的，年龄千万别太小。"然而，炜哥的婚姻大事最终未能解决好就匆匆走了。白发人送黑发人的悲剧再次上演，怎不令人悲痛欲绝！在炜哥的送别仪式上，李炜的哥哥说："我父母最疼爱的，就是他这个小儿子。"炜哥聪明，乐观，事业有成。最关键的是，他还这么年轻，怎么就这么走了！这让年迈的父母亲如何承受！经有关部门和李炜的哥哥商定，炜哥去世的消息暂时瞒着两位老人。这也是唯一的、最无奈的办法了。

炜哥没有子女。但在他的送别仪式上，一群学生披麻戴孝，以子女的身份为老师送行，一个个痛彻肺腑、泣不成声。这才真正是他的"报应"！他待学生如子女，学生待他如生父。有几个教师能获得这样的"待遇"和殊荣！银河公墓最大的、能容纳八百人的吊唁厅，竟然挤进了千余人。每个人的悲痛都发自内心。此情此景，令人动容，铭心刻骨！

不知不觉，炜哥升天半年了。炜哥解脱了，天堂没有病痛，天堂没有诽谤。但我还是忍不住想问：都说癌症来自心胸狭窄，闷气淤积。炜哥，你那么开朗，乐观，有才华；你那么年轻，豪爽，讲义气，怎么说走就走了呢？记得三年前你动完手术，高兴地对我说："最顶尖的医生做的手术，最成功的手术，你看，现在一切都恢复了！"系班子换届民意测验时你表态："让干，咱就继续往前冲；不让干，咱就好好教书、搞科研。"言犹在耳，你怎么就不兑现呢？

半年来，炜哥的音容笑貌时常在眼前浮现，炜哥的京剧唱腔时常在耳际回响。我想你，炜哥！你到底憋着什么心里话没有说出来？最后，还是想用河南话问一句：

炜哥，你咋走得恁早？

2019年11月11日泣草于中山大学中国非物质文化遗产研究中心

欲祭疑君在，天涯哭此时

——怀炜兄

中山大学中国语言文学系　欧阳光

炜兄远行倏忽已半载了，然而他的音容笑貌仍不时在脑海中浮现，我至今在感情上还不愿接受他已永远离开了这个事实。

由于住在校外，我们平日见面的机会并不多。记得大约是2019年元旦前后，在校园遇见他，我们还简单聊了聊彼此的近况。当时并没有发现有什么异常。春节后由于要照顾年迈的母亲，我多数时间在老家，五一后才回到广州。五月四日晚就接到国新的电话，告知炜兄病况，深感突然和震惊。由于我的车正在修理中，而我的住处位于广州和南海的交界处，广州的车不到，佛山的车不来，夜晚交通十分不便，就没有马上去医院，心想着一两天修好车后即去看他，还约好了其他朋友一起去，万万没有料到五月六日就传来天人永隔的噩耗，失去了见他最后一面的机会，不由人痛彻心扉。

我和炜兄相识于20世纪80年代初期，当时都是为数不多的新加入中文系的青年教师，关系很容易热络起来。他给我的最初印象很阳光，颇豪爽，喜交友，乐助人。尤其喜欢其幽默诙谐的谈吐，与他相处时，总是充满了欢声笑语。他有极强的语言天赋和模仿表演能力，不仅会说全国各地的主要方言，而且还能自如地在各种方言间自由转换。记得他最拿手的是模仿黄天骥教授用带广州腔的普通话念《西厢记》的曲词，形神兼备，惟妙惟肖，让人忍俊不禁。我们常戏言他入错了行，如果到电视台做谈话类节目主持人，受欢迎的程度应该不在时下许多著名主持人之下。

和炜兄的更深入的交往是在2002年到2011年，我们作为系行政领导班子成员合作共事了九年，其间齐心勠力为中文系谋发展，经历了诸多风风雨雨，也由此建立了深厚的友情。炜兄平日性情自由散诞，连生活作息都很不规律,但对待工作则像换了一个人似的,十分专注,表现出很强的责任心。他分管本科教学,在课纲修订、课程改革、教研室与教材建设,以及青年教师培养等方面都做了许多与时俱进的工作,使中文系的本科生培养一直保持着很高的水准。中文系有一个极具特色的本科生培养项目——强化写作训练:大一的百篇作文、大二的八篇读书报告、大三的学年论文和大四的毕业论文。自20世纪80年代中期起一直延续了30多年,并在施行的过程中不断调整完善。李中生教授分管本科教学时,在总结过往经验教训的基础上对此项目做了学理化系统化规范化的工作,《中国高等教育》曾予以报道,在全国产生了良好影响。炜兄接手后则狠抓落实,把它作为提高本科生培养质量的重要抓手,他还组织学生到东莞等地参加社会写作实践,使这一项目得到不断丰富和发展。我清楚地记得,在系召开的每一次教师会议上,督促大家重视这一工作都是他必谈的话题,甚至已到了不厌其烦喋喋不休的程度。他发现个别教师对此工作不够重视,有敷衍学生的现象,他不讲情面,找其谈话,予以严肃批评。他对分管的本科生教学工作之专注,谓之呕心沥血亦不为过。

在和炜兄的交往中,他有一个突出的优点让我感佩不已,即尊师爱生,说起来这本是教师职业的应有之义,然而并不是人人都能做到他那个程度。他对老师之尊敬,带有浓重的师道尊严、天地君亲师等传统观念的影响,且不仅言之于口头,也落实在行动上。老实说,现在能做到这一点的人真不多了。大概是2005、2006年前后,他的硕士导师、著名语言学家黄伯荣先生回乡养老,我系聘黄老为兼职教授,我和总支书记丘国新与炜兄一起,专程赴黄老家乡阳江送聘书,曾亲眼目睹他对黄老执弟子礼之恭敬。后来听说他经常往返于两地向黄老请安,为黄老解决生活中的困难。他还和黄老合作编写《现代汉语》教材,也经常带着学生一起去受教。黄老仙逝后,也是他为之操持后事,行传统弟子之礼为黄老送终。在这一点上,我虽然比他马齿徒长,却也自愧弗如。

至于爱学生,在他的告别仪式上,他的学生代表于晓雷所做的发言,披露了许多动人的故事,足以让人潸然泪下。他对学生的爱,是发自肺腑的真情流露,学生们遇到问题,不仅是学业上的,也包括生活上的,都喜欢找他倾诉,他也尽力帮助解决。有很长一段时间,我们的本科生一、二年级在珠海校区,有一种"孤悬海外"的感觉。当时只要学生有活动,不分大小,他必然到场,要知道来回广州和珠海,光路途就要花费4～5

个小时。我曾劝他，大的活动参加一下，小的活动就不必了。他回答说在珠海校区的学生，平时见老师少，见到老师就像见到亲人一样，我应该尽可能多去。他平等对待学生，和他们打成一片，学生们也像对待大哥哥一样对待他。他尤喜自掏腰包请学生"打牙祭"，我敢说他是中文系请学生吃饭最多的老师。在这方面他有一种"千金散尽还复来"的气概。在他的告别仪式上，原广东电视台主持人侯玉婷亲口告诉我，有个中文系毕业生想进电视台工作，遇到困难，为此炜兄多次找她和电视台的其他人，做了很多工作，最后终于办成了。侯玉婷由此感慨炜兄对学生太好了，其实我一点都不觉得奇怪，因为这种事对他来说太普遍了。就连我的研究生就业时找他帮忙，他也是这样尽心尽力的。

炜兄从小进京剧团学习京剧，是正规科班出身，富有艺术修养。我们平日聚会，每当酒酣耳热之际，最后的保留节目总是炜兄清唱京剧《徐策跑城》唱段，颇有麒派老生的韵味。他在文化艺术界有着广泛的人脉，加上他本身就具有很强的组织能力，因而在这方面他为学校做了很多工作，学校的许多大型活动都是他参与策划和组织的，例如校庆八十周年的晚会、凤凰卫视的直播等，都非常成功，有一位校领导曾经感慨他是不可多得的人才。而在中文堂的建设方面，他的这一特长也得到了发挥，有两件小事给我留下深刻印象。

2006年，由校友联络、企业家捐建的中文堂即将竣工。其时，中文系在肇庆地区的校友为了表达对母系的感情，送给我们一方雕刻精美、型制巨大的端砚，以作为中文堂落成的礼物。这方端砚如何摆放却颇费思量。最初的方案是建一个底座，或横放、或竖放、或斜放，但均有突兀违和之感，不甚满意。为此炜兄亲自请来他在艺术界的朋友——广州美术学院美术馆馆长王见先生来帮助设计，经反复研讨，最终拿出了目前这个砚池方案。大堂正中掘地为池，巨砚置于池中，与地面平行，毫无突兀之感；池中注水，池水澄澈，与透明玻璃顶棚的天光云影相映衬；池边，则装饰具有中国传统美学元素的红木矮雕栏。整体效果与大堂风格浑然一体，且相得益彰。这一设计得到了全体师生和校友的交口称赞。

还有系徽的设计。这也是一件看似容易而实则极不易的事。在有限的空间里，既要表达出中文系的历史传统和风格特色，又需要线条简洁，素雅醒目，的确很考功力。炜兄参与了从征稿到初选、评审、修改、定稿的全过程，贡献良多。系徽定稿后，他还主持了一楼讲学大厅舞台中央系徽的制作和安装，运用他丰富的舞台经验，从讲学厅各个不同部位的视觉效果和灯光效果来确定系徽的尺寸。安装那天，他在讲学厅前后左右跑上跑下挥汗如雨的情景，至今还历历在目。

炜兄虽然已经永远离开了他深深热爱并为之奋斗了一生的中文系，但他的精神其实已经凝聚在中文系的这些标志里，不可分割，必将与中文系一起永存。

2019 年 11 月 26 日于广州

缅怀炜哥

中山大学马克思主义学院　李　萍

李炜兄弟离开我们快一年了,身前他对朋友常常这样介绍我,"别人都叫她'姐''萍姐',我管她叫萍姐姐",我们都称他"炜哥"。李炜老师是一个多么率真亲切、智慧幽默,对生活、对生命充满热情和理想的兄弟啊,他还有许多人生计划没完成,还有许多学生没毕业,还有许多朋友的期待没实现……没有想到生命绽放正浓郁之时,病魔却无情地夺去了他的豪放。

晓雷博士年前就和我说,想一周年时给老师开个追思会,要我写一篇悼念之文,可我一直没动笔,我了解自己的情感,因秋季学期学术会议较多,期末年前杂事不断,心静不下来,何以让内心的思念充分表达呢?

李炜兄弟1985年就来中大任教了,那时我并不认识他。1999年,我进入学校领导班子,又分管文科,他是一个学术上比较活跃的青年教师,故我对李炜老师有了印象。我真正认识李炜兄弟是在中大八十周年校庆的一次筹备工作会议上,那时我任副校长,是分管校庆工作的校领导,那天会议的主题就是请部分教师对如何办好校庆出谋划策,具体就是两个方面:一是如何围绕大学的宗旨和发展的方向精心设计项目;二是怎样筹款以完成项目。因为校庆的所有活动,都不能动用学校的行政经费,而八十周年是个大庆,又正值新世纪之初,如何通过校庆活动,凝聚广大师生、校友和社会贤达共同助力大学的发展,具有深远的意义。我记得那天黄天骥教授和李炜老师一起来的,他第一个抢先发言,他说:"我马上要赶去机场出国参加学术会议,但是这个会我一定要参加,八十周年校庆太重要了,学校需要我做什么,我定全力以赴,责无旁贷……"他还提了一些具体的工作方案,之后便匆匆离会了。他那真切而充满激情的发言给我留下极深的印象。回来后,他便担负起了八十周年校庆文艺晚会的总策划、总导演。

和他一起完成这个项目的同事一定都珍藏着不少难忘的故事。我记忆最深的是，他提出校庆晚会的内容要贯穿母校八十年发展的历史红线、彰显大学精神；演员不请专业大腕（那时各校搞校庆，都时兴请大腕），师生校友是主角；以怀士堂为背景自搭舞台。大家知道，要做到这三点，需要耗费多少时间和精力。作为教师，李炜担任着繁重的教学科研工作，在那段日子，为校庆晚会的圆满呈现，他度过多少个不眠之夜我无从所知，但每次见到他，我都能看到留在他脸上的印记。"别老熬夜，太辛苦了"，他的回答总是那句话"没事，这是学校的形象，一点也不能马虎……"我真的为他这种深深的母校情怀感动！以后八十五周年、九十周年校庆以及学校的一些大型活动都少不了李炜老师奔波操劳的身影。别看他平时随性潇洒，只要是涉及学校的工作，公家集体的事，他就有一种格外认真、严谨的劲，原则问题绝不含糊。

　　他对学生亦兄亦父，平等而严格；他对校友热情亲切，有求必应。我的记忆中，2019年新年伊始，我和几位校友应邀为一个校友的活动助力，没想到在那我见到李炜老师，我当时说您怎么来了（我知道那时他身体状况已很不好），他说"我是他们的班主任，必须的"，一副完全没事的表情。那天晚上他还发表了一篇充满希望和诗意的、长长的新年致辞，活动没结束他就先离场了，实际上是身体顶不住了，这也是他最后一次参加校友活动……五一节前后，原想约上黄天老师一起去看他，并与医生沟通一下他的病情，没想病情突变，不方便探望了。5月6号11点20分我接到黄天老师匆匆打来的电话说："李炜情况可能不好，我已快到医院了……"大约一小时后，就传来李炜教授因抢救无效逝世的消息，我给黄天老师发了这条微信"来不及向炜哥做最后的告别，为他深深祈祷：愿炜哥一路走好！"

　　我们的好老师、好同事、好兄弟离开我们快一年了，脑海里常会浮现他的音容笑貌：眯眯的眼、激情的脸，学黄老师讲普通话时诡秘、顽皮的样子……愿快乐的才子炜哥在天堂依然潇洒！

2020年3月4日于广州

与炜哥交往点滴

中山大学中国语言文学系　杨　权

炜哥匆匆地走了，而且不告而辞！

我是在毫无思想准备的情况下获悉其去世的消息的。5月6日中午，彭玉平系主任的微信朋友圈突然跳出的"沉痛哀悼李炜教授！"一行字，让我惊愕了好久。待缓过神来，我所做的第一件事，便是把噩耗告诉高雄中山大学中文系的前系主任刘昭明教授。因为我每次到台湾，"炜哥"都是我与他以及高雄中山大学的其他同仁们闲聊的核心话题；而当时高雄方面正在筹办"2019海峡两岸中山大学文学院（中文系）教育、学术论坛"，炜哥也是论坛的专邀对象。刘昭明教授得讯后马上回应："谨代表西子湾的师友哀悼李炜教授！感谢李教授为两岸中山大学中文系情谊的付出！"并嘱我们代办一事——以"台湾高雄中山大学文学院游淙祺院长暨全体师生"的名义给炜哥敬送一副挽联与一个花圈，我随即把此信息转达了系办。

我虽是中文系的老师，但平时的工作地点并不在中文堂，因此对系里所发生的事情常常是后知后觉的，包括炜哥得病也是如此。三四年前，我在本系的一次教工会上听到炜哥公开谈论自己的身体状况，才知道他患有癌症。当时他轻描淡写地说他在体检中被查出肠里长了颗"小肿粒"，问题不大，而住院治疗效果奇好，因此老师们不必挂虑。事后他看上去的确没有什么明显变化，每天依旧是那么精神抖擞地处理系里的琐碎事务，在各种重要的或不那么重要的校内与社会活动中出现，偶尔还会在校园里运动运动，于是我便以为他真的好了。有一次他运动回来，汗津津地与我在电梯闲聊，我说他高度重视身体锻炼，精神可嘉。他笑嘻嘻回答："老哥，不重视不行啊！你看你子女都这么大了，而我培养革命接班人的任务还没有完成呢！"

今年春节后的某晚，我曾在南校园西区碰到过他一次，因为没有思想准备，我们相互打了个招呼，脚步都没停，便各行其路了。过后我有点后悔未与他多聊几句，因为这次春节我有些疏忽，没有像以往一般在微信中向他拜年。我丝毫没有想到，这是我们的最后相见！当时他所处的位置光线有点暗，因此我未发现其样貌有什么异常；而他一向留给我生龙活虎的印象，也使我对他的身体状况放松了警惕。直到他逝世我才了解到，当时其癌症已扩散，从去年年底开始，他就一直在秘而不宣地与病魔做斗争。那天晚上他应当是有事从医院里临时出来。

我与炜哥的关系，用"君子之交淡如水"来形容最确切不过。

炜哥曾长时间担任系领导职务，又与我同住在一个住宅单元（他住15楼，我住5楼），因此被我戏称为"双料顶头上司"。但说来不敬，这么些年中，我既没有踏入过他的办公室，也没有上他家串过门。我们的交谈，多半是在偶尔邂逅时进行的。虽然同在一系工作，在我与他之间，学术交流也很少，因为他是搞语言学的，而我研究的是古典文献，彼此背景不同，隔行如隔山，几无牵手空间。我从来没有送过什么学术作品给他；倒是他曾把他与其师黄伯荣先生共同主编的《现代汉语》赠过给我，还把从我口中听来的犬子稚言用为教学语料。

我这样说，并不意味着我认为与他关系"疏淡"。我倒是觉得，在本系的同事中，他对我的态度，是最为热情友好的。任何时候碰到他，他都会带着他那有点狡黠又有点顽皮的目光，满脸堆笑地与你打招呼。而在所有非正式场合，甚至在某些正式场合，他都是称我为"权哥"，而我也像有些同事那样称他为"炜哥"。这种充满生活气息的互称，让我们觉得受用，彼此相处也因此融洽自如。他吩咐我做事，总有些随便，并不会瞻前顾后。比如，近年他搞一套"新丝路汉语"，此事与我本无关系，他却抓我的"壮丁"，要我帮他刻一方印，以用作封面的标识。我以"已封刀"为应，他说封什么鸟刀，你刻完这印再封不迟！可是我完成他布置的作业后，他又从文玩市场买来一方印材，要我给他的老外汉学家朋友刻个姓名章，说是打算在某国际会议上用作见面礼。

2015年，我系曾组团到台湾高雄中山大学进行学术交流，我也随团前往，而本来当领队的他却因故未能成行。抵台当晚，他的助理郭冰茹教授来敲我的房门，着急地说明早的交流有一个主客双方互赠礼物的环节，而我方未备礼物，不知怎么办好。我从行李箱拿出一幅自作的墨竹，给冰茹教授救了场。回到广州后，炜哥对我千恩万谢说："姜还是老的辣，多亏了权哥你，否则咱们的脸就丢大了！"

有一年，我开设的一门本科专选课在全校的评教中得分第一。他异常高兴，要在珠江新城新开的一家日本餐厅"犒劳"我。我说"皇恩浩荡"，邀了另外两位老师，欣然同往。不过结账时我执意不让他掏腰包。这是我们所曾有过的唯一私宴。

在与炜哥相处的这些年中，他有两点长处留给我印象最为深刻。

一是具有强烈的集体荣誉感。

本科生在大一阶段需完成百篇作文，这是我系守持了三十多年的传统，这一口碑良好的训练前几年曾被广东省评为教学成果一等奖，之后又被推到国家的层面参评。按理说，这样一个项目在什么层面都是会受到高度肯定的，炜哥自己对参评结果也信心满满。然而令人想不到的是，该项目居然在初评阶段就被广西的一家名不见经传的评审单位否掉了——评审方认为三十年不变意味着"缺乏创新"。炜哥闻讯捶胸顿足，直呼"阴沟翻船"。

有一年，我指导的一位本科生的毕业论文被评为校级优秀，他很高兴，碰到我便拍我的肩膀，说："这种水准的论文很能反映我们的教学效果，以后你还要多指导出几篇。"我没有辜负他的期望，勉力而为，果真又指导学生，写出了两篇校优。

2015年，我带领我的团队成功中标国家社会科学基金重大项目"岭南诗歌文献整理与诗派研究"，他喜不自胜，特意指示工作人员在系网发了一条"重大喜讯"。次年元旦，他给全系同仁写了封后来传布很广的公开信——《我们还有这样的中文系……》[1]。信一开头便说"杨权老师拿到了我系第6个国家社会科学基金重大项目"，并以此为话引，热情洋溢地表彰了我系教工"不分你我、互相支持的精诚团结精神"，说正是这种精神"成就了今天的中山大学中文系"。信中还以我为例，述说中文系教师的"温良恭俭让"。我受宠若惊，因为实在没有他说的那么"高尚"；但另一方面，他的集体荣誉精神又很让我感动。

另一点是极富义气，乐于助人。

有一次，在我组织的一个学术报告会上，他以系主任的身份对与会者说："我对杨权老师的事情，向来都是鼎力支持的。"我在脑子里把往事

---

[1] 李炜：《给中大中文系老师们的一封信》，见本书第2页。

一过,觉得其言的确不虚。这些年来,我但凡有事要帮忙,他都是有求必应的,甚至无求亦应。

我2001年从中山大学出版社调到中国古文献研究所任研究员,2010年又随研究所调入中文系。由于复杂的原因,虽然我2004年就已在中文系招收硕士生、2008年招收博士生,但是我在校内的身份一直是教辅人员(职称为编审)。这个问题,我曾向校有关部门反映过多次,始终未获解决。2012年,年终绩效分配时,系里遇到了一个难题:究竟是按教辅人员来考核我,还是按教学人员来考核我。两种考核方式,分配相差巨大。问题反映到炜哥那里,他毫不犹豫地说:"肯定不能作为教辅人员去考核人家,他本来就是当教师使用的。"为了解决问题,他专门到人事处去交涉,结果人事处同意特事特办,把我权当教学人员来考核。

绩效分配能有合理的结果,这事让我很感激炜哥,但是他却认为问题解决不能止步于此,否则以后每年都得向上交涉。他对我说,打算向许宁生校长反映情况,争取从根子上解决问题。后来果真去见了许校长。听了他的汇报之后,许校长同意在中文系为我专设一个教授岗位,不过声言所有评聘环节都不能省略。在走程序时,炜哥到会场向评委们介绍了我的方方面面情况,尤其是业务能力与学术水平。他从会场出来时正好碰到我,就对我说:"权哥,该做的我都做了,成不成功,就看天意了。"我说:"成不成功都感谢你!"结果,炜哥的努力发生了作用,我最终被聘为教授,一个拖了多年的老大难问题获得了圆满解决。这件事,让我一直很感激他。

为了向他表达心中的感激之情,在他出殡的当日我来到了追悼现场。摆满了花圈、挽联的白云厅是广州殡仪馆最大的追悼厅,但相对于接踵而至的送行者而言,仍显得十分拥挤。许多亲属、领导、同事、友人、学生都来与他告别,其中包括书记与校长,可见其人望之崇。墙上的屏幕循环播放着他生前的活动场面,让人们一次次重温其音容笑貌;而反复回荡于大厅的哀婉音乐,却在增添着人们的愁绪。在向他告别的最后时刻,我在默默地说:"感谢你,炜哥!一路走好,相信到了天堂,你依旧还是那么生龙活虎!"

2019年11月28日于广州

性情通脱忆李炜

中山大学中国语言文学系　董上德

记得是2018年岁末黄天骥老师荣休仪式举行的当天下午,我和黄老师均应邀到市人大办公楼开会,而当日晚上,有李炜兄特意安排的小型聚会,主角是刚刚荣退的黄老师。那天下午的会议,讨论粤剧的保护和发展问题,气氛热烈,发言者众,时间已接近傍晚,微信语音来了:"上德兄,会开完了吗?"炜兄的声音有些焦急,生怕我们迟到。我和黄老师走出市人大的大楼时,已然夜幕降临,华灯璀璨,我的心情也有点急,赶紧微信联系,报知行踪,好让炜兄心中有数。一路上,互通微信不断,有如"现场直播"在路上的进程,终于我们和炜兄在约定的地方汇合,一起前往一家很不起眼的私房菜馆。走着走着,炜兄似不经意地说:"这些天,脖子疼。"黄老师和我都很关切,劝说一定要到医院检查检查。说着说着,就到了菜馆。这是一次很温暖的小聚会,炜兄的用心和情意,以及他对"黄天老师"的敬重,一切尽在不言中。

"上德兄,有一件事,请你一定要帮忙。"若干年前的另一个饭局,炜兄把我拉到一边,说:"系里的本科教学,你来帮我管一管。"悄悄在我耳边说:"老兄你读书多,我就是想让你把系里本科生的读书气氛搞起来。"我一开始还有点为难,想推,可炜兄眯缝着眼睛,手里拿着酒杯,说了好些话,我也记不住,反正只好当场答应。于是,就在炜兄做系主任的任上,我做了几年的"本科教学工作小组组长"。

回想2007年的下半年,炜兄领队,我们一行人出访台湾中山大学。刚抵高雄,已是晚饭时候,接待方热情款待。海峡两岸恰好都各有一所"中山大学",两家学校的中文系于多年前相约以轮替主办的方式举行一年一度的"两岸中山大学中国文学学术论坛"。到了2007年,一共已举办过九次,接近有十年的历史了。那天晚宴,炜兄致辞,表示"明年在广州我们合力举办纪念论坛十周年的庆典"。场上响起了热烈的掌声。炜兄对这一"两岸论坛"倾注了很多心力，他深知这样的论坛对密切两岸的情感联系、增强两岸的文化认同均有重大意义，他以特有的"李炜式的热情"与对岸的同行交往，深得对方的信任和尊敬，今年（2019年）9月下旬，我又随同中文系代表团到访台湾中山大学，接待方屡屡提到已经远去的"炜哥"，话语间充满着思念、不舍和惋惜。

炜兄是学者，可绝无"学究气"。饭局上的炜兄，与讲坛上的炜兄，都是一样的妙语如珠、风趣横生、豪迈放达。他极有语言天分，天南地北的方言，出口就来，惟妙惟肖，我注意到他的粤语说得相当地道，发音标准不在话下，更让我惊异的是，他连粤语里的很多"詈辞"也如数家珍，一五一十，有板有眼，说着说着，还不无一点"得意"与"狡黠"，好像是在说："兄弟，最'地下'的粤语我也熟知！"真是语言学家本色。炜兄成长于西北，我估计就算是本地广府人也未必知道得这么多。他的模仿能力同样十分出众，模仿系里某些老师的口头禅和手势举止，细微到口音、神态、语气、动作细节都准确到位，可谓"一绝"，其表演天分绝不亚于他的语言才能。他善于歌唱，京剧、流行曲俱佳，字正腔圆，嗓音浑厚，还略带一点"沧桑"，语感和音准也是一流的。他热爱舞蹈艺术，记得我们一起去俄罗斯，在圣彼得堡，他头一天晚上看了当地一个著名芭蕾舞团的《天鹅湖》，回来后赞不绝口，鼓动大家都去看，我也就在其鼓动之下看了第二晚的演出，他竟然连看两晚。

我想，要是炜兄活在刘义庆的时代，他的言动举止，很可能进入《世说新语》，隽言妙语，可以冲口而出；急切里的应对，可以在"故事"中展开。讲坛上的炜兄很"生猛"，饭局里的炜兄很"鲜活"，有时候，阮籍、嵇康、王戎、刘伶等人，也不外如是。

换言之，炜兄是一位可以进入《世说新语》的人物，性情通脱，活在"当下"，也活到"永远"。

2019年11月21日于补拙斋

怀念炜哥

中山大学附属第三医院　丘国新

【按语】

1985年7月以来，和炜哥在一起经历的事情太多太多，值得今后慢慢回忆和体味。我2015年底到中山大学附属第三医院工作，2017年6月16日陪炜哥到康复医学科第一次开会，商谈合作。到2018年4月20日炜哥率中文系神经语言学教学实验室等师生和岭南医院康复医学科同仁在萝岗院区小礼堂联合举办研讨会，这是炜哥和我多少个晚上，在美丽的康乐园从西区散步到东区，筹划了十个月的得意之作，以《坚守中国自信　坚持自主创新》为题在中山三院微信公众号推送报道，鲜明表达了我们的观点和对未来合作成果的期待。我们相约，退休后继续从事这项永不退休的工作。然而，天妒英才，真无法相信，2019年5月6日炜哥离我们而去，令爱他的亲朋师友悲伤不已。同时，大家也担忧他的宏伟蓝图会不会半途而废。然而，令人感到欣慰的是，陆烁带领炜哥的学生按计划继续开展相关合作，并有所创新。他精心谋划的语言康复事业有了继承人，有望得以发扬光大。特选此篇报道，以表达我们对炜哥的无尽思念。炜哥，你没有走，你一直活在我们心中！"死而不亡者寿"，诚哉斯言！

坚守中国自信　坚持自主创新

——我院探索语言学和医学合作新途径

4月20日下午，由中山大学神经语言学实验室、中山大学中国语言文学系现代汉语及应用语言学教研室和中山大学附属第三医院岭南医院康复医学科联合主办的"基于汉语的神经语言学理论研究与康复训练研讨会"在岭南医院小礼堂召开。来自中山大学、暨南大学等高校的众多语言学专家以及博士、硕士、本科等不同学段的同学们从各自校园远道赶来，和我院领导、康复医学科医师及工作人员们欢聚一堂，共同探讨神经语言学相关问题，交流言语康复训练实践心得。

会议于14:30开始，由中山大学附属第三医院岭南医院康复医学科主任、博士生导师胡昔权教授主持。中山大学附属第三医院党委书记丘国新为本次会议致辞。丘书记谈到，在"文化自信"对于国家民族的发展来说愈发重要的大背景下，我们医学学科，乃至整个学术界，都应该意识到"坚守文化自信"的重要性。而墨守成规和照搬"国际标准"不可能实现自我突破，不容易创造世界一流。我们应当立足于自身，在总结自身特点和实践经验的基础上，结合科学研究成果，建立起真正适合自己的标准体系，回过头来更好地为我们的实践服务。这既是对于文化自信的坚守，同时也是对客观事实的尊重。最后，丘书记为语言学和医学学科能在中山三院岭南医院这片"福地"实现珠联璧合，并将极有可能在不久的将来结下累累硕果表示了由衷的祝福。

中山大学中文系博士生导师、中山大学神经语言学实验室负责人李炜教授从汉语语言障碍康复训练的实践出发，为我们详细阐述了汉语自身的一个最重要的特点——具象性，并指出该特征是汉语的本质性特征，同时也是我们在临床实践中应当坚持的汉语母语者语言障碍矫正、康复训练的核心理据。李教授以汉语语言学基本研究原理为出发点，引用了大量的研究成果和鲜活的汉语言语障碍者康复训练的实例，详细而生动地为我们论证、解释了汉语的这一重要特点，并对如何基于自身特点建立属于自己的言语障碍评估与康复训练的标准体系提出了一系列指导性意见。与此同时，李教授还提出了一个发人深省的重要观点：文化自信要建立在母语自信的基础之上。李教授的报告充实严谨而又妙趣横生，赢得台下阵阵掌声。

接着，中山大学中文系硕士生导师、中山大学神经语言学实验室负责人陆烁副教授为我们详细介绍了中山大学神经语言学实验室的整体构成和未来发展计划，同我们交流了中山大学言语康复研究团队在进行基于汉语的失语症康复训练研究的过程中获得的宝贵经验。在学习经验的同时，能够清楚地认识到，在神经语言学和失语症康复的相关研究及实践中，双方在未来有着无限的合作共赢，共攀学术高峰，造福人民的可能性。

此外，奋战在神经语言学研究第一线的同学们为我们做了精彩的报告。来自中山大学中文系本科三年级的段旭峰同学基于眼动追踪技术的研究，为我们介绍了失语症患者在认读加工过程中对不同符号系统的依赖性差异，使我们更深入地认识到了汉语失语症患者与其他母语的失语症患者存在的差异，同时也使我们从另一个角度认识到了汉语本身的独特性，对我们的失语症康复临床实践具有很好的借鉴意义。

来自中山大学中文系硕士一年级的罗琴芹同学则为我们介绍了汉语失语症患者的阅读眼动特征，通过数据采集和统计学的科学论证得出结论：汉语失语症患者的阅读视觉知觉广度低于正常人水平，这是其阅读障碍的突出表征。同时明确了眼动技术研究在一个方面对临床实践的功用：探求不同类型患者的阅读障碍各项表征的神经机制，为明确相应治疗措施提供科学依据。

中山大学中文系的博士生杨靖雯则是基于利用处于世界领先技术水平的脑电信息采集仪器得到的实验成果，进一步用鲜活的数据论证了汉语的具象特征，使我们对于汉语的具象性有了更立体、更直观的理解。

之后，胡昔权主任向与会专家学者及师生介绍了中山三院岭南医院康复医学科的具体情况，并交流了本科室现有的失语症评估与康复体系，谈到了对于神经语言学发展及言语康复临床的感想。胡昔权教授表示，中山三院岭南医院康复医学科和中山大学神经语言学实验室的合作基础和合作前景都是有目共睹的，对于语言学、医学学科强强联手，共创神经语言学和言语康复临床的明天，胡教授表示非常期待。台下掌声交错，表示强烈认可。

此外，来自中山三院岭南医院康复医学科的郑海清副主任医师又进一步为与会各方介绍了本科室的相关治疗理据和康复训练手段，使各方对于彼此的了解更近了一步，同时也使得我们对双方的合作更增强了信心。

会议内容精彩纷呈，医校双方干货满满又轻松诙谐的报告引得台下时而安静聆听，时而掌声雷动。

会后，中大师生在我院领导的引导下，前往中山三院岭南医院康复医学科室进行了参观，通过科室医生的详细介绍，师生们领略了中山三院岭南医院康复医学科一系列先进的治疗设备与治疗理念，双方进行了亲切的自由交流与研讨。本次研讨会也在与会专家、师生的亲切交谈中落下了帷幕。

经过一下午的热切交流，双方对于神经语言学发展前景的认识，对于语言障碍康复的理性认识，包括对于彼此的认识，都无疑是登上了一个新的台阶,这无疑是令人兴奋的。不啻如此,我们同时坚信,两方合作下的相关研究及实践,也必将为神经语言学发展和语言障碍康复医学发展翻开崭新的篇章!我们对此满怀期待!

(《坚守中国自信 坚持自主创新——我院探索语言学和医学合作新途径》原刊于 2018 年 4 月 24 日中山大学附属第三医院的微信公众号)

2020 年 1 月 10 日于广州

那个明媚了周边世界的炜哥

中山大学中国语言文学系　彭玉平

转眼间，李炜兄离开这个世界已经半年多了，寂寞的时光真是无声又无息。

我与炜哥的工作室同在八楼。在炜哥刚去世的一段时间，我每次路经他的工作室，总会习惯性地抬头看看他门上的名牌，好像他一直在里面工作着，并未远行，我偶尔甚至有推门而入的冲动。

我以前读晏殊的"一向年光有限身，等闲离别易销魂"词句，也会在心里流过一丝岁月的惊恐。"等闲"的离别尚且如此，何况生死之别？何况我看着他从能自如地说笑，到听觉渐失，再到无法说话、昏迷，最后一直目送着他的遗体从病房被推出，向走廊的尽头走去。那一刻我知道兄弟李炜已经回不到这个世界了，这个世界也从此失去了一个真诚、有趣而鲜活的灵魂。

我平时在工作室待的时间比较长，炜哥应该习惯在家中读书作文，来的时候其实不多。但只要他来，只要看到我的工作室门开着，总会在离门还有很长一段距离的时候，就大喊一声"清爽"，然后笑眯眯地站在门口，与我天南海北地聊上几句。

与他共事二十多年，印象中他就没喊过我的名字，而是一直"清爽""清爽"地喊着。我是江南人，说一口地道的吴语，有时无意间会把吴语简单粗暴地"翻译"成普通话。而炜哥是典型的北方人，发音标准而且好听，我这个无意中说出的不太标准"清爽"二字可能击中了他的趣点，他大概是觉得很好玩，所以从此就直接挪用过来当成我的称呼了。在好几次有很多人的场合，他依然"清爽"长"清爽"短地叫我，以至于不止一次有人问我："炜哥叫你什么？"我只能笑着从头解释一番，听者也觉得煞有趣味。我琢磨，在炜哥看来，这"清爽"二字，便是消除了纷纷扰扰的外部世界，而只剩下一种纯粹的兄弟关系了。

炜哥是性情中人，认识他的人应该都有这种感觉。

我是1995年年末到中大任教的，炜哥则早我很多年，这令我不得不称他为系的"前辈"。对我这位新来的"年轻人"，用他后来的话来说，就是一见如故。我们不止一次在中大附近的小酒店中畅饮，最多的一次总喝了有十多瓶啤酒，当然我的酒量要差一点，他喝得要更多。渐入佳境后，他便开始说他的童年，也顺便说点中文系的历史，听得我一愣一愣的。不过，我印象最深的便是他酒到了，歌也就到了。他小时候学过京剧，学的还是老生，后来虽然没有走演员这条路，但童子功还在。我平时听越剧、昆曲的时候居多，但听他唱京剧，大概是兄弟的原因，平地生出一种崇拜。有一次深夜从下渡路喝完酒回西区，他居然在榕树头附近连翻几个跟头，一如舞台上的武生，既高且稳，不失当年英姿勃发之形，可见他当年对京剧真是下了一番功夫的。

中山大学与台湾高雄中山大学交流多年，炜哥先是积极参与者，在出任系主任后，更是两岸文化交流的积极组织者。也因此他与对岸的许多学者结成了很好的朋友关系，高雄中山大学的刘昭明教授便是其中之一。前不久我带队去台湾进行文化、教育交流，昭明兄除了一路相陪，更说了许多炜哥重情重义的故事，其中有不少是我从未听说过的。如炜哥每次去台湾，必自带一些精美的特制礼品相赠，令台湾朋友惊喜不已；而台湾朋友来，他无论有多忙，在参会之余，也会陪着台湾朋友在广州附近转转，让他们多了解大陆，多了解广州。所以我这次去台湾，看到论文集的扉页上专门题了"谨以此文集怀思纪念李炜教授"一行字，就知道他的性情魅力不仅在此间周边的人深有感受，即在台湾，也同样有着许多这样的知己。

炜哥与著名词曲作者陈小奇是多年的朋友。去年年末，中文系在讲座系列中增设了"校友论坛"系列，他便力荐陈小奇来讲，他建议我不要开场说几句就退下，而是最好与陈小奇对谈，这样话锋转换更自如，信息量大，也能把听众稳住。我则马上拖他下水，要求三个人对谈。因为我当时与陈小奇并不算太熟悉，只是去北京参加过他的作品演唱会和研讨会，并写过一篇论陈小奇歌词与传统诗词关系的文章，发表在《南方日报》上。如果炜哥在，第一是我心里踏实，第二是很多的话题可以先抛给炜哥，转个弯再交给陈小奇，现场感应该更好。当晚小礼堂座无虚席，我们也算是锵锵三人行，凡是不能直接调侃陈小奇的话，我就拿炜哥来说事。

果然现场来来回回,机锋不断,听众大呼过瘾,一直谈了三个多小时才结束。我最得意的是,在一个讲述当代流行音乐的场合,成功地逼他唱了一段京剧。我现在想想,芸芸众生,我能够"逼迫"的能有几人?而炜哥则绝对是其中之一了。这应该也是炜哥去世前最后一次公开亮相,当晚的他敏锐机智、多才多艺、性情洋溢,给全场带去了许多的快乐。

炜哥是研究语言学的,我则关注文学,虽然都在"中国语言文学"的名下,但其实学科的差异性还是明显的。所以我们直接交流学术的机会并不多,我心心念念的诗词,他懂得不少,但语言学我就相当懵懂了,他也因此跟我多谈诗词,鲜谈语言,大概是怕我窘迫的意思了。这何尝不是一种为人的厚道!记得十多年前,我们在西区竹园附近偶遇,他满脸喜色地对我说:最近仔细研究了"知识分子"四个字,发现这不仅是语言学的命题,而且是社会文化学的话题,好像大家都没有深刻关注和研究过这个话题,他要写成一篇文章去发表。因为主要是从社会文化学的角度研究"知识分子"一词,我在粗粗听他讲完大意后,很是认同他的结论。最近他的弟子编辑他的语言学论集,我看目录中就有这篇文章,相信此文会产生更大的学术影响。

因为多才多艺,炜哥的学术也带着才子气的特点。他能发现别人疏忽的问题,并且能够切实地解决。但这种感觉,说实话我也是在读了他的系列语言学论文之后才有的。我从知网上下载了近十篇他的论文,希望通过仔细阅读,能对他的学术做一点近似"专业"的评价。但读完后,发现凭我薄弱的语言学基础,还是难得要领、无从下手。希望语言学界有更多的人关注炜哥的语言学研究,精准地彰显他的学术贡献和学术地位。

炜哥在中山大学中文系工作了三十多年,其中兼任副主任和系主任的时间就有十多年,可见他在行政上的付出之多与之大。在他的领导下,中文系的学科稳步前进,尤其是在科研业绩和人才培养方面明显提升,他敏锐地发现中文系的学科弱点在教材编写与教学研究方面,多次在全系教工大会上鼓励老师们多申请教学项目,并结合自己的教学经历,总结教学的规律,写出专题的教学研究论文。而在教材编写上,他更是身体力行,除了与他的硕士导师黄伯荣先生重编了中大本《现代汉语》,还与教研室同事一起开拓出数种语言学教材。

他是真正爱这个中文系的。他卸任系主任后不久即被推选为广东省中国语言学会会长,当选后他给我发了一条长长的微信,表达了对"会长"

一职在兜兜转转很多年后终于回到中大的喜悦。我知道他并不是把这个"会长"职务当成自己个人的荣誉,而是把这个荣誉当成中山大学中文系的荣誉,这就是他为人的境界了。

中文系是文人聚集的地方,文人的特点就是各有思想各有性情,而且往往有强烈地表达这种思想和性情的愿望。我此前只是一个纯粹的教授,我的生活和工作内容就是读书、教书与写书,没有任何行政经历。我刚接任系主任一职后不久,他可能看出我的担忧与不安,曾与我有过一番长谈,在言谈之间,我不经意抬头,看到他双目炯炯,闪着光芒,透着一种明媚的真诚。他一方面帮我详细分析这个系的特点,另一方面提醒我制定规则比什么都重要。有了规则就淡化了其他人为的因素。现在想来,行政的事情还真是如他所说,他的睿智也让我敬佩不已。

炜哥在卸任前就已经发现病患,幸运的是治疗的效果不错,所以他的心态也一直很好。在他出院后的几年中,我时常见他在黄昏时候绕着学校的林荫道在暴走,有时顺路,我也陪着走一段,但更多的时候是看着他矫健的身影逐渐远去,那时我认为老天是眷顾他的。但在去年他从墨西哥回来后,便一直抱怨颈椎不舒服。但稍后我们还是一起去了吉林大学参加教育部高校中文类专业教学指导委员会的换届仪式,在背景板前,我们拍了好多张合影。回到广州后,我再次问起他颈椎的情况,他说一直没有好转,有时严重到无法入睡,老实说我是有点往不好的方向想过的,但又不能明说,所以就劝他去医院检查一下。临近春节,他好像是实在挺不住了,到医院一检查,肿瘤果然已经转移脑部。这样从年前匆匆住院,从此再也没有走出来。

事实上他早就买了春节前回兰州的机票,要与父母共度春节;事实上在春节前一两个星期,他就约我去黄埔大道的一家红酒坊,品尝正宗的法国美酒美味。只是我当时还有着大大小小的各种会议,时间一时未能凑上。也许每个人的人生都是有遗憾的,否则,我应该能再多一次看他在灯影下闪着光芒的眼睛以及他讲述的一个又一个趣味横生的故事,那一刻他总是那样明媚,也总是那样不倦地明媚着他周边的世界……

2019 年 11 月 23 日于广州

(本文原刊《南方都市报》2019 年 11 月 24 日 A12 版)

新年将到怀念李炜兄

浙江大学人文学院　庄初升

　　李炜兄已经走了大半年了,他的很多文字、声音和照片还珍藏在我的手机中。我多次想打开看看和听听,始终没有勇气,因为我还不敢去面对那个残酷的事实,我担心我会受不了。其实有时乍一想,他似乎还在我们身边,一起讨论问题,一起指导学生,一起吃饭喝酒,他的音容笑貌还是那么亲切和慈祥!但是,残酷的事实毕竟定格在了 2019 年 5 月 6 日的中午,他确确实实永远地离我们而去了!那一天中午,他的多位亲人、师长、朋友、同事和学生,就围绕在他身边为他送别,那种悲怆的情景想必所有人都终生难忘,一旦回想起来一定都无法平静!当天下午,我受中文系治丧委员会之托撰写讣告初稿,坐在电脑前回忆有关李炜兄的人和事,一幕幕不断浮现,一次次泪流满面,几百个字竟然写了大半个下午。

　　大半年来,见到李炜兄生前的学生和朋友总不免要谈到他,总不免许多唏嘘和感伤。新年将至,我特别想写点文字来纪念李炜兄,但几次打开电脑,竟不知从何说起。对于李炜兄,我要说的东西实在是太多了,可是很多内容根本无法诉诸文字,只能永藏心间,化作历久弥新的怀念……

　　我什么时候第一次见到李炜兄已经记不清楚了,我想可能是在广东省中国语言学会的某次年会上吧。其实在我 2005 年 8 月调到中大工作之前,我与他几乎没有什么交集。8 月 26 日到学校报到那天,我记得刚刚进了校园没多久就接到他的电话,他说他正忙着一个非常重要的事情走不开,还说不能第一时间来见我甚为抱歉,等等。一通电话下来,我们好像已经是相识很久、交往很深的老朋友了。"未见其人先闻其声",这就是李炜兄鲜明的个性,顿时让我这个中大的过客倍感亲切和温暖。

　　李炜兄是个热心肠的人,一生帮了无数多的人,有的是学生,有的是朋友,更多的是七拐八折找到他的不曾谋面的陌生人。李炜兄也多次帮我解决不少棘手的问题,包括工作上的、生活上的。直到住院期间,他还在操劳我的一件急事，我现在想来很是惭愧！我想很多人也与我一样，每每碰到什么困难，自然地就会想到他，想到这个热心的炜哥、强大的炜哥！

李炜兄是个大才子，我想他当年要是不当老师和搞语言学研究，不管是说相声、演小品，还是编剧本、唱京剧和当主持啥的，都一定是行家里手，说不定早就成了明星了。我在中大14年，与他既是同事又是好友，在一起的时候很多。我很少听到他唱歌，可是有一次全系老师到新兴县短途旅行，晚上一众同事在一起唱K，他随口唱了一首我不曾听过的通俗歌曲，那真叫出口不凡，一下子就把我镇住了。李炜兄的口才极佳，语言模仿能力超强。他是山东人，可从小在兰州长大，说得一口非常地道的兰州话。此外，他的北京话、河南话、陕西话、广州话等都已经达到了以假乱真的地步。特别是广州腔的普通话、潮州腔的普通话和客家腔的普通话，他随口就来，非常形象逼真，连我这个专搞方言调查的人都不能不佩服。与李炜兄在一起，不论是老相识还是新朋友，都会非常轻松自在，不需要伪装，更不需要设防，这就是为什么那么多人喜欢他的原因。

李炜兄还是个大孝子。他一年到头都非常忙碌，特别是他主政中文系的那几年，有时候甚至可以用焦头烂额来形容，可是他每年总是尽量多地挤出时间回兰州看望父母。他有时候也把父母接到广州一起生活，嘘寒问暖，关心备至。前几年，李炜兄为他父亲策划出版了一本散文体自传《鸿爪雪泥》[1]，他在序言里写道："我敬佩我的父亲，他是一位有家国情怀的人，他是一位有社会担当的人！"可见他对老人家非常用心。李炜兄也非常尊重和关心他的老师及中文系的前辈，可谓"事师如亲"。特别是他的硕士导师黄伯荣先生病逝的前后几年，他不知道跑了多少趟阳江。黄先生逝世后，李炜兄还协助黄先生的女儿整理出版了黄先生的遗著《广东阳江方言研究》[2]，并亲自撰写了序言。

李炜兄除了"事师如亲"还"爱生如子"。他对学生关心、爱护，在中大中文系以及他所教过的历届学生中有口皆碑。"善待学生"是中大办学的核心理念之一，李炜兄以自己的高尚师德和实际行动很好地践行了这个理念。在他生病住院直至去世的一百多天里，他的多位学生，包括已经毕业的和在学的，克服各种困难轮流服侍，除了端茶送饭还护送他做各种

---

[1] 参见李东文著《鸿爪雪泥》，南方日报出版社2016年版。
[2] 参见黄伯荣著、黄绮仙整理《广东阳江方言研究》，中山大学出版社2018年版。

检查和治疗，承受了极大的心理压力，好几个学生都瘦了一圈。特别是后面一个多月，李炜兄已经病得很厉害了，医院要求有人日夜照看、陪伴，他的几位学生毫无怨言、无微不至，每天都详细记录李炜兄的起居和病情，供医生调整治疗方案时参考。在 5 月 11 日追悼会上，来自四面八方的学生和亲友把偌大的白云厅都站满了，许许多多泣不成声、哭成泪人。

李炜兄生前是一个很有生活品位和学术品位的人，通俗地说就是他从吃东西到写文章从来都不含糊应付。他的论著不算很多，但都达到较高的学术水平，在相关研究方面颇有影响。他的人生虽然不长，但是活得很有质量，也活得很有尊严。虽然李炜兄并没有建立什么丰功伟业，但是他把每一天都过得很充实而且很有意义，也因此获得了无数人的热爱和敬仰。用我和他共同的一个好友的话来说，就是他这辈子没有白活，值了！

李炜兄去世之后，中文系和他的亲属收到了许许多多的唁电、挽联和花圈，我也写了一则挽联《悼李炜兄》，以表崇敬之情和哀悼之思：

康园好男儿，才高八斗，为人为师德泽无垠，虽然文章未竟，可谓三生有幸；

北国真汉子，魂归九天，是神是仙死生有命，毕竟苦厄不再，有道五蕴皆空。

李炜兄生前和我主编的《基于域外文献的南方汉语研究论集》① 不久前由商务印书馆出版，他开创的事业将由他的同事和学生继续做下去。愿李炜兄在天之灵安息！

2019 年 12 月 23 日于杭州

---

① 参见李炜、庄初升《基于域外文献的南方汉语研究论集》，商务印书馆 2019 年版。

咬定青山不放松

中山大学中国语言文学系　杨泽生

不知不觉，李炜老师离开我们已经半年多。他的音容笑貌常常浮现在我的眼前，特别是骑车途经怡乐路口的时候。

几年前，为了带小孩方便，我买了辆子母单车。因为坐在前面视线好，小孩特别喜欢坐。在中大校园，好几次带小孩路见李老师，我把车停下来，陪他走一小会儿。他不时盯着这辆车看，露出好奇的眼神，就像他对语法问题充满兴趣那样。去年寒假前的一天，我骑经怡乐路口看到他疾走，于是下车打招呼说"好久不见"。匆忙间他没有再盯着我的单车，而是端详了一下车上的两个小孩，眼神特别慈祥。现在想来这是我们最后一面。虽然李老师病危时我曾和同事一起去看他，但那时只能在病房门口隔着玻璃门远远地看，不能相互打招呼了。

跟李老师亲近的朋友似乎多叫他"炜哥"。我没有用过这个称呼，大概背后也没有。虽然1999年我和他都在系里读博，似乎也算同学，但他早已是系里的老师并可带研究生，因此在他面前言必称"李老师"或"您"，而李姓老师很多，所以在别人面前又多称"李炜老师"。同年，系里在职读博的还有董上德老师，见面打招呼我也是叫"董老师"。因为是很自然随口叫开的，称他"李老师"也毫无疏远之感。

惊悉于李老师离世，许多亲朋好友和相关单位写了挽联悼念他。记得十几年前系里程文超老师走的时候，我因为曾跟他在北大见过认识，在中大又听过他的一次课，加之有一年多的同事之缘，所以给他写了挽联。而对李老师，也许因为当时没有较多时间斟酌出较为满意的文字，我仅仅是送了个花圈。我想他的在天之灵，应该不会认为这是厚彼薄此。送别仪式上，我看到署我名字的花圈竟然靠他非常之近。按常理，跟李老师相熟的名人高官多的是，我的名字不至于出现在很显眼的地方。我心里暗做解释，他生前确实和我有许多亲近的缘分。

记得 2003 年我刚调入中大不久，在校园路上碰到他，他劈头问一句："北大的沈培你认识吧？"我说，我上研究生之前就认识了。他又问："邵永海你认识吧？"我说，我上本科时他是汉语班的班主任，又是我们 88 级的级长。他听了很高兴，说"他们都是我哥们儿！"也许看到我有些疑惑，于是滔滔不绝说他曾在北大和中文系 81 级汉语班的同学一起学习生活。由此我知道，他和我曾先后在北大的同一栋楼住过。大概他也可以算是北大校友，至少是准北大校友。北大版《现代汉语》的责任编辑杜若明老师正是 81 级汉语班的，跟他也是哥们儿。如果没有这层关系，很可能就没有他后来联合主编教材的故事了。2014 年，北京大学中文系百年系庆，李老师以中山大学中文系系主任的身份作为嘉宾参加，在我看来，他也是有点"假公济私"的。

我看过一些对李老师的介绍，说他是山东人，或说是典型的北方人。就祖籍而言，这应该是没有问题的。但我不止一次听他说过，他母亲是梅县人。他对客家话和客家礼俗有相当的了解，可谓良有以也。因此，他即使不是传统意义上的广东人，也是广东人的后代。他的硕士导师黄伯荣先生是广东阳江人，而他对待黄老先生，据说比对父亲还好。他研究生毕业后从兰州到广州工作生活，跟许多广东人都很亲近，在融入本地方面比许多北方人要好，我想这应该跟他的血缘和学缘都有些关系。而我是粤西客家人，自然跟他亲近了。

我跟他最大的缘分是参与编写北大版《现代汉语》教材。这套教材因为编写者以中大学人为主，所以又称中大本《现代汉语》。我之所以接受他的邀请，我想首先我们是中文系的同事，其次我跟第一主编黄伯荣先生还是粤西老乡。教材副主编林华勇老师也是粤西人。记得定稿前去阳江看望黄老先生，我们三个粤西学人曾一起照了个相；这个合照大概比之前我和系里刘街生老师、施其生先生的合照还要难得。

中大本《现代汉语》的编写可谓艰苦卓绝。李老师领着我们十来个编者在中文堂 411 室开了上百次编写会，大家对原先由个人完成的底稿一个字一个字地推敲，很多地方是一起重新改写，甚至另起炉灶。比如，有关汉字笔顺规则的介绍，原底稿用传统所说"先横后竖""先撇后捺"之类的表述，当他了解我所提出"上下左右大小长短"八个字新规则的内涵后，觉得新规则更为简洁、科学和实用，正符合中大本《现代汉语》的特色和风格，便主张以我的《笔顺规则新探》为新底稿进行改写。后来教材副主编刘街生老师开玩笑说，我的文章被写入了教材，真不错；而李老师也多次在推介本教材时把它当作其中一个亮点。教材的推敲和改写有时进度很慢，甚至一个段落的改定就是一个上午或下午。大家七嘴八舌，一致通过才算过。当然，最后还要由李老师转交黄老先生审看。偶尔黄先生有不同意见，也由他居中沟通、解释或折中。其间每个人都贡献了自己的学力才智。我的硕士导师李家浩先生和他的导师裘锡圭先生写的文章不少曾得到朱德熙先生的修改。他们咬文嚼字的本事我大概多少学到一点，因此，在编写会上也提出过被大家认可的意见。而李老师不仅从善如流，而且不吝对同事大加赞赏，因此，我不止一次得到"一字师"的封号。其实，很多问题的发现和解决无疑以他的贡献最多，其语言大师的本色、风采也在编写会上尽显无遗，我们有机会在场敲边鼓实在是很享受的。当时系里丘国新书记的办公室就在411室旁边，他也不时过来鼓劲，或者故作"身体是革命的本钱"之类的训示，让我们休息休息。

李老师对和自己老师主编的《现代汉语》极为重视。除了他自己身先士卒，咬定青山不放松，对我们编者也多加督促嘱托。记得刚参加编写会不久，我们一起路过康乐园餐厅，他特别叮嘱我要克服困难，多花一些心力。所以后来的编写会，即便是讨论文字部分以外的内容，我也几乎全程参与。到阳江看望黄老先生，我们曾在宾馆花了一点时间讨论封面的书名该用什么字体，用几号字。我提议干脆请黄先生手写。李老师马上说这个主意好。于是2012年3月面世的中大本《现代汉语》教材，封面最显眼的"现代汉语"四个字便出自黄先生的手笔。而黄老先生于次年5月就去世了。现在回头想，如果不是李老师抓得那么紧，我们将面对多大的遗憾。

李老师对汉字问题很感兴趣，也有自己的见解。他的导师，无论是硕士导师黄老先生还是博士导师唐钰明先生都是商老的学生。而商承祚先生是我的博士导师曾宪通教授的老师。他指导的张荣荣博士是俗字专家曾良先生的研究生，师从李老师后继续研究近代汉字。尽管他也邀我参与指导，但他没有做甩手掌柜，自始至终付出很多心血。印象最深的是她对"煲""焗"等字的研究和写作，李老师几乎是全程盯着的。

前几年，曾有电视台记者就汉字的某些问题联系我采访，我猜想应该是李老师的推荐，因此，把它看作是李老师交给我的任务而没有拒绝，并选择中文堂一楼作为出镜背景。也许李老师生前也不曾留意，他乔迁八楼之前的工作室，这几年一直是我在使用着。今年三四月份，有多份写着由李老师评审的材料我也接了过来。

今天我和刘街生老师参加系里的会议，地点正是曾跟李老师一起开过很多会的411室。毫无疑问，我们都想念他。

2019年11月28日于广州

忆李老师

中山大学中国语言文学系　刘街生

人少时，进出中文堂大堂，脑海经常闪回过去的一些画面：李炜老师从电梯那边走过来或者从门进来，见到面，立马笑脸，说一下近来忙什么，互相通报一下情况。

初识李老师，是在武汉，快毕业时协助操办一场学术会议，恰逢导师生日，晚宴中李老师一曲京剧《智取威虎山》选段，一亮相，气场宏大，声音一起，宴会厅里立马安静下来，待唱完，掌声雷动。来到广州后，才知李老师，是专业出身，几岁开始便进入剧团，接受专业训练，而且恰逢特殊时期，老师是来自北京的名家正宗传人。李老师因此还学了一口正宗的老北京话。

正是缘分，毕业时很晚才开始找工作，联系中大时，李老师一手操办，亲自替我跑腿，在比较快的时间内办好了手续。李老师成了我的同事，也成了我的老哥。

刚到中大时，我住"大灰狼"，李老师住在人称"中南海"的小高层，但却是相邻的两栋楼。有时晚上，看书累了，一个电话，两个人出去消夜。中大东门，烧烤，啤酒，无话不谈，痛快！这个习惯直到我们觉得，不能再多喝啤酒、再吃烧烤的时候才改变。后来，李老师更忙了一些，偶尔得闲，两个人，一瓶酒，聊到老板都扛不住了，才回家。

我不是一个善于言辞的人，李老师则相反，且为人豪侠仗义，交游极广。来到广州后，认识了李老师的一大班朋友，包括导演、诗人等，经常参加他们组织的一些活动，观看演出，广州于我而言，变得熟悉、亲切。

李老师是一个事亲、事师极孝，对朋友仗义，对学生极度好的一个人，有这样的一个人在身边做朋友，至少做人不会出问题。

李老师的父亲是兰州大学的教授，人生经历的事情颇多，"文革"时曾受过迫害，但睿智豁达，总是忧百姓之疾苦。李老师的妈妈出身于潮汕望族，对李老师宠爱有加，叫四五十岁的李老师，也总是叫"炜炜"。也正是成长于这样一个有爱的家庭，曾是小"黑五类"的李老师，对人总是怀大爱之心。对父母自不必说，考虑到兰州冬天冷，李老师为父母在海口买了房子，让叔叔、阿姨去海口过冬，叔叔、阿姨年纪更大一些后，李老师就让他们来广州过冬。所以，有几年冬天，中大的校园里，经常可以看到叔叔、阿姨在散步。我因为住在校外，偶尔碰见，除了打招呼，必问了近况才放我走。叔叔、阿姨在广州时，李老师就会尽量在家里吃饭，似乎还必须听话、服管，有时见到李老师，闲聊之时，还说"我这个老儿子，回家还得听老爷子的！"

前几年初次生病时，为了不使父母担心，整个医治过程及治愈之后，李老师都是硬生生瞒着父母的。记得，医治期间，我两次开车送李老师去温泉疗养，李老师还在车上电话向叔叔、阿姨问候起居，提醒注意事项，报平安。那时是李老师一个人在跟病魔做斗争，他用乐观的心态、坚强的意志，赶走了魔鬼。

李老师对待自己的老师，就像是老师的儿子，李老师几次说过，要为自己的老师养老送终。对待黄伯荣老师，李老师就是这么做的。黄伯荣老师年纪大了后，和黄奶奶从青岛回到女儿身边居住，李老师每年都去探望，后来是带着自己的一大批学生去探望。有两年多时间，在黄先生的指导下，李老师和我们一起编写中大本《现代汉语》，几次和李老师、北大出版社的杜杜①老师去阳江，与黄先生探讨如何编写，一些具体内容如何修改，以及现代汉语研讨会相关事宜。每次吃饭，李老师都会点上黄先生最爱吃的一道菜，都要把老师哄得开开心心的。李老师和黄先生、黄奶奶及黄先生的女儿完完全全就像是一家人一样。黄先生过世的时候，李老师像儿子一样，亲自操办丧事，为老师守灵。

李老师对待学生，就像自己的兄弟、小孩。正因为如此，李老师的很多死党，都是中文系的学生。一些老的学生，读书时曾和年轻的李老师，像兄弟一样。所以毕业后，虽然在自己的岗位上干得突出，但和李老师的关系，却一直没变。对待自己的硕士生、博士生，李老师常说，谁谁不错的论文，是他的好饭好菜堆出来的，写不好都对不起他。李老师没有自己的小孩，有几回聊到深处，曾说，自己以后的养老送终就靠自己的学生。

---

① 指"杜若明"。——编者注

他之所以能如此相信自己的学生，我想应是他了解，学生应该能感受到，老师是怎么样对待他们的，老师是怎么样对待自己的老师的。

和李老师做同事，李老师和我们都念念不忘的就是，在编中大本《现代汉语》教材时，开会二百余次，大家一起逐字逐句地修改初稿，一起吃盒饭的情形。北大出版社的杜杜老师，也是李老师在北大时同宿舍的同学，劝说李老师，一起鼓动了黄伯荣老先生出马，再编一本新的现代汉语教材。初时，大家交出了初稿，黄先生看了以后不太满意。如何修改呢？大家想到一个好主意，集体来改。于是在广州的编者，周末、晚上或大家都没课的时候，就在中文堂的411室，集中在一起，集体逐字逐句地修改，这种斟字酌句，虽费精力，对大家来说其实也是一种快乐，一种把文字写顺了的快乐。困了喝杯咖啡，到了饭点，就是快餐盒饭。二百余次会议，最后大家的共识是，真功夫的排骨饭，最好吃。现在，黄李本《现代汉语》虽后出，但卖得不错，使用者的反馈也很正面，与这二百余次的会议，与这种集体写作的方式大概是分不开的吧。李老师曾多次说，对于编教材来说，这种做法可能是空前绝后的，连我们自己也没有可能这样再来编一本教材了。

与李老师认识、交往、做同事近二十年，李老师以老哥身份待我，我则以老哥的方式对他，感恩他这么多年的关照。我在这里以平静的笔调叙述与李老师的交往。其实，李老师是更适合用华丽的笔调来书写的。因为李老师的人生是精彩的。有他在，大家一定是开心快乐的，食物一定是美味的。李老师以其运用语言的艺术，有感染力的声音，一个段子，一句幽默的话语，气氛立刻会活跃起来。一句玩笑，一个动作就会让你融入当前的情境，和大家一起嗨起来。李老师是美食家，大家在一起，总是他点菜，他知道哪里什么菜最好，怎么样搭配才好吃。即便是普通的大排档，一经他的搭配，一经他语言的渲染，都会变得是那样地美味。李老师可以教MBA班的学员，怎么品红酒，可以为品酒专家的书写序，他会告诉你，波尔多哪一年、哪个庄园的红葡萄酒不错，香港什么地方的法国生蚝不错。得意处，他会说，让你看看你老哥是怎么"腐败"的。专业领域，李老师不管在哪方面，都是一地的领袖。有他的创意，能化腐朽为神奇。在文艺界，很多活动他是领导者，因此身边总是不乏帅哥美女的粉丝。他可以教你，从舞蹈动作的角度，领略各地的文化；从文化的角度，理解舞蹈动作的内涵。在中大的课堂上，他的讲课在全校总是最前列的，大家都知道他讲课的魅力，一双不大的眼睛里透出来的魅力。在研究领域，他最后是广东省中国语言学会的会长；一个"给"字，在汉语中也是风情万种，抖落掉灰尘的一些海外汉语教科书、传教士的汉语文献也能熠熠发光。

  李老师人生的精彩，更在于他的人格魅力。李老师为人豪侠仗义，大家都叫他"炜哥"。他对朋友，绝对真诚，同时也绝对疾恶如仇。给他理发的理发师眼中他是"炜哥"，朋友眼里他是"炜哥"，领导眼中他也是"炜哥"，他尊敬的师长眼中他还是"炜哥"。他是他那个包含不同领域、不同行业人员的朋友圈不折不扣的"圈主"。他在哪，一定给大家带来开心，带来快乐。也带来齐心、带来团结。他就是有这样的魅力！即便在医院里，去看他，他永远是乐观的，他带给你的仍然是快乐，是积极的情绪。

  记得和李老师的最后一次聚会，是去年 11 月间，参加的是几位同事和学长，聚会的地点，是李老师朋友开的一间英式餐厅，高高的厅里，只有一张长而大的餐桌。英伦音乐，顶级羊肉，top 级红酒。李老师坐在主位，众人高谈阔论。

  真希望这样的盛宴永不结束……

2019 年 11 月 20 日于广州

忆李炜教授

中山大学附属第六医院　王奕晖

　　与您初晤，于三年前，是从一场由学校牵头组织的多学科大会诊开始。会诊不似寻常，气氛有些许紧张，从参会人员的人数、级别及大家凝重的表情可揣量出，会诊的对象在学校里面应该还挺有分量的。说来令人唏嘘，与您相识之时竟已是医生与病人的关系。

　　会诊后由主诊教授介绍着病情的综合反馈，作为病人来讲应该是承受着巨大的心理压力。犹记得很清楚，您一边认真地听着主诊教授的介绍，一边不停地移动着脚步，一双小眼睛不时躲闪着，时而不自主地发出回应的声音，感觉您那故作镇静的外表下是一颗多么忐忑、无措之心。突如其来的病情和巨大的信息量，对于任何人来讲这也是一个正常的反应。我们在惋惜之余，也都在思忖如何做好您的心理疏导工作，鼓励您、帮助您一起渡过难关。然而，您的消化整合能力让我们着实大吃一惊，仅仅半天时间，迅速调整之后，再现的是一个充满斗志、全力以赴的斗士，对每个治疗细节、每个提问都是如此切入关键，条理清晰；更充分体现在您的执行决断力上，在一天之内就调整好自己的状态，以强大的意志力将治疗前的所有顾虑、障碍扫平，信心百倍地投入到手术前的辅助治疗中。

　　接下来的日子，就是在频繁往返医院中度过，您也从一个特守纪律的"乖病号"开始钻空子了。每次到医院来检查、复诊之前都将行程预先交代，然后都是按照自己设定的时间窗口踩着点匆匆而来，依预先的安排"催命般"在最短的时间内完成各项检查，然后又行色匆匆地奔赴各种会议。来去匆匆搞得大伙如临大敌，各种理由和借口听起来又似关乎民生国策、家国大事，让人气也不是，骂也不是，总是哭笑不得。有时气不过，对着您嚷嚷："入院前将闲杂事处理妥了再入院，进来了得守我们的规矩。"但基本上收效甚微，没办法，谁能说得过教中文的，特别是玩转语言学的中文系教授，还是中山大学的。在一通特真诚的认错和反省之后，还是依旧我行我素。但一旦碰到关键节点又心里十分有数,一二句话马上领会,老老实实遵医嘱全力以赴。这就是您,小事似嘻哈,大事毫不含糊。

接触多了,慢慢熟悉,觉得您非但不"官僚思维"还特别"通透活络",与想象中的中文系教授大不一样。您的许多"名言"也令我受益匪浅,如"年轻人不要一味想着赚钱,而是努力让自己成为值钱的人""买房不单看它的价格,更要关注它的延伸空间""世间不缺精明之人,就缺善良守心之人"……最难忘记的是,一谈起中大就眉飞色舞,总忍不住为中大,为中大的绿草坪、老建筑打广告,更以中大中文系为傲,吹嘘"从来没有从中文系转系出去的,每年倒是接收许多他系转入的"等。最初对中文系的想象总限于和语文老师相关,经过您三年的"熏陶"及接触多了您的众多高徒后,愈感中文系培养的学生挺纯粹的,真诚沉稳,不卑不亢,在一些方面游离于这个浮躁的社会之外,又似在某些方面引领着时代的潮流,好奇妙的感觉,因此,渐渐对中文系也有了兴趣,有了更深层的理解。

念及您,最深的印象还是您的"吃货"本性。既可在星级大酒店优雅得体地享用极尽考究的各国料理,也可撸起袖子吃街边小吃、大排档,更有能耐的是可以将一碗平常的兰州牛肉面从各个方位吹捧,强大的诱惑力总会使人有马上打飞的找过去一吃为快的冲动。自称"越南铁粉"的您,在朋友圈中推荐了广州三家越南"fo",介绍了各自特色还宣教越南粉特色佐料:鲜泰椒圈、薄荷叶、青柠汁……一碗色香味俱全的越南粉跃然纸上,令人垂涎三尺。甚至是医院旁边的猪脚饭,每次回来住院总会预订上念念不忘的标准餐:潮汕猪脚饭+牛肉丸汤,小店规模不大,食物出品不错,更主要的是均由帅帅的小店老板亲自送餐。您总是边吃边感慨素有东方犹太人之称的潮汕人,身为老板,几年如一日,为了讨生活,放得下面子,更放得下架子,很值得钦佩。这一款一直还未见您发朋友圈点评,估计可能还尚未达到您的推荐标准吧。您的朋友圈我最关注就是美食,您所推崇的,如天汇广场的"腊八粥"、北京南的"大头虾"、太古汇四楼的"莲"、天河城五楼的"青悦"及珠江新城美领宾馆二楼的生煎饺子等,总是为同为吃货的我们提供美食攻略。

在埋头工作和追逐美食的道路上潇洒前行,偶尔也过于率性。有时一忙起来您更是放飞自我,总是能不时从朋友圈中获悉您又出国了,又参加集会了，又喝酒了，又……见到曾信誓旦旦地保证会注意休息的您又连轴转，任性挥霍健康，总忍不住又给您来个"警告"。特别是在检查指标出现波动时，一边听着您踌躇满志地诉说着您的大项目、大课题还有排得满当当的日程时，一边心里又无比替您感到焦虑，但也唯有告诫一句：能者有所不能，适当示弱也是一种能耐。然而，一关系到您深爱的学术和事业，就又是十倍百倍地投入到无休止的忙碌中去了。

不平常的您体现出来的病症也是罕见的不寻常的。在后来的诊治过程中，颇历艰辛，经过多家权威医院众多大咖通力协作下才能予以明确。在生命的最后半年中，深受病痛折磨的您，处于顽强的求生欲望与对病情知情度不匹配的矛盾挣扎中。也许相处时间长了较为熟悉了，相互间少了客套及顾忌，每天总会收到您微信轰炸，诉说症状以外更多的是对治疗效果的反馈，以及不断提出您的新的见解。真不愧是中文系教授，常常是洋洋洒洒连续数分钟的语音，对某些问题执着程度也真的令人叹为观止，佩服之余也深刻理解了您为啥能取得如此傲人的成就了。可如何"忽悠"睿智的您更是令人头疼的一大工程，有时真的真的恨不得将实情全盘托出。我们竭尽所能以减少您的痛苦，但面对您那殷切的眼光及对于未来的规划和憧憬，还有再三保证以后一定"听话"不再过度劳累，更倍加心酸，只能感觉生命是如此的苍白无力，更深悟医学：有时治愈，常常帮助，总是安慰。

您常引以为自豪的是年轻时曾在兰州市青年京剧团当过戏曲演员的经历，说是人生中最宝贵的财富，在舞台上的摸爬滚打不只练成了强壮、中气十足的体魄，更练就了不畏艰险积极面对的强抗压个性，更有点点江湖人的不羁与随性，也因此结交了各行各业的各路朋友，成就了一个与传统印象不同的"个性教授"。在陪伴您与病魔搏斗的三年中，我们慢慢地熟悉了，也屡创奇迹，一直相信以您的底子是能将这副"有点烂"的牌继续好好打下去的。在生命倒计时的某一天您对我说，其实心中最怕的人是我。我虽嘴上说"因您太'作'了所以才怕我"，其实心里真不是滋味。假如可重来，更希望您能更怕"我"，特别在行动上，更多地敬畏生命，因为人的生命只有一次，没法重来。

2019 年 11 月 29 日于广州

生如夏花之绚烂

中山大学中国语言文学系　郭冰茹

泰戈尔的《飞鸟集》中有一首诗，名为《生如夏花》，其中有一句 *Let life be beautiful like summer flowers and death like autumn leaves*，郑振铎将其译为"生如夏花之绚烂，死如秋叶之静美"。十五年前，我的导师程文超先生离世，他的朋友学生为他编辑纪念集，我写了一篇怀念老师的文章，借用了这个名字。那段时间，我很喜欢朴树的歌，朴树自己也创作了一首《生如夏花》，常常被我调成单曲循环。朴树的声音略带沙哑，却有温度和厚度，尤其这首《生如夏花》。当我听到"我是这耀眼的瞬间，是划过天边的刹那火焰，我为你来看我不顾一切，我将熄灭永不能再回来"时，感觉他唱出了我心中老师的样子。如今，李炜老师离开也有半年，他的朋友学生也在为他编辑纪念集，我不由自主地想到我的导师，想到朴树这首《生如夏花》。两位老师虽然性格不同，经历各异，但他们生前交谊深厚，一样的为人善良，一样的幽默风趣，对工作一样的全力以赴，对学生一样的关爱扶助，在病痛面前也是一样的顽强坚韧。

印象中第一次见到李炜老师，就是在程老师家里，那时候，应该是1998年吧，程老师刚刚分到了西区的房子，摩拳擦掌地准备装修出一间他理想中的书房，李老师是他的参谋。那天，午后的阳光洒满了房间，程老师穿着T恤衫，在刚刚拿到钥匙的新房子里走来走去，比比画画，李老师却是一身西服革履，站在房间中间静观默想。两人一动一静，一个简单随意，一个郑重其事，形成了一幅反差极大的构图。见到我来，程老师特别指着李老师笔挺的西装说："郭冰茹啊，这是李炜，他今天特意穿了这套昂贵的西装，来庆贺我的乔迁之喜"。说完他俩都笑了。看得出他们两人平时的交往也是喜欢互相开玩笑的。

李炜老师做现代汉语研究，而我在大学时学过的语言学知识却基本都还给了老师。有一次他问我，如果要收集一些北京话的语料做分析，除了现代的老舍、当代的王朔，还有哪些作家的作品可以提供比较好的样本。我一时也被问住了，我虽然做当代文学，也知道语言风格对文学表达产生的重要影响，但我的文学研究一直没有关注到语言层面，我能想到的北京话，大概就是冯小刚、刘震云合作的贺岁片或者《编辑部的故事》《我爱我家》这样的室内剧。所以，李炜老师的问题我答不出。又过了一段时间，李炜老师打电话给我，说他有一个学生的论文是从语言学角度讨论赵树理，他希望我能从文学研究的角度提一些建议。我看了论文，那些语言学的分析对我来说是陌生的，但是论文的研究方法对我却有不少启发。虽然最后我没能对论文提出什么建设性的意见，但从语言层面重新解读赵树理却给我提示了一个重新阐释赵树理的角度。后来我从赵树理小说的可"说"性方面入手，写了一篇论文，讨论赵树理在"民族形式"探索方面对话本传统的扬弃和在语言建设中所做的工作。这篇论文得了一个小奖，还得感谢李炜老师当年的提示。

我以前总觉得，语言学和文学是同一条路上奔跑的两匹马，我不知道为什么会有这样的联想，总之我的意思是，语言学和文学虽然同属一个一级学科，但两者的研究对象、研究方法天差地别。所以我几乎没有读过语言学方面的论文，也不大了解语言学领域的研究进展。但是李炜老师好像并不这么认为。有一年我们专业开学术研讨会，与会的外地学者中有几位是他的朋友，他热情地邀请大家小聚。闲聊中李老师提起语言学和文学的关联，他还举了一个《红楼梦》中的例子，大概是说从《红楼梦》中某个使令动词的使用，可以看出人物之间的亲疏关系，比如宝、黛、钗三人之间，在表达同一个意思时，使用的使令动词就不一样。我从没想过这个问题，觉得很新鲜有趣，听着也很有些道理。李老师说准备等有空了把这个想法写成论文，投稿给文学研究的学术期刊。但他实在太忙了，偶尔在中文堂的走廊里见到他，也只能匆匆打个招呼，估计他没能抽空写出这篇文学论文。

李炜老师并不是那种固守书斋的学者，他思路敏捷、思维活跃，总能找到应用专业知识服务社会的有效途径。中文系的微信工作群里常能看到他和他的团队的工作进展。比如在国家"一带一路"政策出台后，他敏锐地观察到中资企业在海外发展需要大量针对目标国的汉语培训人才，于是他带领团队，从汉语本体研究和教学出发，研发出一套可操作性强、实用性强、职业指向明确的"国际职业汉语培训及评估标准体系"，而这套评估体系是语言学界获得的第一个教育部的科技成果。此外，他的研究团队立足于语言学科，同时也尝试与心理学、神经科学等学科开展跨学科研究。今年暑假中的一天，我在中文堂碰到了一对母女，听说是来中文堂做语言康复的，后来跟负责这个项目的陆烁聊起来，才知道他们现在所做的关于神经语言学的研究不仅在语言学领域中很前卫，而且能切切实实地帮助到很多患有失语症或是阅读障碍症的人。而促成这个项目落地中文系的正是李炜老师。

我虽然在中文堂很少见到李炜老师，却总能碰到他的学生们，这些学生给我的感觉总是礼貌谦和、大方得体、明媚阳光的。有一回我问李老师他是怎么带学生的，为什么他跟学生的感情那么好。李炜老师弯着他那双笑眯眯的眼睛说："言传身教啊，我怎么待人，学生也会怎么待人，我怎么对我的老师，学生们就会怎么对我啊。"的确，学生会把自己的老师当榜样，而言传身教是一个老师最简单也最有效的教育方式。想想当年程文超老师对我们也是悉心关照，他坐在电脑前一边跟我讨论一边给我论文做批注的情形至今还印在我心里。两位老师都在教书育人方面付出了很多心血，他们都说"学生是我生命中的阳光"。

日常生活中，我和李炜老师的交往并不算多，大概因为导师程文超的缘故，或者也因为都是西北人的缘故，对他别有一种亲切。李炜老师是那种特别注重生活细节的人，或者用现在流行的话说，很注重生活的仪式感。有一次我在办公室看论文，忙到快 7 点才离开，正好碰到李老师回办公室，他刚刚叫了一份兰州牛肉面，见到我就说："我也给你叫一份，你尝尝，他家的面还有他家的汤，很攒劲。"面送到了，他还特别打电话说要把调料先拌匀了，汤要放在最后喝，别像广东人一样先喝汤。作为一个西北人，我当时觉得他还挺啰唆，但是想想，也难怪，他的很多学生不是西北人，关于怎么吃西北的面，他一定是唠叨惯了。

2015 年，我和中文系的老师们去台湾中山大学参加学术交流，那年李老师刚刚做了手术，因为身体原因没能成行，但台湾中山大学的老师们一直都在谈论他，说他很会讲故事，说他待人很热情很仗义，偶尔也会模仿他的表情、神态和语气讲一段他讲过的段子。想起 2006 年，欧阳老师带着当时还算年轻教师的我们，第一次去台湾高雄中山大学进行学术交流，回程时需要从台北转机。大家对陌生的台北充满了好奇，想去看台北故宫①，想去逛士林夜市，为了方便组织，也为了安全，欧阳老师建议大家自由组合结成小组出行，我和杨敬宇主动要求跟着李炜老师。在我们眼中，李老师率性、随意、没架子、懂美食。那次的台北行走很有收获，虽然因为在台北故宫逗留太久没能赶去渔人码头看夕阳，但是能在士林夜市里一边扫荡台北小吃，一边听李老师天南海北讲段子更是一种享受。

在广州，四季都有鲜花盛开，热闹而绚烂，但是夏天别有一番繁华与热烈。泰戈尔的这句诗或许可以改成 *His life is beautiful like summer flowers*，李炜老师就是这样一个人，他幽默、热情、充满活力，而这一切又可以随时随地感染身边的每一个人。

2019 年 11 月 25 日于广州

---

① 指"台北故宫博物院"，下同。——编者注

来去如风　快意人生
——我记忆中的李炜老师

中山大学教师工作部　罗　燕

今日大雪，听说北方有些地方真的在下雪，广州依旧阳光明媚，只是清晨的风多了一些寒意。还来不及品味清早的寒意，我就接到了学生催稿微信。

一个月前，于晓雷同学在微信上告知我，他们正在筹备为李炜老师出一本纪念文集，约我也写一篇。我不由得推辞，毕竟很久没有写纪念性的文章，学生时代舞文弄墨的心绪早已在公文的磨砺中逐渐消磨掉了，忙碌之余，能够翻开一本书，已属难得。最后我还是没有拒绝，因为难以回绝。

我和李炜老师共事有20多年，他突然离世的消息让人震惊，很多人一时无法接受。说起那天，也很有戏剧性，我正在去看望他的路上，当然我也没赶上那最后一面。

我是在今年五一节前，才听闻他病情转重，于是和其他同事约好，节后一起去探望他。5月6日中午，在饭堂简单吃完饭，我与约好的同事刚准备上车前往医院，忽然微信里传来消息，李炜老师已在12点38分离开。我不敢相信，急忙给在医院的彭玉平老师打了电话，他沉痛地告诉我：不必来了，人已经去了。随后我的微信上开始不停地有学生在问：是真的吗？是不是搞错了？愚人节吗？怎么可能呢？上一次见面他不是好好的吗……

真不敢相信，如此热爱生活、充满活力的李炜老师，就这样离去了。在我的记忆中，再没有第二个人像他这样热爱活色生香的生活，像他这样热爱美酒美食，热爱美的音乐、舞蹈，热爱生活中一切美好的事物和美丽的人，尤其是秀发飘飘、能歌善舞的美女。对于这一点，李炜老师很坦诚从不讳言，他就是那么热爱美、美丽的人、美好的事。他自己打趣自己：哥活着，就是一种传说！

几乎熟悉他的人，都知道他最喜欢广州老白家的兰州牛肉面，总喜欢来一碗"薄宽肉蛋双飞"，为了找到一碗地道的兰州牛肉面他可以穿街走巷，冒雪前往，哪怕穿越大半个城市，他自己写道："为一碗香香的牛肉面，心心念念踏雪而去，满满福福①踏雪而归"，而他饱餐之后的心情是不亚于"踏花归来马蹄香"，可以想见他吃饱后，心满意足的得意样儿。

有一回夜里，他在朋友圈夸耀西安的水盆羊肉和兰州的羊肉泡馍，比较哪个地方的最好吃，羊肉泡馍的馍该如何用手掐如何泡，如何馍是馍来汤是汤。连不爱面食的黄天骥老师都忍不住回了一首打油诗："吃货赞馍，嘴角流唾。我虽未吃，已经不饿！"不少"路过"的校友在旁打趣："不饿、我饿"。

记忆中的李炜老师，喜欢热闹、乐观爱笑，我几乎没见过他愁眉苦脸。他个性鲜明，身上有着某种这个时代已经比较少见的自由不羁，他关注流行，知道如何穿搭配色，偶尔也指点身边一些人，不要穿得太土太没品。他有一堆影视界、时尚界的朋友，听说花城选美的时候，他也去做过评委。不过有时由于他的衣着太新潮，在传统文化浓厚的中文系也会闹出笑话。

有一次，我经过中文堂门口，恰好瞧见一位退休的老教授问他："小李，你这件衣服怎么有点破、有些旧？快过年了，不要穿旧衣服破衣服，去买件新衣服嘛！"李炜老师瞪大了眼睛："这可是范思哲设计的！就是这范儿呀！"然后他看我路过，扭头对我说："燕儿，范思哲你知道吧！"我当时心不在焉思绪飘飘，一时没回过神，随口接着："什么思哲？哲学系的吗？"李炜老师的小眼睛瞪得似乎更大了，在他的似笑非笑、哭笑不得的表情里，我秒变乡下土包子、出土文物……

记忆中的李炜老师多才多艺，会说话、会唱歌，不只是流行歌，京剧也是他拿手好戏，唱得字正腔圆、有板有眼，很有台柱子的范儿。文艺晚会的关键时刻，只要他一登台，嗓子一亮，没人敢说中文系的人不懂高雅艺术。他还擅长模仿方言，他观察很细心，即使是去吃他最爱的牛肉面，他也会认真地倾听各方食客的方言，不放过他们发音的特色："你大碗啦

---

① 兰州话，舒坦满足之意。

吃！""一口羊肉一口蒜，再配一个酸辣土豆丝就齐活儿啦！"这些有特色的话，经他一强调，再从他嘴中说出来，忽然变得特别有趣，会逗得周围人哈哈大笑。李炜老师学人说话的时候，就像一个调皮的小男孩，总带着点不含恶意的小嘲讽、小戏弄。中文系的很多老师都被他抓住方言特色，被他模仿过，"你再说一下，刘和牛？女和吕？你好像 l 和 n 不分呀！你家乡哪里的？"

我记忆中的李炜老师保留了顽童的天性，有趣、好奇、好玩，也保留了西北汉子的直爽、热情和好客，只要是真的感动了他的事物或人，他会不遗余力地热情宣扬，比如老白家的牛肉面，再比如圣彼得堡的芭蕾舞，那也是充满笑料的故事。

2010 年暑假，中文系组织了一趟俄罗斯之旅，在圣彼得堡的时候，他和高小康老师去看了一场芭蕾舞表演。回到车上后他不遗余力地赞美说：那是他终生难忘的演出，在乌兰诺娃的芭蕾舞小剧院观赏《天鹅湖》，男女主角是刚随普京总统赴欧洲演出回来的一流芭蕾舞演员，水平极高。当现场乐队一奏响，他就没办法控制自己，他身边的高老师说："好像多年在五官中堵塞的东西突然通了一样，真想哭！"我记得等李炜老师描述这种面对艺术大美想哭的冲动后，全车各种遗憾声响起，没去看芭蕾舞的，个个都觉得亏大了，要不白来一趟圣彼得堡！第二天下午，我们七八个人准备好纸巾，怀抱着准备被伟大的俄罗斯芭蕾艺术好好熏陶的期待，再次神圣而庄严地走进了乌兰诺娃的芭蕾舞小剧院，现场乐队再次奏响《天鹅湖》，可惜这次我们没那么好运，我们不知道男女主角换了，"想哭的"效果大打折扣。我们看完走出剧院，互相瞧瞧对方，表情都是"好像没有找到想哭的感觉"，但是谁也不好意思说，也许是我们艺术细胞不够，不能深入欣赏芭蕾舞艺术吧。大家谁也不敢说，这芭蕾舞跳得太一般啦。后来李炜老师还是知道了，他也不敢解释，因为他也不知道舞蹈演员换了，而且那芭蕾舞票还是有那么点儿贵的。大家都绷着，生怕对方想多了。过了很多年，他才在朋友圈揭开谜底。他还是强调，他看的那场真的好，真是有"想哭的"冲动。

记忆中李炜老师最喜欢和年轻的学生们待在一起，也最好请学生们吃饭，每年的毕业生聚餐他都会参加。有一次他和学生打赌：如果你们年级毕业时发展了十对情侣，我请全体同学吃饭！他不知道的是，这个年级的男生女生超级友爱，他打赌的时候已经出现了九对情侣，临近毕业，也不知道是不是为了打赌赢一把,大家起哄又撮合了一对毕业"黄昏恋"。李炜老师愿赌服输,很豪气地在东门外大排档请全体毕业生吃饭。这份师生之间融洽与快乐,也是独具中文特色的。

中文系的学生也都喜欢李老师,喜欢跟他在一起,喜欢他身上那种快乐的劲儿!他是出自真心热爱那些年轻学生,仿佛看着自家的孩子,当年和他一起走访新生宿舍的时候,他看到瘦弱的男生,会忍不住提醒要加强锻炼:"男人得 man 一些、壮一些,瘦得跟豆芽似的,那怎么行!"看到远道而来的北方女生,他会细心提醒这边天儿热,"吃得习惯吗?千万别想家,别哭,长大了"。说这些话的时候,他仿佛一个孩子头儿,好像只是他们邻家的大哥哥。学生们也是发自真心地喜欢他,只要他登台讲话,掌声是最热烈的。他会调动会场气氛,会照顾到现场的每一个人,会让每一个人都感受到他的热情。

我一直以为李炜老师会这样热情似火地生活下去,继续他想追求的,继续热爱的语言学研究,继续关爱学生,继续满世界的行走,继续朋友圈的热闹与精彩,然后直到老去、直到退休,即使将来退休,他也会是西区退休老人中活得最带劲儿的、最丰富精彩、穿衣最潮的帅老头……但是生命就是这样无常,他停留在了 2019 年的 5 月 6 日,停留在我们的记忆里,只留下了无数的欢声笑语……

我内心也曾有过一个问题,我总觉得尽情挥洒生命热情的人也许也有着某种对命运的不甘,也许在他内心的深处总有一只北方的蟋蟀在远方鸣叫,鸣叫出生命的热忱与期待,同时也用鸣叫抗拒着生命的寂冷和孤独呢?

我没有机会询问,或者即使有机会我也不会询问,生命深处的那份寂寥与孤独,属于精神深处的东西,只有人自己在某个时刻才能触及。

如今李炜老师离开已有半年之久,偶尔回到中文堂,还是能浮现他的音容笑貌,仿佛他不曾远离,还会不经意在门口或楼梯口遇见,还会听到他和其他老师打趣的呵呵笑声。

我想会有很多人,尤其是他的学生们会想念他,因为他的乐观、豪气影响到不少学生,他的古道热肠,他的江湖侠气,他的儿女情长,他对生活的热爱,让不少学生受到影响,得到鼓舞,从青涩、自卑中走出来,开始勇敢坚定,开始热爱生活、尊重生命,开始形成自己的人格特色,开始有了那股子敢豁出去的暗劲儿!

生者对逝者最好的怀念，就是好好地生活下去，并努力让自己的存在与美好的事物相伴。我想爱笑爱淘气的李炜老师是不喜欢那种凄凄惨惨的，他在重病中也从不以病态病容示人，他甚至调侃自己：我是不一般的人，就得不一般的病！

　　所以当我回忆往事，我想起来和李炜老师相关的，都是快乐的、有趣的、好玩的、好笑的，亦如窗外的天气，阳光灿烂、明媚暖人。而此刻有风凉凉地穿过指缝，带来远远的歌声，断断续续：你是否得到了期待的人生？它又是如何从指缝间滑过，像吹在旷野里的风。在静悄悄的时光深处，何处是你的归宿……眼前忽然起雾，湿漉漉的。

　　——生命之旅，且歌且行；来去如风，快意人生！

2019 年 12 月 7 日（大雪）于广州

古道热肠驰天地　潇洒旷达度春秋
——忆李炜兄

中山大学艺术学院　徐　红

犹记与李炜兄最后一次相见，是在猪年春节前夕。大榕树下的校道上，他笑面相迎，盛赞我的丝巾动人可爱。一如平素的他，让人如沐春风。

半年多过去，仿佛他只是挥一挥衣袖，亲切的脸庞与笑意从未离去。怀想他的诚挚、他的才情，许多感触萦绕心头。

李炜兄到中大比我早许多，自我来学校，他就像大哥，带着我，帮助我。他是绝顶聪明的人，又是认真严谨的完美主义者。也许很少人能真正了解，他投入了多少精力在大学人文精神与校园文化的传承、建设和传播，所接的任务时间有多紧、难度有多大，但他从不犯难，总是欣然接受，满怀激情，竭尽心血，打出一场又一场漂亮的硬仗。

我经常策划编导学校的校园文化艺术活动，李炜兄则常常受任为活动顾问或总监。从七十五周年校庆策划《山高水长》专题片及主题曲，到八十周年校庆晚会、九十周年校庆演唱会……一次次共同的战斗，我们早已成了同一战线上合作无间的朋友。无论是审美眼光，还是思路细节，我们总会产生很多共鸣。

2000年，我参与策划指导的中大校园原创歌曲专辑《毕业谣》正式发布。在新闻发布会上，李炜兄在我发言结束后，轻拍我的肩膀说："看到你的成长，真高兴！"这一句肯定，让我至今难忘。李炜兄曾学习戏曲，在文艺圈交友广泛，艺术造诣颇深，非常重视文化艺术的现实力量。在我从事校园文化建设、组织校园原创音乐创作和出版专辑的这些年里，常常征求李炜兄的建议，寻求他的帮助，李炜兄总会提出真知灼见，热心帮忙。得到李炜兄的认同和信赖，对我来说是一颗大大的定心丸。他常跟我说："只要红红说的，都一定去办。"这不是口头说说，而是确确凿凿的君子一诺。他也知道，我求助的都是为学生和学校办的事。

做事亲力亲为的他，带着一股认真劲儿，工作起来对事不对人，透着独立不倚的品格，总给我带来心灵的冲击。多年前，我们一起做一台学校的晚会，彩排前我发烧厉害，安排了学生负责，我晚到一会儿，结果赶到现场后，只见李炜兄表情异常严厉，责备我"无故"迟到，强调活动准备至关重要、节目效果要对观众负责。弄得现场气氛严肃，让我特下不了台，委屈地当众落泪。我们随即开始彩排，又投入到对节目和学生的悉心指导以及舞美等一一打磨中，活动最终完满落下帷幕。事后，他才了解到我迟到的缘由，多次道歉。其实李炜兄的全神贯注、一丝不苟，早已使我忘记起初的尴尬，反而受教。

别看李炜兄的身影常常出没重要活动的台前幕后，他的正职其实是语言学教授，有丰硕的专业建树，培养了许多优秀的学生。他爱学生，为学生付出了绝大部分的时间和精力，视如己出，无微不至，师生之间的情谊早已流传在中大。

对学生的培养，他考虑的是全方位的。他总推荐自己的学生来选修或旁听我的音乐和礼仪课，在这个意义上，我们有共同的学生。除了专业能力，他强调学生们还应当塑造好个人气质，懂得为人处事，最好再沾点艺术气息。对于学生们的学业、就业、事业和人生发展，他都牢牢放在心上，竭尽全力去支持。

在他再次住院前，我与他一起参加过他学生张志兵校友的公司年会。那天，他如往年一样应邀上台致辞，以激情洋溢的讲话感染全场。但不寻常的是，他提前离场了。我当时虽也感到一丝诧异，却没有与他的病情联系起来。李炜兄这少有的提前离场，其实已预示病情加重，因为不久后，他就再次入院。如今想来让人痛心，那时实在太大意了。但李炜兄就是讲哥儿们意气，不到万不得已，都不会缺席，会为朋友撑场。

李炜兄喜欢与朋友吃饭，但与其说是吃饭，其实更在于席间谈天说地，推心置腹。他聊起天来，贯穿古今，融汇文学艺术，学问生活相交集，其潇洒气度、旷达情怀、广博见识、精辟见解，每每让听者折服。李炜兄又从不让朋友埋单，豪迈之气实在少见。

平素看似有些自傲的他，对于自己的老师、学长，永远是尊敬有加，彬彬有礼，温和谦逊。

李炜兄就是这么真性情,豪迈浪漫,坚守初心。他对学生乃至周围人的影响,正是通过他的身体力行耳濡目染的。他的豪迈之气,表面在好玩,内里实则重情重义。在日常生活中与大家打成一片,在工作中认真严谨,不为名、不图利、不说假话,只要认准事理,只要是为母校为师生为朋友的事,只要是有价值有意义的事,便坚决去做,全心全意、辛辛苦苦、忙忙碌碌、风风火火。他内里的那一份不怕真话难听的坚定、那一种追求本真的坚持、那一副古道热肠、那一颗赤诚之心,也是我一直以来孜孜不倦、趋之若鹜的。

时光如白驹过隙,世事已成鸿印泥。回想 2001 年,我们带着 50 多名学生乘坐绿皮火车奔赴杭州西湖参加第一届全国"五月的鲜花"文艺汇演,那一路多少欢声笑语;回想七十五周年校庆,我们一起主持校庆晚会,手中麦克风发出一词一句那么铿锵有力;回想九十周年校庆晚会,台上的我们击掌约定一百周年校庆再接再厉,那一刻的心情多么激动;回想首届草地音乐会上我们带着观众唱起校园民谣,夕阳映照下每个人真挚温暖的笑脸至今难忘……一切无法预计,人生不相见,动如参与商。李炜兄以明净的心潇洒旷达度春秋,以鲜活的人生谱写真善美的乐章,绚丽而隽永。

我没有参加李炜兄的追悼会,因为我希望,脑海里最后见到的李炜兄是那道明亮的笑容,因为我希望,蓦然回首,绿荫校道又逢君。

2019 年 12 月 1 日于广州

深切怀念兄长李炜教授

中山大学中国语言文学系　林华勇

我习惯称呼李炜教授为李老师，原因是我2002至2005年三年间，在中山大学中文系跟随施其生教授攻读博士学位，那时，他是中文系的老师，而我，是中文系的学生。一开始，接触不多，觉得他是系里的领导和老师，有点儿高高在上，颇有距离感。毕业五年后（2010年），我"回归"了中大中文系，加入了黄伯荣先生和他主编的中大本《现代汉语》教材编写团队，作为团队成员申报重大项目，甚至从2012年起，配合他和系里，开始了"双肩挑"，分管中文系研究生教学，并协助他管理本科生教学的工作，逐渐拉近了与他的距离。于是，他从一位师长，领导，逐渐成为我所尊敬的兄长。不断拉近距离后，他变得越来越生动，应该说，是我目前见过的最为"鲜活"的人。

李老师离开我们已经快七个月了，超过半年，本以为能够平淡地与人谈起他。但有几次机会，跟要好的师友谈起，仍难抑心中的悲痛，控制不住情绪。做语言学的人可能会有个通病：由于总面对语言事实，再动人的故事，再动情的言语，一经分析，去除词语这些附在结构表面上的"皮肉"之后，实在难打动我。久而久之，逐渐练就"不以物喜，不以己悲"的"本领"（我称之为专业性格），甚至不愿意多说话，更不会堆砌华丽的辞藻，去表达非自己本意的想法。学语言学的人，大多清心寡欲。成为这样的人，有时想想，的确无趣。

然而，李炜老师，却是十分有趣！你跟他在一起，听他天南海北地侃，加上丰富到位的肢体语言和表情，并不会觉得乏味，一件简简单单的事，经他描述，反而变得十分生动、有趣。怎么会有这么鲜活的人呐！兰州话、西安话、北京话、河南话、广州话，信手拈来，学老一辈先生讲话，从声音到神态，都惟妙惟肖。只要有他在，就不会冷场；只要有他在，再严肃的场合，也不会心慌。在一起工作这么长时间，一起谈事儿，一起散步,一起品尝美食美酒,早已习惯他在。只要他在,多难的事情,也会有希望,多累也会值得。不光我有这感觉,与他一起共事过的朋友,也会有此感受。

你说,这样的老师,这样的领导,这样的同事,这样的兄长,怎么会不怀念?

李老师公道,从不在我面前说别人的不是。我估计,他不希望我戴上"有色眼镜"先入为主去看人看事,以致我有时候会碰壁。也许碰壁,更能长记性,吃一堑长一智吧。工作中,他充分尊重我的意见,学术上也是如此。每当有一些新想法,他会第一时间迫切地跟哥儿几个分享,听大家的意见。语言学专业的同学,可以随时去向他请教。我们教研室同事各自指导的研究生,不会因为在不同导师名下,而感到隔阂、生分,大家相处十分融洽。这么好的老师,这么好的同事,怎么就走了呢?

李老师有学术理想。特别是2010年以后,他的状态愈来愈勇,左右开弓,渐入佳境。他多次说过,中大语言学的特点是打通"普方古",做学问要一竿子插到底,逢山开路,遇水搭桥。他心里有个宏伟的学术蓝图。他的重大项目重点是南方,但他常说,不懂北方,怎么了解南方呢?于是,在利用海外珍藏汉语文献做明清南方汉语的同时,眼睛紧盯着北方,尤其是北京一带包括北京话、河北的方言,还有西北一带,如他熟知的兰州话、西安话,并且多次率队前往调查。他告诉我,等手头南方这个重大项目结束后,他将继续申请项目,探讨北方方言和阿尔泰语言的关系,形成南北夹击之势,然后再接着做中部的方言。除了传统的本体研究,他同时开辟了中大的神经语言学、国际职业汉语培训的应用研究,同时热衷开展大湾区语言研究的合作。少了他,这些宏伟目标该如何进行下去呢?

李老师有艺术才华,心思细腻,且乐观,热心肠。我和他都是双鱼座,同一天生日。但我没什么艺术细胞,不会唱念做打。他不一样,除了口才好,还能唱老生,当导演,做文创,写歌词,十八般武艺!卧病在床,几次去看他,他常念叨着学生,怕学生为了照顾他,耽误了学习。我答应他,会替他督促,他听后眼里充满感激。我和马喆、语言学的同事多次去医院看他,每去一次,他就打消一次我们担心他的想法,跟我们谈在广州大学举办广东省中国语言学会年会的事情,谈学会将来的打算,谈我们语言学科未来的发展方向,似乎用不了几天,就可以出院大展拳脚了。

可想而知，他是多么乐观的人啊！我觉得和不久前的住院一样，他一定会大步迈过，然后又是一条好汉。我知道，他一直不放弃，一直，一直坚持到最后。这么热心肠的人，怎么就撒手不管了呢？

李老师有一帮能干的好弟子。燕旋、佩璇、亚男都先后在博士论文的基础上，申请到了教育部的项目。他的弟子们对李老师的学术方法和观点，都如数家珍。他住院期间，晓雷、兴舟、王旭等十几名弟子轮流排班照顾，跑前跑后。尤其是兰州的大小伙儿王旭，整天师父长师父短的，李老师走后一段时间，跟丢了魂儿似的。放心，他们都是好样儿的，都挺过来了。如果不是李老师平日待他们好，他们怎么会如此心存感恩，难以释怀呢？

李老师，前不久，外国学者引进计划的三个系列讲座已全部结束，第二届语言演变研究青年学者论坛已顺利举行，您和庄初升老师合编的书在商务印书馆顺利出版了，海外珍藏汉语文献与汉语研究的工作坊已圆满结束了，《李炜汉语语言学论集》也谈好了出版社，广东省中国语言学会的学术年会已顺利举行，培培的博士论文几天前也已顺利通过了答辩。这些事情，都在按部就班有序地进行着。可是，康乐校园里，从此少了您爽朗的笑声，逸仙路、西大球场少了您快步走的身影，兰州牛肉面馆里少了一位热衷写评论的顾客，校庆晚会少了位忙碌的导演……从此，在这世界上，我们少了一位眯着眼睛笑，别人爱叫他"炜哥"的兄长！他已永远活在我们心中！

2019 年 12 月 1 日凌晨于广州

几件小事

中山大学中国语言文学系　胡传吉

2011年年底,中文系与东莞莞城政府开始合作"东莞莞城社会文化建设横向合作科研项目"。李炜教授时任中文系系主任,组建项目团队之际,李炜教授请民俗学专家刘晓春教授担任学术指导及团队负责人。刘晓春教授希望我来具体跟进这个项目。我一开始有顾虑,带学生长时间外出调研,责任实在太重大,担心做不好,但最终还是接下了这个工作。当时,我只提了一个条件,那就是必须保证学生的劳务费。李炜教授拍拍胸口,大声说,"放心,必须按学校的最高标准发放劳务费"(最后当然兑现了这个承诺)。熟悉李炜教授的师友,一定能想象出李炜教授当时的身体语言,并马上会心一笑。诚恳动情、自信有力、亮堂有趣,能在舞台与讲台之间进退自如,李炜教授天生有个人魅力和特点,走到哪里,都会成为焦点。

就这样,我加入了这个团队。也因此,我跟李炜教授有了一些工作方面的交往。

李炜教授很善于把握大方向,能定大局。项目名称空泛,不好具体操作。李炜教授先定下目的。其一,为东莞正名,为保存地方文化及传统文化做实实在在的事,"提升莞城社会文化建设水平,做一些务实不务虚、真正能够惠民的项目。我感到,眼下不少地方政府的所谓文化建设,都是'自上而下',往往是提出一个概念,打出一个响亮的口号,搞一场大秀或大型活动,很热闹但就是不接地气,和老百姓没什么关系,更不能代表一方水土精神层面的文化。只有深入了解这个地方的精神个性、价值信念,才能真正把握住她的文化"。其二,让中文系的在读学生走出学校、服务社会,把实践教学、德育及素质教育落到实处,"由中山大学中文系师生组成调研团队,深入莞城街区,用中文人独特的视角和人文情怀,挖掘出一个个莞城过去到现在的感人故事,并透过这些故事来破解她的文化密码"。随之,李炜教授建议微调项目,要大家把重点放到"人"身上,挖掘莞城故事。这样一来,既可以充分运用人类学、民俗学、文学、口述史的方法,又为中文系学生发挥写作之长提供了条件。调研成果最后集结为《东莞人》,由李炜教授作序,于2013年12月出版,为东莞留存一份实实在在的民间口述史。项目执行的具体过程及后续,不赘述。同学们的成长,自不待言。李炜教授非凡的眼光、魄力及才华,以及对教育事业的虔诚,给我留下深刻的印象。

李炜教授平易近人,幽默风趣,模仿力超强。他很善于"自黑"。有一次,因为项目事宜,系里领导和老前辈饭聚。为了哄大家开心,他说起中文系四大帅哥的事,并提起一位老师对自己的评价,"李炜吧,你这一身儿就只剩气质了"。众人哈哈大笑,十分快乐,都觉得他确实很有气质。我还使劲儿追问他是谁的评价如此精彩,他故作嗔怒,笑而不语。在东莞调研时,我要开车广州莞城两地跑。我的坐骑很小,又常开到最高限速,李炜教授开玩笑说,那是飞奔在广深高速公路上的最小的车,这一戏说,画面感很强。李炜教授的模仿能力更十分了得,有时候他会模仿黄天骥老师的广式普通话,"我太太唔识煮饭(不会做饭),那我就买餸煮饭(我就买菜做饭),这一煮,就煮到依家(现在)",那口音、嘴形、动作、神态,简直一模一样,黄天骥老师和他太太冯老师如果在场,通常笑得比其他人更开怀。李炜教授学各地方言,学什么像什么,真是有语言天分。这些生活点滴,最见李炜教授的真性情。

调研下来,师生之间变得非常有默契:每一个成员,各有特点,或温文尔雅,或聪明踏实,或大方得体,或果断利落,相处下来,各有绰号。因坐骑被唤为"小白龙马",我就成了"师父"。大家觉得刘晓春教授比较严肃(呆萌),就还是叫刘老师。能干的严正获封大师兄,慢半拍的丁文俊被称二师兄,其他学生各有名号。大家一起工作,历劫吃苦,状如取经,自得其乐。李炜教授的绰号自然最没新意——我们都叫他"炜哥",但这样最亲切,像战友般亲切。

项目结束后,各自工作皆忙,难得见面。很久以后,李炜教授在全系教工大会上坦承生病,但言语间充满治愈的信心。我不爱打听也不便细问,丝毫不知他病情之重。他照常工作,不见异常。每一年新生师生见面会是他最重视的场合之一,2016年秋,他照常参加并主持发言,仍如以前,声情并茂、中气十足,非常能打动人心,只是穿得有点多。还记得他语重心长地说，"同学们啊，老师们都高度重视新生见面会，我们的老师，开会都没这么整齐"。逐个介绍导师之前，定会满脸慈祥地说，"孩子们，老师们中午带你们去吃饭，吃好的"。无一例外地，同学们哄笑着，欢天喜地跟着导师出门去，场面很是热闹喜庆。李炜教授极其看重师生见面会，因为仪式让生活和学习变得更庄重，仪式使同学们视系如家。直到 2017 年李炜教授卸任发表感言时，我们才知道，当年新生见面会之际，他的衣服里藏着泵和药，听上去的中气十足，是药物在支撑。如此拼命，无非是热爱。李炜教授之刚强坚韧，令我极为震撼。

最后一次见到炜哥，是在中文堂电梯。还像往常一样，互相打趣。炜哥说着说着，就说，他颈椎不大舒服，睡不好觉。电梯门开，大家就匆忙散了。

实在想不到，那么快。听他的学生和朋友讲，炜哥直到最后一刻，还在拼尽全力呼吸，求生意志极其强大，也许他不知道这一刻竟然来得这么早。听来非常难过，人生何其无常。2019 年 5 月 11 日，送别炜哥。能让整个中文堂热闹起来的炜哥，不在了。恍惚之间，我心生时空错觉：炜哥真像古代传说里能文能武的英雄，豪气干云，不拘小节，有时怒发冲冠，有时壮怀激烈，等到策马挥别，抱抱拳，就一骑绝尘，绝不回头了。浪漫动人，又满是说不出的悲怆。此间再无"且听下回分解"。

人生哪能没有遗憾，人生为什么那么多遗憾……我想，李炜教授那么强悍那么乐观，他一定不希望自己的家人、师友、学生沉溺于悲伤颓丧。

在这里，记下几件小事，以作存念。

2019 年 11 月 29 日于广州

攀登科学高峰，探索人类新知

中山大学中国语言文学系　陆　烁

神经语言学事业是李炜老师生命最后两三年里他倾全力去奋斗的所在。也正是由于他的倾尽全力和强大的个人能力，才终于在绝无可能之地开辟了这样一个全新的平台。万没有想到，草创未就他就撒手人寰，留下了太多的遗恨，痛何如哉！

开拓神经语言学研究是李老师由来已久的一个心愿。早在2012年我入职中山大学，时任中文系系主任的李老师跟我谈话，就说到了希望能做语言的神经机制、认知基础的研究，他说这是语言学的未来，是真正能够攀登科学高峰，探索人类新知的路径。而那个时候，"神经语言学"这个字眼甚至都不为学界所知。我虽然也很向往能做这方面的研究，但是觉得这个"画饼"过于虚无缥缈了，抛开这个方向过于前卫，鲜有认知不谈，神经机制的探测设备动辄百万、千万，还涉及跟脑科学、医学等多个学科的交叉，这都不是一腔热血能够搞定的。

但是，李老师却一直暗暗思考着如何开启这项事业。契机开始于曾在中文系任多年党委书记的丘国新书记调任中山大学附属第三医院党委书记。他在工作中敏锐地察觉到，目前医院的语言康复治疗工作，应该积极与语言学科"联姻"，在医学治疗的基础上，吸收语言学科的理论和原理，更好地服务于失语症患者的语言康复治疗工作。丘书记的想法与李老师一拍即合，在丘书记的引介下，李老师见到了三院康复医学科的语言康复医生们。多次交流中，他提出了汉字与印欧语文字系统的差异、汉字在失语症患者的康复中可能的重大价值等观点，专家们感到耳目一新并大有可为。在那之后，李老师也曾和中文系庄初升、林华勇等几位老师一同造访康复医学科，了解失语症患者的语言状况和语言康复工作的情况。在了解和思考之下，李老师更加坚定，要将语言学的理论、知识和方法运用于失语症语言康复，并以此为支点开启神经语言学事业。

这项事业的正式启动开始于 2017 年年初刚开学，那是一个天气清朗的暖冬中午，李老师约我和他的博士生杨靖雯等在"小店"吃"开工饭"。"小店"是学校附近的一个私厨小饭馆，由于环境清静，李老师很喜欢在那里约人吃饭谈事。席间他神采飞扬，滔滔不绝地讲述他的研究思路和实施方案。我们一方面激动地摩拳擦掌，一方面又觉得很不真实，我们真的可以下到临床，指导医生们的实践吗？

事实是我们真的下到了临床失语症康复实践中，李老师多次带队去三院康复医学科观摩、了解、讨论，在此基础上，团队找到了语言学在语言治疗中的价值所在：语言治疗除了需要遵循语言康复的一般医学规律，更要符合汉语语言学的规律，治疗方案需要充分结合现代汉语和汉字的特征，而不是简单复制来自欧美国家的所谓"国际标准"。我们制定了充分遵循汉语语言学规律和患者失语特征的语言训练方案，为医师团队和患者提供延伸训练。训练效果意外的好，每一个接受延伸训练的患者都无一例外在短期内就获得突破性康复进展。患者和家属一遍遍地向我们表达感谢、期待和重燃对未来的希望。那时候虽然没有获得任何形式的学术进展，但是内心却充满了价值感，我们更加坚定了前进的信念。

不足半年后，我们就开始了神经语言学教学实验室的筹划和建设。购置了国际前沿的神经探测设备，开辟了多个神经语言学、语言障碍神经机制领域的课程和实践、实习项目。所有人都惊讶于我们的快速启动，但是只有我们知道个中过程的种种艰辛以及李老师攻坚克难的拼命。李老师很多次在公开场合讲，神经语言学的事无论大小，在他这都是最高优先级。因为我找他基本上都是为了实验室建设，所以他总说，他现在是给"烁爷"（这是一些学生给我起的外号，李老师也喜欢跟着叫）打工，"烁爷"说要办啥，他就立马办。由于这项事业过于前沿和创新，而我们一穷二白，前进的道路筚路蓝缕，举步维艰。每天都有一大堆的困难摆在眼前。他实实在在是燃烧生命在推动。大到项目申报，小到设备运输、海关清关，但凡有困难，他都立马停掉手头的事来处理。打电话、拜访、请客吃饭等，动用他一切可以动用的关系和资源。他说他这辈子都没有这么"孙子"过。今天想来非常心酸，但那时候我们都被他的一腔热血感染着，充满了革命乐观主义精神。我们所购置的一台设备的厂家高级工程师贺威忠先生一直大力地给我们提供技术支持。李老师和他一见如故，倾心相交，每次贺工来广州都必定抽时间好酒好菜招待他。2019 年年初，李老师经历了七八天的高强度奔波劳累的南美访问，并且出现严重的头痛和颈椎疼痛。其实那就是最终夺走他生命的病魔的发作，但是在上海转机的短短不足一天时间里，他还放弃休息专门拜访贺工，并且反客为主，带着他一整天在上海吃吃逛逛。

除了精力上的倾力投入外，李老师在资金上也是毫不犹豫。我们很多时候都是经费不足甚至是完全没有经费的状态。李老师就拿他家里的钱"托底"。虽然实际上是穷困潦倒，他却总说，"钱的事永远都不是事"，没有经费的支出就都找他"微信报销"。他带我们这个团队吃饭出行也总是高标准，他说因为我们做的是高大上的事业，所以物质标准也必须给我们高大上配置。这两年跟着他着实是吃香的喝辣的，让我这个"河北省帽儿县"来的（因为我每每不懂欣赏高端餐饮，他就如此戏称我，"帽儿"是"土老帽儿"的意思）大开眼界。

李老师对学生一片赤诚，这是世人皆知的，对我们团队的学生们也是如此。2018年，他带队去美国夏威夷开学术会议。其实当时的经费根本不够，他还是坚持带了三个学生去参会学习，其中一个还是本科生。团队里曾经有一名本科生申请外校读研时竞争力不够突出，他主动提出他主持的一篇科研论文的第一作者署这个学生的名字，他自己则退居第二作者。

2019年年初从南美经上海回来后他就病倒了。但是几乎每天都会跟他沟通的我，竟然不清楚他的病情。2019年的春节他整个是在医院度过的，其间各种沟通、新年问候，他都刻意掩饰，生怕影响团队的工作。回忆他入院到过世那几个月，我最大的遗恨就是没能及时真实了解到李老师的病情，没能多看看他，陪陪他。每次探望他，他总是轻描淡写，匆匆地把我打发走，还叮嘱经常照顾他的学生对我隐瞒病情。直到他过世的前四天，我才第一次听说他病情的凶险，然而那时候，他已经不能睁眼和说话了。在他弥留之际的病榻旁，我泣不成声，遗恨没能让他看到神经语言学事业的第一个像样的成果。那一刻很想告诉他我们一定会实现他的心愿，因为直到那一刻才猛然意识到我们竟从来没有如此正式地向他保证过，因为从来都是他冲在最前边拼杀并永远兴高采烈地向我们保证着。

"一番番青春未尽游丝逸，思悄悄木叶缤纷霜雪催，嗟呀呀昨日云鬓青牡丹，独默默桃花又红人不归，你说相思赋予谁。"曾经有一年想和李老师合唱这曲作为冬至晚会的节目，后来因为没有时间排练而作罢。今天再听竟是字字让人落泪。对李炜老师的相思,唯有寄托在他未竟的神经语言学事业上,永远追随他的梦想——攀登科学高峰,探索人类新知。

2019 年 12 月 1 日于广州

天妒英才，生人何似

中山大学中国语言文学系　邵明园

　　我的电脑桌面上，一直都放着李老师在第19届广东省中国语言学年会上的发言录音，会议是在我们都熟悉的中大中文堂举办的，他讲的话题是关于兰州话轻重音节律的。我一直对这个问题很感兴趣，所以当时特地录了完整的20多分钟音频，却不曾想竟成他学术生命的绝唱。这个录音虽然也备份到了其他盘中，但却从未在桌面删除，也不知道什么时候，自己就会点开听一下，音容笑貌，那么真实，总感觉李老师并未离开我们。

　　我2016年10月份来中山大学中文系工作，之前从未和李老师有任何交集。模糊的感觉，应该还是2014年夏天我博士毕业找工作时，浏览各个学校的中文系或文学院网站，最初知道了他的名字。页面上他的照片显得高大健硕，微笑着双眼，以至于未谋面前我总以为他是个典型的雄壮的山东汉子，当然这很可能是照片给我的错觉。后来入职系里才发觉他似乎远没有想象的那么高大，但唯一不变的是脸上的笑容依旧。

　　2016年我在北京博士后出站，面临工作的难题。是年春季，借助林华勇老师去北京开会的机会，我主动把自己的一份简历给他，林老师嘱咐我等消息。我当时并未抱希望，纯粹是给自己一个机会，一个心理安慰，因为我自己的学历并不好，当年博士毕业找工作就曾被卡第一学历。我和林老师和李老师之前也从未谋过面，通过信，而且南方高校的人与事，我也丝毫不知情。后来经过林老师和李老师努力，说希望我来中大了解一下情况，然后再做决定是否下定决心要来。正好李老师国家社会科学基金重大项目有个会议，我就借助参会的名义，首次来到中山大学中文系，顺便做了个藏语的报告。也就是在这次会议上，和李老师首次见面。会场具体聊了啥我已经完全记不得了，只是由此才发现，李老师原来没那么健壮嘛，看来是被他的照片给带偏了。当然，大概一两年前，经林华勇老师说起我才知道，大概2016年前后他住过院，身体消瘦了不少。或许他之前真的挺健硕的。这都是后话了。

会后一行人去康乐园餐厅吃饭，记得从开始到结束，他主导了整个吃饭的流程，满桌的捧腹大笑，各种开心的话题。后来有了更多机会和他一起共事才知道，这其实就是他的风格和气质，在公共场合，他永远都是众人眼中的明星和开心源。当时饭桌上具体讲了什么话题多数我已模糊不清了，但尤其有印象的是他模仿老北京话的桥段。他的语言模仿能力之强，相信让见到过他的人都印象深刻。我虽然从事语言研究，但一直对自己语言学习和模仿能力差耿耿于怀，所以见到一个语言模仿能力如此厉害的人，真是惊叹不已。除此之外，还记得他提醒我不要把刷碗筷的水当茶喝了，说我讲论文都是满嘴山东大葱味。他自由随性的品格，让一贯不擅长饭桌的我不再尴尬，话题自然也就多了起来。

在李老师和林老师的争取下，我顺利来到中大工作，而且各方面的条件都比之前好了很多，一下子解除了很多的顾虑，内心甚是感激。这背后作为时任系主任的李老师肯定是为我争取了很多，否则以我的学历情况和学科背景，恐怕难以来系里工作。后来很多同学都问我，你怎么去的中大工作？我说是李老师和林老师赏识，我才能够来中大工作，如果没有他们两位领路人，我怎么来得了中大。当然我自己当时也基本达到了中大聘任教师的客观条件，但我所从事的民族语学科是个"小众"学科，且在绝大多数高校都不发展这个学科，似为点缀，可有可无。但李老师有一次给我说，中国有这么多的民族语，中大中文系应该有民族语研究和教学才对，如此这样才配叫中文系，系里自从高华年先生去世后，就再无人从事民族语研究，很是可惜和遗憾。相对于有些人当了领导就"家天下"，李老师能站在学科平衡的角度，以公允的态度来对待民族语的发展，让我倍感温暖和鼓舞。其后，他在世时也不断试图引进更多的从事民族语研究的老师来系里工作，可惜限于各种主客观原因，都没有很理想，但他为我，为中文系民族语学科重新恢复教学和科研所做的努力，让我永远铭记。

作为学者，学术才是生命所系，李老师做到了这一点。他在学术上给我的印象是，永远都有新的想法和方向，并且对每个方向都充满热情，并身体力行。他本身是从事汉语史研究的，同时兼做现代方言。汉语史的研究不待我来评价，自有学界公允之论。我更感兴趣的，是他对西北汉语阿尔泰化的研究，因为这也是我的兴趣所在。李老师虽为山东籍，但从小却在兰州长大，兰州话自不必说，他屡屡自豪对我们讲，他的兰州话绝对最地道，很多现在兰州的娃儿们，甚至中年人，都没法和他比。他发掘了兰州话中的轻重音现象，并有精彩的口头报告，观察之细，描写之详，让人印象深刻，深刻地揭示了西北汉语的阿尔泰化现象。他对自己的这个发现也甚是骄傲。我第一次听到这个报告，特别兴奋和激动，认为这篇文章发表之后，一定会是西北汉语研究的经典文献。可惜直到他生命的最后时刻，他也未能看到这篇文章面世。我上半年还问起来这篇文章的合作者杨静雯博士生，她说这篇文章还在修改中，准备很快投稿，希望这篇文章的面世，也告慰他的在天之灵。

他的学术热情和敏感还体现在他带领我们系语言学教研室开拓了神经语言学的新方向。从事学术研究的人大概都很容易体会，踵继前贤已经不易，而勇于开拓或踏入一个新学科新领域，则需要莫大的智慧和勇气。记得应该是 2017 年上半年，李老师给我打电话，让我加入他和陆老师的行列，开展神经语言学，尤其是失语症研究和治疗的探索。这一学科兼具脑科学和语言学的知识，还需要大量的数理知识和医学知识，其难度之大可想而知，而我们都是被视为传统的中文系出身，估计很多人了解到这种想法之后，都会为我们捏把汗。但如果从学科发展的角度来看，这又确实是个极具发展潜力的新兴学科，尤其是发挥我们的语言学背景优势，预计会在相关研究上有很多突破，像失语症患者的语料库建设，失语症患者的语言康复和治疗，等等，都极具理论和实用价值。李老师在这个方向上，充分体现了他的领导能力，他在后面谋划全局，提出研究思路和设想，申请经费和购买仪器，申请创办实验室，陆烁老师则带领我和一些本硕博学生开展工作。我们就这样开始了这个新的领域的研究，工作很快进入了正轨。他带领我们和中山三医院开展合作交流，开研讨会，在实验室做实验，一切都有条不紊地进行，大家都信心满满。在研究方向上，他特别强调汉语韵律的特征，和陆老师一起提出"中文脑"的概念，甚至激励我们，汉语韵律研究有可能让我们在 *Nature* 和 *Science* 上发文章，扩展和深化人类大脑认知的知识。以我有限的语言学知识，我很赞同他关于汉语韵律塑造了中国人大脑的观点。中国学者语言学研究理论意识通常较弱，而敢于提出假说并验证的，更是寥寥无几。李老师敢想敢做，身体力行，为我们后辈学者树立了典范。虽然我后来由于杂事太多，渐渐缺席了神经语言学实验室的很多事情，但从来都关注着李老师生命最后时刻还心心念念的这份事业。李老师走了之后，常常由于缺乏联络人，导致神经语言学实验室建设放缓，每每此刻，都会让人想念李老师的功劳，感念他的领导。

  我对李老师的病情了解太少，教研室同事一起吃饭，也不曾听他多聊过，偶尔一点，也风轻云淡，绝对体会不到生命之虞。恐怕连他自己也是绝对未曾料想到上苍对他如此的不公平。但命运就是如此捉弄人。平时我很少给他打电话或发微信，去年寒假我去甘肃肃南调查藏语，临近过年，给他打了个电话，电话里他一如往常，笑声爽朗。后来我才听陆烁老师谈起，那时他已经在住院治疗。而我竟全然不知。开年后，大概3月份，我给陆烁老师说，想去看看李老师，她说不打紧，医生说让多休养，不让太多人过去看他，说很快要出院了。就在我们等待他出院回来和我们共事的时候，不曾想他竟然永远地离开了我们。天意弄人啊！

  天妒英才，生人何似！

2019 年 11 月 30 日于广州

第二编　学界追思

오늘밤은 어둠쿰

追思李炜先生

北京大学中国语言文学系　陆俭明

2019年5月5日我应邀出席在浙江师范大学举行的"首届'国家语言政策与语言生态'高层论坛"之后，5月6日随即应邀去湖州师范学院访问。5月7日，微信里突然传来李炜不幸病逝的噩耗，我立时悲痛万分，禁不住悲泪不止。在中青年同道中，他是我十分喜欢、十分欣赏的一位后起之秀。

我与李炜认识是在20世纪80年代初。当时他在兰州大学师从黄伯荣先生攻读硕士学位，硕士二年级时，黄伯荣先生要他来北京大学中文系访学研修一年（1983年9月—1984年7月）。黄伯荣先生原是我们北大①中文系的教员，50年代末为支援三线建设，黄先生服从组织安排就去了兰州大学。因此，我们系领导对黄先生的学生李炜十分重视，分派我负责与李炜联系。我们第一次见面时，他就跟我说，"黄老师叫我来北大后多听课，多学习"。我跟他说，黄老师的意见是对的，你不要只听现代汉语方面的课，你要充分利用北大优越的学术环境，多听课，多看书，多思考。当时我给本系本专业讲授基础课"现代汉语"，同时给外系开设"语法修辞"课。他当然选了我的"现代汉语"课，还选了古代汉语和语言学理论两个教研室开设的一些课。我讲授"现代汉语"的语法部分时，一学期要做20次左右的练习，所出的练习题有复习性的，有思考性的。每次练习他都完成得很好，独立思考的能力很强。听我课的除了本系本专业必修的本科生和部分研究生、访问学者外，还有许多是从外系、外校来旁听的，总共有60余人。他的学习成绩优秀，在全班名列前茅。在这期间他跟我讨论得比较多的是关于"给"字。他向我详细地介绍了兰州方言中的"给"，我当时觉得兰州方言里的"给"很特别，很有意思。我叫他进

---

① 本书所称"北大"指"北京大学"。——编者注

一步调查，好好整理，研究成文。李炜在兰州大学获得硕士学位后，就应聘到中山大学任教。他关于兰州方言"给予"句里的"给"很快就研究成文，于 1987 年以"兰州方言给予句中的'给'"为题发表在他母校兰州大学的学报上。他还特地邮寄了一本那一期的《兰州大学学报（社会科学版）》给我。

他在北大访学研修这一年时间，给我的印象是，小伙子很帅，很豪爽，很健谈，勤奋刻苦，谦逊有礼。

之后，主要是在刊物上见到他，深感他学问做得很扎实，很有深度。见面则一般都在学术会议上。印象深刻的有三次——

一次是 2011 年 7 月 18—21 日，我应邀出席中山大学主办的"高等学校现代汉语、语言学概论教材教法研讨会暨黄伯荣先生九十华诞庆典"。那时黄伯荣先生先后在兰州大学、青岛大学退休之后应聘任教于中山大学，举办这个研讨会的目的是要重新编写一部《现代汉语》，主编就是黄伯荣和李炜两位先生。会议期间，有一段时间专门讨论他们的编写大纲和部分样稿。我看了以后觉得很有新意。记得在当时的讨论会上我就说了这么一段话：

黄先生是知名的语言学家、教育家，他虽已逾 90 高龄，仍思维敏捷，且不断有新的思考与见解；而李炜教授长期从事现代汉语教学研究工作，极富创新意识，常有独到看法，是一位中年骨干。由他们合作编写，《现代汉语》教材定会面貌一新。

事实证明，我的判断没有错。他们在当年年底就完成了编写任务，将稿子送交了北京大学出版社。北大出版社要我负责审稿，我欣然接受了这一任务。2012 年 1 月 13—16 日，在中关新园宾馆，阅读完了整个书稿。印象很不错，下面是我给北大出版社的审读报告中的一段话：

全书框架很好，语音、文字、词汇、语法、修辞各部分，内容选取比较恰当，难易、详略也都比较适中。有些说法有自己的见地，颇有新意。语言简洁，可读性强；说法不落俗套，但无标新立异之嫌。专门设立"课程延伸内容"栏目，这特别好，有创新性。这给各个学校、各位任课老师提供了具有伸缩性的教材内容。练习设计得很好，既有复习性的，也有思考性的，有助于培养学生的分析能力。

当然我同时从目录到绪论到语音、文字、词汇、语法、修辞各部分，提出了 178 条具体的修改意见与建议，供编写组参考。李炜很虚心接受了绝大部分意见，2012 年下半年黄伯荣、李炜新编著的《现代汉语》由北京大学出版社正式出版。该教材虽说是在原先黄伯荣、廖序东先生主编的《现代汉语》基础上编写的，但跟原先的教材有很大区别。该教材根据新的教学需要，注意适度结合并吸取多年来特别是当时的最新研究成果，很具科学性，而且突出实用性，注重训练学生运用现代汉语知识解决问题的技能，以适应师范院校中文专业教学所需。该教材出版后在汉语学界反映很好，一版再版。而这说实在地倾注了李炜的心血，在一定程度上反映了他的研究成果，他的教学心得。

另一次是 2018 年 3 月 31 日—4 月 2 日在夏威夷。我应邀出席在夏威夷大学举行的"第六届商务汉语工作坊暨第二届商务汉语教育国际会议"，李炜及其团队也应邀出席了此次国际会议。我与他们在异国他乡相聚，彼此都感到分外愉悦。这次相聚给我印象深刻的是他们在会议上的报告——由李炜团队代表陆烁博士报告，题目是"以汉字为线索的失语症语言康复训练"。陆烁报告后，李炜作了补充性发言。陆烁的报告、李炜的发言都引起了与会者（包括我在内）的极大兴趣。大家惊叹竟然可以通过汉字这一线索来医治失语症患者。

我跟李炜最后一次见面是在去年 6 月份。2018 年 6 月 22—24 日，贵州师范学院承办举行"全国高校现代汉语教学第十六届研究会"，我们应邀出席了。中山大学是主办单位之一，李炜曾任中山大学中文系主任，又曾与他恩师黄伯荣先生合作主编《现代汉语》教材，当然会与会。李炜在分会上做了题为"论现代汉语教学中'引导式'教学的重要性"的报告。他具体介绍了"引导式"教学的具体做法与成效，对与会老师都很有启迪。我也从他的报告里增长了新知，扩大了视野。而他报告中有一句话说得特别感人，也特别教育人——"学生就是我的生命！"这是他的肺腑之言，体现了他高度的教育责任心！那次贵州会议，李炜还给了我一个很深的印象：他真是多才多艺！在会议期间的一次宴会上，大家边吃边聊，聊得很兴奋，我就和李炜挨着坐。他说话豪爽而又风趣，不时引发大家笑声四起。不知谁高声说："李炜老师，来一段！"李炜也不推辞，就站起来即兴放开嗓子唱了现代京剧《奇袭白虎团》里的一个选段。唱得真好，真像个京剧演员。我说："李炜，你真行啊！你不比京剧演员逊色!"他说:"陆老师,您别说,我还真专门练过,吊过嗓子。您知道,我可曾是兰州市青年京剧团的演员!"可是谁想到,这竟成了他的绝唱!回想起来,这一切仿佛就发生在昨天!

李炜,为人、为教、为学都不愧为一位优秀的人民教师,一位杰出的语言学家,是值得大家学习的榜样!李炜离我们而去,不只是中山大学的巨大损失,也是中国语言学事业的一大损失。而我为失去这样一位优秀学生、一位挚友而感到万分悲痛。谨以此文寄托我的哀思!

愿李炜安息!

2019 年 11 月 11 日于北京

人去了，文尚在

——李炜教授周年祭

中国社会科学院语言研究所　江蓝生

李炜教授走了快半年了，最后悔的是在他生前未能与他做一次朋友间的长谈，谈谈他的近况，谈谈我们各自都在瞎忙些什么。总认为下次还有机会，孰料，这样的机会再也没有了，痛哉！我不知道这篇追思的文章该从何写起，想了一下，我与他相识既然始于一次学术交流活动，那就从读他的学术文章所引起的感想聊表悼念的心情吧。

李炜教授虽享年不足一甲子，然而著述颇丰，这从他的弟子们编辑整理的"李炜教授论文、论著、教材目录"可知。我这里仅就他（包括和他人合作）在《中国语文》杂志上发表的几篇论文谈一下自己肤浅的看法。

其一，李炜教授治学有一个十分突出的特点：除了重视文献中语言事实的考察、分析外，还非常重视田野调查。他早年通过多次深入的田野调查，摸清了河湟地区方言的后置词"哈""啦"的句法功能和意义。他多次到河州调查，深入市场、小食摊、清真寺等地方，用"偷录"的方法搜集第一手资料，反复核实印证。他设计了两套问卷，选取了不同年龄、不同民族、不同职业、不同性别的当地人回答，最后确认最地道的河州话句型为"SO 哈 V"，其次是"SOV"。这一语言事实的确认具有类型学上的意义。最近十几二十年中，有很多学者对甘青河湟方言进行了较全面的调查研究，大致认为这是一种因语言接触产生的带有混合语特色的汉语方言。再如，为了摸清西南官话里的多功能词"跟"与100多年前法国传教士编纂的《华西官话汉法词典》中的"跟"相比有无变化，他们选择了30多个西南官话方言点逐一进行田野调查，得出了非常真实的变化数据，使这项研究的语言学价值大大提升。作为一个非汉语方言专业的中文系教师能如此重视田野调查，并身体力行，是很难能可贵的，这也是他的研究能够站得住脚，有相当的深度和说服力的原因所在。他的这一研究方法，很值得像我这样懒于也不善于做田野调查，只习惯于书斋生活、案头工作的人学习效法。

其二，李炜教授的研究很多都围绕着给予动词"给"以及与"给"相关的动词介词、连词展开。例如《琉球官话课本中表使役、被动义的"给"》《琉球官话课本中的与事介词"替"》以及《西南官话中的介词"跟"》等文章。为了深入地研究这类词，或者说在深入研究这类词的过程中，他辛勤探索，从历时的角度，以北京话"给"和"跟"的语法化路径为切入点，根据汉语与事系统各语义关系的演进情况，建立了一个汉语的与事系统，即："受物—受益—指涉—相与—并列"五大类。这一分类细致、科学，恰好跟古代汉语"与"的多功能模式相对应。不仅如此，他还鉴于西南官话"跟"所表达的与事关系下位义不同，进一步将表示与事关系的"跟3"下分为"跟3a"：表示受益义、服务义、意志义，把表示指涉关系的"跟3b"细分为顺指、逆指，把表示相与关系的"跟3c"细分为协同义、交互义、等比义和关联义。既抓住上位义的大类，又区分下位义小类，不厌其烦，细致入微，真是得之不易。这是他多年来咬住这类词的语法功能不放松，执着探索，不断修正的结果。我认为对汉语与事系统的归纳分类是李炜教授对汉语语法研究的一个重要贡献。

其三，李炜教授的研究视野开阔，他善于把古代汉语与现代汉语打通研究，善于把死的文献语料与活的方言现象相结合，善于做各种横向的或纵向的比较研究。他不说空话、虚话，样样结论都有统计数据为证，有的还辅以语义地图，不由你不信。拜读了他的几篇代表作，我感到他做学问比较大气，有思想，他总是在研究中广泛呈现相关文献或方言的面貌，说明它们之间的内部联系或差异，揭示或预测演变的倾向或趋势，总是想做出超出文献范围的动态的、活的学问。说实在的，像他这样多才多艺、交游广泛、侠胆义肠的才子，能这么扎实、执着地做学问，很出我意料以外。这当得益于他的家庭以及各阶段指导老师的影响，也说明他骨子里是一个既有灵性，又踏实苦干、有较高追求的读书人。钰明学兄说他近年不甘心固守一隅，还把视野扩展到了中国式的神经语言学方面，足可证明他的学术热情和远大抱负。可惜，天不假年，宏愿未展身已去。

我和李炜教授交往并不很多，最为难忘的是有一年到中山大学中文系做学术演讲，他和钰明学兄盛情接待，朝夕相处了三日，相谈甚欢。他幽默调皮，背称导师钰明兄一嘴一个"我师父"如何如何"说我"，"我师父""骂我"云云；甚至，初次见面不久的晚饭后，竟跟我谈起了他的个人隐私，坦率得有点憨气，让我喜欢上了这个坦诚的小青年。此后，各自忙自己的，只在前几年香港中文大学的学术研讨会上相处两日，还有就是前两年在北京语言大学召开的学科建设会上匆匆照了个面。原以为来日方长，后会有期，谁想，他竟遽然离去！噩耗传来，不敢相信，是不愿相信！这么一个活蹦乱跳、生气勃勃的后生小子怎么说走就走了呢？痛惜！痛惜！痛惜啊！李炜呀李炜，天不假年奈若何！不过，转念一想，你短暂的一生有事业的辉煌，更有父母兄长的亲情、师长的恩情、朋友的友情、学生的爱戴之情环绕着你，尽管有不尽如人意之处，但纵观起来，你是幸福的，不枉此生。人已去，文尚在，我们在拜读你的大作中感受到你的气息和脉动，我们在思念中与你灵犀相通。你未尽的计划，自有你的弟子们薪火相传，你安心地去吧！

2019 年 10 月 26 日于北京听雨斋

深切悼念李炜兄弟，沉痛追思李炜兄弟
——在李炜教授追悼会上的悼词
暨南大学文学院　邵敬敏

我们的好战友，我们的好兄弟，李炜，就这么悄然离开了我们！我们是多么地痛心！我们是多么地不舍！我们大声呼唤：李炜兄弟！别走！我们还有好多课题要一起讨论，我们的学会还有好多计划要你操心，我们还有好多构想需要你贡献智慧和力量！

李炜！这么一个激情四射，才气横溢，乐观开朗，虎虎有生气的李炜，就这么永远永远离开我们了！真的好痛心！真的好无奈！真的想不开！想起李炜，他爽朗的笑声，他生动的手势，他诙谐的言辞，点点滴滴涌上心头。

我认识他，还是比较早的。应该是在20世纪90年代初吧，那时他还年轻，像一只青苹果，有点青涩却富有朝气。2002年，我正式调到暨南大学来工作后，接触就慢慢多起来了。2007年，我当选为广东省中国语言学会会长，我有点担心，因为我是个外来户，不熟悉广东的情况，我就请教我的老朋友唐钰明先生，唐先生很够朋友，他就推荐他的学生李炜教授出任学会秘书长，来协助我开展工作。这以后，我们就开始了十多年的搭档。

李炜一开口就让我感动不已，他真诚地说："邵老师，你指到东，我就打到东，你指到西，我就打到西。"这就是李炜，赤胆忠心，快人快语，一句话就说得我心里暖洋洋的。说心里话，如果有中山大学这么能干而年轻有为的同行跟我配合，我还有什么可担心的呢？李炜的真诚合作，完全打消了我的顾虑，为今后十多年学会的正常工作打下了扎实而深厚的基础。这十多年来，我们一直配合得非常默契，非常成功，非常有效。为此，我代表广东省中国语言学会深深地感激李炜老弟。

由于我年过七十，并且连续担任了两届广东省中国语言学会会长，必须有新人来接替会长一职，李炜自然是不二人选，因为他对学会的无比忠诚和无私奉献，我的提名得到全体理事和常务理事的一致赞同。但是，就在新会长即将正式获批上任前夕，李炜教授不幸病故，学会损失了一个好会长，我们丧失了一个好兄弟。

李炜是个性情中人，他对朋友是真的好，真心诚意，乐于助人。李炜多才多艺，天赋过人。李炜热情如火，亲和力特强。他的事情，三天三夜也说不完。我就说说印象最深刻的几件事。

最让我敬佩的是：他一身正气，爱憎分明。去年在中山大学承办中国语言学会年会，会上进行了学会领导班子的改选，一切正常，事后有人扬言，这次改选是"非法"的。李炜作为这一会议的主要承办者，旗帜鲜明地挺身而出，大声疾呼：这次会议非常成功！这次改选完全合法！这一大义凛然的表态，赢得了全国语言学界同仁的欣赏和支持！也得到了中国社会科学院领导的首肯。

最让我感动的是：2008 年，我们学会计划在肇庆学院举办第二届汉语语法南粤论坛，可是学会基本上没有钱，还倒欠着呢！我跟李炜商量，他连声答应：钱不是问题，我来筹钱！结果，他真的拿出了一万多元！会议开得很成功，后来，我才知道他拿出来的正是自己的经费！请问有几个人肯做出这样的牺牲？

最让我心痛的是：2015 年，在华南理工大学举办学会年会，那时李炜刚刚开了刀，我希望他好好治病，不让他参加会议，结果没有料到，开幕式早上，他居然捧着吊瓶打的赶到大学城的会场，并且发表学术演讲！演讲完了再赶回医院。大家是既佩服，又心疼。李炜真是一个"拼命三郎"！

最让我感慨的是：他对老师的爱，真诚、热烈，而且到位。黄伯荣先生是他的硕士生导师，黄先生是广东阳江人，退休后就回到了老家。我亲眼看见，李炜对老师的爱，是无微不至的。他多次带着博士生、硕士生去阳江看望先生，在先生生病期间，多方面地呵护。他还和老师一起编写《现代汉语》新教材，在学术上继承了先生的优秀传统，这才是对老师真正的爱。

最让我欣赏的是：李炜脑瓜子灵，点子多，而且往往能够发人之所未想，出人意料的点子，信手拈来就是。他近年来提出的用语言手段治疗"失语症"，跟中山三院临床结合，已经初见成效。他提出的服务于"一带一路"的国际汉语教学新理念，引起中央政治局常委的重视，并且专门做了批示。请问，我们语言学界，有几个人能够做到学以致用？能够紧密地把本体研究跟应用研究真正结合起来？

李炜多才多艺，他曾经在兰州市青年京剧团里学艺，他能歌善舞，拳打脚踢，十八般武艺难不住我们的李炜。年过半百，还能来好几个"鹞子翻身"，身手不凡！他唱起京戏来，更是韵味十足，回味无穷。内行人一看一听，就知道是正宗科班出身，"童子功"啊！

李炜很有亲和力，拥有一颗可爱的童心。有一次和我的一个博士生的小孩在一起，没有几分钟，他就和小孩打成一片。这个小孩子，别人都不认，就黏住他，乖乖地跟着叫他"师父"，对他佩服得五体投地。他就有这个魅力！

李炜的好，绝不是三言两语能够说完的。一个人离世，能够有那么多的人为之惋惜，有那么多的朋友在赞扬他，有那么多的同行在怀念他，这是很不简单的。这一切说明：李炜是个真正的大写的"人"，一个顶天立地的大丈夫！他的一生是值得的，是无愧于我们这个伟大时代的，是我们广东省中国语言学会的骄傲！我们会永远记住他。他永远永远活在我们的心里！李炜兄弟！你一路走好！

2019 年 5 月 11 日于广州
（2019 年 10 月 22 日略有增补）

怀念李炜老师

——难忘的回忆

日本大东文化大学外国语学部　濑户口律子

李炜老师与世长辞，享年未满60岁，如此英年早逝，令我和我校师生悲痛不已。他的朋友们痛失了一位可以推心置腹交谈的益友；他的同事们痛失了一位行政业务的能手；他的学生们痛失了一位深受爱戴的良师；他生前所在的名校——中山大学失去了一位多才多艺的才子；汉语语言学界失去了一位优秀的学者；中国教育界失去了一位具有远见卓识的教育家；一衣带水的邻邦——日本也永远地失去了一位优异的共同研究者……浮云含悲，天公垂泪，大地沉痛，江海泪奔。命运怎可如此无情地把他从我们身边夺走?! 时至今日，我依然无法相信这个残酷的事实。

众所周知，李老师他学识渊博，睿智健谈，风趣幽默，人脉甚广，人缘极好，正义侠气，重情重义，是一位极具人格魅力的绅士。

在此，我一面追思李炜老师生前的音容笑貌，一面介绍他在日本大东文化大学任教期间的一些令人难以忘怀的生活片段。

有一次，我在走廊路过李老师上课的教室时，只听到了李老师的讲课声，一点儿也没听到学生们的窃窃私语。我想是不是大多数学生都在旷课，只有几个学生呢？心里不免有些生气。于是，轻轻地推开门往里面一看，没想到教室里坐着40多个学生，都在聚精会神地听着李老师的授课。有的学生中文听力好，有的学生中文听力不好，而李老师的授课全部用中文，为了便于学生理解，李老师有时使用形象的肢体语言及其生动活泼的动作来演示，即使中文听力不好的学生也能理解他所讲的内容，这是李老师在教学上的特点之一。

李老师除了教学和学术研究外，还利用假期参加了很多课外活动。有一次，他参加了我负责的演习班（三、四年级共有20个人）的集训活动。我们一起去了静冈县滨名湖畔，住在一家温泉旅馆里，那一带离富士山很近，风景优美。我对演习班的学生有两个期待，一个是互相学习、互相帮助，另一个是在课外学习小组里找到自己的知心朋友。那次演习班集训的主要目的是：练习秋季公演的剧本《富娘》，我指导四年级的学生，李老师指导三年级的学生。各自练习一天的时间，第二天全体成员共同对练念台词。那时我惊讶地发现，李老师指导的三年级的学生的水平明显地提高了，显然，李老师有他独特的一套教学法。他不仅积极肯定学生们的优点，而且有效地纠正学生们的发音，还富有艺术性地指导他们练习台词的语调等，同时还会插入短小的故事，这个方法能引发学生们的好奇心与浓厚的兴趣。与李老师共事，让我受益匪浅。

  李老师在日本期间，利用自己的业余时间，还参加了不少学术交流与社会活动。我们也共同做过学术研究，琉球官话课本的研究就是其中的一个课题。为了进一步加深对课题的研讨，我们一起拜访过冲绳琉球大学的同行们。冲绳之旅也留下了许多令我难忘的美好回忆。久高岛是我的故乡，位于冲绳本岛的南端，是浮在太平洋上的一个小岛，自古以来，一直与琉球王府有着密切的关系，别名叫"神岛"，至今还传承着与始祖相关的各种各样的祭祀活动。现在有两百多人口，小岛上有小学、初中。那次我是和李炜老师、台湾中山大学的林庆熏老师一同去的久高岛，那时当地学校的校长为我们开了欢迎会。会上最有人气的是李老师和他唱的《花心》①，他的嗓音时而似洪钟般响亮、浑厚；时而又像潺潺溪水般婉转、轻柔。当时在座的岛上的居民无论男女老少都被李老师动人的歌声深深地感动了！大家惊羡不已！掌声不断！回想起那一幕，至今仍历历在目，记忆犹新。一个鲜活的生命激情澎湃、光芒四射，正如李炜老师的一位诗人挚友所言"如果大地上有一种炙热的灵魂来过，他就不会消失。"李炜名士永远活在此岸欣赏他的众生心里。

  《花心》的原唱歌手是喜纳昌吉先生，这首歌不仅在日本非常流行，而且在中国以及东南亚一带也相当受欢迎。今年9月29日，我在冲绳那霸的一家酒店里，偶然看见了喜纳昌吉先生。他在冲绳是相当有名的人物，我不敢接近他，看上去，他正和其他歌手们聊天。宴席快结束时，琉球民谣乐曲的节奏变得快了起来，大家跳舞的时间开始了，周围的人都劝喜纳先生跳舞，他就即兴起舞。我看着他的舞姿、动作、表情及神韵等，

---

  ① 《花心》是周华健的一首传唱度很高的中文歌，改编自日本冲绳歌手喜纳昌吉创作的日文歌曲《花》。——编者注

酷似李炜老师，越看越像，我情不自禁地站起来跟他一起跳。以前我和李炜老师在那霸也一起跳过那种欢快的民间舞蹈——杂舞。所以，冥冥之中仿佛李炜老师从天堂飘然而至，轻车熟路地来到老地方和我欢快地起舞。我相信：那种奇异的感觉是李炜老师送给我的最珍贵的礼物，这将永远保存在我的记忆里。

李老师：来世我们再畅饮、再畅谈、再欢歌、再起舞……请在清风明月的彼岸等着我们这些喜爱您的人，一言为定！

2019 年 12 月 12 日于东京

深切悼念李炜教授

法国国立东方语言文化学院东亚语言研究所　柯理思

我是在2003年和李炜教授认识的，那时李教授在日本大东文化大学访学、任教，我也在东京工作。有几次在研究会后，我们和其他同事一起喝茶、吃饭，交流中感到我们有许多共同话题。实际上，在那之前，我已经在关注李教授的研究了，读过有关广州话的《"将"字句和"把"字句》①、清代文献和兰州话的"给"字句的几篇文章，还有分析京兰话、京广话语法问题（《京×话——一级京兰话、京广话语法问题例析》②）和《"V个N"结构》③的文章，觉得李教授有独特的眼光，对兰州话、广州话、近代汉语语言事实的观察能力非凡，这种研究模式在20世纪90年代还是比较少见的。当时，李教授开始着手对琉球官话课本进行研究，我的书桌上摆着有关巴色客家文献的书稿，我们有时会谈到文献研究的一些想法，比如越是珍贵的文献越要分享等观点，谈得很投入。我还向李教授请教过一些跟兰州话的某些语法现象相关的问题，如动词和趋向补语之间出现的"着"的功能等问题。

认识李教授不久后，2004年3月，我有机会请李教授在我们召开的研究会上做演讲。那是我参与的东京大学的一个研究项目（涉及语言学和进化认知科学的 COE——Center of Excellence——即当时日本规模较大的一种研究项目）的学术活动之一。那次国际研讨会的题目为"共同语的形成和语言演变：北京话、共同语和北方官话"（Koineization and Language Change：Pekingese, Standard Mandarin and Northern Mandarin）。

---

① 李炜：《"将"字句和"把"字句》，载《广州话教学与研究》，中山大学出版社1993年版。
② 李炜：《京×话——一级京兰话、京广话语法问题例析》，载《双语双方言（二）》，香港彩虹出版社1999年版。
③ 李炜：《"V个N"结构》，载《语法研究与探索（六）》，语文出版社1992年版。

李教授的专题学术演讲以"清代北京话给予句研究"为题，和竹越孝教授的演讲一起放在借助文献资料研究北京话的历史演变的后半场，由张国宪教授主持。我最近翻看了当时的照片，李教授西装革履、打着领带，侃侃而谈、意气风发。与会者中能见到木村英树、刘勋宁、杨凯容、孟子敏、佐藤晴彦、远藤光晓、吉川雅之等学者。演讲引起了大家热烈的讨论，那次活动无疑办得很成功。回想起来，这一切就好像发生在昨天！

2009 年，我因为家事回法国，之后幸得李炜教授的邀请，在 2013 年利用短短的一周假期到中山大学做访问，参与了李教授主持的国家社会科学基金重大项目"海外珍藏汉语文献与南方明清汉语研究"的研讨会。研究方面的收获自不用说，在我的记忆当中，印象深刻的还有李教授带我去吃的一顿十分美味的农家菜，我们还约定来年再来访问。只是后因种种原因，当初的约定未能实现。后来，中山大学中文系的林华勇教授跟我联系，邀请我 2019 年去中大讲课，我心里想，终于有机会和李教授重逢了。可惜，在我还没到广州的 5 月，李教授却离开了我们！10 月，我如期来到中大，在李教授工作了三十多年的中文系讲课，心心念念的遗憾就是再也没有机会跟李教授交流了！

中国语言学界评价"李炜教授的逝世是中国语言学界的重大损失"，在我看来，这也是世界汉语语言学界的重大损失！他的人格魅力和他在学术上的贡献值得我们每个人怀念与铭记！

2019 年 11 月 30 日于法国巴黎

记李炜教授二三事

台湾中山大学中国文学系　刘昭明

李炜教授平易近人、幽默豁达、谈笑风生、机智敏慧、热情果断、爱护同仁，为两岸中山大学中文系的交流付出巨大的心力与贡献。个人至今仍无法相信、不愿接受"炜哥"已离开我们！

2004年6月，个人担任《文与哲》（台湾THCI core一级期刊，大陆CSSCI）第四期执行编辑，承李炜教授不弃，赐稿（《〈语言自迩集〉中含"给"字的给予句及其给予义的表达》），通过双外审，顺利刊登，回响热烈，这是个人与李教授第一次互动。

其后，两岸中山大学中文系来往日益密切，李炜教授或随欧阳光教授来访，或亲自带队前来西子湾，大家对李教授的情性渐有认识。因彼此日益熟稔，好友廖宏昌教授遂昵称李教授为"炜哥"而不名，其后始知"炜哥"在大陆有同音药名，然"炜哥"不以为忤，认为"炜哥"之称较"李教授"亲昵，其性情之平易近人、豁达大度可见一斑。

个人因惧高症，不敢乘坐飞机，故一直未至祖国大陆参访，炜哥颇以为憾。直至个人与炜哥分别掌印两岸中山大学中文系，于2014年8月20日始陪同黄心雅院长率同仁访广州师友。当日，广州中山大学中文系前主任欧阳光教授冒雨亲来接机，久等数小时，盛情感人。因飞机延误，炜哥率同仁在紫荆园苦候多时，却不以为意，依然殷殷劝酒，旧雨新知，其乐融融。此次访广州中山大学，除举办学术研讨会、发表论文之外，炜哥特别安排大家参访广州中山大学中文系杰出校友卢和丰先生在河源市和平县之温泉山庄，游当地著名之古客家部落、王阳明紫微宫……炜哥全程陪伴，盛情可感。当晚，卢和丰先生为大家安排"东江夜间漂流"，过程紧张刺激，前所未有，大家尖叫连连。个人与梁惠兰同学有幸与炜哥坐同一皮筏漂流，其间皮筏一度搁浅于河中礁石，任凭众人使尽力气划桨，皮筏就是不动如山，眼见各组皮筏陆续超越、前进，大家心急如焚，戏称连头上的萤火虫都在嘲笑我们。最后，炜哥果敢决定：纵身跳入河流，徒手用力拉出深陷礁石中的皮筏，为大家解困，持续划桨前进，最后以第一名的成绩最早抵达目的地。而炜哥奋勇跳入东江徒手为大家解困的果断勇敢也赢得众人"炜哥一柱擎天"的美誉，此情此景历历在目。

2014年11月，本校主办"山海论坛"。奉黄心雅院长之命，中文学门由个人拟定"发表领域：岭海文学与文化""研究主体：广东、福建、台湾具地方特色之文学与文化""主题说明：此处之'岭海'意指'岭南'之广东及'南海'之福建、台湾，岭海文化源远流长，采中原精粹，纳四海新风，融汇升华，于中华文化独树一帜，自成宗系，举凡民俗、艺术、歌谣、戏剧、建筑、宗教、文学、思想、文化皆繁花争簇，绚丽多彩，深具地方特色"。黄心雅院长又吩咐个人负责邀约广州中山大学中文系贵宾与会，最后由系主任炜哥与彭玉平教授代表来访，各自发表精彩论文，妙语如珠，学养与文才深获与会学者的肯定。其中有一事少为人知，于今或可稍加书写。此次会议期间，彭玉平教授因故须赴台北拜访王国维唯一在世的女儿。炜哥颇为此担心，既挂心彭教授北行安危，又担忧其他麻烦事，遂放弃原规划之"台南明郑古都"之行，直到彭教授在交换生袁媛照护之下安全返回西子湾，一切无事、太平、圆满，始消解忧思。炜哥此时掌印广州中山大学中文系，对系上同仁的关心、爱护之情令人感佩。

2017年11月，个人再度应邀带队前往广州"走亲戚"，炜哥此时已卸任。当日小巴进入广州中山大学尚未停妥，炜哥一个箭步向前，张开手掌与每个人击窗相应，这就是"炜哥式的热情欢迎"，至今令人难忘。在广州期间，因彭玉平主任连两日须公干外出，特委托炜哥代为接待。炜哥一口答应，特别委请其经营旅行社之得意门生派出全广州最优秀的导游，为大家导览广州各名胜古迹，炜哥更全程陪同，热情感人。良辰美景、贤主嘉宾，此情此景已成美好的记忆，两位贤主人的苦心、用心更长烙心田，永难忘怀，敬此致谢。

此次广州"走亲戚"，炜哥向个人表示，虽来台多次，却因故未曾参访"台南明郑古都"与"嘉义阿里山"，个人承诺2019年来访必完成其心愿，击掌成说，彭主任见证。不意本系今年主事者无意依例邀请广州师友来台，令人扼腕。经个人与王瑷玲副院长、戴景贤特聘教授、赖锡三特聘教授、罗景文助理教授商议，获文学院游院长大力支持，改由文学院主办、宋代文学史料研究室协办"2019年海峡两岸中山大学文学院（中文系）教育、学术论坛"，这是本校文学院第一次举办此种形式之会议，自有其意义。个人4月1日以电邮向彭主任报告此讯息，彭主任回复接受我们的邀请，却告知炜哥旧疾复发卧病在床不克前来，令人惊骇，斯人而有斯疾也，哀哉。

经排除一切困难，9月26—29日，在彭主任领队之下，广州中山大学师友再渡过海峡，至西子湾"走亲戚"，由文学院游院长、彭玉平主任亲自主持教育、学术座谈会，并出版《2019年海峡两岸中山大学文学院（中文系）教育、学术论坛学术论文集》，特于扉页以黄色色纸书写"谨以此文集怀思、纪念李炜教授"。没有炜哥生前的热情付出，没有炜哥生前之穿针引线，不会有两岸中山大学中文系今日之密切往来，这是每个人都认可的事实。其中值得书写的是，戴景贤特聘教授在座谈会中发言怀思炜哥，语带哽咽，真情流露，令人动容。而此次之参访行程，皆集中于台南明郑古都与嘉义阿里山，炜哥生前期待到来的地方，此次参访行程都来到了，其间炜哥之名不断被提及，仿佛炜哥与我们同游，所以个人把此次行程称为"纪念炜哥之旅"，饶具意义。

广州中山大学中文系前辈师长黄天骥教授曾将两岸中山大学中文系比喻成一对双胞胎，"不仅两校皆以中山先生之名为名，连校训也一样，两系同仁是兄弟、是一家人"。所言甚是，炜哥永远是我们的兄弟、永远的家人。或许，在主观情感上，我们至今仍无法相信、不愿接受炜哥已离开我们；但在客观的事实上，炜哥确实已离开我们。虽然现实如此残酷无情，但人间自有温情，炜哥这位兄弟、家人永远活在我们心中，永远……永远……

2019年11月10日于台湾高雄

性急的兄弟，不舍的你！

澳门理工学院澳门语言文化研究中心　周　荐

2019年5月6日，刚过59岁生日不足两个月的李炜兄弟，就离开了我们，告别了这个世界。惊悉噩耗，我开初不相信是真的，直到给邵敬敏教授电话，从邵公口中得到证实，我才不得不信。当晚挥泪写一绝句，题为《痛别李炜老弟》。诗前有小序，曰："李炜吾友，中大教授。为人侠义，成就卓著。酒酣之际，仗剑而歌。时相论辩，面红心热。年方耳顺，遽驾西游。君今此去，我独何堪！"诗云："奈何桥畔君何急，一隔阴阳泪湿衫。或谓阎罗需侠客，人间灵界尽巉岩。"7日，我代表澳门理工学院澳门语言文化研究中心并以我个人名义给中山大学发去唁函，对李炜教授的去世表示沉痛的哀悼，向李炜教授的遗属表示诚挚的慰问，恳请遗属宽辟哀情，节哀顺变。11日，李炜教授遗体告别仪式在广州市殡仪馆白云厅举行，我不能不前去送我的好兄弟一程。我当日在北方一城市有另外一个活动，航班本订的是上午从珠海出发的，我将出发地改为广州，将出发时间改为下午。那天上午我来到广州市殡仪馆送李炜兄弟，使我动容的，是广州学界数百人都主动前来与他道别，其中有青年才俊，有中年柱石，有老年耆宿；李炜没有子女，他的门生全都戴上孝，齐刷刷跪在灵前为他守灵、哭灵、送灵。

我和李炜都来自北方，我是天津人，他籍贯山东冠县，出生在兰州。我们的学业基本上都是在北方完成的，后来"孔雀东南飞"定居南国。我与李炜认识得很早，但是因为术业各有专攻，经常出席的研讨会各异，彼此见面的机会不多，一两年甚至两三年也难得见上一面。时间未能使我们之间产生疏离感，不能见面时，常电话、短信、微信问候一下；只要见了面，更有说不完的话，喝不完的酒。李炜是条汉子，说话、做事都带西北风。他是名校的名教授，但情绪一来，嘴上就缺了把门的，国骂"瓷傲"常常随口飘飞。每到此时，我就毫不客气地请他这位"炜哥"shut up，甚至罚他连干三杯。说归说，他情到深处，"瓷傲"飘飞，倒也是性格使然，十分质朴，非常可爱。

  李炜兄弟凡事性急，别人三年才干出眉目的事，他似乎一年半载就见了成效。性急是好事，让他在有限的生命内谱写出华丽的人生篇章。他的学术简历今仍挂在网上，一打开，便可看到他主持的课题，有广东省和中山大学的项目，有国家社会科学基金项目。国家社会科学基金，有一般项目"现代汉语'给'字及其相关句式的研究"和"清代琉球官话系列课本语法研究"，更有重大项目"海外珍藏汉语文献与南方明清汉语研究"。承担这么多国家课题和省、校课题，有的课题结项时还获得了优秀的评价，没有点儿拼命三郎的劲儿，是断难完成的。谈到科研项目，两三年前的某一天，李炜突然给我打来电话，说他拟申报国家语言文字工作委员会的一个重大项目，内容就是研究如今大家都在热切关注的粤港澳大湾区的语言问题，邀请我加盟进来，"帮兄弟一把"。好兄弟的事，我自然义不容辞。可惜这个项目的申请后来功败垂成，留下遗憾。李炜不仅承担了一系列重要的科研项目，发表、出版了大量高水平的论著（仅在《中国语文》这个顶级学术期刊上他发表的论文就有七篇之多），而且培养了一大批优秀的人才。他岁数不大，学生爱他如父；他膝下无出，视生徒如子。学生取得成绩，他高兴得手舞足蹈，举杯庆贺；学生成绩不让他满意，他厉声呵斥，但愠怒的背后却是满满的温情。

  李炜为人豪侠仗义，面对不公不义，敢于拍案而起，主持公道。他在单位是如此，在学界更留下口碑。李炜给大家留下最深最后也最完美的一次印象，就是2018年11月在中山大学举行中国语言学会年会之后进行的学会改选。当改选结果出来遭个别人质疑为非法时，李炜又一次拍案而起。试问，当今社会，衮衮诸公，肯将个人荣辱祸福置之度外而仗义执言者能有几人？有人在李炜逝后揣测说：他是不是知道自己去日无多，才敢如此率真直言呢？说这话就是太不了解我的李炜兄弟了。我相信，即使上天再给他一万次生命，李炜还是李炜，该说话时他一定会挺身而出，绝不含糊。

  李炜兄弟，我责怪过你：其他事情可以性急，上黄泉路无乃太匆匆！你才刚过59岁，还可以用你的聪明才智为国家做很多事，为广东省和中山大学争得很多荣誉，如今如火如荼的粤港澳大湾区语言文字研究工作更需要你啊。但是过后一想，你的生命是短暂了些，但短暂的生命被你点染得如此绚烂，却非人人做得到的，更非人人能够得到的。想起你，我就想起北方家乡的崇山峻岭，想起铁骨铮铮的兰州黄河铁桥，想起你我都喜爱的花期短暂却刹那芳华的绚烂樱花，想起林徽因《你是人间的四月天》诗里所唱的"你是爱，是暖，是诗的一篇"……

2019 年 10 月 20 日于澳门

怀念李炜兄

浙江大学人文学院　汪维辉

我与李炜兄相识十余年,我痴长他两岁,不意他方当盛年,竟溘然离我们而去,哀痛之情难以言表。

已经记不清第一次见到李炜兄是哪一年了,那时我还在南京大学工作,李炜兄来南京出差,文学院班子成员设晚宴招待他,我也参加了。席间李炜兄的健谈和爽朗给我留下很深的印象,有一见如故的感觉。饭后他匆匆离开了,说是有好几位在南京的中大学生和他约好了要聚会。不知谁说了一句:李炜对学生真好。

此后的若干年里,我与李炜兄多次见面,一般都是在全国高校中文系主任联席会议以及后来的教育部高校中文类专业教学指导委员会(简称:教指委)会议上。他是活跃分子,经常在会上发言,有几次是介绍中大的本科生"百篇写作"训练经验,效果极好,那一届教指委的委员几乎无人不知中大的"百篇"。他讲话从来不用讲稿,快人快语,观点鲜明,思路清晰,逻辑严密,措辞准确,充满激情,很有鼓动性,而且收放自如,恰到好处。口才之好令我深感佩服。李炜兄有语言天赋,学说各地方言惟妙惟肖,令人捧腹。有一次他跟我们说,他年轻时在京剧团学过京剧,要不是后来读了大学,他现在一定已经是一个名角儿了。李炜兄极具亲和力,跟他交往没有距离感,只要有他在就有欢乐,就不会有寂寞和尴尬,这与他超人的语言能力有很大的关系。

与李炜兄的学术交往其实还是近两年的事,虽然以前也读过他的文章。2017 年 11 月 25—26 日,李炜兄在中大主持召开"语言演变研究青年学者论坛",热情邀我参加。之前他申报国家社会科学基金重大招标项目"海外珍藏汉语文献与南方明清汉语研究"(2012 年获批),邀请我担任子课题负责人,我因为已经答应一位朋友参加了另一个课题,就未能从命。这是我第一次来到美丽的中大,住在紫荆园。虽然已是深秋时节,但是南国的秋天竟是如此温暖舒适，校园里参天大树郁郁葱葱，草坪碧绿青翠，一派生机。出学校北门就是珠江，两岸风光秀丽，夜景尤美。特别令人艳羡的是"中文堂"，一幢系友捐赠的大楼，都归中文系使用，建筑高大挺拔，很有气派，顶上有很大的天窗，中间从顶到底是圆形的天井，采光极好。内部设计和装饰充分体现了中文系的本色。我想全国大概没有哪个中文系的条件能够赶上中大。记得报到那天刚好莫言到中大演讲，李炜兄作为中文系系主任和邀请人，要主持和陪同，忙得不亦乐乎。他没能陪我们共进晚餐，但是特地找了一家他中意的中大附近的特色餐馆，亲自点好菜，由几位年轻老师陪我们喝酒。饭桌摆在露天的地方，是几张桌子拼起来的，参会者随到随吃，气氛轻松融洽，大家喝了很多酒，菜是真好吃。大家都说李炜是一位美食家，我认为名不虚传。这次"语言演变研究青年学者论坛"规模不大，但是参加者都是语言学界已经卓有成就的新锐，"老家伙"除了李炜兄，只有北大的孙玉文兄和我。我见到了中大的各位帅哥：庄初升、林华勇、刘街生、孙洪伟、李伟大、吴吉煌，还有黄燕旋美女。大家虽然研究领域各有不同，但是志趣相投，颇得切磋琢磨之乐，加以餐餐美味佳肴，留下了十分美好的回忆。

  时隔一年，2018年11月9—13日，我再次来到中大，参加中国语言学会第十九届年会。这是中国语言学界两年一度的盛会，这次年会共有来自中国内地和香港、澳门地区以及日本、马来西亚的150多位语言学者出席。李炜兄作为东道主，带领中大的语言学团队，不仅会务工作井井有条，十分出色，赢得大家的一致好评，而且会议的学术质量也很高，会间开辟了三个专题研究工作坊——"'大湾区'汉语研究""'一带一路'的语言调查与研究"和"句法与语义的界面研究"，李炜兄还亲自做了《汉语人称范畴的复数与礼敬表达——以敬称代词"您"为核心》的大会报告，引起热烈的讨论。面对会间和会后发生的学会换届风波，李炜兄是非分明，仗义执言，为学会的团结稳定和良性发展做出了历史性贡献，令人敬佩。

  李炜兄的文章我很爱看，他发表在《中国语文》上的文章我大概都看过，每读都有收获。文如其人，大气、通达，讨论语法现象能贯通古今南北，既有广度，又有深度，且常有惊人之论，极富启发性。

  我印象中的炜哥，永远都是面带微笑，从无倦容，妙语连珠，不时地幽上一默。一闭上眼，音容笑貌就会浮现在脑海，好像就在身边。这样一个才高八斗、性格开朗、热情洋溢、思维敏捷、充满活力和情趣的人，竟然说走就走，离开我们已经半年多了！我至今都觉得难以相信。

　　李炜兄英年早逝，令人痛惜。我想他是太拼、太累了。他是聪明人，不会不明白珍惜身体的道理，之所以大病之后还像健康人一样风风火火地干事情，一点看不出得过重病的样子，恐怕只能归因于他太热爱自己的事业和学生了。大块劳我以生，息我以死。愿李炜兄在天堂快乐、安息。

2019 年 12 月 14 日于杭州

天堂里多了一位才子

——悼念李炜先生

华南师范大学文学院　张玉金

跟李炜熟悉并成为好朋友，是在邵敬敏先生当选广东省中国语言学会会长之后，那时他是学会的秘书长（后来兼任副会长），我是副会长，而且我们经常参与组织年会和南粤语法论坛，这成了我们相识和建立友情的机会。

李炜幽默、仗义。他见到我时，通常是笑容满面，眼睛呈弯形，嘴里似乎是随时准备说出幽默的话。受他的影响，我在他面前也是笑容满面，但不知道我在他眼中是什么形象。他经常说出一些幽默的话，常令我大笑。他的幽默还体现在讲话、做报告之中，我任华南师范大学文学院副院长时，请他来给我院本科生做过报告，那场报告学术水平自然很好，更令人印象深刻的是良好的氛围，报告现场笑声不断，深受学生的欢迎。李炜为人仗义，这一点好多人都有同感。在任中山大学中文系主任时，他非常繁忙，很少有空闲的时间，但是，如果我给他打电话，或者邀请他参加我所指导的研究生的答辩，或者邀请他来进行专业评估，他总是爽快答应，安排出时间，表示"你老兄的事，我一定要支持！"有一次，一个台湾的学者求我，他想去中山大学做学术报告，我即求李炜帮助，他爽快答应，并安排好了。我请他帮忙时，还以为他仍是中山大学中文系主任，后来才知道，他那时已卸去中文系系主任之职了。李炜有很多好朋友，人们爱与他交往。

李炜学问很好，他获批了国家社会科学基金重大项目——"海外珍藏汉语文献与南方明清汉语研究"。这个选题材料新，他所找到的海外珍藏汉语文献，有好多是以往学术界所不知道、没见过的。利用海外珍藏汉语文献，研究南方明清汉语研究，这是一个新的研究领域，他开创了这一研究领域，并持续做着研究，取得了不少高水平的成果，在《中国语文》《语言研究》等刊物上发表了许多篇论文，在学术界产生了广泛的影响，还获得过广东省哲学社会科学优秀成果二等奖。今年的十月份,中山大学召开了高层论坛和新书发布会,我受邀参加。会上展示了他与庄初升先生共同主编的论文集《基于域外文献的南方汉语研究论集》,该书收集了海内外 36 篇权威论文,由商务印书馆的编辑认真加工、隆重推出。会上,林华勇先生介绍了李炜作为首席专家的国家社会科学基金重大项目的进展情况,项目进展顺利,已完成预定的研究任务,且由于获得了两项省级哲学社会科学方面的奖项,所以可以免于中期验收。这个重大项目进展得这么好,可是主持这个项目的李炜已然作古,念及于此,悲从中来,难以自抑。李炜还与黄伯荣先生共同主持了中大本《现代汉语》教材的编写工作,这个教材的使用面很广,深受欢迎。当然,李炜在学术研究上的成就,绝不仅限于此,我只是略举一二而已。

李炜多才多艺。不少学者,仅在学术研究方面有一技之长,超出学术研究的范围,则泯然众人矣。可是李炜却不如此。他是文艺界出身,有组织大型活动的才华。中山大学的许多大型文艺活动,都是由他组织策划的。据他跟我说,当时在广州举办亚运会时,他还参与了文艺演出的组织策划,他在这一方面的才能也是出类拔萃的。他善于演讲,有演讲的才能与天赋,前面说过,他到我们华南师范大学文学院给学生演讲,就非常成功。他跟我说过,不少单位请他去演讲,他演讲都很受欢迎,给的报酬很高。他跟我说这些事情时的神态,颇有得意之色,至今仍历历在目。他的才能还不止于此,有一次,他宴请一个北方来的朋友,让我去作陪,席间吃的是西餐,一个挺高雅的西餐厅。当时他谈起了葡萄酒,那丰富的知识令我在他面前像一个小学生。他还讲到葡萄酒与牛排的配合,还讲了许多有关的知识。当时他一边侃侃而谈,一边高雅地举起葡萄酒杯饮酒的神态,仿佛就在眼前。他知道广州一共有几家高档正宗的西餐馆。他跟我们所去的那家西餐馆的老板很熟悉,很明显他是常客。跟他吃一顿西餐之后,我觉得大开眼界。他说的话,虽然在今天,我大多数已经忘记了,但是"曾经沧海难为水",我再吃西餐也知道有所选择。现在,如果去吃西餐,就一定会想起我的朋友李炜。我想,很多像我一样的学者,可能只有一个"学者"的称号,但像李炜,除了"学者"名号之外,还可以称为艺术家、演讲家、美食家等。能集这么多名号于一身的,学术圈里能有几人呢?

李炜很有领导能力。组织大型的文艺演出活动,足以显示出其组织领导能力。他担任中山大学中文系系主任之职多年，中山大学是985高校，中文系是一个传统的老系，系里的老师是高级知识分子，各有特点，能够把这样一个系领导好，委实不容易。在广东省中国语言学会中，李炜协助邵敬敏先生组织学会的各种活动，进行各方面的管理，都显示出了他的组织领导能力，深得邵先生的赏识。李炜原任学会秘书长，由于表现出色，又兼任副会长。其实，这个时候，已经把他作为会长的接班人加以培养了。2018年，邵先生任会长已满两届，尽管受到大家诚心诚意的挽留，他还是毅然辞去会长之职，推荐李炜任会长。继任会长之后，李炜即热心开展工作。他提出了从事"一带一路"国际职业汉语教学的计划，受到国家有关部门的重视。他表示，若成功，则一定会为学会带来收获。学会有了资金，可以开展更多的学术活动。他与邵先生一起组建了广东省中国语言学会的党支部，并推举林华勇先生出任支部书记，使得学会能够在党的领导下进行学术活动，保障政治方向的正确。广东省中国语言学会各项工作都在稳步推进，可就在这时，传来了李炜逝世的消息，令我十分震惊，万分悲痛。李炜身体抱恙，早已知悉，但我对他生病住院却一无所知。后来听他的学生说，是李炜本人，不愿意让人知道他生病住院，怕给大家添麻烦。李炜形象阳光、帅气，他不让朋友们去看他，也许是为了让他健康时的好形象留存在朋友们心中。就我而言，提起李炜，还是那样的满面笑容，弯弯的眼睛，多才多艺的形象。文字写到此处，不免潸然泪下，思念之情更加浓烈。

　　天妒英才！李炜这样一位在多方面都很出色的优秀人才，就这样离我们而去。斯人已逝，他到天堂里，一定照样是一位幽默仗义、很有学问、多才多艺、有领导能力的人，一定还会有漂亮的仙女围绕他、喜欢他、爱他。如果真有天堂，一定会是这样，这不仅仅是我们的祝愿。一见面就对我露出满脸笑容的朋友，再也见不到了，手机里他的电话号码，再也不能拨打了。再也不能请他做我的研究生毕业论文答辩委员会主席了……想起这些，心中无比悲痛。人生在世，能够处得很好的朋友不多，年龄大了，更不易交到这样的朋友，所以好友弥足珍贵。可这样珍贵的好友早早走了，留给我的是无尽的思念。不想再写了，眼泪快要流下来了。

　　李炜兄，愿你在天堂幸福！

2019年11月27日于广州

怀念李炜先生

中国社会科学院语言研究所　方　梅

在《中国语文》做了三十几年的编辑，跟学界朋友的相识大多是通过期刊工作。1987年，我刚到《中国语文》编辑部工作，李炜老师《北京方言中的"丫"》发表在《中国语文天地》当年第6期上。文章虽不长，但描写精当。我很好奇，一个南方学者何以如此精通北京话。

一直到1990年，李炜老师参加《中国语文》编辑部与现代汉语研究室联合主办的第六次现代汉语语法学术讨论会，在会上报告了论文《"V个N"结构》①，方才知道他原来是黄伯荣老先生的弟子，在西北长大却有着北京梨园学习的特殊经历。难怪他能说得一口纯正的老派北京话，又有那么好的语法分析功力。

后来的日子里，陆续读到李炜老师的研究，关于北京话、西北方言，以及琉球官话课本所反映的语法现象，等等。李老师研究北京话，除了做文本材料，也带着学生一起做调查。在过世前的一两年，他还专程带着两个学生到北京，拜访梨园行的老先生，录音记录地道的北京话。也正是因为这份执着，他的研究材料扎实，描写精准，总能让人耳目一新。

李老师的语言天赋让人佩服。中山大学是他生活工作了三十多年的地方，除了母语兰州话，他的粤语也非常地道。而作为长期不生活在北京的人，他的北京话语感真是太难得了。我自己生长在北京、工作在北京，有时候对北京话有别于普通话的现象反而习焉不察。我在讨论北京话现象的时候，如果有李老师在场，他总能提出一个只有北京人能发现的问题，而且还会从一个非母语者的角度，提醒我什么地方还需要讲透。

李老师八十年代曾经作为访问学生在燕园学习，就住在北大中文系男生的宿舍。他对北大的感情很深，常常说北大是自己的第二母校。听他一

---

① 李炜：《"V个N"结构》，载《语法研究和探索（六）》，语文出版社1992年版。

口京腔京韵聊中山大学与北京大学的语言学渊源,聊燕园里的故人往事,更能理解他何以这样的融通南北、严谨务实。

李老师长期担任中山大学中文系的行政领导,工作任务繁重自是不必说。他的工作热情、仗义担当、高度的责任感和严于律己的精神会感染每个与他相识的人。作为一个双肩挑的学者,如果没有对于学术的执着和倾情投入,很难想象能完成那么大量的研究任务,并且带领语言学团队不断深化和拓展研究领域。

李老师生前一直有一个愿望,要把一些重要的语法结构和语法范畴从西北方言、北方官话、北京话三个维度去作对比分析,进而更加细致地勾画历史演变的层级和脉络。近些年来已经带着学生做了很多工作,也陆续发表了多篇专题研究文章。假如条件允许,希望中山大学能将这些研究结集出版。也希望李老师的学生们能将他的工作继续坚持下去。

李炜老师英年早逝,至今内心仍很难接受这个残酷的事实。他的音容笑貌近在眼前,他的治学为人永远留在我们心里。

2020 年 2 月 8 日于北京

朋友好找，知音难觅

澳门大学人文学院　徐　杰

亦真亦幻，挚友李炜教授离开我们七个多月了，我至今没有缓过神来。广州原本是我非常喜爱的一座城市，也近在咫尺，但是在过去的这大半年时间里，我尽可能地减少了造访。我真的是怕触景伤情。

不仅如此，就连学术写作的意愿我也大不如前，总是觉得提不起劲来。

我曾在武汉生活过多年。武汉有个著名的文物景点——古琴台。那是人们为了纪念一段凄美动人的知音情谊而在北宋时期建立的。传说伯牙游武汉，一日登高抚琴，恰好林中走来上山砍柴的钟子期。让伯牙万般惊喜的是，那钟子期不仅听懂了他的音律，居然还透过那悠扬的琴声悟出了他的理念。两人相见恨晚，互相引为知音，并约定翌年秋天再重逢。可惜当伯牙如期再访武汉时，钟子期却因病离世。伯牙含泪来到江边钟墓前，最后为钟子期弹奏了一首他们初见时的《高山流水》，曲终摔琴而去，终身不再弹琴。

朋友好找，知音难觅。李炜兄正是我的学术知音。

记得初遇李炜兄还是在本世纪初武汉华中师范大学的一次语法学会议上。因为我早就看过他写的文章，所以特别关注他的会议报告。他在那次会议上的报告不仅言之有物、观点新颖、语料扎实，而且报告风格轻松活泼、侃侃而谈、风趣幽默，给我留下了极为深刻的印象。只是那次会议与会学者较多，我没有找到机会跟李兄深谈。

我们之间真正频密的交往与合作是在我到了澳门大学工作后。那时李炜兄已经担任中山大学中国语言文学系系主任。他听说我到了离广州不远的澳门，非常高兴，一再敦促他在中大中文系的同事刘街生师弟邀请我往访中大。此后不久，我趁着给他们主办的一个研究生论坛当评委的机会跑了一趟广州。遵照李炜兄的精心安排，那次广州之行我不仅履行了评委任务，还蒙李炜兄和中大其他朋友的厚爱，获赠中山大学客座教授的荣衔。我还顺便做了一场学术报告，主题是从词缀少语缀多的角度重新概括汉语语法的特点。行政学术双肩挑的李炜兄不仅全程听了我的报告，还说我从这个角度重新概括汉语语法的特点很有道理，很有新意。我以为他只是出于东道主的礼貌客气地鼓励几句而已，当时并未在意。没有想到的是，他此后多年但凡谈到汉语语法特点这个话题，无论面对什么人，无论在什么场合，必定真诚卖力地向同行推销我这个粗浅的想法，甚至比我自己还用心，我既是意外，更是感动！谢谢李炜兄啊！

最近的几年中，我们有幸多次邀请到李炜兄担任澳门大学汉语语言学专业博士生毕业论文的校外评委。他侠肝义胆，无论多忙，每次有求必应，每次都极为认真负责。他在参加答辩前认真通读论文，在文章上密密麻麻记下自己的意见。他每次都系统地提出全面深刻的评审意见。赶巧这几年我们有好几位博士生做的都是语言特区方面的题目。所谓的"语言特区"，指的是那些可以合理合法地，理直气壮地突破主流常规语言规则约束的语言运用特定领域。语言特区可分诗歌文体、标题口号和网络空间存在的新媒体语言三大类型。语言有规则，规则可以在特区中突破，但是即使在语言特区中突破也有限度。李炜兄对这个新的研究路子极为肯定，甚至是大加赞赏。正是因为李炜兄独到的学术穿透力和人格感染力，我们那几次的博士论文答辩几乎都变成了进一步论证和升华语言特区理论的研讨会。李老师对我们提出的这个研究课题表现出了巨大的热情，给予了宝贵的支持。他甚至比我们自己理解得还深刻，讲得还透彻，这让我和我的诸多学生都感动不已。谢谢李炜兄啊！

往事历历，音容宛在。他对朋友们的真挚友谊必将如同他那诸多开拓性的学术成就一样与世长存，永远永远！李炜兄没有离开我们，他是不会舍得离开我们的……

2019 年 12 月 15 日于澳门

师兄李炜

浙江师范大学人文学院　聂志平

中山大学中文系2019年5月份故去的李炜教授，是我的硕士同门，比我高四年。我们都是黄伯荣先生在兰州大学所带的硕士研究生。

我们黄门弟子，人丁不旺。在兰州大学，从1978年开始招生，到1987年离开兰大，十年之间黄伯荣先生一共招收了四届研究生：78级，四个；82级，一个；84级，一个；86级，三个。其余年份，都有报考的，每年都有几十个，但没有考上的。那时中文系的人都说，黄先生的研究生难考。我毕业前的1986年那次招生，报考人数最多，有72个，后来听黄先生说，几科都考交全卷子的，有53个人。

1982年，我考入兰州大学中文系本科，李炜考上兰大中文系黄伯荣先生的研究生；1986年，我考上研究生的前一年，李炜硕士研究生毕业，去了中山大学中文系工作；读研时，我与李炜并没有交集。

但见到李炜之前，不仅是我，我们82级中文系的同学，就常闻李炜的大名。我们那时的古代文学史开两年，每学期一位老师上课，讲宋元文学的李东文老师，是李炜的父亲。有时讲课过程中插点闲话时，李老师常常会说到李炜。李老师几乎每次说到李炜，都用这句话开头："我那犬子……"教古代文学的老师，谦称也自然含有古意，但语气则是十足的骄傲，因为李老师讲的是，1982年考研，报黄伯荣先生的考生有四十多人，但只考上了来自西北师院[①]的李炜一个人，包括兰大中文系的考生和一个年轻教师，都没有考上；李老师讲的是，作为大学生的李炜获得兰州交际舞大赛冠军……李老师是有为自己儿子骄傲的资本的。

不过，那时本科生与研究生基本不大接触，也不在一起上课。所以绝

[①] 本书所称"西北师院"指"西北师范学院"（1988年更名"西北师范大学"）。——编者注

大部分同学并不认识李炜。1984 年，因为王力先生有意向推荐黄伯荣先生建立现代汉语语法博士点，黄先生着手组织力量，年底从新疆农垦大学抽调来国内最早搞乔姆斯基转换生成语法理论、计算机水平很高、精通英语和俄语的李逊永老师。由于新疆不放人，李老师当时关系没有过来，属于借用性质。1985 年上半年，李老师同时开了"理论语言学"和"乔姆斯基理论"两门选修课。这是仅有的现代汉语语法方向研究生和本科生共上的选修课；当时中文系现代汉语语法方向仅有李炜（82 级）和戚晓杰（84 级，现任青岛大学教授）两个研究生，李炜由于写毕业论文，来听课的次数少一些，所以只见过几面，并没有交谈过。只是从一次他就上课内容的提问中，感觉他说话很快，英姿飒爽。从大一开始，系上现代汉语教研室的语言学学术年会和研究生毕业答辩我都去旁听，但李炜的毕业答辩却因有课没有去旁听。

李炜 1985 年研究生毕业后到地处广州的中山大学工作。1986 年我考上黄先生研究生后，一次李炜回兰州的父母家，在校园里遇见，只简单说几句话便匆匆而过。因本科时一起听过课，而后又有读研后在兰大的一年相处，跟戚晓杰常常来往，我称她为"大师姐"，她叫我"小师弟"；有时聊天，也会说到李炜。听说李炜办事能力很强，常常跑腿帮黄先生办一些杂事；因为 78 级毕业后的两年多时间里，黄先生只带李炜一个研究生，黄先生常来宿舍找李炜，督促他学习，据说为了准备黄先生的现代汉语语法专业课考试，李炜曾连续多天复习备考，累得流了鼻血。黄先生参加学术会议，也常常带李炜一起去，师生感情很好，学术会议后吃饭闲聊时，有时也会让李炜给老先生们唱一段京剧。那时在黄先生的师友同行中，研究生李炜就小有名气。

再见李炜，是 14 年后。2001 年在由青岛大学主办的"黄伯荣先生八十诞辰暨现代汉语教学研讨会"上，那时我在编了 6 年企业报副刊后刚刚重返高校任教。那是我第一次跟李炜聊天。当时他正在职跟唐钰明先生读博，他跟我聊到他正在写作的学位论文，也聊了很多黄先生的话题。说到那时黄先生只带他一个研究生，常来宿舍跟他聊天，周围的同学很是羡慕他；也聊到黄先生作为一个没有官职的教师，能够在以理科为主的兰大建立独立的语音实验室，能够团结一大批学者主编影响巨大的《现代汉语》教材，能够多年坚持办了六七届全国规模的现代汉语教学研讨班，师兄李炜对黄先生表示出由衷的敬佩。十年之后的 2011 年，李炜举办了规模更为宏大的"黄伯荣先生九十华诞庆典"活动，教育部语言文字信息管理司，国家语言文字工作委员会，黄先生工作过的北京大学、兰州大学、青岛大学，家乡阳江，以及中山大学校党委，都派人参加了庆典活动。那次生日宴，李炜见到邵敬敏先生，行了半屈膝礼，笑眯眯地说了一声"会长吉祥"——邵敬敏先生是广东省中国语言学会会长，李炜是副会长兼秘书长，相处亲切、幽默；那次宴会上，黄先生的老友陆俭明先生多喝了几杯，脸色微红走路打晃……我和师兄李炜、师姐戚晓杰三个还在高校任教的师兄弟与黄先生、黄师母拍了一张合影，黄先生和李炜都穿着中山大学中文系绿色的 T 恤系服——曾在中大读研、工作过的黄先生，又被时任中大中文系主任的师兄李炜聘为中文系兼职教授，共同主编中大本《现代汉语》。一年前，黄先生曾发电子邮件给我，邀请我参加编写这本《现代汉语》的绪论部分，但因当时我正在主编国家精品课教材《语言学概论》，抽不出身来，就没有参加，失去了一次与导师和李炜师兄合作的机会。但那时无论如何都想不到，这竟会是唯一有可能与导师黄先生和师兄李炜合作的机会。而我们师兄弟三人跟黄先生、黄师母的合影，是第一次，也是最后的、唯一的一次合影——2013 年黄先生去世，我和师姐戚晓杰赶去阳江参加先生的葬礼，师兄李炜更是忙里忙外，大家都沉入悲痛之中，完全没有想到拍照留念的事。

最后一次见到师兄李炜，是 2018 年 6 月下旬在贵阳召开的全国现代汉语教学研讨会上。这次会议是李炜和他的博士生张超代表中山大学和贵州师范学院承办的。会议结束的前两天，张超宴请他的导师，也同时叫上了他的几个朋友和我——张超的硕导是我的博导，而张超的博导又是我硕士同门师兄，所以我是"双重身份"。那天吃了马肉喝了白酒，跟师兄李炜聊了很多，他说前一年曾因病做过大手术，也很达观地小声说起一些不大如意的私事。席间李炜问在座者一些方言的事情，还模仿几种方言，让我第一次领略到师兄李炜极强的模仿能力。那一夜，在跟师兄李炜愉快的聊天中，在张超对我"师兄兼师叔"的忽悠声中，我喝高了。回宾馆还没走到一半儿，记忆就断片儿了，第二天头痛了一天，没有出门。而上一次喝多，还是在十年以前。

知道师兄故去的消息，还是李葆嘉先生在微信中告诉我的。知道李炜在广州的亲人不多，本想亲自去送师兄最后一程，但临时有事没有去成，只好网上联系林华勇先生，为师兄订了一只花圈。后来又跟张超打电话问了葬礼的情况。

　　人至中年，渐行渐远，故旧凋零。更多的是再也回不去的过往，头脑中有时没有任何缘由地突然浮现出某个人，和与这个人有关的某件事，才会蓦然醒悟：哦，这么多年了！自从 1985 年上半年作为本科生，我第一次见到李炜，到他离世，34 年的时间，我们之间并没有太多交往，除了学生时期，工作了以后，只见过四次面，通过两次电话。但我却一直能够感受到一种同门之谊，有申报课题或朋友相托之事向他请教，李炜师兄都是爽快应允，从不敷衍，让人感到是可以信赖、依托的"自己人"。然而，这个只年长自己 5 岁的自己人，竟这么早地走了。

　　师兄英年离世，让我感到哀伤，很长一段时间都沉浸在一种低迷的情绪之中。尽管作为国家社会科学基金重大招标项目首席专家，在近现代汉语研究中取得很大成绩，可以告慰平生了，但多才多艺的李炜师兄，走得实在还是太早了点——未满 60 岁，正是人文学者科研的黄金时期啊。

　　163 网站的电子邮箱中，李炜的地址、电话和邮件仍然保留着。可是却再也不能给这个地址发信了，也不会再有回音了。在现世中，以后只能从知网的论文中，从作为国家"十二五"规划教材的黄（伯荣）李（炜）本《现代汉语》中，再见师兄李炜了。

　　然而，我知道，无论怎样，在我记忆中都不会抹去这个曾是那么活泼的身影，师兄李炜的音容笑貌，永远存在我的心目中。

2019 年 11 月 27 日于金华

继往遗泽留遐世，从兹名士少斯人

——怀念李炜教授

北京大学中国语言文学系　漆永祥

2018年年底，教育部高校中文类专业教学指导委员会（简称：教指委）召开换届大会，我因滥充委员，也前往吉林大学与会，这是我最后一次见到李炜教授兄。当时我俩坐在一起，用兰州话瞎谝传，谝得非常欢实，虽然我知道他带病在身，但看他气色不错，人很精神，也就没有多问，且暗自为他庆幸。但再次看到他的姓名时，却是在今年5月初微信圈里李炜兄驾鹤西去的噩耗，那个洒脱俊伟、语调铿锵、行事果决、是非分明的李炜真的走了！满打满算，李炜即将跨上60岁，正处于人文学者著书立说的盛年期，可他竟然走了！

李炜教授和我本科都毕业于西北师院，那时西北师院的教育、中文、历史等系，是实力最强而大师云集的时期。李炜兄虽然籍贯是山东冠县，但他生于兰州，长于兰州，实际是个西北大汉。大西北土焦地瘠，作育其艰，成就一个，更如昏夜星稀，极是难得，但苍天瞽蒙，竟然容不得他再活几年，冥冥如斯，夫复何言！

李炜兄的学问，自有同行评议，不容我置一词于其间，在我与他交往的这些年里，他给我的更多是学问以外的欢乐与励勖。

李炜兄1978年考入西北师院中文系，等我1983年入校时，他已经毕业前往兰州大学攻读硕士学位了，所以尽管他是校友是师兄，但我们并不认识，和他熟识并联系多多，也是近十年来的事情。李炜给我的感觉永远是乐观豁达的，和他交往从没看到过他愁眉苦脸的样子，他得重病这些年，也从未看到他被吓倒或愁虑，向来都是乐乐呵呵，有他在就有笑容在，就有欢乐在。我们在教指委的会议上，大家常常为人文学科或中文学科的命运与未来担忧，但每次他发言，都说中山大学中文系没问题，中文学科更没问题，有广阔的前景和美好的未来。他的乐观与脱洒，常常给蔫荐寂索的我，也提振着一丝的企冀与憧憬。

2013年，也是5月，李炜兄在电话中沉痛地告诉我黄伯荣先生仙逝了，北大中文系能否有所表示，我说当然而且也是必须的。这不仅仅是黄先生主编的《现代汉语》教材堪为典范，沾溉学林，而且黄先生1954年因高等院校专业调整，合并调入北京大学中文系任讲师。1958—1987年间，还响应支援大西北的号召，先后在西北师院中文系、兰州大学中文系任教，是西北地区现代汉语学科建设的奠基人。我知道李炜兄在黄先生仙逝前后做了大量百般照顾与寻医访药的工作，是一位尊师如父的好弟子。我当时在北大中文系忝任主管教学的副系主任，于是就一边安慰李炜兄节哀顺变，一边向系里请示后代表中文系师生发了唁电，对黄先生的逝世表达了我们沉痛的哀悼！

记得2014年前后，当时申报省级与国家级教学奖，北大中文系报的是"实习实践课程"系列（方言调查、民歌采风与古典文献实习实践），中大中文系报的是本科生习作"百篇"系列，李炜兄和我曾沟通过意见，后来获奖的效果并不理想。我安慰他说中大的"百篇"，中文系同学终身受益，在行内是非常有引领示范作用的，完全不在于获不获得什么奖，他听完哈哈一乐说"宝获我心，所见略同"。

我俩每次见面，都要用兰州话互相问候，俩人都喜戏谑，总是指着对方嘲笑说的不攒劲、不姿势、不干徽、不道地。我颇觉自己有些语言或身段模仿的小才，常常夸示于人，但相比他来差之千里，他对全国各地方言都能说得非常麻溜利索，惟妙惟肖，这不仅仅因为他是研究语言的缘故。他是异常聪敏灵醒的人，任何事情都能做得干净得体，恰当适度，就像他的外形一样，永远风度翩翩，衣着讲究，雷厉风行，果勇刚毅，他是我见过的少有的才华横溢、霸气外露但又不张狂显摆的人，是一个能把学术与行政结合在一起，风生水起，收放自如，但又不与污泥浊水同流沆瀣的人。

从小挨饿受饥长大的我，可能是饿怕了、冻木了，我对自己生活的要求几近于无，只要吃得饱穿得暖，就整天没心没肺地高呼万岁，满足得糊里糊涂。但李炜兄不是，他是一个生活中的美食家，神州各地，寰宇诸国，凡美食美酒，他都在行，就是开个小小的学术会议，他也会安排得丰富温馨，让大伙儿品尝到当地风味。我俩都喜欢吃也经常想念兰州牛肉面，我吃了不过也就是吃得瓷实吃得满福，顶多咂巴咂巴嘴表示享受，而他能从汤头、牛肉、拉面、萝卜片甚至辣椒，品味对比出无数个说法来，他的微信里总少不了美食与美酒。我觉得李兄才是在诗意地享受着生活，而我只是在苦撑着熬日子罢了。

李炜兄还有许多的事没有做，甚至好多工作才开了个头，我知道他有着一腔的壮志雄心，正是宏图将展鲲鹏冲天的时候，他却折翼而殒，自顾自地走了。我不知道他是留恋这个浊脏的世界，还是真想离开；是苦痛撒手，还是轻轻地摆了摆手儿。但我知道他的那个病是世上最难治的病之一，也是世上最疼痛的病之一，我的兄弟史成芳当年得的就是这个病，我在他最后断气前就站在他的病床前，看着昏迷中的他全身发抖，令我的心也在战栗发抖如同生割。我没见到病中的李炜，我想这样也好，他给我的永远是年轻俊伟的容颜和爽朗温和的笑声，让我觉得他还活在世上，在遥远的南方，甩着一头浓发，迈着匆忙的步子，忙着他的工作，品着他的美酒。

我俩多次相约要在兰州去一个小面馆，面对面坐下，各端一个牛大碗，要一大盘牛肉，吃个汗冒脸热。但要么是他去了我没去，要么是我去了他不在，但我总想会有一天两人碰到一起或约到一起的，未曾想到他绝情地爽约了，再想和他斗斗嘴，说说兰州话，已然人鬼相隔，万万不能矣。每想至此，都令永祥泣泪伤绝，捶心悲怛。李炜兄鹤归的当天，我在微信中草拟一副挽联曰：

通绝域方言，成传世宏作，继往遗泽留遐世；
善四方德友，品世间美酒，从兹名士少斯人。

逝者已矣，我们尚苟活着，唯有揉把泪眼，踉跄向前而已！

2019 年 11 月 24 日于北京

给炜哥出书二三事

商务印书馆　王　飙

从2012年认识炜哥，到炜哥2019年驾鹤，前后不过七年多，但机缘巧合，炜哥生前做的几本重要著作，我都荣幸过手，即中大本《现代汉语》[①]《清代琉球官话课本语法研究》[②]《基于域外文献的南方汉语研究论集》[③]。往事历历，略记鳞爪，以此怀念远在天堂的炜哥。

一、中大本《现代汉语》最后定稿

初识炜哥是在2012年2月，那时我刚到北京大学出版社工作不久，与编辑室同事、炜哥的挚友杜若明老师一起，去广州与炜哥会合，然后去阳江拜见黄伯荣先生，商定书稿中黄先生与炜哥等中青年编者争执不下的几个细节问题，并讨论出版后的推广方案。因为这套《现代汉语》是重点教材，按计划必须3月出版，编辑室已经提前发排，但作者方仍在反复推敲修改，我不免着急。

虽然杜老师已经半玩笑半认真地给我打过预防针，炜哥是一个"匪里匪气"的教授，可是，乍一见面，炜哥还是让我大感另类。眼不大而聚神，说话眉飞色舞，身穿马甲外套，足蹬高帮皮靴，更像一位艺术圈人士。语言也很江湖气，给我介绍杜老师虽不喝酒，却能凭嗅觉说出葡萄酒产地的神奇故事，完了问我："牛逼不牛逼？"我只能回答："确实牛逼！"

炜哥早已租好一辆沃尔沃轿车，我们驱车直奔阳江。因为我和炜哥同出于兰州大学现代汉语专业（炜哥是黄先生的第一个硕士，82级，所谓

[①] 黄伯荣、李炜主编：《现代汉语》，北京大学出版社2012年版。
[②] 李炜、石佩璇、刘亚男、黄燕旋：《清代琉球官话课本语法研究》，北京大学出版社2015年版。
[③] 李炜、庄初升主编：《基于域外文献的南方汉语研究论集》，商务印书馆2019年版。

"掌门大师兄";我是93级,在读时黄先生早已调至青岛大学,只在暑假回兰州时给我们开讲座),途中炜哥给我介绍了黄先生的晚年状况。黄先生退休后回到阳江与三女儿同住,炜哥事师至孝,能力也强,常去阳江看望,把黄先生照顾得很好,还聘黄先生为中山大学中文系兼职教授,"在学术上也叶落归根"。我代所有同门感谢炜哥,他说:"这一点我是得了黄先生的真传。我读研究生的时候,黄先生带我去拜见王力先生,王先生让我们坐,我就大大咧咧地坐下了,再看黄先生,帽子拿在手里,真的是躬身垂手而立,一直站在王先生的沙发旁边,吓得我赶紧站起来。那时黄先生也已经是六十出头的老人了,我第一次看到他如此恭敬,也见识了什么才叫毕恭毕敬!"

到了阳江,见过黄先生,炜哥就带黄先生、黄妈妈、三姐(黄先生的三女儿)、三姐夫、杜老师和我去附近一家酒店,熟门熟路地来到订好的包间,张罗了一顿海鲜大餐。席间,炜哥给黄先生和黄妈妈夹菜,逗老人家开心,三姐和三姐夫安之若素,倒是炜哥像家中掌事的儿子一样。

一直到第二天上午在黄先生书房中讨论问题时,我才看到炜哥作为学者严肃认真的一面。这套《现代汉语》,黄先生不仅指导框架,而且一个字一个字地修改了全稿。那几处争执不下的地方,黄先生坚持自己的意见,炜哥则代表其他所有身居教学一线的编者,有礼有节、反复耐心地说明自己的编写理由,声音高亢,虽然还是很恭敬,却全然没有了昨天的那种凡事遵命。我听出来了,黄先生对一些传统观点和方法有些割舍不下,而当下的一线教师则以为没有必要,所以我和杜老师也给炜哥帮腔。黄先生并不容易说服,双方辩论起来,但每次黄先生说完自己的理由,炜哥总是先用"虽然……"充分肯定,再用"但是……"改弦更张。几番辩论下来,最后,只有一处遵照黄先生的意见,其他几处黄先生都听从了炜哥。不过黄先生多少还是有些不服气,用带着阳江口音的普通话嗔怪炜哥:"你就是那只大闹天宫的孙猴子!"

走出书房门时,炜哥突然贴到墙壁上,躲开黄先生的视线,右手在胸口画了个十字,口里轻声念叨:"上帝保佑!"虽然当时光线暗淡,但那张不无惶恐的灿烂笑脸,至今仍清晰地浮现在我的眼前。

二、赶出《清代琉球官话课本语法研究》

2015年4月,突然接到炜哥的电话,希望最迟6月出版一本专著,书名是《清代琉球官话课本语法研究》。我说时间太紧了，赶出来的书稿质量未必过硬，何必这么着急？炜哥说，书稿早已写好，是国家社会科学基金项目已经结项且获评"优秀"的成果，正在让博士生们对附录的清代琉球官话课本语料进行最后的文字校对；原计划申报"国家哲学社会科学成果文库"，并不着急出版，但是系里决定让他申报当年的长江学者，希望增加这一项重磅申报材料，才临时决定投稿出版。我让他尽快把书稿发来，我即将去南京开一场教材推广会，回来就安排审稿并申报选题。

第二天就收到快递来的书稿，一看就是现成的申报材料，都已经装订成册了。正好，我可以带到南京看。会议开完后，我在宾馆房间里拿出书稿翻阅，不由得满心欢喜——体例完备，材料翔实，论证充分，结论精彩，堪称学术精品！炜哥还藏着这样的宝贝东西呢！我当即给炜哥打电话："炜哥出手，必是精品！我们一定助你一臂之力！有望入选'国家哲学社会科学成果文库'的书稿当作一般专著出版，书稿质量肯定没问题，可以作为你的国家社会科学基金重大项目'海外珍藏汉语文献与南方明清汉语研究'成果出版；但是，我知道你能量大，出版资助我会多要一点，以确保选题申报成功。"炜哥笑着说："我的课题经费多得用不完，还有很多横向经费，管够！"

选题申报很顺利。因为时间太紧，为了保证出版质量，我和一位编辑共同做责编，各编一半，然后互审。一番紧锣密鼓，图书如期出版。谁知炜哥恰在此时身患重病，本已公务缠身，怕身体禁不起折腾，经再三考虑，放弃申请长江学者。这一臂之力，助而无成，实在遗憾。

值得一提的是附录的清代琉球官话课本语料。炜哥对这些语料的文字校对要求很严，课本都是手抄本，录入的文本必须如实反映原文，除了明显的手抄错字改成相应的常用字形之外，不仅要使用繁体字，而且要保存手抄本使用的异体字形，甚至每页的起止页码都要标注清楚。如前所述，书稿的正文早已完成，可以直接编辑排版，但厚厚的附录还需要反复校对，费时费力。我最初提议删掉附录的语料，但炜哥坚持希望保留，他们会加快校对进度，提供百分百准确的文本，出版社只需灌版，以保证出版时间。我何尝不知道这些珍藏文献文本的价值？但是，学术界某些学者以珍本或孤本文献为私器的现象屡见不鲜，像炜哥这样不仅"私器"公用，而且不惮繁难地求真存实，推广普及，这种学术胸襟，实在令人感佩！所以，我在根据书中文字整理封底的内容简介时，特意加了一句话："书中附有的经过仔细校对的全部琉球官话课本文本，更是弥足珍贵的近现代汉语语料，为相关研究打开了方便之门。"

三、迟到的《基于域外文献的南方汉语研究论集》

2017 年，我进入商务印书馆工作，炜哥也早已康复，我们又开始谋划一些新的项目。

一次，炜哥提到，海外汉语方言文献已经引起学术界的高度重视，成为汉语语言学的一个重点和热点，他与好友庄初升教授做海外汉语文献的研究都已近二十年，但都觉得这个领域内的研究成果十分分散，发表在境外的不易获得，散见于论文集的不易为人所知，希望把一些重要的论文汇集起来，编为一本足以传之后世的《基于域外文献的南方汉语研究论集》，他们二人担任主编，资助出版，似乎只有商务印书馆有资格担当，问我可否助力。我的凡俗之心再起，说你们经费虽多，尽可以出版自己的专著，何必资助出版他人的文章？但说完又觉惭愧，因为我知道炜哥是那种能力越大、责任越大的人，胸襟比我宽广得多。于是我请他提供选题材料，作者确实多为名家，申报之后，顺利通过。

但没想到这本论集实在难编！一是因为文字大多为转录或转存，文字错误极多；二是因为这些文章虽然都已经发表过，而且不乏名刊之作，但是期刊编辑显然没有尽责，很多文章发表时错误就很多。第一类错误还好办，只要校对尽责即可；第二类错误则实在磨人，尤其是引自"域外文献"的文字，因为这些文献大都很难查证，两位主编也爱莫能助。我到商务印书馆不久，一心想仿效前辈风流，力求刮垢磨光，虽改错无数，但百方罗致，仍有一些文献找不到，明明怀疑原文有误，也只能保存发表时的原样。

到 2018 年 10 月，书稿基本上已经排好，再通读一遍，就可以往下走流程。11 月，我请炜哥引介，到中山大学向两本教材的作者组稿，出差到了广州，跟炜哥商量，我手头有几部教材书稿，2019 年春季开学前要出，如果他不着急，我想把论集先放一放。炜哥似乎也为低估了论集的编辑难度而生歉，说完全不急，2019 年暑假出版即可。于是我就打算 2019 年春天再重新拾起。没想到，转过年来，1 月底，我突然受命负责馆里的《语言战略研究》杂志，忙得焦头烂额，完全顾不上论集。到了 5 月，眼看着暑假将至，再不动手就来不及了，刚把清样放在桌上没几天，就突然接到噩耗——生龙活虎的炜哥走了！原来，我离开广州后不久，炜哥就查出旧疾复发，而我因为书稿迟迟无暇重读，无言以对，除了春节互相通过微信拜年，再未联络，以致半年前的那一面，竟成永别，愧恨交攻，顿时泪如雨下！

去广州送别炜哥后，与庄老师和林华勇老师商定，论集10月底出版，届时中大中文系会举办一个纪念活动。回京后，尽管忙碌更甚，但我不能辜负对亡兄的承诺，尽量抽空处理书稿，又历经排版公司因为软件升级导致音标符号全部重排等重重困难，终于赶在后来定名为"海外珍藏汉语文献与汉语研究高端论坛"的会议上发布新书，将前一天刚刚拿到手的样书呈给与会学者。会上，介绍完论集出版的种种曲折，以及我对书稿的辛苦付出，我终于如释重负，倾吐心声："虽然我像一个无比愧疚的学生交来这迟交的作业，但还是希望天堂里的炜哥对我竖起大拇指，夸奖一句：飙哥，你真牛逼！"说完，竟一时凝噎！

痛哉！炜哥！咱们谋划的那些事，再也不能一起做了！

2019年12月1日于北京

才情卓绝满豪气、英年硕望痛断肠

——深切缅怀中山大学李炜教授

暨南大学文学院　赵春利

2019年最意外最心痛的就是中山大学李炜教授的溘然长逝，才情华发英年盛，肝肠寸断独伤神，欲想忘却了心痛，偏难忘却绕心头。李炜教授是亦师亦友亦兄的前辈，自我2010年来暨南大学工作以来，在研究生答辩、博士后出站、学术会议报告、项目评审合作、学科建设评估和学会活动组织等方面接触越来越多，对李老师的豪爽性情、多才多艺和大家风范深有感触，小文志念，聊以释怀。

李炜教授性情豪爽洒脱，侠肝义胆；做事光明磊落，雷厉风行；做人爱憎分明，刚正不阿；待人诚恳细致，谦谦君子。记得有一次我去中山大学参加博士后出站的答辩活动，下午五点结束时，李老师非常抱歉地说："春利啊，抱歉抱歉，晚上本来想请兄弟一起吃饭的，可是我有会走不开，就对不起兄弟啦。"我说："李老师，哪里的话，我回去就行了，没事的，来日方长，先记账上啊。"结果等我回家打开装有评审费的信封才发现多了一份评审费，原来是李老师把他自己的评审费拿出来放在我的信封里，足见李老师善良与细致。李老师平易近人，情商极高，跟周边的人很快就能打成一片。记得我在韩山师范学院参加学术会议，等我做完报告以后，有一位专家提问题："赵老师，你得出了汉语名形组合做状语的语义类型，请问有什么实用价值吗？"我也是年轻气盛，一本正经地说："作为一位科研工作者，我的任务就是发现语言中存在的客观规律，至于这些规律有什么用，那就等后人来发现吧。"结果，这句话马上引起李老师的共鸣，后来李老师一见到我就跟我开玩笑地说"先驱啊，赵先驱啊！"一下子拉近了两个人的距离。

李炜教授多才多艺，能歌善舞，思维敏捷，能言善辩，不仅能使用陕西话、山东话、河南话、广州话等各地方言流利地表达各类段子，诙谐有趣，常使人忍俊不禁，捧腹大笑，还能演唱京剧、豫剧等各地戏剧，抑扬顿挫，圆润悠扬，再配以惟妙惟肖、丰富多样的表情和戏剧动作，常常在亲友、师生等欢聚时，给大家带来专业性戏剧表演的享受。

李炜教授不但才情横溢，仗义豪爽，而且作为中年语法学家代表性人物，在汉语方言语法、近现代汉语语法和海外珍藏汉语语法三个学术领域造诣深厚，在《中国语文》《方言》《语言研究》等专业期刊发表了50多篇学术论文，出版了《清代琉球官话课本语法研究》等学术专著，主持了国家社会科学基金重大项目"海外珍藏汉语文献与南方明清汉语研究"以及2项国家社会科学基金一般项目。可以说，无论是论文著作还是科研项目，都取得了丰硕的成果，做出了开创性杰出贡献。

李炜教授是语言学界较早关注方言语法的学者之一，主要的研究方向是兰州、河州、西安、北京等方言的介词"给、把、将"，句末助词"哈、啦"，代词"您、第三人称"，量词，名词，等等。李老师在追溯方言语法的历史来源时逐渐开辟了两个领域：近现代汉语语法和海外珍藏汉语语法。关于近现代汉语语法研究，李老师主要从地理语言学、历史语言学、语法化等角度研究介词"给、跟、与"的地理分布、历史演化、语义差异等，在汉语语法学界产生了强烈的学术共鸣和深远影响。而关于海外珍藏汉语语法的研究，主要是对琉球官话课本的历史考证及其介词"给、叫、替"以及语法结构的全面细致的研究，发表了几十篇论文，并出版专著，成为琉球官话语法研究的一面旗帜。此外，李炜教授还与著名语言学家黄伯荣教授合编《现代汉语》，并于2014年入选第二批"十二五"普通高等教育本科国家级规划教材。

可以说，李老师的学术研究既有历时跨度，也有共时广度，更有理论深度，是一位态度严谨、思维缜密，视学术如生命的学者。令我一生难忘的是：2015年11月广东省中国语言学会2014—2015学术年会在华南理工大学召开，李炜教授因生病刚做完手术，就带着吊瓶从医院打车来到会场做学术报告，此情此景，感动却又心痛。李炜教授在学术生命如日中天的英年，在学术成果处于爆发期的时节，却意外轰然倒塌，世人无不惊骇，感叹生命之脆弱，但李炜教授的豪情洒脱，学者风范，儒雅风度，幽默风趣，永远在我的心中。

2019年11月12日于广州

我心中的李炜老师

暨南大学文学院　周　娟

李老师，您还好吗？

或许自己本就是易感之人吧，当我写下这句问候语时，我的眼眶已经湿润了！

还记得2019年5月6日的中午，当我午睡醒来，打开微信，看到群里那则说您"已经离去"的消息时，我当时的第一个念头就是："怎么可能？这是真的吗？"因为两个月前，当我和师兄赵春利教授去看望您时，您还是那样的意气风发，还是那样的侃侃而谈！您是因肩颈痛、头痛而入院的，我记得，即使受着头痛的困扰，即使脖子上戴着定位支撑器，您当时还是给我们讲了大半个小时学会的工作计划！您讲到了学会今后的发展理念，讲到了经费的筹措办法，讲到了您的国际职业汉语教育的理想！您当时的雄心壮志，您当时的慷慨激昂，让我以为，您只是暂时病了而已！可没想到，两个月后的那一天中午，竟然得到这样的噩耗！

我和您的相知，应该以2008年年底广东省中国语言学会第七届理事会的换届选举为分水岭。在这之前，我只知道，您是中山大学的一位教授，一位学问做得很不错的学者。2008年年底那次换届选举之后，我们的关系一下拉近了。因为在那次选举后，邵敬敏教授当选为会长，您当选为秘书长，而我，被任命为学会秘书。也就是说，从那以后，我们就从"陌生人"变为了工作上的"上下级"，而且这种关系，持续了整整十年。

在这十年中，随着广东省中国语言学会一步步地发展，随着学会每次学术活动的召开，我对您的陌生感逐渐消失，您的真、诚的一面逐渐展现在我的眼前，让我感动，也让我钦佩。

您还记得吗？在第七届领导班子上任时，我们学会的财力真是处于"一穷二白"的困境。而一个学会要发展、要举办学术活动，没有经费是非常艰难的。2009年的会议支出以及学会的日常费用，都是靠邵敬敏教授四处化缘（去各学校拉赞助）才得以支付。到了 2010 年，考虑到学会的经费还是不足，邵老师想出了一个"领导单位联合出资办会"的办法，就是每次年会时，由会长、副会长、秘书长单位每家出资五千元，用这个经费来办会。当邵老师跟您商议时，您当即爽快地表示同意！您说："这个办法好呀！既然当了领导，大家就要有点担当，出钱办会就是最好的担当了！"第二年年会召开前两个月，我给学会领导每人发了一份资助函过去，让大家把五千元会议费汇入学会账户。仅仅一周之后，您的五千元就打过来了！这让我心里特别地感动。

2013 年的年会，是由中山大学承办的。记得年会前两个星期的一个晚上，我接到您的电话。您问我："娟子，现在学会账户还有多少钱？"我说："还有几千块！"接到电话的那一刻，我以为是您那边会议费不够，让我追加经费！没想到，您跟我说："告诉你一个好消息！我在中大校办申请到了一大笔经费！所以，这次，不仅学会不用给我们会议费，而且我会把收到的会务费全部返还给学会！这下，至少两年内，我们的会长先生都不用为经费的事发愁了！哈！哈！哈！"听着电话那头您那爽朗的笑声，我也不自觉地笑了，我又一次被您那对学会的热情所感动！

2015 年的年会，是在华南理工大学举办的。那一次，您就更让我感动了！年会前两周，得知您因肠胃问题在住院。当时，我就想，这次会议您会不会参加呢？还要不要给您安排大会报告呢？正当我犹豫不决之际，刚好接到了您的电话。您说："娟子，不好意思，我最近身体不适，我就不能全程参加会议了！但会议我还是要来的，你帮我把报告安排到开幕式最后一个，我报告完还得赶回医院！"我说："好的！"到了开幕式那一天，当我在会场门口见到您时，我简直惊愕了！您不仅整个人瘦得不成人形，旁边还有学生帮您提着输液瓶！原来您是边输着液边坐出租车过来的。后来我才知道，您这次病得很重！所以，每每想到您在那种情况下还坚持到会场做报告，我就由衷地感动和敬佩！

我们学会是一个有着三百多个会员的看上去比较庞大的学术社团，但是，处理日常工作的就是邵老师、我和您三个。对我来说，在语言学会做秘书工作的这十年，是非常有意义的十年。虽然这份工作事务繁杂、耗时间也耗精力，但从邵老师和您身上，我学到了很多做人的品质，特别是那种付出、担当以及大局精神。记得很多次，您都跟邵老师提议，要让学会给我发点劳务费。我说："邵老师和您都是义务工作，我为什么就不能义务？"也许是因为我一直拒绝您给我发劳务费，在某一次会议期间，您竟然对我说："娟子啊，在这个世界上，我对任何人都没有亏欠，但唯独对你有亏欠！"我当时很惊讶，问："为什么呀？"您说："你在学会义务做了那么多的事，那些事其实都是在帮我做，因为那都是我职责范围内的事！"虽然，当时我也是以玩笑的口吻这样跟您回复："哈哈，那哪能由您来做呢？那您这秘书长岂不成了小秘！"可是，说实话，您的这些话，却让我心里非常感动！

十年啊，在人的一生中也算是不小的一段历程！在这十年中，您就是这样地感动着我！现在，我已经离开学会秘书这个岗位了，您也已经走了！可是，每当我回想起跟您共同工作、共同搭档的那段日子，我脑海中就会浮现出您那令人敬佩的身影！在语言学界，很多人给您的评价是"侠""豪"，甚至是"痞"，其实，在我看来，您最难得的就是那份"真"，那份"诚"！

李老师，您在那边还好吗？还记得您是怎么教我们吃各种特色冰激凌的吗？还记得您在澳门那个摩天大楼里是怎么教我们品红酒的吗？这些，我都记得！

祝您一切安好！

2019 年 12 月 3 日于暨南大学

第三编　亲友追思

在李炜教授告别仪式上的悼词

长兄 李 旭

尊敬的各位领导、各位亲朋好友、各位同学：

首先，我代表我的父母，代表我们全家，向今天参加李炜追悼会的各位致以真诚的谢意！衷心感谢你们百忙之中前来和我们一起分担悲痛，来跟我父母最疼爱的小儿子、我最亲爱的弟弟李炜告别送行！

我弟弟聪明、善良，对父母非常孝顺，对朋友兄弟有情有义。他开朗乐观、心胸豁达，走到哪里，哪里就充满欢声笑语。他的性格和人品，我想所有认识他的人都熟知，都难忘；他的离去，让我们都十分不舍。

李炜在他的求学和职业生涯中，取得了一些成绩和成果，得到了领导、师长、同仁、学生的认可和赞许。这里边有他自己的心血和付出，更有大家对他的帮助和支持！人无完人，作为他的哥哥，我知道他也有一些缺点和不足，但这些缺点和不足，得到了大家无限的包容和理解！在此，我向大家表示深深的谢意！

李炜生病期间，忍受了常人难以承受的病痛折磨。我没想到弟弟能有如此强大的毅力、耐力和意志，来对抗这次疾病。尽管最终他没能战胜病魔，但他的坚韧足以让我们为他骄傲！

我弟弟虽无儿无女，但走得并不孤独。他的众多学生就是他的儿女！生病期间，以博士生为主的学生们自发轮流日夜陪护在李炜床前；在他走后，学生们作为家属给他料理后事；今天在现场，学生们还主动以子女的身份为他戴孝。这让我和家人都特别感动，我为弟弟有这样的学生感到欣慰和幸福！

最后，再次感谢今天到场的各位领导、亲朋好友！向生病期间关心、关怀我弟弟的社会各界朋友表示感谢！向他工作、生活三十多年，给他精心照顾的中山大学以及中文系表示感谢！谢谢大家！

2019年5月11日于广州

对二爸的回忆

侄女　李启明

"这个菜炜炜喜欢吃,下次炜炜回来兰州咱们一起到这里吃饭。"奶奶一边夹菜一边说着,脸上流露出期待的神情,仿佛已经看到了二爸吃这道菜时连连夸赞的样子。我们一家在一起吃饭时,时常会有这样的情形:吃到好吃的菜或者是觉得二爸会喜欢的菜,一定会有人说等二爸回来一起吃。有一次,妈妈给爸爸做了一顿面片,爸爸说:"这个李炜肯定爱吃,下次他回来做给他。"果然,自从二爸吃了一次妈妈做的面片,每次回来兰州都一定要吃一顿,吃完后的他一脸满足,对妈妈的"赵氏面片"赞不绝口。

诸如此般细碎的事情,都是我记忆中的珍宝。

在我的家乡,对我二爸原本的叫法应该是"叔叔",但是在我还小的时候,家人就觉得,叫陌生人也是叔叔,这样称呼就未免有点生疏。因为二爸是爸爸的弟弟,也如同爸爸一样,所以就叫"二爸",感觉更亲昵,更是一家人。

还在兰州上学的时候,我就十分期待节假日,因为二爸一般都会在这时回兰州,他会带上我去吃好吃的,一起去商场选礼物送给我,到处走一走、逛一逛。

记得有一次,我们叔侄去黄庙逛街。穿过大大小小的古董商铺,二爸停在一栋仿古建筑前,感叹道:"啊,以前的地方已经拆了,大概就是在这个位置,那时候我们就在这一片地方练功。"

"练功?我都不知道二爸练过功,什么功啊?"

"爷爷奶奶没说过吗?我小时候可是京剧团的,可有意思了——大概就像你现在这么大的时候。"

"只知道二爸会唱京剧,不知道练过功。"

"唱京剧也得要好身板啊。"

二爸来了兴致，开始讲他小时候的故事。那时候他在京剧团，每天起早贪黑地练功、练唱，虽然辛苦，但也充实快乐。他还是邻里孩子们口中的"司令"，虽然年纪最小，却是发小团里的孩子王，有时也会和比他高一头的其他男孩子打架。让他记忆犹新的是，有一次他练完功走在路上，突然被三个比他大的孩子拦住了，这三个孩子平时就很爱找别人麻烦，而这时只有他一人面对这三个人，一场看似实力悬殊的冲突在所难免。二爸决定先发制人，运足气力，一个箭步冲到前面，照着站在中间的男孩下巴上就是一拳——动作过于迅猛，以至于来不及反应，那个男孩已经满嘴是血地倒在地上了。年轻的二爸被这个场景吓蒙了，感觉闯了祸，撒腿就跑。

　　他本以为被打的男孩一定会找上门报复，战战兢兢地过了几天，没想到的是，再见到男孩时，他拖着个肿胀的脸颊，手里提着点心，带着他那两个跟班，来请教他怎么打那个拳。二爸说，当时看到这个场景着实惊呆了，但是心里还是有些敬佩那个男孩，因为一般人遇到这种情况，打击报复的可能性是极高的——所以那几天我二爸出门都带着"装备"防身。令他意外的是，那个男孩竟然甘愿服输，看来人家崇尚实力而不是面子，也有虚心学习的品质，所以二爸就教了他们几招拳。我就像听着传奇一样，并觉得眼前的二爸闪闪发光。

　　他还讲到，他是团里年纪最小的，但是却跟班里最漂亮的女孩子走在了一起——那个女孩是二爸的初恋。我记得后来有一次，一家人在一起看以前的照片，二爸在一张灰白色合照上指了指说："之前说的就是这个女孩，怎么样，所以我当时在团里可招人恨了。"

　　"为什么后来不在京剧团了？"我问道。

　　"那时候教我戏的师父告诉我，时代会变，所以支持我去复习考大学。现在回想起来，他真的是我一生的恩人。"

　　二爸在京剧团时，只有初中文凭，没有上过高中，所以当他决定考大学时，他遭到了周围孩子的嘲笑，说："做饭师傅能考上大学，你才能考上大学。"（那时候他们的食堂厨师是一位坐着轮椅的残疾人，并有面部功能缺陷）即使平时练功很辛苦，他也会在一天的练习结束后，回宿舍挑灯夜读，有一次实在太困，不小心看书睡着了，就直接从上铺滚了下来，磕破了头。他擦了擦血，跟没事儿似的继续看书。"那时候真的是下了苦啊。"二爸说。果然，功夫不负有心人，二爸成了班里唯一考上大学的人。这是他一直以来非常自豪的事。

"真的要感谢我的师父，如果他那时候没有支持我考大学，而是强行留我在京剧团，说不定我还是会听师父的。"

有一年，我们全家都在广州过年。一天，其他人都出门买菜了，只有我和二爸两个人在家，我就问他："二爸，你之前练的功是什么样的啊？"

他想了想，说："我给你展示一下吧，来，你先试一试运用内力拍卧室这个墙。"我就用手掌使劲拍了一下墙，"啪"的一声，拍得我的手生疼。

二爸说："你这样拍只会疼自己，你看好啊——"只见他运足一口气，缓缓抬起手臂，然后"喝"地喊了一声，迅速拍了墙一掌，墙发出了痛苦低沉的"咚"的声音——跟我刚才拍出的完全是两个次元的声音啊！

我拍手叫好，突然，我愣住了，指了指墙壁，二爸顺着我指的方向看去，也从一脸得意转变成了惊愕——墙面顺着刚才二爸拍过去的位置，向上绵延出了一道裂缝，一直到墙顶交界处还有一点浅浅的痕迹……

这大约是我见过最不可思议的情景之一了。

"千万不要告诉爷爷奶奶。"二爸说。

我点了点头："他们如果发现就说不知道，这个墙是自己裂的。"

不过之后也没有人发现过这个秘密，就算注意到了可能也一定会觉得是它自己裂开的吧……

有一年冬天，二爸回兰州，吃完饭后我们决定去兰大的校园里散散步。途中，突然飘起了雪，看着稀稀落落的雪花，二爸对我说："明明，你说雪花会不会也有自己的世界，但是人类无法理解？"

"什么意思？"我问他。

"就是说，雪花们也有自己的国度，只是在我们的视角看来，它们存在的时间很短，但是对于它们自己来说，就是一个漫长的生命周期，雪花看人类在堆雪人的时候说不定还会感叹'这帮哈怂①，连雪花都没有见过！'我小的时候经常这样想啊，就觉得很有意思。"我们一边走着，一边聊着雪花，完全忘记了身后还跟着爷爷奶奶还有爸爸妈妈，回过神来，发现我们已经甩了他们好远的路，这才赶紧往回走。

---

① 兰州话，表示"令人不满的人"。

跟二爸聊天，就像打开了新世界的大门，对于年幼的我来说，门里面充满了新奇的事物。他并不把小时候的我当作小孩子那样，说话要哄，而是当作一个可以面对面坐下来聊天的伙伴，这让我十分钦佩，所以从小时候开始我就非常崇拜他，觉得他就像是动画片里会发光的男主角，总是笑呵呵的，笑起来眼睛眯成一条缝，身上带着阳光，走到哪里都能把这份温度传给身边的人。

每次吃牛肉面的时候，我就会想起他说："吃牛肉面不喝汤不正宗。"二爸每次吃牛肉面，都会把面和汤全都吃得干干净净。他最喜欢吃"双飞"①，一顿面吃下来，非常有仪式感，并要专门发一大段朋友圈，包括吃前的图、吃后的图，字里行间都是情怀。每次看到他发这类朋友圈，我的脑海中都会盘旋着一个词——精致。啊对了，不仅是牛肉面，喝酒也是，什么颜色的酒要配什么颜色的肉啊，点什么菜啊……都很有讲究。

二爸教了我很多东西，我却来不及回报，直到在病房见他的最后一面，我才意识到，死亡是无情的灰色，可以瞬间覆盖所有彩色的东西，像梦一般不真实，但是又真真切切在眼前。

很怀念过去的时光，那时候一切都是那么美好。虽然美好不能永驻，但是二爸带给身边人的光芒，将永存于心中。

愿天堂没有病痛，有他爱吃的面和爱喝的酒。

2019 年 11 月 28 日于广州

---

① 加肉加蛋的牛肉面。

追念那个万里挑一的有趣灵魂

安博教育集团　黄　钢

一

炜哥走了，令人痛彻心扉，也令人真切感受到了现实的残酷和生命的无常。

噩耗传来时，我正在内蒙古呼伦贝尔出差，和当地的一所学院的领导开会座谈。接到晓雷打来的报丧电话，我欲哭无泪，一时竟不能克制，独自在楼道里待了许久，无法整理心情重新参会。

仅仅几个月前，在冬李的兰州，我们还在一起吃羊肉、喝大酒，高谈阔论，嬉笑言欢。他还是那样的青春洋溢、妙语连珠，还是那样"书生意气，挥斥方遒"。席间，他再次和我商量，要一起合作一个世界瞩目、造福人类的科研项目——用汉语言的独特优势治疗失语症，他对自己的理论基础和已取得的实验结果充满信心。第二天，他应邀去兰州大学讲学，系着红色的大长围巾，衬着白色的中式服装，风度翩翩，气度高雅。

一回到广州，他便电话约我一起回兰州过春节，说好好陪父母过个年。结果，买好的机票最终还是退了，他再也没能回到那个生于斯长于斯的故乡。

二

我和炜哥生命中的交集始于我们的孩童时代，这份长达五十多年的友谊最初并不是出于我们的选择，而是源于一种天生的缘分。我们的父母亲是同一个大学里的同学，他们早在我们出生之前就熟识了。更主要的是，我们两家在一个院子里正好门对门地住着，相隔也就是三四米的距离。对门发生个什么鸡毛蒜皮的事情，都知道得一清二楚。

论起来，我家和炜哥一家可以说有三辈人的交情，两位妈妈是同事，两位老祖母在李家奶奶来探亲时处成了要好的老姐妹，而孩子们自然成为从小一起长大的发小。

我在三四岁的时候，就和炜哥在一个院子里玩耍了。我们生长的环境是兰州女子师范学校（简称兰州女师，"文革"后改为兰州三中）的家属院。那是前后两进的一个狭窄而深长的院落，有点像电影《大红灯笼高高挂》里的那种超级大户人家的院子。后来，院子变成了学校的家属院，挤进来了十多个老师的家庭和几十个大大小小的孩子。院子太窄，免不了磕磕碰碰。但是，我们的父辈都是睿智、风趣而小有成就的知识分子，孩子们也得到了不少文化的熏陶。小时候，我们的物质生活极其匮乏，但是必须说，我们的童年还是有很多的乐趣。而这些乐趣，有不少是炜哥带来的。

炜哥长我两岁，小时候的他就展现出了超强的领导力。他一向喜欢带着小一点的孩子玩，凭借着脑子快、主意多、想象力丰富又会编故事的本领，他自然成了我们当中威信极高的"司令"。他给院子里的男孩子们封了五虎上将，带领着雁子、东子、昭桥还有一群小伙伴们沉浸在自己的世界里，我也是其中一员。我还被"司令"任命为"参谋长"，年幼的妹妹则是一名小小"卫生员"。当时的炜哥是一个名副其实的孩子王，经常是他在院子里口哨声一声呼啸，孩子们就纷纷放下饭碗，冲到院子里集合。

炜哥从小就表现出语言的天分。小时候就听大人们说，嘴上有痣的人能说会道，这一点在炜哥的身上得到了充分印证。他说的故事与时俱进、层出不穷，说得是绘声绘色，甚至连上厕所都有孩子蹲在旁边听段子。时间一久，院子里便有人向炜哥的父亲李伯伯告状，说你儿子一上厕所，孩子们就把茅坑都占满了，别人都没办法进去了。

那时候的大学不招生，家长都希望孩子有一技之长，学乐器、学绘画、学体育等，以便将来在农村或工厂有个不卖体力的活儿干。炜哥因为从小就展现出文艺天赋，所以走进了京剧老生的行当。到现在，我还清晰记得，小小的他在京剧《智取威虎山》中参谋长少剑波的扮相。

在难忘的岁月里，我们稀里糊涂地长大了。炜哥的哥哥毕业后插队去了，他被选拔进了兰州市青年京剧团，成为一个专业的京剧演员。当时，他只有十二岁。我们这一群发小都非常羡慕。因为，他可以在大舞台上展现革命英雄人物的形象了，至少这是一个文化界的工作，不用去农村"修理地球"了。

现在想起来，炜哥应该也是挺苦的。小小年纪就离开父母，住在集体宿舍，天不亮就必须拉嗓子、压腿，专业化地练功，当然还有心理方面的考验。现在十二岁的孩子，很可能还在父母怀里撒娇呢。

三

"文革"结束后，高考恢复了，我们都幸运地考上了大学，成了当年人们口中的"天之骄子"。恢复高考后的第一年，我考上兰州大学。半年以后，他从剧团考上了西北师范大学（当时的甘肃师范大学，后来曾更名西北师范学院）。这对没有接受过高中教育的他是相当不容易的。如果没有来自家庭的熏陶和教育，恐怕没有可能。确实，我们都继承了上一辈的专业。他父母亲是中文系的，他学了中文，我父母亲都是数学系的，我学了数学。

我们后来的轨迹，就像两个不同轨道上的卫星，总是交错在一起，但又很少重叠。能见面，但又不能时时在一起。我大学毕业后去西北师院任教，他去了兰州大学读研究生。稍后，我去兰州大学读硕士，他又去北大进修。再后来，他到中山大学任教，做了教授、博导、系主任，我则去了清华大学，后来又去了美国硅谷工作了十年，地理距离越来越远。我只在电视上关注过他和李咏等名家所做的访谈类节目。直到我回国了，老朋友自然而然地又联系上了。

十多年不见之后的再次拥抱，彼此竟没有一丝生疏感。我们有说不完的话，而且自认为谈话有内容、有深度。这不仅是因为小时候的共同经历，而且是对彼此三观的认同。我们的成长环境太像了，从小经历的事件、喜欢吃的东西、对事情的看法……我们有许多共鸣。另外，我们都是当年77级、78级的大学生，那个年代，对理想的追求和扎实的学风给我们打上了同样的烙印。

我们还有一个共同点——对家乡金城兰州的热爱，还有对女师家属院的深深的情结。我们的父母亲都不是兰州人，但我们都是在那片土地上出生和长大的。我们在一起时会有意识地进出一串串地道的家乡话。我们的发小聚会常选在秦安路上家属院对面的陇东酒店。炜哥一提起牛肉面，必然眉飞色舞。他到北京来的第一顿饭常常去"有礼有面"——一家在首都的兰州人公认的味道最地道的兰州牛肉面馆。一进门，他都会给开票的服务员说："我又坐飞机头等舱吃面来了。"

当然，我们兄弟两个的风格也相差不少。炜哥常常感慨说，他自己一直在国内，但精于红酒、洋酒的品鉴，喜欢西餐，一派洋范。而我虽然在国外住了十多年，算是个"海龟"，却处处是"土鳖"的感觉，喜欢朋友多，热闹起哄，大碗喝酒，大块吃肉。我是一个喜欢文史的理科男，一直学数学、计算机、微电子等，和冰冷的公式和数字打交道。炜哥则一直在文科领域深耕，涉猎也很广，如语言学、社会学、文学、民俗学、史学等。但我始终感觉，他有着理科的逻辑思维和系统思维。他曾跟我讲过，他认真学习过系统论，这对于他的科研极有益处。正因为我们的学科背景不同，彼此可以添加新鲜的元素，又都能充分理解对方的思路，所以也常常讨论些学术的话题。

　　我们也正式开始了合作，他针对"一带一路"倡议下国家的汉语传播和对企业人才的需求，提出了国际职业汉语人才培养的思路、标准和体系。他的意见获得了中央常委的批示。我们合作的国际职业汉语人才培养的课程体系和实训体系，以及整个云教育平台的建设，成果通过了教育部科技成果鉴定。这个荣誉在文科领域是比较少见的。

　　跟着炜哥，我也有幸认识了他的不少好哥们。他时不时会到北京出差，完成一些项目，出席一些活动，譬如北大出版社的出版项目、陈小奇作品音乐会、教育部科技成果鉴定会等。朋友们因此而聚在一起，分享着彼此的感想，天南地北，无所不及……

四

　　炜哥是一个语言方面的天才，在我看来，他生来就是应该从事语言学研究和教学工作的。

　　他的方言，说得都很地道。每种方言的典型特征和关键要素，他都抓得很准。兰州话自不用说。广东话，那是她母亲的家乡话，他又在广州工作了多年，一点儿也没有问题。其他方言包括陕西话、四川话，他都讲得很好。北京话是他研究的对象，可以说得非常地道。加上小时候的京剧背景，他的京腔京韵一出口，就像一个从胡同里走出来的老北京人儿。我亲自见证过，对于老北京话，他甚至能够精确分辨出北京市东、西两个城区的细微区别。

　　同样的一段话，从他嘴里面讲出来，就很有味儿，很生动。不同方言的段子都能被他说得惟妙惟肖。这一方面，他的天赋表露无遗。每当看到他发挥的时候，我总是想，炜哥找到了自己喜欢而又擅长的领域，找到了自我发展的平台和事业，坚守阵地，并在其中尽情释放着自己的天赋，何其幸运！

与许多在世面上东拉西扯、游刃有余的专家相比，炜哥是一个非常纯粹的学术人。

看上去，他外表帅气、洒脱不羁，没有多少文人惯常的迂腐气和学究气，可是骨子里，他是真正的学术人，很传统的学者，学统在他心里是非常神圣的。一谈起他的学术，便进入了他的领域，他能讲得有理有据、滔滔不绝。

在策划界、艺术圈都游刃有余的炜哥，并没有人们想象的世故、圆滑和油腻劲儿，相反，他的行事风格脱俗，时常还带着天真和执拗，似乎有一种民国时期的文人范儿。他的社交圈子很广，但丝毫没有什么江湖气息。

炜哥还是一个真正的好老师。

鲁迅先生曾在中大中文系任教，是炜哥的前辈。他曾经说过一句话："教育是根植于爱的"，这句话道出了教育的真谛。炜哥自己没有孩子，可他像爱自己的子女一样爱他的学生。平时严格要求的同时，他对孩子们的关爱是外人都能轻易感知到的。学生在他心目中是神圣的，他们是他精神王国中的一批主角。他们关系近得就像是一家人，以至于他的许多学生都和我相熟悉。当然，在这个融融乐乐的大家庭里，他还是大家拥戴的"司令"。

毫无疑问，他得到了学生们的爱的回报。葬礼时，学生们齐刷刷地跪倒在恩师遗像前的场景，令在场的所有人动容。他住院的半年时间里，学生们主动轮班连夜陪护。不是每个老师，都能够得到弟子们如此发自内心的尊敬和爱戴。

炜哥一生从事科研和教学，但他同时又是一个善于跨界融合、创新整合的人。他有出众的艺术品鉴力和综合联想能力，还有层出不穷的创意和思路。学术方面，他的研究横跨语言学、社会学、民俗学等方面，建立其中内在深刻的联系。他还是很多大型艺术活动的总策划，正计划和龙哥一道完成几年前搁置下来的大型舞剧《大明宫》。对于他的跨界创新能力，我一点都不觉得意外。因为小时候就深知他实力，少年的他不仅练朗诵，还练拳击，甚至当年他跳街舞都拿过省市级的大奖。

五

我时常在想,当某一天我们这些老兄弟们都闲下来了,常常聚在一起,或喧闹或雅吟,该有多么好玩!

大概炜哥从来没有想过要闲下来,他甚至没有想到过要休息一下,即使在他身体不适的时候,也是慷慨激昂,也在规划设计。他有太多的思路,也有太多的事情要做。他才从中山大学中文系主任的任上退下来,又当选了广东省中国语言学会的会长。他还要大展宏图,汉语言的失语症治疗、国际职业汉语的推广、广东省中国语言学会的工作、新教材的编写,还有他念念不忘的《大明宫》……

他总以为自己还有很多很多时间,可以做很多很多事情,但是,上天没有给他时间。

天妒英才!炜哥在思想和精力正旺盛的时候,走到了生命的终点,追随他在学统中的历代前辈赵元任先生、王力先生和黄伯荣先生去了。

作为弟子,他是让人称赞的,他敬爱前辈和师长,特别对恩师黄伯荣先生很孝顺。

作为学术后辈,他是优秀而无愧的。他传承了老师的衣钵。黄李本《现代汉语》将会长时间流传下去。

作为师长,他是令人尊敬的。他的黄金岁月都献给了母校——中山大学。

作为朋友,他是率真而有趣的。对我们发小而言,我们失去了一个好兄弟、好伙伴,也失去了一个有趣的朋友。抛开一切不谈,光是大家坐在一起,说说笑笑,就让人觉得很好玩、很愉悦了。

现在有一句常常被提起和引用:"好看的皮囊千篇一律,有趣的灵魂万里挑一",炜哥就拥有一个万里挑一的有趣灵魂。

六

呜呼哀哉!我就这样失去了炜哥——我亲爱的兄弟。那么一个活蹦乱跳的人,短短数月,竟然天人两隔。即使我知道,他已经长住在医院里,身体状况起起伏伏,非常不好;即使我也随时与李旭兄长和炜哥的弟子们联系,随时了解他的病情,但是,他的离去,仍然让人震惊而无法接受。因为,我们总觉得一个充满活力的生命最终可以像以前一样得以康复,总是天真地相信所谓发达的现代医学能带给我们一点好消息。

追念炜哥,我一直感到想说的话太多太多,但是,真的到了写的时候,才觉得笔力有限、言不达意。可能是因为自己有限的能力和词汇,难以表达出来深切的情感吧。最后,就用一首诗来结束这篇短短的追念文章。诗曰:

> 学界英豪势正道,年华鼎盛却归休。
> 佛天早已参生死,俗辈安能释去留。
> 黑夜无眠思故友,金城有酒祭风流。
> 春来依旧随春去,花映中山大学楼。

2019 年 12 月 9 日于北京

斯人若彩虹

——追忆李炜同学

甘肃省博物馆 张东辉

至今还没有接受和习惯他离去的事实。因为一想起和他在一起的点点滴滴，记忆中的他总是那么鲜活，那么恍如昨日，仿佛近在咫尺。

李炜小我近十岁。中等个儿，方圆脸型，颧颌略有棱角，双目细秀，皮肤白净。在班上属于很精干的小帅哥。他身板、脖颈直挺，行走颇有风范。这与他中专毕业于艺校京剧专业有关。故而言谈举止，行为做派，也有点与众不同。

我们那一届，是"文革"十年积压的考生，年龄参差不齐，职业五花八门。刚一入校，有住校的，有走读的。以宿舍为圈子的相对熟悉相知一些，其余则因前后排行、四周邻座或爱好志趣而亲近陌远不等。我与李炜在班上交往不算频繁熟络，不属于莫逆之交。但只要在教室还是操场碰在一起，无论生活、文学、音乐、艺术，聊得总是很投机。他热情机敏，谈锋极健，而我木讷愚弱，孔静幽默。我们之间这种迅缓锐钝的反差，动静张敛的迥异，在交流中竟能避让迎合，环扣契合，如把酒承盘注杯，似泛舟顺流逆峰，让我们兴奋不已，双方都很欣赏对方。因而，他曾向他胞兄和朋友说"我与东辉兄神交已久"，我却说，我与李炜在一起，有点像说相声的捧哏。夸大一点，金兰之契也不为过！

他语言天赋极高，表达能力极强。方言土语，京腔北调，张口就来。模仿到位，恰如其分。不管是正襟授知识，还是席地侃大山，他总能洋洋洒洒、亦庄亦谐，引得满堂人前仰后合！在他的"诱导"下，你会不知不觉来到风光无限的险峰，曲径通幽的秘境，或似品茗闻香，又如冲浪桑拿……如沐春风，似浴甘霖，畅快惬意，意犹未尽。有同学说，李炜真是块搞语言的料。按他的勘踏步履和目光所及，攀峰摘星只是时间问题！可惜，天妒英才，时不我待！

从外表看，李炜有点嘻嘻哈哈，不拘小节。但做起事来，他却极其认真踏实，追求完美。记得好多年前我们班有一个比较大的聚会活动，同学们提议出一本纪念册。李炜坚定痛快地承揽了编辑出版的任务。时间紧，资料少，任务在短时间内很难完成。但他不计回报，积极联络各位同学，提出明确的方案，多次催要文稿照片，反复校对调整（听说他也发动了他的弟子们通力协助），竟然赶在聚会时，把精美雅致、图文并茂的纪念册一一交到了每位同学手上。

如今，睹物伤情，拈页思故。我想，当每位同学翻起这本纪念册，摩挲着书中的照片，浏览各段文字时，一定会想起斯人。"斯人若彩虹"，这本小小的册子，记录了我们丁班的青葱岁月，储存了我们丁班的苦读时光，收藏了我们丁班的世纪情谊。这一切，都附丽于付出心血和感情的这道彩虹——李炜。这也算是李炜留给我们的一份珍贵遗物。我，包括每位同学，一定会把这份遗念珍藏心底。每每掀阅，心中必起波澜；次次凝视，双目当涌泪泉！人们赞美洁白如玉的白云，欣赏湛蓝如洗的晴空，依恋温暖和煦的阳光，但雨后倏然拱映的彩虹，却总激起格外的惊喜。但愿那仰望天空的眸子里，映照的色彩，不只是蓝天、星月，还有斑斓的彩虹。

李炜的胞兄李旭，是经李炜介绍与我相识的。其兄嗜好收藏古董艺术品，对古代历史文化有相当的精研和积累。我由于供职文博单位，专事文物鉴定，所以我们有较多的交流和往来。虽然我和李炜，一个在兰州，一个在广州，术业有专攻，彼此谋面不多，却对彼此的信息行踪都知晓一二：他通过李旭了解到我在文博系统的努力和进步，我通过李旭知晓他在教学科研的建树和成就。李旭成了我们见面聚会的纽带。但凡在广州、兰州或北京，我们有机会都要见面。每次小聚，总是李炜主动安排邀约。他对人热情友善，细心周到，注重细节，讲求品质。就连吃海鲜配红酒，他的讲究都是一套一套的，非常专业。当然，席间无论在场的是我还是他的发小或其他朋友，他都会敞开心胸谈自己的教学科研项目，或者介绍尚在构思中的文学创作或筹划中的影视制作。听得人兴奋不已，热血沸腾。现在想起来最令人扼腕痛惜的是，他有很多想法，有很大抱负，却都没有实现。真的是壮志未酬，鸿愿无施，英年早逝！

李炜是一个极重感情的人。他对父母兄长孝悌至深，并把孝作为做人做学问的根本。无论多忙，无论年节，只要家里有事，或是父母生病，他都想办法回到兰州探望侍奉。对朋友也是真诚相待，坦荡无私。对学生更是呵护善待，视若己出。他的心底很单纯，很干净，甚至可以说有点不谙世事。看起来嬉笑怒骂，快意人生，实则是心地不设防，做人亮底牌的人。对于这样的人，这样的同学，这样的朋友，我以为除了肯定他的勤奋努力，嘉许他的骄人业绩，钦敬他的奉献精神以外，铭记他的温润人品，礼赞他的迷人气质，才是对他的最好的怀念！

今天我回忆李炜，念念不忘的还是他的纯良人品和聪明才华。当然，那口吐莲花、妙若珠玑的口才，遏云绕梁、低徊悱恻的京戏，以及偶尔微醺时娓娓低吟的民谣……在我心里印象更深，难以忘怀，只要回首，便在空气里、云霄外、耳际旁、心扉间、幽梦中。

2019 年 12 月 7 日于兰州

中大失才子，我失好兄弟
——痛悼中山大学李炜教授
黄伯荣先生三女儿　黄绮仙

2019年5月6日下午，惊悉中山大学博士生导师李炜教授去世的消息，我怎么也不肯相信，一经证实，凄然泪下，心痛不已。这么一个才华横溢、满怀理想、正值壮年的人，我的好兄弟，怎么说走就走了呢？

我认识李炜教授，是家里姊妹中最迟的一个。由于我1968年下乡，1970年初又回到阳江农村结婚，对兰州家中的事知之甚少。改革开放后，我家的家境逐渐好转了。自1990年始，每年我都会邀请父母回家乡过春节，在我家住。言谈中得知，父亲有位得意门生在中山大学中文系任教，叫李炜，是兰州出生的山东人，能说会道，非常活跃，不但在学术领域出类拔萃，而且与国内文化艺术界也有广泛交流，有诸多建树。这在父亲门生中很独特，也是学术界少见的人才。父亲说，当年李炜考他的研究生时，他原计划招两名学生，但李炜的成绩太突出了，比第二名竟高出五六十分，最后我父亲就只收了李炜，想把心血都倾注在其一人身上。之后几年，父亲经常利用假期在全国各地举办汉语讲习班和现代汉语研讨会，每次都带着李炜同行，在旅途中也坚持给他上课。

我还得知，我唯一的弟弟波先1986年不幸因病去世之时，李炜第一时间就赶到我父亲的身边，安慰导师说他就是导师的儿子，有什么事尽管吩咐，他一定照办，做好服务。在他看来，师恩重如父母养育之恩。事实证明，李炜是这样说的，也是这样做的。2001年，青岛大学举办"黄伯荣教授从教五十周年学术思想研讨会及八十诞辰庆典"，我陪伴父母前往青岛出席会议。会上初次见到李炜，李炜对我说："到黄先生九十诞辰时，我要亲自在中大为先生举办庆典。"李炜说到做到，2011年8月，中山大学中文系举办了"黄伯荣九十诞辰暨现代汉语学术研讨会"，这次庆典活动搞得非常成功。

2008年，中山大学中文系聘请我父亲为兼职教授，李炜和中文系党委书记丘国新一行来到阳江，手捧鲜花为我父亲颁发证书；2009年，李炜又邀请我父亲领军编写中大本《现代汉语》，我给父亲当助手，与李炜的交往便频繁起来。李炜给我的印象是睿智、豁达、幽默、能干、热情洋溢，有时会说说段子。尤其令我感动的，是李炜对导师的尊重与感恩之情。

李炜每次来阳江，都会带上两三个学生，他在学生面前从不摆架子，常以风趣幽默的语言对学生讲他与导师之间的小故事：导师出差开会，带着他，让他破格坐软卧，他窃喜，但清晨6点就被导师叫起来上课；导师带他去拜见师祖王力先生，王力先生让座，他一屁股就坐下来了，待回头才发现自己的导师还在毕恭毕敬地站着……

李炜对导师的尊师细节，一举一动，他都观察入微并以之为范，身体力行。他在政界和学术界兼职很多，时间排得满满的，但他多次抽空来到阳江探望老师和师母。请我们一起去吃饭时，总记得点老师最喜欢吃的一道菜"盘龙鳝"。他对师母也十分尊敬、体贴，总是"黄妈妈"不离口，同行时不忘护卫身旁。有一次我母亲向他告状，说我父亲写教材太拼命，天天熬夜。李炜特意赶来阳江当面劝说我父亲，安抚我母亲。得知我父亲患病，他马上赶来阳江看望，并设法叫人买来特效药。在我父亲患病到去世这半年中，李炜多次往返阳江探视，还找来有关的人来帮忙。我父亲的后事也由他亲自操办，方方面面都为我考虑到。事隔半个月，李炜又拨冗来阳江参加我们家族祭奠逝者的活动。我常在心里暗暗说，有李炜在，我的担子就轻得多了，就是亲兄弟，也不过如此。

父亲走了以后，李炜惦记着师母，时常来看望我母亲。那次，我搬出父亲的一箱手稿给他看，他说，这可是珍品，嘱咐我一定要保护好。见我对着手稿黯然落泪无助的样子，他又安慰我，说会想办法组织人力来整理。父亲去世两个多月，恰逢阳江第二届书香节，我萌发了做个学术展览纪念先父的念头，在许广攀和刘峻铄的协助下，提前做好了PPT。我将此事告诉李炜，他非常赞同我的做法，并决定来阳江看一看我的PPT。那是2013年8月13日，气象台预报台风"尤特"即将在阳江登陆，各地都在进行着紧张的防风工作，大家都尽量不出门。我担心李炜会在路上受阻，就叫他别来了，我发个邮件过去让他提提意见就行了。没想到，当晚7点多，李炜和丘国新书记一行，竟然顶着台风前的风雨交加，来到了五洲大酒店！看了学术展览的PPT，李炜非常高兴，说比他想象的好。我们三人进行了交流，他们也提了一些好的建议。第二天一早，他们又冒着风雨返回广州开会。2014年1月，我父亲的学术展览馆在海陵岛那洋村建成了，我把消息告诉李炜，他又带着十几个学生来拜谒导师的纪念馆。

　　李炜对导师的事情特别上心。他说，"三姐（我在家中排行第三）的要求我一定照做。"得知导师的遗稿有阳江职业技术学院副教授容慧华帮我做录入工作，他借着开语言学术会的时机，当面对容慧华老师表示感谢。得知阳江日报社组织了5人小组协助我整理父亲的遗著，并申请了专项经费助力《广东阳江方言研究》一书的出版发行时，他开心地连说了几句"太好了！太好了！"随后，他不但在《广东阳江方言研究》的序中专门对阳江日报社表示感谢，还在参加该书的首发式时，当面与黄仁兴社长握手致谢。

　　在整理父亲这本方言遗著的过程中，我一遇到不懂的问题，马上想到的就是问李炜，而他不管事有多忙，每一次都会马上给我一个明确的答复，并在文字表达准确度方面为我把关。这里只举一个例子，我写该书的出版前言时，从其他的资料找到了一句"国家教育语言文字信息管理司副司长王铁琨先生曾称赞说'黄伯荣先生是新中国发表方言语法研究论文最早的人……'"李炜认为此句表达不准确，他专门找了王铁琨先生核实，才知是刊登有误，便叫我在"新中国"后面加上"成立后"三个字，还要在"副司长"的前面加个"原"字。他继承了导师治学缜密严谨的风格，这里可见一斑。在《广东阳江方言研究》的序里，李炜很谦虚地说："在这部遗著的整理编写工作中，我没有出多少力，为此而深感内疚。"而我认为，正是因为有他的正确指导与解惑，这本遗作才得以原汁原味、保质保量地顺利完成。

　　我心中对李炜和帮助过我的人始终抱着感恩之心。令我深感遗憾的是，在李炜患重病期间，我要去探望，他执意不允，我只有期待着他康复出院。可是，没有想到，他竟然这么快就离开了我们。

　　贤弟，你的导师还期待着你……

　　写到此处，我泪眼已模糊，不得不戛然而止笔。我又失去了一个好兄弟，这也许是命运的安排，我很无奈。我只能说，李炜贤弟，你是累坏了的，现在好好休息一下吧，你未竟的事业一定会得到很好的传承！天堂没有痛苦，你一路走好！

2019 年 5 月 10 日于阳江

（本文原刊于《阳江日报》2019 年 5 月 12 日 03 版）

怀念义兄李炜教授

王 刚

那是2015年的4月底,你因病定期来我丽江的小院(醉影堂)调养。早上,刚刚吃完纳西族阿姨用酸菜、土猪肉做的可口的米线。院子里飘动着各种花香,春意盎然、万物生长,只是那两颗曾经姹紫嫣红的樱花树已经凋落,我无来由地感慨着地上那正在消逝的芳华。你这个琉球语言研究最权威的中国专家对我说:"兄弟,你知道为什么中国人眼里的日本人野蛮、无畏,甚至以结束生命为荣吗?那是因为,日本这个大和民族崇尚樱花文化。樱花只有一个月的花季,但是当它凋落、死亡的那个刹那最美丽。所以,日本人和中国人不一样,他们把死亡看作是最美丽、最灿烂的一刻。"

你经常这么把我介绍给朋友:"作为磕头拜把子的兄弟,刚哥是我最俗也是最雅的朋友。"比如,你对京剧、芭蕾舞、交响乐、现代诗这些高雅艺术情有独钟,甚至成为相关领域的专家,而我除了对视觉艺术还可以"口出狂言"地发表一些观点以外,对你的那些权威领域避而远之。既因为我一窍不通,又因为咱们是结义兄弟,你已经懂了,我就可以偷个懒了吧?所以当仅有高中学历的我沉迷于流行歌、古诗词的时候,你除了在旁边捂着嘴、弯起月牙般的双眼窃笑外,半夜三更会发上几篇现代诗给我上个启蒙课,让我觉得迷茫之余,有一丝感动。

2019年5月6日下午1点,我正开车听着那首20世纪80年代的老掉牙的流行曲《酒干倘卖无》,你的博士生于晓雷发来微信:人走了。

高原正午的阳光下,人的影子突然被寒风吹走了。我走下车,瘫软在路边。30年没掉过眼泪的我凄然泪下。我确认,这是真的,虽然我们都早有准备,但当那一刻来临时,还是让人觉得那么猝不及防、束手无策,真的是晴天霹雳啊!

汽车音响里依然播放着那首歌:

酒干倘卖无。多么熟悉的声音，陪我多少年风和雨，从来不需要想起，永远也不会忘记。没有天哪有地，没有地哪有家，没有家哪有你，没有你哪有我。假如你不曾养育我，给我温暖的生活，假如你不曾保护我，我的命运将会是什么……

你曾经流着眼泪对我说："兄弟，炜哥我没做好，怎么把你搞得流落在这个西南的小村子里呢？"

现在，我瘫坐在玉龙雪山脚下这块旷野上，举目望去，寒风凛冽，空无一人，禁不住泪眼婆娑地问：炜哥，你怎么就这样走了呢？

你不会推崇什么大和文化，但是，你真的热爱上那转瞬即逝、灿若天边彩虹的樱花了吗？如果是这样，我接受。虽然在我这饱经沧桑的人面前，你天真得像个孩子，但我看到的是世间从未有过的善良和博爱，对父母、师长、兄弟、学生，甚至是对我眼里的三教九流。你是那么自信，相信能用一己之力去提升身边每个人的价值观和信念。你甚至超越了孔子"有教无类"的教育观，去做"旁教无类"的信徒使者。你是我心目中的堂吉诃德，身体力行地去感悟社会。你是我心中的释迦牟尼，把普度众生作为己任。你知道自己无法兼济众生，至少去独善其身。在你面前，我这个貌似强悍的恶俗商人常常自惭形秽。

你是那么样的真实、率性。你我虽然这五年受尽波折、阅尽百态，就像结义时换帖子说的：有福同享，有难同当。但是更多的是以苦为乐、相依为命。我们可以互相调侃，转眼又成为诤友。我们有个约定：不说假话——即使我们都知道真话很难听。正因为这样，面对一些人、一些事，我们显得过于尖锐，不从众。有一次，高朋满座，你正在喝酒，看到我正在读一本野史，你放下酒杯正色道："野史经不起考证！"足见你的治学态度如为人一样求真务实。

你我义结金兰，很多人不能理解。其实12年知己，我身处蛮荒僻壤，你出没灯红酒绿；我乐为乡野之夫，你陶醉高朋满座。但内心，都在追寻"侠"与"义"二字。生活中太多的苦难，侠义虽然貌似浅薄，但其实那是对人格完美的追求。美酒、美食、美景、佳人、艺术是美，"葡萄美酒夜光杯，欲饮琵琶马上催。醉卧沙场君莫笑，古来征战几人回"是美，那"臣本布衣，躬耕丽江，苟全性命，不求闻达"不也是另一种美吗？我们选择了不同的方式度过自己的一生，我就像自己院子里那些野蛮生长的野菊花，虽然生生不息，挺着细长的茎叶追逐着阳光，但永远不会像你樱花般的人生那样灿烂时令人仰止瞩目，即便凋谢也永远深藏于人的心底。

这五年，你我携手负重前行，至少做到了用坚忍对待荒谬，用善良对待苛责和凉薄，用仰天长啸对待无妄之灾，用笑的方式去哭。至少做到了在暂时的贫困中保持生活的品质，在无人问津时坚持自我，在绝望时共同憧憬希望，在众叛亲离时寻找知己，在万众唾骂时敝帚自珍，用美去衬托丑，用真去揭露假，用善去嘲笑恶。你坦然接受别人消费甚至透支你的学望和地位，你身体力行着房龙《宽容》里的理想，你的隐忍负重令他人的狭隘自私无地自容。

我无意去追忆你作为学术泰斗的各方面成就。我只记得，身为一个学者，你告诫我："兄弟，有知识未必有文化。知识是可以通过学习得到的。而文化，是一种积累。"

上回来养病的时候，你无助地说："兄弟，我很累，我只想要国家的文人有风骨，要我的学生们知道老师的那点苦心。"你用了周总理年轻时一首诗：

> 大江歌罢掉头东，邃密群科济世穷。
> 面壁十年图破壁，难酬蹈海亦英雄。

真善美本就难全。炜哥，你走了，我心目中美好的榜样走了，只留下记忆深藏。就像那四月底的樱花，是否成了花泥更护花呢？你走了，我失去了这个世界上最懂我的人，我甚至失去了再回广州的理由。我经常自嘲：直把他乡当故乡。你就严肃地责备我："兄弟，现代医学这么发达，人活百岁很正常，咱们这才刚刚开始呢，以你我才华学识，一定不能白来这个世界走一遭！"可是，话音犹在，而你却在与疾病苦苦抗争后，撒手人寰。我相信那些樱花本不想如此快地凋落的，但是这就是命运，它们唯一能做的是在大地的泥土上，看着身边那些依然争艳的百花，憧憬期待着下一个暖春的到来。

学术界也如官场、商场和各种场子、圈子一样，充斥着各种人间百态，就像你有一次用一句电影台词批评我："你想退出江湖？什么是江湖，江湖就是人心！有人的地方就有江湖！"但是身处江湖，你能保持初心、洁身自好、特立独行，让"魑魅魍魉""妖魔鬼怪"不寒而栗，真是"虽千万人吾往矣"的一条真汉子！

我让你看科恩兄弟的电影《大地惊雷》。后来，每一次来，你都点这个电影。最后，你竟然用谭嗣同的诗来做结论：

　　我自横刀向天笑，去留肝胆两昆仑。

这时候，豪迈、浪漫的你，或许也想到了陈毅元帅的那句诗：

　　此去泉台招旧部，旌旗十万斩阎罗。

2019 年 5 月 10 日于丽江
（本文原刊于 2019 年 5 月 10 日"纪实摄影博物馆"微信公众号）

纪念铁哥们、好兄长

哈里伯顿（英国）　王　箭

　　1985年10月，他和我刚入职中山大学时，同住在中大西区一栋青年教师宿舍。通过一次吃晚饭时激烈的争论，我们由对手变成了朋友，是"不打不相识"。在中大交往的六年中，我和他一起吃饭、喝酒、参加小型派对之类的事是数不胜数的，一起开伙的时间也是可以以月为单位记。大事小事都相互尽力帮衬着，国事、家事、心事都可以坦然讨论。我离开中大以后，虽然相隔万里，但我们联系不断，互有访问，仍是知心朋友、铁哥们儿。我在生活中、工作上遇到什么事情，都爱找他商量，他也总是能给出很好的建议。面对他的突然离世，我的悲痛难以言表。今天大家纪念他，我也有话要说，说说我的好兄长，说说我和他生活交集中的几件小事，说说他生命中闪光的品性。

　　我认识的他，是一位严谨的学者，对学术怀有敬畏之心，一丝不苟。他可以神聊许多话题，海阔天空，包括文化、艺术、美食、美酒，有时也不拘小节，可但凡涉及学术问题，即便是私密交谈，他也不开玩笑，十分认真。他曾经作为首席专家主持国家社会科学基金重大项目"海外珍藏汉语文献与南方明清汉语研究"。由于众所周知的历史原因，英国收藏有许多珍贵的中国文物文献。我建议帮他联系牛津大学和伦敦大英博物馆，或其他相关学术机构，让他在方便的时候再次来他喜欢的英国小住一阵，于公可从世界上公认的顶级权威学术机构搜寻第一手资料，做做学问；于私他可以名正言顺地再次来他喜欢的英国，调养他已难得喊累的身心，还可以与老朋友深聊一些包括微醉状态下才能深究的话题，公私兼顾，还可不辱使命。该项目历时数年，他应该可以找到方便的时候，但此行未成，其原因之一是他觉得他做学问时，不能被私心带偏了。他不是怕别人的批评或个人的形象什么的，他身上是有我行我素的霸气的，他在乎的是做学问时自己的品性。实际上，在该项目在研期的2014年，他曾经自费来欧洲度假，在伦敦呆了八天，全部自费。他玩的时候疯玩，可以没有正形，但做起学问，正正经经。本人在享誉世界的高等学府和科研机构从事科研工作三十年有余了，零距离长时间接触过若干学界的知名人物，若干肤色各异的同事，他的此等境界，鲜有人出其左右。我想他取得的学术成就和地位，同仁对他的认可和敬佩，与他对学术的态度是有直接关联的。他这种在学术上的自律精神实在难得，值得每一位做学问的人好好学习。

  他是一位有大局观、有胸襟的人。在处理复杂的人际关系时，若涉及个人利益与集体利益的冲突，他会舍小我顾大局。他自己这样做，也劝别人这样做。每当我向他谈论或抱怨工作中常见的三角关系时，他除了帮着分析具体情况外，还总会劝我从集体的利益出发做决断。我曾经参加了某世界知名团队的一项重要科研项目。针对一项困扰了该项目和该团队多时的一项关键技术，提出了解决方案。为了说服团队老板，从文献调研、理论推算、选购相关仪器设备等，我费了数月精力，在说服的方法和时机上也没少下功夫。整个实验验证过程，有限元计算模拟，几乎都是我个人独立完成。但是，在成果唾手可得的时候，工作中无形的障碍开始增加了。多年的工作经验让我意识到，这是个怎样分享成果的问题。我当时也很珍爱自己的这一成果，也有手段保护它，争取自己应得的利益。但这无疑会妨碍有关项目的进展和该技术的及时应用，也会阻断将来与该团队的合作机会。遇到此类问题，我自然会向他发牢骚或商量。他给我讲述了他担任中文系系主任时，他是怎么处理升报职称、课题分配中个人和集体的关系问题的，甚至包括分配系里年终奖金时，为了大局，他是怎么主动地降低自己的份额。我记得他在开导我时大约说过类似这样的话："锅里有了，碗里才会有；集体好了，个人才会好。"也许是他这位语言大师难得套用俗话的时候，听起来像以前的政工干部的说教，可那确实是发自他的内心的。经他之口说出来，听起来就顺了耳，我受益匪浅。

  他是一位学者，但绝不是一个学究。他是一位十分热爱并懂得享受生活的人。他是把生活、工作和为社会做贡献有机地融为了一体的人。在我与他早期的交往中，他最喜欢的绰号是"享某"。他讲究吃、懂得吃、会做吃的，是一位有品位的、懂得分享、享受分享的吃货。从他那里，我学到了炒菜放蒜要放两遍，一遍热油时放，入味；一遍起锅时放，提味。给汤放盐时，不能只看汤里有多少水，有什么料，还得看看上汤前都有上过什么菜。记得他在做示范时，还故意将"料"念成"尿"，玩笑了一把我这位 l 和 n 分不太清的四川人。与他一起吃饭，无论是巴黎的海鲜大餐还是广州的路边摊，都会是一种享受。他常常能从酒文化、饮食文化、男女文化、流行段子中挑出一些有趣的话题，引得大家开心大笑，积极地加入讨论或争论。他也可以充满激情地大谈语言艺术、舞蹈艺术，乃至他的美学观。有他在，就不会有冷场。他对这些文化的兴趣和思考绝不是附庸风雅，人云亦云，而是来源于他的生活实践，是被他的"文化也需要现代化"的使命感所驱使，他是懂得文化强大与科技强盛是同等重要的人。他给我讲述过他怎么办 MBA 酒文化讲席班，引导塑造当代的企业文化。如果我没记错的话，他作为广东省政协委员提交的有关广州（东）的文化建设议案成了为数不多的最佳议案之一。

他热爱美，追求美，赞美美，追求一种高品质的生活。在他的追求中，有种超越了世俗的美好的感觉，一种几乎是唯心的真实。他追求它们，创造它们，赞美它们。他的作品，包括他的讲座、他策划的活动，以及在不同情境下营造的快乐氛围，我想很多与他有近距离接触的人都会有所感悟，不乏高大上的、大气的事例。在鲜为人知的小事上，亦是如此。他真实而不做作。2003 年年底他从日本来伦敦小住，探望多年不见的朋友，过圣诞新年。新年前，我与他去了巴黎。参观巴黎大歌剧院时，他对剧院精美的布景制作赞不绝口，搜获了不少他感兴趣的美学元素，盘算着怎样可以将它们融合到自己正在创作的作品（舞剧）中。在歌剧院一间展厅内，我们巧遇到一位神似电影《罗马假日》里的女主角奥黛丽赫本的监展女士，他十分欣赏她的美，一种高雅的，得体的，不让人有邪念的美。他兴奋地告诉我说，看看这位美丽的女士，瞧瞧这气质，这就是品位，这就是气质。他有发自内心的冲动要去赞美她，但一句法文不会。为难间，犹豫中，女士下班离去了。我故意用他自己的话去激他，"你不是说真心是最好的语言吗，没诚意就别装了"。他果然追出去了好远。那天我见到了他难得的脸红，不知是兴奋还是遗憾。他就是这样，热情而真实，是位用情用心地去欣赏美、赞美美的人。热爱美，就是热爱生活。

他追求的美好中是有幽默的。大都市有新年夜狂欢的习俗，伦敦也不例外。新年夜，我带他去伦敦市中心看新年焰火。当新年钟声响起，烟花放完后，在新年好的欢呼声中，在伦敦新年凌晨零度左右的气温中，他脸颊上飞来了一位英国姑娘热情的热吻。这是伦敦新年狂欢者的传统，亲吻周边的异性，期待来年给对方也给自己带来好运。这本来是件平常事，可充满了浪漫气息又幽默感十足的他赋予了那个吻额外的温暖和快乐。他告诉我说当晚不要洗脸了,舍不得洗掉那份感觉。第二天早上,他还半开玩笑半认真地要求我允许他吃完早餐再洗脸。他想留住、延长和传递那种美好的感觉,嬉笑中把玩着生活中的美好。回忆起来,那年伦敦的新年焰火,实在算不上好,稀稀疏疏地持续了只有十几分钟,高潮不高,持续时间也不长,不爽,没有太多看头。当时我觉得很不值得去,心有戚戚焉。是他的生活态度赋予了那个吻超常/长的生命,也赋予了那个新年夜充实的内容。生活中的他,可以是这样的幽默、快乐、有感染力。

1985 到 2019 年,34 年,弹指一挥间。我们的交集不算大,可留下的故事真有点多,讲起来没个完。在这里只想聊聊他严谨治学的品性,只想讲讲他身上闪现着的集体主义精神,只想说说他热爱生活的态度。李炜,一位大学者,一位懂得生活、热爱生活的良师益友,我的好兄长,铁哥们儿。他走了,我不时黯然神伤。他的一生桃李满天下,朋友遍四方,充实,浪漫,有益于社会和他人。看到大家纪念他,他不会被忘却,我倍感欣慰!

2019 年 12 月 10 日于英国伦敦

长歌当哭

——追忆李炜教授

广东省流行音乐协会　陈小奇

五月是开满鲜花的季节，而2019年的5月6日，一个鲜活的生命却在花丛中永远离开了我们。

他躺在棺椁之中，很安详。那一刻，我泪如泉涌。

我知道他还有很多的心愿未了，他还有很多的计划没来得及实施，但病魔无情，人寿天定，谁又能逆天抗命呢？

李炜是中山大学中文系原系主任、语言学教授，也是广东省中国语言学会会长、广东省流行音乐协会副主席、广东省电影家协会副主席。印象中的他，永远是睿智、博学、充满激情、精力过剩、能用笑声感染周围所有人群的人。六十岁，正是年富力强、大有作为的年华，而他却提前走了，走得如此匆忙。

2019年3月14日，我发微信通知他准备参加广东省流行音乐协会的春茗年会，他回了我一条微信，上面写着："我在生病住院，抱歉不能出席本次活动。本以为最近可以出院了，看来还不行。等好转了再给大哥汇报。"后来，我几次想去医院看望，却都被告知暂时不方便，迟些再联系。没想到，至今仍保存在我手机里的这条微信竟成了我们之间最后的对话！

初识李炜，该是20年前了吧？1999年，我应中山大学之邀，为母校七十五周年的专题纪录片创作了主题歌《山高水长》，后来中大把这首歌制作了多个版本，并多次搬上了学校的舞台，最后这首歌也被选定为中山大学的校友之歌，而李炜正是这些活动的重要幕后推手。

那时我与他并不太熟，只知道他是中文系的一位年轻老师，对艺术颇有些造诣。而他给我的初始印象，也只是一个有激情、能折腾的艺术爱好者而已。此后，由于与中文系来往频繁，故与他有了更多的密切接触，在多次的彻夜长谈、把酒言欢中，他的才华、他的激情、他那种与生俱来的煽动力和感染力，才让我彻底改变了最初对他的肤浅的印象。

慢慢地，他让我逐渐地了解了他对艺术的痴迷。读大学之前，他竟是京剧团的演员，而他在音乐、歌词、电影、戏曲、舞蹈乃至民俗文化等领域的探讨，也自然而然地成了我们的共同语言。

大约六七年前，中大曾经启动过建立艺术学院的议题，这是我多年来一直的期待，也是他大力游说的结果。在陈春声书记和李萍副校长的支持下，由我和中文系的李炜和学校艺术中心的徐红组成了一个筹备策划小组，我们在一起举行了多次会议，并最终提交了一份关于专业设置和课程设置的筹备方案。遗憾的是，由于许校长的离任，此事便搁浅了。但也由于这次没有结果的合作，我们从此紧密地走到了一起，也就从那些日子开始，我们成了无话不谈的挚友。从文学艺术到天下大事及凡间琐事，似乎什么也难不住他。他可以跟你说笑话、唱京剧，可以来几个舞蹈动作，也可以滔滔不绝地跟你大谈各类红酒的掌故……

这是个百科全书式的人物，唯一的弱项可能是爱情。

前几年的某一天，为了他的第二次爱情，他在中大举办了一个小型的结婚仪式，婚礼办得简约而浪漫，几十号人的小厅里，在朋友的小提琴独奏之后，他激情澎湃地举行了他的诗歌朗诵会。那天，一贯潇洒自如的他，竟显得有些腼腆，我从他的眼神里读到了他对一段新的爱情的憧憬，也读到了他新婚的甜蜜。

遗憾的是，他为他的浪漫爱情观付出了沉重的代价。婚姻是现实的。这一次婚姻的失败，对他心灵上造成的伤害应该是毁灭性的，虽然他依然装得若无其事，但我还是能感受到他眼中藏不住的那一丝深深的忧伤。

当然，李炜还是李炜。

2016年6月，他急匆匆地告诉我，在中文系的推荐下，中大已确定了邀请我作为校友嘉宾参加当年的学生毕业典礼并求我尽快准备好演讲稿。我当时有些犹豫，他一看就急了，说"你是中文系校友的代表，演讲代表着中文系的荣誉，无论如何必须完成任务！"接着，又反反复复不厌其烦地跟我修改并确定了演讲的内容与标题。典礼结束后，作为"标配"，他又特地陪我在中大吃了一顿例行的饺子以示感谢。当时李炜脸上流露出的自豪、骄傲与成就感，真让我觉得演讲的不是我而是他了。

2018年,为庆祝改革开放40周年,广东省委宣传部立项在北京举办我的个人作品演唱会,他一知道消息马上赶过来,主动参与了演唱会的策划工作,从选曲到作品研讨会的邀请嘉宾,事无巨细,忙上忙下,亲力亲为。他说,"你2014年以中大校友身份在新西兰和澳大利亚举办作品演唱会我都全程参与了,这次的北京作品演唱会我怎么可以不全力以赴!我一定负责为你的作品研讨会落实邀请两个人,一个是现中大中文系系主任彭玉平,一个是原北大中文系主任、也是中大中文系77级校友陈平原,这两人来不了,我提头来见!"那一刻,我看着他,一种感动油然而生,我深切地感受到了什么是校友、挚友、诤友的含义,什么是生死至交的价值。

在我的作品研讨会上,他兑现了他的承诺,并亲自到会宣读了他的书面发言。此后,他又和他的博士生石佩璇合作撰写了《陈小奇歌词作品的规范与创新》一文,可惜的是,该文在《中国文艺研究》期刊上发表时他已无缘看到了。

最后一起参加的活动,是2019年的1月3日。李炜抱病策划了由我和他以及中文系系主任彭玉平三人一起对话的中大校友论坛,这也是我平生参加过的最有意思的一次论坛。能够与一位古典诗词研究专家、一位语言学家进行一次关于流行音乐的对话,无疑是颇有挑战性的。为此,李炜做了精心地准备。在中大小礼堂举行的校友论坛上,我们三人把严肃的学术话题转变成坦率、轻松且富有幽默感的对话,取得了从未有过的效果。

当天晚上,我们又一起去消夜,当晚的李炜兴奋得像个孩子。

而今,斯人已逝,小礼堂的论坛已成绝唱,而李炜的音容笑貌却一直在我脑海中浮现。蓦然回首,我才惊觉,这么多年他给了我太多,而我给他的却太少太少了。或许这就是真正的朋友吧,没有任何利益交换,只有真诚地付出与奉献。

先他人之忧而忧,后他人之乐而乐——这就是李炜。

一路走好,李炜!今天我只能用你最爱的《山高水长》的歌声祭奠你,而我相信,天堂里一定会永远回响着你爽朗的笑声。

2019年10月28日于广州

我心中永远鲜活生动的教授

——追忆我的挚友李炜

原战士文工团　傅勇凡

李炜教授于我,是亦师亦友的人生至交,而在教授仙逝后,我却没有去参加他的告别仪式。

那一段时间,我正好在外地排戏,第二天就要首演,全剧组都在等着我,实在抽不出空赶回去参加他的告别会。而实际上在我内心最痛楚、最纠结的是:我不敢去!

人生的"迎来送往",是很自然的事情,也是人之常情,你不接受也得接受,生活中时常要面对亲人、友人的生老病死,但当我突然听到教授的噩耗时,实在是难以接受。说真的,我是不敢去,为什么不敢?我与教授太亲近了,我们不仅是朋友,在生活里、创作中、工作上的亲密合作,更多的是心灵情感上的亲近。我们平时虽然往来不是特别多,但是,只要我们在合作的时候,我们有艺术创作冲动、互相有召唤的时候,彼此就会一叫就来,一约就到。只有这种心灵相通的朋友,才会有这样默契的"臭味相投"。并不是彼此之间有什么功利性的需求,而是只要对方一声呼唤,似乎就能感受到对方此时或有困境需要帮助,或有喜悦需要分享,于是就会立即出现在彼此身边。

我们是挚友,但不知从哪一天开始,"教授"成了我对他最亲切的昵称。记得有一年,教授、我和我的一位同事,我们三个人有过一次很好的合作经历。同样是一叫就到,一来就谈创作,后来,这个合作虽然因为客观原因没有进行下去,但是在创作过程当中的这种享受,这种友谊,这种心灵上的相互支撑是永生难忘的,这一切似乎就在昨天。所以,直到此刻,我不敢更不愿意去承认教授已经离开了我们。

在他走后的这段日子,我经常脑海里会浮现出他那"瞪大了小眼睛"

的生动笑容。在我的内心当中，并没有觉得他离开，这不是一般的内心的愿望，而是真真切切地觉得他还没离开我们，他还在办公室，等着我叫他出来闲聊、创作、吃西餐、喝红酒。他的那张笑脸，他的那种谈吐，他的那种神态，他的那种激情，他的那种给人以宽慰和帮助的眼神，时刻在我的脑海里面。说他还没有离开，是深入剖析我内心和大脑维度的印记，他还在！我会经常在睡觉之前，脑海里会时不时地闪现他的形象，耳边也经常会出现他那字正腔圆的普通话。

其实就是那么多的点点滴滴让我觉得教授鲜活地站在我的眼前。那么，事物总是这样，最可怕的就是内心和脑海中认定的事情，导致我不敢也不愿意去承认，导致我"逃避"去参加送他最后一程的传统仪式。我不知道，如果在现场，会发生什么，我不知道我会怎么样。应该说他和自己的亲人还不一样，亲属出现这样的状况，可能那是悲痛。但是教授的走不一样，虽然也是一种悲痛，但是这种悲痛是你抹不去的鲜活和不愿意接受也不敢接受他在我心中"活灵活现"的悲痛。教授是我心灵当中的一位特殊的知心人，可我甚至连他的灵堂都不敢去，也许是我不愿意打破他在我心灵当中的那种鲜活生动存在的真实。也许有人会认为我这样不地道，不哥们，不够意思。挚友都走了，你也不送一下，甚至连他的灵堂也不敢去。我反思过这个问题，我发现我做不到，我不愿意承认，不敢承认我再与他见面的地方，竟然是隔开两个世界的屏障。

记得十多年前，我们在广东省文化厅的一次重点艺术作品规划会上相识。之前，我们互相都知道对方，但不是特别了解，没有打过交道。通过那一次，我和他开始了正式接触和交往，从此便一发不可收拾。教授他在讲话表述的时候，有着非常强大的语言魅力和表达感染力，他表述时声情并茂形成了他的谈吐风格。你与他交流，他是带着思考和睿智与你对话，你在讲话的同时，他的思维特别敏捷，反应特别迅速，瞬间思考之后，便几乎"一针见血"地表达出你所要谈的问题和他的观点。这是他很重要的一个特质，也是初次与他交往时带给我的深刻印象。

教授在我印象中还是个美食家，也是好客之人。记得他第一次请我吃饭，是在中大里的一个餐厅。我到了以后，他正在那里给他的学生上课，我就调侃他说，你吃饭上什么课？他说他带的博士生上小课就是请学生吃饭。他这种上课的方式打破了我对一个教授、一个导师授课的传统认知，我顺从地理解，这种环境截然不同于课堂上那种照本宣科。当菜一个个地被服务员端上桌来时是他最兴奋的时候，就像是他自己做了一顿丰盛的餐宴那样，一个菜一个菜地给我热情洋溢地介绍，满是一副特别得意和有成就感的样子，我只能表现出一副饶有兴致的神态。说实话，那天我是不喜欢吃他点的每一道菜，因为我不爱吃海鲜，我爱吃辣，有肉就可以了。他点的菜没有一样是带辣椒的，也没有肉。所以吃完之后，他高兴地问我吃得怎么样？我当着他的学生调侃他说，吃了一晚上没吃到肉。他哈哈大笑，而这个笑里面带着很强烈的遗憾感。从此以后，不论在一起谈创作也好，谈工作也罢，每次遇到吃饭，他都要反过来调侃我，说我这个人不懂美食，没有生活品质，没有品位，吃个饭只要有辣椒炒肉就够了。我说，"教授不仅眼睛小，心眼也小呀。"从此以后，这种对话就成了我们交往必备的调侃单元，甚至成了互相"攻击"对方的幽默式"前菜"，这个"前菜"语不仅仅是吃饭时，开会时、工作时、创作时都有。我也会时常"攻击"他，现在想起来会懊悔自己有时"攻击"得太过分了，他也经常会指责我总是喜欢当着他的学生调侃他、挤对他，每当表达完"不满"后他依然是笑容可掬地瞪着他那双迷人的小眼睛，呈现出特别可亲的样子。我有很多的合作者，很多的同事，很多的战友，很多朋友，还有很多的"三教九流"，但是我与他的这种所谓的"攻击"和"挤对"的幽默程序，形成了我们两个人之间特殊的或许是一种息息相通的亲近。

我与教授在艺术创作上的合作也是令人难忘的。我们在讨论的过程中经常会各自表述自己的想法和观点，显然他有自己对艺术高度的理解和认识，这一点上我们互相之间非常默契，当我产生了一个新的想法的时候，他能够放弃他的某个局部，站在我的观点和理解上去发挥，反之我也一样。这一切来自我们相互的默契与理解，我们对一个事物的认知、艺术观点、创作细节，都是能够站在一个更广阔的视角和高度上去理解，那么我们理所当然地会去相互给予启发与思考。有时候我们两个人观点是不同的，但是会站在不同的观点上又激发出另一个有新高度的观点，这恐怕也正是艺术创作的独特之处或是一种"激发"式创作灵动吧。其实我们平时的艺术创作丢失了很多这样的"激发"，特别是戏剧艺术，它不是个体艺术呈现，而是一门高度融合的综合艺术。尤其在创作初期，需要有较高艺术水准的碰撞和激发，以达到新的高度，所以说我和教授在共同进行艺术创作的层面上相当的默契，我们甚至有时候改变自己的原有认识和设想，这一点太难得了。尤其让人难忘的是，他在谈创作的时候，他的那种激情，他的那种特有的语味，他的那种"手舞足蹈"的生动表达，他的那种真切深情的容貌让我觉得这本身就是艺术美学的现实体现。当然，在非常严肃认真的激情下，他必然还是瞪大了他的那双小眼睛。总之，在他得到艺术创作之享受的时候，在他兴奋的时候、开心的时候、忘我的时候，绝不会遗漏他瞪起的那双笑眯眯的小眼睛，所以他的"小眼睛"给了我们深刻的和拭抹不去的印象。

有时候，当我们遇到难题，我们会各自不说话，停顿在凝固的空间里，各自思考着，揣摩着，或者说是在寻找着用更多其他的角度和方法来解决问题。

记得2013年春节，我和教授还有一位战友，我们三个人，大年初一进入白云山基地，关在一栋小屋子里创作音乐剧《冼星海》。我们三个人一边自讽着春节不与家人团聚竟然关到这个山里面来搞创作的"执着"，调侃着我们对艺术是多么的"虔诚和礼拜"，一边用了一周的时间创作出了全剧的总体构想和剧本架构。其间，每到吃饭的时候，他依然在说着"不管是不是过年，傅导只要有个辣椒炒肉就可以当年饭了"。回想起来，那时我们有欢笑，我们有吵闹，我们有脸红脖子粗，我们有和谐，我们有玩笑，我们有调侃，我们有幽默……三个人从规规矩矩坐着谈到不由自主地站起来，激动时一会站在椅子上，一会站到沙发上，一会又蹦到床上，然后大家又坐下来……这是一幅多么幼稚和滑稽可笑的生动的场景啊！由此，我想象到他对他的学生，对他的教学，对他的课题研究，对他每一个研究项目，是那样的认真执着和有责任担当，严肃认真得是另一番景象。认识他以来，他的热情，他对生活的态度，他对学术的认真，包括对自己研究的和争取到的一些课题的那种严谨，给我的印象是那么特别，那么的艺术范儿且立体多维。

我们各自在忙工作之余会经常通电话，他一旦有了新的研究课题和新项目的时候，总会给我打个电话，欣喜地向我通报，并说"你今年别找我了，这段时间我不能和你不务正业了！"教授，我只能说你很在意你的职业，很在意你的学生，很在意教育事业，很在意你所研究的课题与项目。

记得另有一次，我去找教授，他正在上大课，我就悄悄地溜进了课室的最后一排听他讲课，他在讲课时，同样是时而严肃，时而欢笑并时不时地瞪着他那双小眼睛，声情并茂。听他讲课，让我这样一个离学校生活已经久远的人瞬间焕发出回到学生时代的冲动，我当时心里就想，我上学时的老师个个都像他这样的，我一定会是个好学生。教授，我有你这样的一位挚友，我是多么的自豪，这值得我到处炫耀啊。

我有时在艺术创作上求助于他的时候，他总会说一句这样的话："不行，我今天上午项目论证，下午有课，晚上开会，明天又是一天的会议，后天又有一个学术讨论，然后大后天要出国"，但是他最后会说"这样吧，晚上十点半结束后和你见面，但是你得到我这来"。有时候，他也到我这里来，一聊就是深夜一两点，因为他不会开车，在这种情况下，他走之前总要笑眯眯地对我说，"你不打算送我吗？"，然后我们就去了我调侃他"上档次"的兰州牛肉面小馆，因为他是兰州人，我欣然顺从。

还有让我记忆深刻的，就是教授特别爱品红酒，我们经常会去酒吧坐坐，由于我对红酒是一无所知，当我一坐下，他就开始兴致勃勃地给我介绍，先喝哪一款餐前酒，喝完这一款要洗一洗杯子再进入另一环节，把我说的五迷三道的。我就毫不客气地调侃他说："你们这些教授就是矫情，不就喝个酒嘛，哪就那么絮叨。"当然我同时告诫他别再喝白酒了，他就笑我没生活品位。当然，喝红酒也是他"笑话"我的一个"把柄"。

现在回想起来，最让我悲痛的是在他生病期间。因为我这些年都在外地忙碌，完全不了解他的身体状况，只通过他偶尔发的朋友圈里面会看到他在外地出差或在另一个国家，成天忙碌不停。记得2018年下半年，我的心境和思想上出现了一些困境，就给教授打电话求教，他当时说正在忙着，完全没有时间！但是他依然是那句话，"这样行不行？这两天我空了给你打电话，我们见一下……"我完全不知道实际上他正在住院，第二天他给我电话，说在住院，"要不这样，晚上十点前有个项目要谈，十点钟以后到我医院来，我跟你聊一会"。我问他怎么住院了，他说没什么事，出现了一点小情况，住在医院里检查。我想，从他身体外在看，他那强壮的身体不会有什么大问题，所以我晚上十点就轻松地去了医院。我在医院楼下"礼节性"的买了一大堆"高档"水果，当我一进他的病房的时候，他立刻让我把这些水果送到了护士站，他玩笑着说，"护士们照顾我很周到也很辛苦，请她们吃傅导送来的水果我多有面子呀。"当我坐下以后，他就兴奋地跟我"炫耀"说，他给医院写了一首院歌，院领导很认可这首歌，当时就把这歌词念给我听并哼了几句旋律。我又开始调侃他："你忙成这样，还有心思给医院写院歌，怪不得我见你一面都这么难。"过后他就耐心地听我诉说。

我们无话不聊，他依然是就像我的亲人一样，替我排忧解难，对我进行心理疏导，就像对待他的学生、对待他的课题研究一样，那么耐心细致，那么的真切，不断地给予我宽容和安慰。我们那天晚上聊了近三个小时。他突然说有点坐不住了，我完全没有意识到他病得有多严重，其实他的"逐客令"后面忍受着多大的病痛啊！我竟然丝毫没有意识到。大约过了一周后，我又给他打电话，我问他的病情怎么样了，他说他已经出院了，而且要出差去西藏，然后还要去国外。听他说到他身体没事，我才有一丝宽慰。因为我想到那天晚上，我实在太残忍了，太自私了！我竟然烦扰了他三个小时，我非常非常愧疚。又过了一段时间，没想到他还在想着我的事，突然来电问我怎么样，思想上的困境摆脱了没有？他说晚上开完会后，大约十点钟左右到中大北门 MBA 教学楼咖啡厅与他见面。那天晚上，我见到他脸色不是太好，劝他早点回家休息。他说没事，然后又开始进入了我们的话题，他依然非常耐心细微并严厉地对我进行"训导"，又像一个心理医生一样在给我看病。而我万万没有想到的是，这，竟然成了我和教授的最后一次见面！想起那次的见面，他那么忙，那么多项目都在进行中，还要隐瞒带病的身子腾出大脑里的空间为我的事操心。现在想起来，我是多么的自私，多么的无情，多么的罪恶！

　　我实在不愿意接受他离开了我们的现实。我想我是否是在逃避？我的内心在强烈地挣扎，愧疚、不甘、不舍，友情、亲情，我实在无法面对，无法面对那浮现在我眼前的生动灿烂的笑容和他那双瞪大了的小眼睛……我恨不得钻到地底下去和你说一声对不起！我多想，多想与你再聊聊天，与你再喝一次红酒，与你再互相"攻击"一次……不，你在天堂，我上不去！

　　纸短情长，追思绵绵。我和教授之间有太多太多的回忆，太多太多的不舍，太多太多的思念。我曾经在他发出的一条朋友圈里留言道"教授，你是天底下我最好的良师益友"。

　　我亲密的教授，你在天堂好好的，尽快适应那里的环境吧！那里没有课题，那里没有项目，那里没有工作，那里没有创作，那里没有嘈杂，那里没有小人，那里没有烦恼，那里没有病魔，那里没有争锋，那里没有权位，那里没有邪恶，那里没有硝烟，那里只有"极乐"！

　　教授，你的灵魂将得到永生！

2019 年 10 月 30 日于广州

那些舞动中的记忆碎片

广州歌舞剧院　王中圣

　　1993年，我从北京来到广州工作，恰逢那年是纪念毛泽东同志诞辰一百周年，由中共广东省委宣传部主办了大型音乐舞蹈史诗"巍巍昆仑中国魂"纪念活动的演出。时任广东省歌舞剧院的编导褚玲推荐了我和我的同学殷宏光来编导《沁园春·雪》《蝶恋花·答李淑一》的两段大群舞。就是在这次的活动中我认识了李炜兄。

　　排练审查的那天，李炜兄随省委宣传部的领导来到广东省歌舞剧院排练厅。他留着"板儿寸"，看上去特精神，眼神里充满了自信，锐气十足。他是当时中山大学中文系最年轻的副教授，年仅三十三岁，是整台音乐舞蹈史诗晚会的文学撰稿。

　　节目审查结束了，李炜兄被那交响编舞的气势所震撼。他立马在现场的人群里找到我，称赞不已，并提出当晚就要请我和我的同学殷宏光喝酒，交个朋友。直觉告诉我：这将是一场必然的相遇，因为文学与艺术从来就是一家。我毫不含糊地应约。那晚，我们边喝边聊，聊艺术、聊人生、聊文学，聊得很多、很晚、很投机，还留下了BP机号码：98871736，就这样我们交上了朋友。后来，在数次的艺术创作与交往中，建立了深厚的友谊，成了一辈子的"铁哥们儿"。

　　值得一提的是，在"巍巍昆仑中国魂"的演出中，"一把雨伞而来，两袖清风而去"的感人绝句，正是李炜兄笔下精彩的凝练。当著名戏剧表演艺术家姚锡娟老师朗诵到此句子时，触动人心，毛泽东主席的儿媳妇邵华潸然泪下，"一把雨伞而来，两袖清风而去"是对毛泽东主席一生的最高评价。整台大型音乐舞蹈史诗呈现了文学与艺术的至高水平，舞美设计秦立运将毛泽东主席四个时期的巨型头像以雕塑的形式搬上了舞台，气势恢宏，震撼人心。后来，每次我们聚会时，只要一谈起这段经历，李炜兄都会为此而赞叹不已，精彩难忘。

我们相识二十六年，他自然就成了我的良师益友，像亲兄弟一样。回想过去的岁月，他对生活充满激情，对朋友真诚相待，对学生无微不至，对事业力求完美，出口成章的他，潇洒自如，才华横溢。在我的记忆中，参加过他好多的别开生面的聚会。只要有他在，就永远不会冷场，因为他给大家带来的是幽默与智慧、真挚与浪漫、快乐与激情。他把最阳光的那一部分留给了别人，把坚毅的思考还给了自己。有一次，学生毕业了，他以个人的名义为学生们准备了一场聚会，在聚会时他收到了学生们送来的鲜花。一般而言，送束花再正常不过了，但对李炜兄而言，意义非凡，这不仅是学生对老师的爱戴与肯定，更是一份深情和敬意。除了他知足的表情外，他藏在内心的那份感动被我发现。那天，他喝了个大醉，手捧着鲜花找了个没人的地方大哭一场，释放出内心的那份孤独的情感。因为，没有人知道这份孤独的情感被他藏了起来。这就是李炜兄的人格魅力。这件事，让我理解了什么是爱，什么是孤独，什么是师生间无法割舍的精神依赖。

2004年，中山大学八十周年校庆，我有幸受邀担任校庆晚会总导演，李炜兄被学校委任为艺术总监。其中有一个是诗、乐、舞合一的节目《学生是我生活的阳光》，李炜兄在策划文本中是这样写的："学子莘莘，师长勤勤。师爱无涯，心灵相融。无论是昨天还是今天，中大教师都坚守这样的信念：教师的价值是靠学生来体现的。程文超教授的'学生是我生活的阳光'一句话道出了中大教师的共同心声。"

为了这个诗乐舞节目，他精选音乐，提议选用《伦敦德里小调》这首曲子来进行配乐。他说，悲美的音乐最能打动人心，触动人的灵魂。我和音乐总监关键老师都非常赞同他的观点，并请来了钢琴家陈卫先生现场弹奏。这首诗歌是诗人黄礼孩在李老师的启发下而撰写的，写出了生命的永恒与大爱，写出了学生就是老师生命中那份最纯净的阳光。

李炜兄是个重情义的人。演出前一夜，我们来到小礼堂草坪前的孙中山先生的塑像前，行注目礼，怀着一颗虔诚的心，祈求中山大学八十周年演出活动顺利。而后，我们又聊起程文超教授的故事，他越聊越控制不住自己的情绪，伤心而难过，叩问苍天，为什么患癌症的竟然会是自己的挚友文超兄？他号啕大哭，为挚友不幸辞世而悲痛。李炜兄就是这样一个重情义的性情中人。

中大八十周年校庆晚会演出非常成功，在中央电视台中文国际频道

（CCTV-4）播出后得到了时任国务院副总理李岚清同志及广东省委宣传部领导的高度赞扬。后来，这段往事常常被李炜兄提起，成为人生记忆中的精彩篇章。

成为他的铁哥们是我的福气，我本应回北京的，由于他的劝说，我留了下来，也许是不舍，也许是命运中的安排。这些年，跟他学到了不少书本上学不到的知识，是他影响了我的人生。"学问是活出来的""朋友是耗出来的"，这两句话多么富有哲理，前一句是黄天骥老师对他说的话，后一句是他对我说的话。一个"活"字和一个"耗"字，道出了人生的真谛。

1995年，广东省文化厅主办"95广东专业舞蹈比赛"。因他喜欢舞蹈，他主动要求来排练场看我排练，并为新创作的舞蹈起名字"晨露"。当时担任独舞演员的是广东省歌舞剧院的聂娜，因李炜是中山大学中文系的教授，所以，我叫他来给演员讲舞蹈中蕴藏的文学含义与概念，目的是增强演员对舞蹈的理解。"晨露"是讲述生命瞬间的灿烂，正如曹操《短歌行》中"譬如朝露"之意，人生虽然短暂，但短暂中有最灿烂的时光。有趣的是，他不仅喜欢这个舞蹈同时也喜欢上了舞蹈中的演员聂娜，他甘心情愿为节目制作充当后勤，找战士文工团的服装设计师孙玉玲为节目设计服装。

比赛那天，他比我们都紧张，临近比赛时，他才发现聂娜的演出服在出发时漏带了。他急出了一头汗，匆匆地打车回去取。可比赛开始了，对聂娜来说，没有服装怎么比赛啊？好在广东省歌舞剧院的著名编导黄健强老师正好有类似的服装。临阵了，我告诉聂娜：别急，就当是你失败了一次，再给你一次补考的机会。可没想到，聂娜穿上黄导提供的代用服装上场，在台上的表演发挥得特别棒，一举获了全省表演一等奖。喜剧的是，聂娜跳完舞蹈后的最后一刻，李炜兄满头大汗才把那套服装取来比赛现场，没赶上看聂娜跳的精彩舞蹈，却只赶上了观众那精彩的掌声。李炜兄就是这样一个充满故事的喜剧人物。后来，他们相爱了，实现了他的"舞蹈梦"。1998年他们在幸福中举办了隆重的婚礼。这段浪漫故事，成为他生命中的永恒。

2007年，第八届全国少数民族运动会在广州举行，我们再次合作，他是执行策划人，我是总导演，赵海是美术设计。除了开闭幕式大型演出外，"民族大联欢"是运动会中的重中之重，1.5万名各民族兄弟姐妹相聚广州，在国家民委①、大赛组委会的领导下，我们精心策划，不知熬了多少个日日夜夜，在广州长隆创造了1.5万人同欢共乐的盛会，创造了一个具有广州智慧与特色的奇迹。虽然很累，而他却说：快乐就是生命的意义，创造就是人生的价值。

回到1993年，我们相见时他留给我的BP机号码"98871736"，当时，他说：能一口气背下来，就是"铁哥们儿"，我经常在不经意的时候脱口而出，引以为自豪。今天，我做梦都没想到，这串号码"98871736"竟成为我记忆中永远的伤痛！

五月的鲜花开了，这是一个梦幻的季节，放心吧"铁哥们儿"，我还会在不经意的时候念出那一串数字98871736……

2019年11月26日于广州

---

① 指"中华人民共和国国家民族事务委员会"。——编者注

他就像一阵风

——缅怀李炜教授

广州歌舞剧院　关　键

那年的一天，一个并不晴朗的日子。王中圣导演敲开我家的门，身旁站着一位青年才俊模样的人，不算大的眼睛透着几分智者的精明。依稀还留着少许青涩在眉宇之间，给人印象深刻的不单是干练，还有那份难得的张扬，一副厚实的肩膀，仿佛什么都能扛起来。当然，我一眼就认出，这不就是前不久王导介绍我认识的李炜教授吗？宾主刚一落座，教授就迫不及待地从他那厚厚的文案包里摸出一份歌谱，那是陈小奇老师的作品，中大校友之歌《山高水长》。

他说："王导已经详细介绍了你的情况，我想咱们合作一把。"他铿锵有力的语调让人无法拒绝，还未等我做出反应，他顿了顿，顺了一下爬楼梯的那口粗气接着说："这是咱们学校才子的大作，你看咱们如此如此，这般这般……"仿佛一口气就要把"古老"的故事讲完（山高水长的第一句）。

我抬头望着跟前这位中山大学的大教授，有点不淡定了，下意识地猛喝一口水，气管呛了好几下，教授反应神速地拍着我后背，不无体贴地说："喝东西宜慢不宜快。"说完，一本正经地凝视着我，"暖男"的一面显露无遗。

他是"高大上"的，同时又是"接地气"的，他那果断自信的人格魅力一下就折服了我。这个世界讲的是效率。对！是效率。如果什么都犹豫不决，权衡再三，估计这首歌曲的编曲我也就永远"挤"不出来了。重要的是，教授那坚定的眼神仿佛给予了我无穷的力量，并且坚信有压力才有动力，有动力才会有收获。就这样，做完这首歌的编曲后，可能由于创作团队缺一个音乐方面的统筹人物，我被教授"破格"委以"中山大学八十周年校庆晚会音乐总监"一职……

我目送教授匆匆离去的背影,再看了一眼窗外,之前那群漫无目的地在空中兜圈子的蜻蜓,还有那朵乌黑的云不知啥时候消失得无影无踪,取之而来的是一股强烈的劲风。正如李教授匆匆地来,又匆匆地去。

在有教授的日子里,总感受到学无止境的乐趣,他知识渊博,善于雄辩。言谈举止之中,总能像良师益友般给予周围的人以增长见识的空间。他思维敏捷,并且充满想象力和逻辑性。

"八十周年校庆晚会创作团队"创作任务完成了百分之九十多的时候,发现节目形式虽然丰满,但似乎缺乏承上启下的有机联系,眼看陷入"短路"状态、面面相觑的时候,很少吸烟的李教授居然点燃了一支香烟,不太自然地用力吸了一口,有点生疏的动作把烟灰弄到了他那招牌式的牛仔背心上,稀稀落落,映衬着主人因为操心而略显疲劳的面容。"校歌!"他转身又提高了嗓子说:"我们的校歌可以在这些连接的地方出现。"他的创作思路就像一阵疾风,策划案让人面前一亮。于是,后来晚会就有了多次出现的变奏版校歌音乐,使晚会节目更加巧妙地联系起来。

李教授的才气并不局限于文学领域,他对艺术作品如何做到精益求精也有着强烈追求,甚至到了"吹毛求疵"的地步。在一次全息舞台艺术实验过程中,他亲自对舞美、灯光、音响、音乐、音效等专业出谋划策,绝不放过任何可能存在的小小元素。在他的要求下,音响要做到让观众像身临其境坐在交响乐队当中欣赏音乐,让音乐触手可及,要领略到弦乐演奏员弓子上的马尾与琴弦碰撞的震撼,感觉到管乐演奏员换气的深浅。可以想象,这会多么具有挑战性!所幸的是,在音响等硬件的配合下,再加上母带技术的运用,通过多声部多轨道对接多组音箱,最后终于得以形成可操作方案。

屏幕是视觉艺术的平台,当屏幕展现漫长的花开过程时,听觉方面如何配合才能跳出常规操作而不落俗套?用音乐?不!用蛙鸣、鸟鸣?风声?不!他不但给我出难题,同时也给自己出了难题,多套方案都被一一否决。夜深了,当我揉着疲倦的眼睛行将"断片"的时候,教授出其不意地抛出了"花开的声音"一说!一语惊醒梦中人,花开是啥声音?声音能表现花开?我在不断问自己。不管这个"逆天"的想法能否"美梦成真",但它却实实在在地像一阵清风,把我从瞌睡中吹醒。

李教授太忙了。在成就面前,似乎应该好好享受一下人生,可他没有，也不屑去羡慕别人。物质享受对他来说都是过眼云烟，只有学术才是他追求的方向。他的清高，他的抱负，让他一门心思放在了教学，放在了中文系，并且把身上富裕的热能都尽量散发出去，惠及了社会许多层面。总是风里来雨里去的他，对于朋友之重托，也并不吝啬自己的担当。

这不！最近家里换了书桌，许多尘封的资料被翻了出来，其中就有一张光盘写着"李炜——陈家祠"字样，还有一张尚未撕开包装纸的VCD，是由中央电视台录制的，封面写着"庆祝孙中山先生创办中山大学八十周年大型文艺晚会——文化广东，山高水长"等具有年代感的文字，那是李教授在晚会结束后不久送给我，而我还没来得及拆开的一份礼物，没想到多年以后当我再次看到它时，却是光盘依旧、斯人已去的景象，令人唏嘘。

当然了，还有一本书，那是我编写的有关音乐类的书。当我拿起来翻开第一页，映入眼帘的就是那篇《序》，这让我的心情久久难以平复。话说那年，我的《音符整合实例》一书出版在即，而《序》还一直虚位以待，苦寻"写手"。我鼓足勇气把想法告诉教授，令我意外的是，他居然答应了，并腼腆地笑着说："班门弄斧了。"然后把声音压低补充一句："这种事学校一般是不鼓励的（大意）。"在《序》里，他中肯而不吝溢美，点赞而不忘点到即止。他的文采，他的气度，他的胸襟，在《序》里跃然纸上，他倾注了不少笔墨在八十周年校庆晚会的创作过程上。最后，他在结语中这样写道："音韵启明，光辉我校；专精本业，是为楷模；良友为师，受益良多。感激溢于言表，是为序。"由于他的"仗义"出手，使我的书得以顺利出版，他是雪中送炭的人，像一阵春风，把温暖留给了大地。

2018年11月15日晚，本人在星海音乐厅举行个人作品音乐会，这台音乐会本该两个月前举行，却因为台风"山竹"来凑热闹被迫改期了。而这两次我都老早就邀请了李炜教授，生怕他"贵人多忘事"，事实是，我想多了。他两次都爽快地答应来捧场。11月15日他不但来了，而且像一阵暖风那样到得相当及时，还不忘为我带来了捧场的观众。一见面，他下意识地把右边腋下的公文包挪到左边，把右手腾出来与我热情相握，我也紧握他的手，仿佛再也握不到似的，然后他用他的"李氏"微笑向我表示由衷祝贺。遗憾的是，由于本人当晚身兼数职，忙得竟然把合照这个重要环节给忘了。事后，我给教授致歉，他爽朗地说："咱哥们儿有的是机会。"

2018年12月31日23点51分我祝李教授新年快乐,他于次日,也就是2019年1月1日早上9点23分回复说"祝兄弟新年快乐身体健康,事业天天向上生活充满阳光"。我说:"押韵哦。"他回复:"必须押韵。"

2019年2月4日21点59分,我给李教授发去除夕祝福,他22点37分给我回了一条"李炜恭祝新春纳福[玫瑰]阖府安康[玫瑰]万事顺遂[玫瑰]开心快乐[抱拳]。"

2019年5月6日噩耗传来,距离我们最后一次微信只有三个月零二天。

教授他就像一阵风,一阵劲风,一把疾风,一缕清风,一行春风,一股暖风。他匆匆地来,也匆匆地去……

你问我这个世界上什么最珍贵?我只想说:良师益友最珍贵。

2019年11月3日于广州

他在清风明月的彼世界

——怀念李炜老师

广州歌舞剧院　黄礼孩

如果大地上有一种炙热的灵魂来过，他就不会消失。

——黄礼孩

"出去楼梯间接电话的时候，我看见一只蝴蝶往李老师的家里飞去。因为在接电话，一时间没有反应过来，等我回过神来，赶紧拍下这个画面，给老师的哥哥看。我们都愿意这么想，这是老师回家了。"

李炜老师逝去后的第二天，我见到李丹丹副教授，她低沉地与我描述在李老师去世当日无意间遇到的一个场景。

"师父：能陪您走完这最后三个多月，虽然不舍仍然感恩。二十年师生缘分，咱们来世再续。愿一身侠气，仍快意江湖。"李炜老师的第一个博士生李丹丹副教授在微信上的留言，是伤怀、不舍、宽慰和悲欣交集。

总有一些来自生命和爱里的师生情谊溢满胸怀。李炜老师从今年住院到逝去的一百多天里，他的12名学生（含博士、硕士和本科生）组成一个团队，轮流照料着自己的老师，那些至深至真的师生之情在他们之间流转，也在中大流传。

人被病魔折磨时，意志易于被打垮。我去探望李老师时，看他打一种针，异常疼痛，也无法为他分担，一时想起一个朋友的一句话，生命是时时刻刻地不知如何是好。稍好一些时，他却与我谈论一部大型交响乐创作的文学构思，说作曲家朋友在等着他的文字结构。他是这样一位无论什么时候都把朋友的事情放在重要位置上的人。

李炜老师逝去后，不少学生在朋友圈留言寄托哀思，其中一位说："还记得第一次认识您是在20年前，我第一次参加全国大学生演讲比赛，您是我的指导老师,不仅一对一辅导,还请我吃饭喝酒,让我头一回感受到大学教授还能对学生这么好。"

李炜作为名师被怀念,他是人性中善良与学识共存的作品。中大一直有着老师爱学生的传统,之前在中大爱学生出名的是中文系的程文超教授。

2004年中山大学成立八十周年,记得那年的校庆规格比较高,由中央电视台中文国际频道(以下简称"央视四台")录像播出。当时中大筹备校庆晚会创作班子时,熟悉大型文艺晚会运作经验的李炜老师被学校委以重任,担当庆典的艺术总监,而我很荣幸被李炜老师向学校推荐担任总撰稿一职,为校庆创作一部反映中大人在海外思念母校的15分钟音乐剧,还以异常优秀却不幸因病去世的程文超教授为原型写了一首诗歌《学生是我生活的阳光》。

多年来,我还记得当时李萍副校长在校庆上看朗诵家祖晴朗诵此诗泪流满面的情景。当年受命策划八十周年校庆晚会,李炜老师的压力很大,但凭着他对中大巨大的爱,中大八十周年校庆在央视四台播出,引起强烈的反响,为中大赢得新的荣光。李炜对中大的赤子情怀,后来在他写的《我们还有这样的中文系……》①里再次喷发。

得知自己生命中重要的朋友去世,当时校庆晚会的总导演王中圣哀伤地说,当年李炜为自己生命中的同路人程文超老师的离去痛哭不已,他用《伦敦德里小调》来给《学生是我生活的阳光》来配乐,以此来眷念生命中一切美的友谊和高贵的品质。《伦敦德里小调》这首曲子一直伴随在李炜的生命里,王中圣说希望用这首明净、开阔又凄美的曲子为他的兄弟李老师送行。

20世纪90年代,王中圣导演把李炜老师介绍给我认识,他对我这个年轻的诗人不陌生,他的学识和热情立马拉近了我们之间的距离。后来,我在中山大学进修,巧合的正是李炜老师教我们的现代汉语。就这样,我从他的朋友变成他的学生。因为在文艺单位工作,我与他熟悉之后,大家慢慢有了一起做一些有价值的事情的渴望。

最初,他与我合写了一部舞剧诗,诗歌本子还发表在《羊城晚报》上。尽管李炜老师不是真正意义上的诗人,但他知道诗歌的力量,不仅是

---

① 李炜:《给中大中文系老师们的一封信》,见本书第2页。

个体命运和心灵的故乡，也是一座城市的灵魂居所。在他看来，一座没有诗歌的城市是丑陋的，城市因为诗歌而有风度和教养。今日"广州新年诗会"已经成为广州的文化名片，但这诗会的起点却始于中山大学中文系。

2007年年底，我找到李炜老师，希望2008年元旦的新年诗会能在中大中文堂进行，他帮我落实了场地，"广州新年诗会"由此有了一个新的开端，也是由此奔向新的未来，乃至后来在国际上获得创意大奖。

李炜先生20世纪60年代生于西北。大西北的粗犷、奔放和恢宏在他童年的生命里留下印记，但黄河舒缓波动处的涟漪却又给他无限的柔情，长大后身上就飘荡出豪迈的侠义气质。他是一个路见不平拔刀相助的人。有一次在一间餐厅，他看不惯旁边一个男子对一个女孩三番五次侮辱，实在按捺不住时，他悄悄把手表脱下来交给我保管，揍得那个恶男抱头鼠窜。

那时我就想，在过去的岁月里，在成人之年，他一定有过许多仗剑走天涯的英雄时光，那是生命长成的一种方式，教会灵魂为生命的尊严而歌唱。这也是学生和朋友们喜欢他的地方，疾恶如仇，却又心藏大义，一如哲学家说的，放开自私自利的个人生活，灵魂变得勇敢、富于正义感和智慧。

"这个世界的名人很多，却没有几个真名士。"

唯有名士得风流，我想李炜老师是当得起"名士"这个雅称的。

经理想照亮的细节在李炜老师的日子里总是尽情绽放，他会唱精彩的京剧，能把别人的话语模仿得惟妙惟肖，也以梦为马，诗酒趁年华，他游离于艺术的边缘，出没于生活的角落。你以为他是一好玩的人，但懂得生活与会做学问并不矛盾。他有平衡热闹与寂静的能力，毕竟他不是一个旧派的学人，他的学问恰好在生活中，他满怀激情，不断转向新思路，去揭示语言背后的东西。他一直致力于语言学习和研究，他主持的国家社会科学基金重大项目"海外珍藏汉语文献与南方明清汉语研究"等多项课题也是重器。他写的《清代琉球官话课本语法研究》是语法研究的范本，而他与老师黄伯荣主编的《现代汉语》教材在语言学界产生了重大的影响。他还在《中国语文》《方言》《语言研究》《语言教学与研究》等学术期刊发表数十篇有重要影响的论文。

作为广东省中国语言学会的会长，李炜先生是受人尊敬的学问家，是卓有建树的，就像媒体的评价"他是汉语语言学杰出学者"，中山大学惋惜自己失去这样的人才："李炜教授的逝世，是中山大学及中文学科的重大损失，也是我国汉语语言学界的重大损失"。

借助精神和思想成长的人，他的生命是独一无二的。李炜老师是内心有光亮的人。有好几次，在国外的一些神圣的处所，他总是无意被照进来的光照亮，某个瞬间，他说他获得了自我与灵魂的对话，获得了不属于这个世界的感动。这个时刻，他就打电话给我，与我分享那个圣洁的瞬间，我似乎感到一个心灵的再造，进入精神的大门在向他打开。他也满怀爱意张开双臂拥抱这个世界。他重视这未预料的相遇。

相信来日方长的李炜老师，如今去日不可追，我们无可挽回地永远失去了他。岁月枯荣，身体成了大地，教人唏嘘。但他一如马尔克斯在自传《活着为了讲述》的扉页上写的："生活不是我们活过的日子，而是我们记住的日子。"不是所有的人都过着真实的人生，但李炜老师的人生是生动的在场。

作家加缪说，生活中的孤独、苦难、堕落、危险无处不在，死亡也随时随地发生，但我们始终要充满开朗和激情，睁着眼看死亡与光明，让激情中有热爱、感激、信念、欢喜……个人高尚勇敢的生存境界在"苦难与阳光"之间。如今，他活出了苦难，也活出自己的阳光。

李炜先生的一生虽只有一个甲子，但人的一生谁可以说他彻底完成过。他承担了自己的命运，他是飞扬、是灿烂、是燃烧，他在自己的学生与朋友那里是闪光的，他在自己喜爱的大学里教书育人、有志竟成，他自己一生追寻的汉语言学跃然纸上。

如果大地上有一种炙热的灵魂来过，他就不会消失。有限的是生命时间，无限的是世界时间。

此时，我们在尘世怀念李炜老师，相信他能在宇宙时间里感受到。

此时，他生活在别处，在清风明月的彼世界。

2019 年 5 月 10 日于广州

（本文原刊于《南方日报》2019 年 5 月 12 日 07 版）

悼念李炜教授

北京舞蹈学院青年舞团、亚彬舞影工作室　王亚彬

　　2019年5月，我正在巡演路上，惊闻李炜教授离世的消息，震惊不已。

　　我与李教授相识于2004年中山大学八十周年校庆活动，李教授不仅在其学术领域拥有极高的声誉和学术成果，同时在文艺界也有很多友人。2004年校庆，我有幸收到李教授的邀请前去广州为校庆活动中的舞蹈做形体指导工作。我特别记得到达广州的当晚，李教授带着我们一行走进中山大学校园。在广州的秋夜，我们作为"外来者"，漫步在榕树下，李教授便开始了对中大及此次活动的介绍。他的介绍不仅非常全面而且生动风趣，一下拉近了我们与中大的距离，同时令我们对这座学府顿生敬意。他谈起他眼中的中大、中文系和此次校庆活动及一些日常工作，我们可以从李教授的言谈中感受到他对中山大学和本职专业的深切热爱，那种热爱是纯粹的，浸入式的，深深打动了我们这些"外来者"。

　　第二天，我们便在李教授的带领下加入排练的具体工作中。在我们工作的过程中，可以感受庆祝活动繁多的工作以及细节的落实，看到李教授为此奔波的身影，也令我们更加明晰中大校庆活动的重要性及工作的繁重。我们在中大校庆活动的工作时间虽然很短，但中大美丽的校园以及生动风趣的李教授给我们留下了非常深刻的印象。

　　在中大八十周年校庆活动成功顺利举办后，每当我有新的舞剧作品前去广州演出，我都会邀请李教授来看戏。虽然李教授的日程很满，鲜有到场的机会，但对于另一种语言系统（肢体语言）的表述，李教授也是有着非常独特的见地和思索。

　　从2004年到2019年，将近十五年的时间，我与李教授交流的机会屈指可数，但每次"求教"都会得到李教授专业的指导建议，我想我们应该算是良师益友了。李教授的突然辞世，令我悲痛不已。关于李教授的病

况，我竟然一无所知。也许，我远在北京工作；也许，他希望留给朋友们的印象永远是生动风趣的健硕身姿。

　　此时，我仍在巡演路上，撰文抒写，聊寄哀思，愿李教授在天堂安息。

2019 年 12 月 3 日于巡演路上

你花盛开，蝴蝶自来

阳江日报　黄仁兴

李炜教授离开我们已逾半年，中大中文系的师生准备出追思集，要我也写一篇文章。我只能如实地追忆交往中对李炜的印象和感受。

与李炜的接触，还得从黄伯荣教授说起。黄教授是从阳江走出去的语言学大家，他从高校教学一线退居家乡后，我多次慕名登门拜访请教。2009年秋天一个星期六的下午，我到黄教授家拜访，黄夫人梁阿姨告诉我，老教授正在三女儿黄绮仙（我叫她仙姐）的协助下，与中大的老师就中大本《现代汉语》的编写在网上进行交流。我便在一楼的小客厅边浏览书籍边等待。大约过了两个半钟，黄教授从二楼的书房走下来，对我的久等，先表示歉意，然后滔滔不绝地介绍这本教材编写的新理念和工作进度，并且说起了他的得意门生李炜，是如何内外兼修、德艺双馨、专业了得。这是我第一次听到有关李炜的介绍。换句话说，在我见到李炜之前，已于他的导师口中知道关于李炜的大概，他是黄教授早期带的弟子，和黄教授亲如父子，是一位经历丰富、活泼可爱的老牌大学生！

在往后的日子里，在与黄家的交往中，我进一步了解了李炜的情况。李炜祖籍山东，出生于兰州。1982年从西北师范学院中文系毕业，以优异的成绩考入兰州大学，成为当年黄伯荣教授门下唯一的研究生。自此，两人开始了长达三十多年亦师亦友的交往。在黄教授的眼里，李炜是一位聪明睿智、多才多艺的乖乖仔；在李炜的眼里，黄教授是老师，更是父亲。他俩共同研究和探讨语言学的相关问题，还一起著书立说。因为长期的密切往来，李炜与黄教授一家感情笃厚。李炜当黄绮仙如自己的亲姐姐般，管她叫"三姐"。

没想到的是，我与李炜首次接触，竟是为筹备黄教授的追悼会。2013年5月12日，黄教授离开了我们。当时我在阳江市委副秘书长、市委政策研究室主任的岗位上，便主动帮助协调追悼会的相关事宜。中大中文系对黄教授的追悼会很重视，从规格到参加追悼会的人数等都与当地政府进行了认真的磋商。按当时我们市里的惯例，拟参加追悼会的是协调教育文化线的市政府副秘书长，李炜当时是中文系的主任，他认为黄教授在全国的影响力不小，桃李满天下，建议市里最好能有一位市领导参加，引导大家重视文化教育工作。李炜直接将意见告诉了我。

经协调，黄教授的追悼会如期在阳江殡仪馆举行，阳江市委、市政府敬送了花圈，分管文化教育的副市长参加了送别仪式，自发到场给黄教授送行的各界人士和群众过千人。中大中文系也来了一大波人，李炜主持了送别仪式。他代表中大中文系，客观地评价了黄教授不平凡的一生。那一天，在公众面前，他似乎很克制，但我们都看得出他内心很悲伤。在与李炜的交谈中，我发现他眼睛通红、一脸憔悴。我俩虽然是首次谋面，但是一见如故，相谈甚深。李炜就我对文化人和文化界做的一点点工作，给予很多肯定和鼓励。此后，李炜百忙中多次赴阳江陪伴师母，安慰黄教授的家人，我近距离感受到李炜是一位至情至性、守恩报果的汉子，并进一步了解了更多李炜诲人不倦、勤育桃李的故事。

我对李炜有更深入直接的了解，是在抢救出版黄教授遗著《广东阳江方言研究》一书的过程中。黄教授健在的时候，我曾经翻阅过他研究阳江本地方言多年积累起来的手稿，知道这是一大包"宝贝"——大小不一的纸片，很多已经发黄、字迹不清。黄教授去世后不久，仙姐向我提及，想完成她父亲编写家乡方言著作这一心愿，只是我当时文稿的起草任务繁重，有心而无力相助。

2015年5月，我到报社任职，知道仙姐已经开始了繁重的整理工作。其时，学界希望借助黄教授这次遗著的整理，编辑出版一本相对齐全的阳江方言研究权威书籍。我将大家的意见反馈给了仙姐和李炜，得到了积极的回应。于是，我应他俩的要求，召集报社的班子召开了一个专题会议，集中研究解决这本书编辑出版需要解决的人、财、物问题，我们正式成立了一个5人小组，全力配合仙姐查漏补缺、整理遗著。

在如何对内容进行定位分类和对待黄教授的原稿与我们后来收入的语音、词汇、语法、熟语与儿歌等内容，大家产生了分歧，专门讨论了三次，也未达成共识。最后，还是李炜运用他的专业知识说服了大家，他认为这本遗著必须要原汁原味，不能走样，后人的补充要以不同的字体（或其他办法）与原作区分开来，并在凡例中加以说明。他说这样做是实事求是，便于后人了解黄教授对阳江方言研究的真实贡献和修改再版时应注意解决的问题。

其实，李炜一直是指导《广东阳江方言研究》编辑出版工作的"影子专家"。每逢碰到难题，他都会不厌其烦地与大家沟通，协商解决，没有半点"专家"的"大牌气"。他的这种亲和力与感召力，让我和同事们心悦诚服。2018年10月23日下午，《广东阳江方言研究》首发式在阳江日报社举行，李炜带着吴吉煌、邵明园、刘亚男等一班同事和学生乘高铁赶往阳江。我们报社办公室的同志通过仙姐与李炜沟通，希望他的团队留在阳江吃晚饭并住上一晚，李炜说，自己已经不是系里的负责人，不宜出具公函，吃饭问题就在高铁上由他本人负责。这就是生活中的李炜，碰到事情绝对不肯麻烦别人。

在发行揭幕仪式座谈会上，中大中文系的好几位师生都做了专业又精彩的发言，气氛热烈，与会者很受鼓舞和感染。李炜的发言更动情，那一番永远珍藏在我们报社数据库的语音，至今仍发人深省："文化自信，先从母语自信、方言自信做起。多元的文化才是世界文化的一个理想的样态，一个地方最重要的文化承载是地方语言，它是文化的活化石，是认识世界的一个窗口。语言是一个族群的根脉，方言消失，就意味着这个地方的文化断了。中华文明之所以能世世代代传承，方言在其中发挥了重要作用。传承好方言文化遗存，传承文化、发展文化才不是一句空话。"

在互动交流中，我向李炜介绍了阳江日报社近年致力于抢救整理地方文化遗存的一些做法，诸如协助中大历史系挖掘戴裔煊教授在家乡的事迹、建立"半亩书画院"收藏阳江籍书画名家作品、开设"漠阳传媒大讲堂"大讲特讲传统优秀文化、拍摄《百年阳江》纪录片宣传推介阳江等。李炜听后很高兴，对报社的做法大加赞赏。那一天，李炜把话题拉得很开，从方言的保护到文化自信的维系，娓娓道来，雄辩而精准。他认为，中华文化强调把国家利益、集体主义放在个人利益之上，所以中华文明能够"大一统"、能够源远流长，然而得失往往是平衡的，各种创意产业至关重要的个性化的东西受到的鼓励就相对少了，文化的创新需要想象力的充分释放，需要社会的极大包容性和契合人的思维千差万别。我们当务之急是要坚定不移推进国家文化治理体系和治理能力现代化，革新不合时宜的规制，推动新时代文化大发展大繁荣，向人类贡献中华民族的文明成果。他的深厚学养和文化人的使命感、责任感深深地感染了大家，让人振奋。最后,李炜还约请阳江日报社的编辑、记者到中大中文系走走,双方加强沟通合作。

想不到,2019年5月6日,广州的朋友突然给我打来电话,说李炜走了,当时我有点不敢相信,那么生猛优秀的人怎么说走就走了呢?5月11日,李炜教授的遗体告别仪式在广州举行,我们报社办公室的同志送去了花圈,我不得不接受这样一个让人痛心的事实:那位学识渊博、品格刚正的中大才子真的是走了,永远地离开了我们。

这一天回家的路上,我一边想着与李炜交往的片段,一边思考生命的意义。人生的确无常,生命何其短暂,存活更应精彩。这样想着打开家门,站在厅里换鞋子的一刹那,回头望见阳台里的蝴蝶兰花竟开得特别灿烂,一群小蝴蝶正围绕着她自由飞舞。我突然想,李炜不就是蝴蝶兰花吗?其竭尽一生的精力来从事语言文化教育工作,其散发出的文化馨香已弥漫在旷远的空气里。

2019 年 11 月 29 日于阳江

第四编　学生追思

那张永远镌刻在学生心中的笑脸

——悼念李炜老师

1990 级本科生　李兴文

今年 5 月 6 日,当得知李炜老师逝世时,我既感意外,又在意料之中。在老师逝世前一个月,我到医院探望,李炜老师经过治疗,刚刚恢复听力,勉强能与人交流;当天医院组织了各科室专家对老师进行大会诊,虽然我知道老师的真正病情,但看到他的乐观豁达,心中的期盼油然而生,总是希望奇迹出现,像几年前一样可以还我们一个健康的老师。转眼之间,李炜老师已经离开我们半年了,因为在四川藏区工作,未能送老师最后一程、见最后一面成为我最大的遗憾。与李炜老师相交近 30 年,其音容笑貌时时在脑海浮现,久久难忘。

1990 年秋天,还是讲师的李炜老师那英俊的外表、洒脱的身影、标准的普通话、幽默风趣的授课和那张永远带着微笑的笑脸深深镌刻在同学们的心中,赢得了一大票"炜哥粉",我也毫不意外地成为其中之一;我宿舍就有一半人因李炜老师的一句话而把新华字典背了下来。毕业后,我留在中文系任辅导员,在丘国新老师的提携下,常与李炜老师、陈大海老师等小聚,我也荣幸地被李炜老师升格为"死党"学生。李炜老师常常教导我,毕业参加工作后,师生关系就转为朋友关系,叫他"炜哥"即可。我发现,李炜老师虽然更喜欢学生叫他"炜哥",这也符合他西北"大汉"豪迈大气的性情;但他对自己的师长执礼甚严,从不僭越,即使面对年纪比他小的丘老师,也是尊敬有加,言必称吾师,有座必让。殷鉴在前,除了戏谑之余偶尔称呼"炜哥"外,我一直执意叫"李炜老师"。

李炜老师多才多艺,众人皆知。他与陈大海老师模仿《沙家浜·智斗》中阿庆嫂与刁德一的经典对唱惟妙惟肖,已经成为我们聚会的保留节目,我也是由此才惊诧发现教语言学的李炜老师原来是京剧科班出身,童子功功力深厚。知道我会多种方言后,他曾经自豪地对我说,各种语言或方言他都能用国际音标标音并读出来,然后幽默一笑,用广州话补充道:就系唔知乜嘢意思(就是不知道什么意思)。说完,他自己首先忍不住哈哈大笑。末了,还鼓励我读语言学的研究生。想起学习语言学时的艰辛,我马上缄口不言沉默是金。2016年,甘孜州歌舞团在广州演出歌剧《康定情歌》,李炜老师观看后刚出剧场就批评我没给他送票,让他差点错过了一台好节目,强烈要求下次一定记得送票;同时,还提出了五点改进意见,剧组按照老师的意见做了改进。李炜老师是广东省电影家协会和省流行音乐协会副主席,与《潜伏》《历史的天空》《冈仁波齐》等电影、电视剧的有关人员相交莫逆,他主动联系我,准备动用他自己的关系和资源,与甘孜州共同筹拍电影《格萨尔王》,可惜在老师逝世前尚未达成协议。近期,在广东省的支持下,甘孜州歌舞团在惠州、珠海、深圳等市巡演大型藏民族舞剧《金山银山》,斯人已逝,我终将无法兑现承诺。

李炜老师喜欢与师生一起热闹。学生们的聚会,尤其是毕业聚会,他都尽可能参加。94级学生毕业聚餐后,李炜老师仍不尽兴,与学生们到校外小饭馆继续喝酒聊天,还与陈大海老师抢买单。92级毕业十周年聚会时,李炜老师未能赶上白天的活动,就连夜赶到顺德与大家见面,赶到聚会地点时已是晚上十点多。今年春节前,李炜老师身体已经严重不适,经常在走路的过程中摔倒,被严令禁酒。即使如此,他还参加了96级同学组织的小聚会。我因来晚了而被李炜老师安排在预留的主宾位就座,我不敢坐,老师就调侃他要"左拥右抱",绝不会将两个美女中间的好位置换给我。殊不知,这竟然是我和李炜老师的最后一次聚会,再见已在医院和陵园。

李炜老师在重病初愈期间,亲笔写了一封信①,全面总结了他任中大中文系副主任和系主任以来的变化和成绩,很有一点政治交代的意味。我们都明白,他并不是要标榜自己的成绩,而是归纳不足之处,希望继任者能够引领中文系克服弱点继续进步。在李炜老师任系主任期间,为了将中文系开创并坚持了30多年的本科学生写百篇文章的经验总结出来,他精心选择各种类型的师生、校友代表撰写心得体会文章,准备结集出版。李炜老师要求我组织90级同学代表撰写几篇。快到截稿时间了,我还没有

---

① 李炜:《给中大中文系老师的一封信》,见本书第2页。

完成任务，李炜老师急得不行，"威胁"我说，如果不能按期完成任务就不准许我博士毕业！

李炜老师既是我的良师，更是兄长。我结婚没有在广州摆酒请客，被李炜老师埋汰良久，经常批评我不够意思，我夫妻俩喝了他的喜酒也不还回来。2018年3月，李炜老师与我商量，准备以中山大学无党派知识分子联谊会的名义组织一批专家学者到甘孜州帮助我推动工作。一个月后，在李炜老师的策划组织和推动下，中山大学余敏斌副书记率领十几位以甘孜州紧缺的医学方面专家学者为主的无党派知识分子深入到甘孜州的学校、医院、县城、村镇等开展了为期一周的帮扶指导工作，举办各种讲座19场。余敏斌副书记和李炜老师亲自上阵开讲座，给甘孜州的师生、医生护士和干部群众送上了文化艺术的饕餮盛宴。李炜老师将枯燥的汉字讲得深入浅出、妙趣横生，深深吸引了参加讲座的师生，其间掌声连连，笑声不断。晚上吃饭时，两杯红酒下肚，李炜老师兴致勃勃，为我们一展歌喉，还与藏族女干部对唱《夫妻双双把家还》，引来阵阵欢笑，其中最欢最响的，正是李炜老师的笑声。那笑声，依然在我心中回响。那张笑脸，永远镌刻在我心上。

2019 年 11 月 28 日于甘孜

当时只道是寻常
——怀念恩师李炜教授
1992 级本科生　高伯齐

"谁念西风独自凉？萧萧黄叶闭疏窗。沉思往事立残阳。"十月秋天的下午，我就这样站在纳兰的词里，面对水波不兴暗流涌动不息东逝的珠江，感受着时间无情的消逝。那时先生西去已将半载，现在又过了四个月，去年此时，我从陕西老家回广州后正准备去医院给他拜年……一直在回避，敲击这样的文字，渐渐平复的心又有些隐隐作痛起来。他刚离去那段时间有媒体约写稿件，我完全无法静下心来，内心纷纷扰扰，一团乱麻，非但如此，即便与人谈话一提起来，也会不由得泪洒青衫，哽咽难语，更不用说多少次午夜梦回心如锥刺、泪湿衾枕了。自父亲十多年前离去后，我第一次这个样子。近三十年的亲密交往，要用笔墨梳理出一条清晰的思路来，对我而言实在是一项太过艰巨的任务，以至于送别挽联也只能含混其辞，直抒胸臆：

郁乎其文，仁乎其怀，刚乎其德；
哀哉吾师，伤哉吾友，痛哉吾兄！

那么，就从最后这一年说起吧，科学家说每一个镜头都是一个全息影像，佛说一花一世界、一叶一菩提。

2019 年是个熟悉的开始，也是个不安的开始。1 月 4 日上午十点，我前所未有地翻开手机微信三连发。

第一条是："昨晚本来想去的，临时有事没去成，错过了【泪奔】"。随后，"羊城派"网站刊出新闻《3 名中大"男神"共唱＜涛声依旧＞，金曲回顾流行音乐 40 年》，报道了 3 日晚上，中大中文系前任系主任、语言学家李炜教授，中大中文系现任系主任、古典诗词学家彭玉平教授和中国流行音乐代表人物之一的78级师兄陈小奇在中大南校园小礼堂，畅谈中国流行音乐四十年，回顾广东在改革开放40年浪潮中流行音乐的发展轨迹。9日晚，诗人黄礼孩举办第11届"广州新年诗会"，表演结束后，李老师又被请上台发表了一番激情洋溢的感言："一个没有诗歌的城市是可怕的，一个没有诗歌的城市是绝望的……广州应该感谢黄礼孩！广州应该感谢黄礼孩们！"台下照例的掌声如雷。不知是不是从少年初登兰州市青年京剧团的舞台开始，他就已经习惯了这样聚光灯下的生活。他是学者、专家，也是明星、名流，还是幕后策划者，不管舞台、讲台还是电视台，似乎哪里都有他的身影。那时候，学校在梁銶琚堂举行开学典礼啥的，李炜老师和陈大海老师、陈小枫老师的京剧三人组总要亮一嗓；20世纪90年代，他和当时红透中国的明星主持人侯玉婷在广东电视台搭班主持过一档节目；他还是辩论赛、音乐活动、电影活动等各种比赛的评委、嘉宾。

  他参加的幕后活动更多。我上学期间和毕业后几年跟着他参与了多个大型晚会的策划，那时候社会热衷于办晚会，而他是大师级的策划家，广东省内顶级的活动、最经典的晚会都有他的影子，可惜那时候影像还不够发达，而他刻意保持神秘不许录像。2004年中大八十周年校庆，学校让他负责整个庆祝晚会，他很快就集合了广东省内影视歌舞等方面最大的腕儿们，并挖掘出校内一批各方面人才，晚会最终赢得众口交赞，留下了不少经典，中央电视台更是播出了长达40分钟的节目。后来，我因工作繁忙，不再参与他的这类活动了，我们只是偶尔交流一些文字灵感，如2003年三亚市的天涯海角晚会、2010年广州亚运会的宣传策划、2018年广东省纪念改革开放四十周年庆祝活动等。我最后一个参与较多的是2010年为西安大明宫策划的芭蕾舞剧《爱在大明宫》，当时各个位置都集中了全国最顶尖的专家，可惜最终因故搁浅了；2018年，他又和我商量改了那首关于武则天的七言绝句的可能性。遗憾的是他并不爱惜创作过的稿子，如果能把这些策划文稿收集起来，必能编成厚厚一册经典文本，泽被后人。跟他参加种种活动，我受益匪浅，结交了好多各方面高层次朋友，学会了更多方式的写作，懂得了怎样策划活动、怎样写串词等。印象最深的是我们大学同学毕业五周年聚会的时候，以前不善言辞的我做主持，晚会竟从开始笑到结尾，那盘录音带只听得见喧哗的笑声，等同于报废了。

我发的第二条微信："你真的是要注意自己的身体，悠着点儿，世上的事情永远做不完，减少频次、保持质量可以了，要给身体喘息和修复的时间。"他年轻的时候上过舞台，强壮的身体曾经令他很引以为豪，过了二十多年他仍是小伙子的心态，可惜身体不配合了。也许跟出身世家有关，他天赋极高，对自己各方面要求也极高，首先生活上就从来不肯委屈自己，鲜衣怒马、美酒穿肠，都需要银子，工资远远不敷用度，所以像上面那样需要熬夜的活动，他打年轻时起就没消停过。但令人惊奇的是他学术也并没有耽误，他三十多岁的时候我曾疑心他不准备在学术上发展，但事实证明他是一个天才型的语言学家，有着极强的学术爆发力，他就有从日常语言中发现人们熟视无睹然而他一提起你恍然大悟的规律的本事，就有灵感随时触发、见缝插针写论文的本事，而且好多篇发在《中国语文》这类顶级的核心期刊上（这样的期刊能发一两篇就已经可以在学术界扬眉吐气了），还和他的硕士导师、语言学泰斗黄伯荣老先生一起重新编写了《现代汉语》大学教材。记得2003年的一天深夜，正在日本访学的他突然打我家里电话，聊起他几个月来在日本的所见所闻，特别说到发现琉球国的语言特点和清朝关系的资料，以及显示钓鱼岛主权归属的文献等，兴奋地表示将在语言研究上为国家争取主权做贡献，后来他主持的国家社会科学基金科研项目里就有几个由此引申出来的课题。2018年春节前，他父亲在中山大学第三附属医院萝岗院区住院时我去看望，他说正在和医院神经外科主任秦峰医生商谈合作开展研究的事情，我说你脑洞真大，几个月后他果真就在系里建立了中山大学神经语言学教学实验室，测试的人员像外星人一样戴了满头的触头。2018年，他全票当选为广东省中国语言学会会长，他很自豪三十多年后能替中大中文系重新争回这个面子。

他有一颗极为感性的大脑，但他研究的现代汉语差不多相当于理科，我是不懂的，只能惊奇于他天马行空般的想象力。他带了硕士生、博士生后时间更紧张，以他的性格，他绝不肯学生不成器毁了自己的名声，因此，学术上要求是极严的，他的博士生们对此都深有体会，好在我只是本科一年级"百篇作文"、二年级"八篇书评"的写作被系里安排受他指导，待到三年级学年论文和四年级毕业论文的时候，我终于逃离他，另选了自己钟情的古典文学方向的其他两位教授作为导师。

当了系领导以后，系里的工作占了他很多精力，我曾几次晚上或周末在他办公室见他居然自己动手写材料，问他为什么不让学生或青年教师起草，他总说时间紧张别人也忙，话说回来，在时间那么紧、任务那么多的情况下，也确实很少有人能达到他那样直接有力又切中肯綮的表达。但他不给自己喘息的时间，还没放下系主任的担子，他又带着一彪人马搞起了"一带一路"汉语教学，而且在较短时间内就出版了教材，制定了规范，建立了国家标准。2018年年末，他跨越半个地球去墨西哥教学，连续坐了几十个小时的飞机，导致颈椎疼痛，病症就此引爆。但他热情豪爽的性情不变，多少人需要他去压场子啊，多次见他微信朋友圈里为别人站台的情景，有一次他强忍脖子的疼痛在台上朗诵后，下面掌声雷动，他竟开玩笑说疼痛让自己的表演更逼真了。

方方面面这么多事同时纠缠在一起，天知道他的效率得有多高、怎么能做到状态总是爆棚，他似乎已经习惯了一个所有人都离不开他的世界，但他毕竟也是血肉之躯啊！他的身体前几年已经拉响了警报，但他却是越干越起劲，光正式的兼职就有一大串：学术的有中国语言学会常务理事，教育部高校中文类专业教学指导委员会委员、广东省本科高校中文类专业教学指导委员会主任委员，广东省中国语言学会副会长、秘书长、会长，广东省人大常委会立法顾问（立法语言专家）；社会的有广东省政协第十一届委员会委员；"不务正业"的有广东省流行音乐学会副主席、广东省电影学会副主席等；还负责学校校友会、外省的学校招生工作等。关键是每项兼职工作他都很投入，不是好多人只挂个衔儿的那种。

我发的第三条微信："我看你忙尽量不打扰你，也许以后还真得时不时把你拉出来，创造点空闲，不然弦绷太紧了。"想起20世纪那个疯狂而蓬勃的90年代，那时我们都还年轻，他有钱，我有闲（他最先一切聚会都霸道地自己埋单，后来在大家抗议下终于放了些权力），不看演出的时候隔三岔五吃个饭喝个酒总要的，一顿晚饭能直落到凌晨两三点甚至通宵达旦，吃饭喝白酒，饭后吹牛就着花生鸡爪灌啤酒，他有说不完的段子、出人意料的机巧、惟妙惟肖的模仿秀……我第一次知道啤酒可以治感冒，那天被老婆半搀扶着昏沉沉和他在中大西门对面的兰州面馆吃大盘鸡，他不停地说，我稀里糊涂地点头，他不停地给我倒啤酒，我端起就喝，饭后一辆的士奔往黄礼孩宿舍上面破旧的楼顶，继续喝冰啤吃冰皮月饼，我不知何时居然清醒过来，还对着中秋的圆月在各路艺术家们面前弄斧，吼了几句走调的秦腔。我工作的第一个单位长期被他和墙上的"拆"字联系起来当成段子：你们注意到那些破房子上写的"拆"字没有？以前伯齐没去那个单位的时候"拆"字写得很难看,伯齐去了之后那个"拆"字就写得特别好,后来发现"拆"字又难看了,才想起来伯齐已经离开那个单位了。

他的语言天赋极高,能迅速抓住一种语言的特点,认识一个朋友很快就能把那个地方的方言学得惟妙惟肖,这个本领让他外出时总能赢得关注。他有一段时间老学一个男人阴柔的讲话语气和神态,我们笑过一阵子之后都有点担心他改不过来,他直到玩腻味后才恢复了正常;他有一次学韩国人说话,把一个韩国人懵得一头雾水,点头说确实是韩语,又摇头说不知道在说什么,谜底揭开,原来是"车轱辘不转车轱辘转"。他对自己的陕西话更是迷之自信,自称是在西安读过小学的。黄礼孩的《谁跑得比闪电还快》作为70年代诗人代表作入选《大学语文》后,搞了个庆祝活动,他提议大家用各自方言读一段诗,朗诵完兰州话版的,不等我开口就抢着说我再来一段陕西话版的。同样的内容,他说得更有喜剧效果、更能细致入微。

最悠闲的也许当属某年重阳节晚上,大多数人都挤上了白云山,我们却坐一艘小游艇徜徉在黑乎乎的珠江后航道,虽然有点懊恼没订到那艘灯光梦幻的豪华小艇,好在船靠番禺石船舫后,我们到酒楼里打包了些好吃的点心,终于从黑漆漆的夜空里发现了几颗星星;还记得某年元旦之夜,我们在白鹅潭边露天大排档一边开心地吃着茶点,一边任由美丽的烟花在头顶大朵大朵盛放,颇得陶渊明悠然之致;端午节龙舟竞渡飞流激湍,岸边也曾经有过我们的身影……后来各自都忙了,当然主要是他越来越忙了,忙成了各方的刚需,好在偶尔还能约他看场演出、吃碗面。

可是收到我的微信三连发,他却只敷衍了两个字"嗯嗯"。

结果我自己没抽出时间。一晃到了除夕晚上,想着老师该在兰州的父母身边了,我发贺年短信并让他代向二老和大哥拜年。他父母都是大文化人,把我当自家孩子一样,每次来广州过冬,很少人请得动,却总是愉快甚至期待和我们一家三口的家庭小聚,过年还邀请我们去他家吃饭。我女儿的名字就是老爷子取的,而且前所未有地费劲才得到老太太和他教授儿子的认可,随名字还附送了一本他注解的小册子《千字文》样书,并特意题字注明给我女儿识字用,落款爷爷奶奶加名字。两位老人年事渐高之后好几年没过来广州了,前年春节前去医院看望身体已经不大听使唤的老爷子,我坐在病床前握着他的手,谈读他回忆录《鸿爪雪泥》的感受,说到里面的情节和我的理解，希望他再版时把有些地方写得更详尽些，也补写一下改革开放以后的经历等，老爷子精神健旺，谈兴甚浓，让李老师母子称奇，连说到广州以后可从来没有过今天的状态，是见到我太高兴了。过了几天我开车接老人出院回到中大的家里过年，他还非要让李老师回请我们一家，大家在花园酒店愉快地喝了一次茶才罢。他大哥我也很熟，每来广州必邀请这个"面王"去吃次面食，我已经成他家老小了。

又逢除夕，老人最疼爱又孝顺的小儿子自然应该回到膝下承欢了。但过了十分钟后，他才发一通语音过来，说不瞒你说我在医院里，本来已经订了回兰州的机票，昨天突然颈椎痛，只好作罢，还连发几段二老在兰州疗养院的视频，说老爷子现在状况不错。我吃一惊，很抱歉地说，已经订了大年初一去广西黄姚古镇的机票，然后要回陕西参加外甥女的婚礼，一回广州我就去看你。他笑道，那时候我应该已经出院了。谁知"应该"却一直没有出现。

年后回来我没敢直接打他电话，2月15日回到广州的当晚，我先微信他的博士生于晓雷，晓雷说老师去年出国回来以后颈椎一直不好，春节前又严重了一点，现还在医院修养调理，是颈部神经受到压迫的问题，正在对症治疗，他和几个师姐在医院轮流照顾。第二天早上九点多，我发微信给他："今天去看看你，哪个点方便些？我这次回来带了点牛肉和豆腐干，白水豆腐是很有名的，调一盘给你尝尝？"我知道他好这一口。他果然很兴奋，说想肉了，正好！让我打包一碗陕西大厦的臊子面，肉要多，再带几个白吉馍夹牛肉——果然"享某"本色，还是这么会吃。我调侃他："要不要还带点小酒啊？"那一餐他又是牛肉夹馍又是笋丝豆腐干，连汤带面，吃得满头大汗、酣畅淋漓，完了长舒一口气，抚着圆滚滚的肚子打着饱嗝说："好久没这么吃过了，太爽了！"后面隔段时间我就问晓雷老师想吃啥，有时他馋得忍不住也会让晓雷问我有没空（吃面食必须是我负责啊），于是臊子面、羊肉泡馍、肉夹馍等美食轮流上阵。在病房里照顾他的师妹们说："老师最爱吃你带的面食了，我们做的米饭，他都吃腻了。"

说到吃，大概没有几个人比他会吃的，"享某"的绰号可是很早就名震江湖了，热爱生活的他，从来不肯亏待自己的肠胃。广州号称"美食之都"，他还总能从全市角角落落里搜罗出来一些"之最"（他微信朋友圈里的食评算是一绝），又好请客，仅这一点，做他的学生就是一件最幸福的事儿（他从不允许在校学生买单）。不管有多少种好吃的，同为西北人，面食依然是我们的最爱，只要有一碗兰州牛肉面，大排档也过瘾，去陕西大厦就算是上等席面了。我刚工作那两年，经常是在外吃完海鲜大餐，立马赶回他家里煮碗方便面才算过了瘾。他也非常会做饭，他请我在他家里吃凉拌面，面条煮好过水，在方盘里摆放得整整齐齐，黄瓜丝、西红柿丁、炒鸡蛋、辣椒醋水儿一字排开，清清爽爽，看一眼都食指大动，是我见过最讲究的吃面。上学时有一年春节在他家吃饺子的糗事被他叨咕过好多次：进了门饺子刚煮好上桌，碗筷、酒杯也摆好了，我打开酒瓶添上白酒，他一边忙乎一边说"你尝尝饺子怎么样？"我夹起一个饺子放嘴里，嗯，不错，再抿口小酒，更好！等他出来一看，嚯，好家伙，盘子一角已经露出底儿了，酒瓶也下去了一小截，不由惊叹"饺子下酒，越喝越有，你可以啊！"后来他每次跟人吃饭说起这事儿，我都很不好意思，他则说："我一看，这家伙行啊，一是不装，二是酒量可以！"

洋酒喝法与白酒不同，红酒讲究更多，每种酒怎么喝法、怎么品味、怎么配餐，他总能讲得头头是道，甚至成了专业红酒圈里的大咖，他的敏锐、博学、机智、文采、口才，让他在哪里都能脱颖而出。我第一次醉是跟他喝黄酒喝的，广州的冬夜还是有点寒气渗人，我们窝在小饭馆里，黄酒壶泡在热水里，你来我往，两人愣是把一坛五斤的咸亨酒灌了下去，当然也许没灌完，谁知道呢，反正我早已瘫到地上哈哈大笑，体验了一把侠客的感觉。但要说搭配面食，一定是白酒。说到这儿，我又想起一件经常被他在人前提起的丢脸事儿。那年冬天他父母来中大过冬，已工作两年的我大年初一去拜年，顺路在商场里买了两瓶剑南春，他见了微愣一下，然后很郑重地对老人家说：伯齐这孩子不错，人家可是在权力部门工作，但这酒明显不是别人送的，而是自己买的，有这样的学生，酒再差，我喝着都高兴。

我们喝酒晚了经常有个保留节目：吃兰州牛肉面。面要少，汤要宽，多加粉丝和香菜，油泼辣子和香醋也不可或缺。我曾跟他吐槽说，我人生最大的遗憾是，去过了兰州，却夜里十二点到、清晨六点即离开，跟正宗的兰州牛肉面擦肩而过。他很认真地说："你放心，这个我来负责。"（对他这唯一的一次失信，我将永远耿耿于怀。）有次我去给他送资料，饭点还没到，大家手头还有事儿，我都准备转身走了，他却有点踌躇，说："咱俩见了面不吃饭、不喝点儿小酒感觉好像没完哈。"我笑他："不要这么俗气好吧,不要一见就是吃,我们也可以只是说说话、喝喝茶的嘛。"他挠挠头咕咕哝哝给自己找台阶:"就是要这么俗气。"他从不怕暴露自己孩子气的一面。

前几年他大病一场,他馋酒又不能喝,我劝他说,人到一定年纪要注意身体,不能再像年轻时那样拼酒了,咱们也可以多点喝茶嘛。但身体一好转,他又忍不住了,先是抿一两杯,后来越来越放开了,劝都劝不住。他太相信自己的身体了,也可以说,他太热爱生活了,没有美酒美食的生活,岂不是辜负人生?更要命的是,他依然熬夜,否则怎么会有那么多精彩的论文和著作汩汩冒出来呢?正如他的江湖名号"享某"所透露的,他从不愿过苦行僧式的生活,他是要享受人生的,自然包括人生的方方面面,美食美服美人美文,诚如梁实秋所言,这实在是一种传统中国文人所追求的诗意的生活,他又多了一份坦荡磊落和爱憎分明,迥异于现今到处盛行的功利主义和鸵鸟主义,招致非议也就在所难免了。黄天骥老先生说过一句话:"什么是大学文化?大学文化就是教授的逸事。"民国教授们的逸事至今令人津津乐道,人们遗憾现在的大学校园已经失却了印象中教授的魂魄和风采,也许李炜教授能补上这个缺憾,在已经发表的和仍将陆陆续续发表的回忆性文章里,更多的人作出自己的评判。

4月,医生终于告知他病灶可能转移到脑部了,无怪乎他的头总是那么痛。他是那么热爱生活的人,那么对自己身体自信的人,他不相信自己扛不过去,于是按照医生的建议坚定地转入肿瘤医院。放化疗结束后我特意带了我爱人做的汤面去,这可是他最爱吃的,几年前饱受胃肠之苦的他曾赞之为让他肠胃最熨帖的人间美味。他的样子我简直不敢看,但最在意形象的他已无暇顾及,他疲惫到连表情都做不出来了,对人间美味更没了胃口。我只好一边和他哥哥分吃面条,一边若无其事地找话逗他,转过身眼泪却差点掉到碗里。

劳动节刚过,我赶紧赶去医院看他,他已转回原来的医院调养。当主治医生沉重地向我们介绍病情的时候,助手拿进来一张肺部的X光片,面对已大片变白的肺部影像,医生失声道:"昨天还好好的,怎么这么快?!"空气一下子凝固了,所有人眼圈瞬间红了,房子里只剩一片啜泣声……

过往太多,但在他住院的三个多月里,我们实际上几乎没有真正的交谈,他的头脑倒始终不失清醒,但那颗曾像孙悟空一样天马行空的脑袋,却被仿佛戴上了唐僧的紧箍圈，不是头痛欲裂，就是头昏脑涨，很难有长时间的平静安详。唯一较长时间的交谈是在3月的一个晚上，那是我蓄谋已久的一次迟到了两三年的谈话。待他吃完我带去的面条，我们谈到了先哲们的生命之思，谈到了宗教里的智慧……他感慨，说我是唯一能和他谈这个话题的学生。他扶着四脚的杆子在铺了塑胶的走廊里吃力地挪走，我在旁边护着他，他雄心勃勃要走半个小时，但二十分钟后就喘着气无法再坚持了。我很后悔没有早日更积极一点争取这样的机会。但也许，争取到了也是徒劳，所谓命运，就是无法更改。

银河公墓能容纳1000多人的最大的告别厅，无法容纳来自海内外的亲人、师生、朋友，也无法容纳他独特的经历、横溢的才华和奇异的人格魅力，更容纳不了我们无尽的哀思。所有人都在惋惜他短暂的、无法再延伸的人生，我最后只能安慰自己说"浓缩的就是精华"，他不算长的一生已经包含了绝大多数人所无法拥有的内涵和外延。他没能留下一男半女是令人唏嘘的，但他常说"学生就是我的子女"，当他的学生们自发自愿轮流在病床前悉心陪护他几个月的时候，谁又能说不是呢？他注定将成为传奇。

10月19日那天傍晚，我在中大北门的珠江岸边北望，眼前熟悉的景色经历了近三十年的变化，已从荒芜简陋变成了美丽繁华，我的思绪就像珠江水一样缓缓地、混沌地流淌着，多少当年寻常事，如今回首已惘然。但无论如何，他是这样一个积极乐观的人，就像他的名字那样，无所顾忌地兀自发着热、发着光，让人悲痛却并不沉沦，他的笑容永远温暖着别人的心灵，他的精神永远提升着别人的灵魂，除却2019，所有关于他的回忆都让人嘴角上翘，就连怀念他的诗句也不由自主融入了这秋天的暖色调。

《无题》

秋风若水漫河栏，逐鸟翻飞掠远峦。
镇日东流波皆恨，蓦然西顾荔初丹。
杂英依旧随蜂舞，杜祖何妨尽意欢。
满目分明春尚在，岭南地暖不吹寒。

转眼又到春节了，庚子年一开始就充满了悲伤，全中国人都躲在家里，过了一个没有喜庆而又刻骨铭心的春节，我的悲伤里又增添了新冠病毒带给华夏大地的阴霾。以前的人家堂屋里会供奉"天地君亲师"的牌位，我家没有牌位，但今年桌上供奉的相框里从此又多了一张曾经年轻而生动的面容。告别那日灵堂前的悲恸一跪，仿佛电脑格式化一样，我们从此又恢复了最初纯粹的师生关系。

2020 年 2 月 16 日深夜于广州

飘扬在康乐园上空的笑声

2002级硕士生　陈高飞

春风伴笑至，斯人独远航。

自从大四开始跟随恩师李炜教授起，李老师总是以自信、积极、认真、关爱学生的形象出现在我们学生面前，往往还伴随着他那标志性的幽默、豪迈的笑声。虽然李老师英年早逝，永远离开了我们，但他那乐观、爽朗的笑声却一直铭刻在学生心中，飘扬在我踏进康乐园的每一刻……

中　　秋

记得那是2002年农历八月十五，我成为李老师研究生的第一年，第一个中秋节，我一早就接到李老师来电，邀请我和同门刘利一起晚上到他家过中秋。

原来李老师十分贴心，考虑到我们学生远离家乡、在外求学，无法与家人团聚过节，特意做了安排。

当时我的女朋友小潘也在中大求学，现在已经成为我的妻子。李老师在电话里还主动特别叮嘱我把女朋友小潘带上一起过节。接到通知的我和小潘，自然是十分高兴。可见李老师在关心学生之余，考虑问题又十分周全。

中秋之夜，月光皎洁，如水一般满泻在康乐园里。

我和刘利、小潘三人穿过摆满红色胶桶、烛光摇曳的康乐园草坪，来到了李老师家中。

李老师的家位于康乐园西区教师楼。拜见过老师、师母后，李老师便带我们上了楼顶天台赏月。

那是我们第一次在康乐园的楼顶天台上赏月，似乎也是唯一的一次。

李老师和师母早已准备了一大堆水果、月饼、美酒、饮料，摆在天台一张桌子上，给我们食用。在天台上，李老师陪同我们一边开怀畅饮，一边高谈阔论，李老师和我们说到高兴处，一起哈哈大笑。对月当歌，人生快意，不过如此！

中途有一会，李老师还特别邀请了丘国新书记来与我们几个学生见面，为我们刚刚开始的研究生阶段学业鼓励、打气。

天台上，月光温柔地拥抱着我们每一个人，把欢笑声与我们拥成了紧密团结的一个整体……

"埋　单"

记得李老师和我第一次吃饭，是在我大四确定保送攻读他的硕士研究生以后。那是在康乐园西区的蒲园餐厅。

第一次与李老师单独吃饭，一开始我有点受宠若惊，又有点紧张兮兮，中途还悄悄捏了捏口袋里为数不多的现金。那时的我们都还没有信用卡。

李老师十分关心我，和我谈了很多学习上要注意的问题，以及今后要研究的方向。我如沐春风，一边吃饭，一边频频点头，记在心里。

待到吃饭结束时，我攥着裤兜里的现金，心急得一个箭步冲出去要去埋单，李老师立马叫住了我，让我坐了下来，然后他自己去埋了单。

回来后，看我一脸内疚不安，李老师微笑地看着我，安慰我说："高飞，你别担心，我的规矩是：学生在校读书时，你们还没有收入，吃饭一定是老师埋单，请你们吃饭。毕业之后，你们事业有成了，吃饭一定是你们埋单，你们请老师吃饭！"我一直悬在空中的心这才落了地。

李老师还不忘趁机给我上一课："埋单，埋单，为什么叫埋单呢？我认为埋是使聚拢在一起、堆在一起的意思，埋单就是把单聚拢在一起、堆成一堆的意思，所以我认为应该写成埋单，而不是买单。我想，埋单是改革开放后粤语里流传到全国范围内使用最频繁的词汇代表之一，反映了广东经济发达、语言随之输出的现象。"我听了又频频点头。

此后我在校期间，李老师还多次请过我们弟子来这个餐厅吃饭，一边吃，一边谈学习，或者谈人生。

今年送别李老师之后，我和刘利又回到了康乐园西区，我们又来到了这家餐厅。十七年过去了，餐厅的名字竟然一直未变，还是叫蒲园餐厅，还是那个陌生而又熟悉的老样子，还是那么的熙熙攘攘，人来人往，只是我们敬爱的李老师已经永远离开了我们，我却再也没有机会请李老师在这家餐厅一起吃饭，由我来埋单了……

揾 工

2005年夏，研究生毕业后，我被深圳某单位招考录取，来到了深圳工作。女朋友小潘也同时研究生毕业，虽然工作未选定，但她没有二话，放弃了已经在广州拿到的好offer，也随我来到了深圳，重新再找工作，我们粤语俗称"揾工"。

深圳，是一座移民城市，也是一座希望之城。但我俩在深圳却没有几个亲戚朋友，初出茅庐，人生地不熟，只能广为撒网。

有一天，我和李老师在电话中说起小潘的事，因为李老师对小潘也比较了解，我请李老师帮忙在深圳推荐推荐，李老师二话不说，一口答应。

没过两天，小潘就接到了深圳一家很好的单位的人事部门领导的来电，详细了解小潘情况和条件，并热情邀请她去工作。原来是一位中大早年毕业的师兄，接到了李老师的推荐电话，他说李老师也是他非常敬重的师长。我的脑海里不禁闪现出李老师翻查通讯录、多方联系推荐的画面来……

李老师不仅在学生在校期间关心学生，在学生离校后仍然关心学生的生活，这一点给了我和小潘难忘的印象，我们俩永远也忘不了电话那头豪爽的李老师。

周 全

这是一件小事，一件微不足道的小事。

但不知为何，我对这件小事一直难以忘怀。毕业后常常突然想起这件小事，现在更是经常回忆。

记得那是2002年下半年某一天晚上，我和刘利等同门在文科大楼，在李老师办公室帮忙整理资料。李老师在一旁指导我们。

资料整理好了，要装入纸箱，纸箱装满了，要用透明胶布封箱。于是我左手拿起一卷透明胶布，右手拉出胶布，贴上纸箱缝口，再用右手来回抹紧，等同门切断胶布。这时，刀来了。同门拿来了一把美工刀，正要一刀下去截断胶布，我机灵地先收起了那只按紧胶布的右手，以免被刀误伤，同门手起刀落，瞬间胶布裂出完美的笔直的切口。待同门收起美工刀，我再用手把胶布抹紧。

"真细心！做事就是要这样周全，高飞！"原来是李老师突然说话了，想不到我抬手这么细微的一个动作，李老师全然看在眼里！当时我受了表扬，有点受宠若惊，完全没想到李老师会注意到这种芝麻绿豆大的小事。李老师继续说："做事要考虑周全，这种习惯希望你们要继续保持，在以后工作中也要特别注意。"

李老师言传身教的这几句话，可能后来他自己也忘了，可能他自己也认为微不足道，但却深刻地影响了此后我的学习，乃至生活，直至工作，一直到今天，我也形成了周全、细致的工作作风，对我工作上取得进步起到了很重要的促进作用。

逻　　辑

我觉得相对于感性思维，自己的逻辑思维偏强一点。

其实早在大三的时候，李老师曾对我提交的"现代汉语"课程的期末小论文给予了肯定的评价，极大地增强了我的自信心。大四那年，当我知道我获得保送研究生资格时，我毫不犹豫选择了本科阶段我一直都很喜欢的语言学专业，而且我选择了我最喜欢的老师——幽默的李炜老师，李老师也同意接纳我做他的弟子。

众所周知，李老师为人幽默、风趣（李老师常告诫我要幽默，不要滑稽，幽默是高级的、有智慧的，滑稽是低级的、没有智慧的），但李老师谈起学术来却是十分严肃、严谨、认真、投入。

我的硕士学位论文写的是晚清时期"给"字句的用法，需要使用到《红楼梦》《琉球官话课本》《燕京妇语》等著作，后两本是罕见的清朝时期语言课本。

李老师反复告诉我："做论文不要先入为主，要在对语料的大量的客观统计基础上，推导出其中存在的规律，这才是正确的方法。"

于是我把上述著作翻了个遍，手工统计与电脑统计并用，把几本著作中所有"给"字句一句不剩地找出来，再根据用法进行分类，归纳不同类型的特点、不同人物场景使用的规律，以及北方方言、南方方言对当时书面语的影响，等等。

在此过程中，李老师有时在办公室指导我们写论文，有时"埋单"请我们吃饭，一边吃饭，一边指导。对我们学生来说，每一次吃饭既是一场物质盛宴，也是一场精神盛宴，更是一场头脑风暴。李老师的语速总是与他的思维一样飞快。李老师说，人的脑子要比嘴巴动作快，那才叫口才好；如果脑子跟不上嘴巴，那就是瞎说。

最终，我的论文也在完全原创的基础上提出了一些新的发现，也得到了李老师等前辈的肯定。

做论文的过程是我研究生阶段最充实的经历。李老师教导我的这种做语言学论文的方法，也就是做调查研究的方法，深刻地影响了我的工作习惯，也进一步强化了我的逻辑思维。

直到今天，单位要求个人做一些课题调研的时候，很多人会先入为主，像写工作总结一样写课题调研报告，但我不会先入为主，而是采用这种先收集原始数据、案例，然后分类统计，再推导出结论的方法，往往能够发现一些别人未发现的亮点。

唱　K

记得那是2005年结束答辩后的一天晚上，为庆祝我们弟子全部顺利通过答辩，李老师带我们去了当时广州顶级的量贩式KTV——钱柜——去庆祝，当然，还是李老师埋单。李老师愿意与民同乐，真是太懂学生的心了！

我和刘利，以及师妹李丹丹、李晓雪等弟子悉数参加这个盛会。当时钱柜掀起了一种KTV新潮流：在大厅打了自助餐，再端着自助餐进房间唱K，一边唱K，一边吃自助餐，而且收费按人头计算。对学生而言，当时的价格不菲。不过李老师看着我们一班弟子非常高兴，一点也不为钱包心痛。

到了唱K环节，一开始，大家都习惯你推我让，无人出头。于是我毛遂自荐，为李老师和同门带来一首《暗香》（沙宝亮代表作）。那是我第一次在李老师面前唱K，我的心非常忐忑不安，生怕被平时高标准、严要求的李老师调侃一番，默默做好了被批的准备。毕竟，李老师是一名经常出镜于广东卫视等省级电视频道的专业级主持人，还有文艺特长，又具有丰富的上台演出经验。

结果一曲终了，是短暂的沉默，之后爆发了雷鸣般的欢呼！大家热烈鼓掌叫好，李老师也兴奋地拍着手说："哇，高飞！一开头你就唱得这么好，让其他人怎么接下去啊！"我反而被表扬得不好意思了："大家都谦让，我就自告奋勇了"。李老师再一次笑着表扬我："你模仿原唱模仿得非常好，很棒！"我说："谢谢李老师！我喜欢唱歌，就像我喜欢语言学一样。我发现一个规律，不知道对不对，语言能力强的人唱歌也会唱得好，因为都是强调模仿。"李老师想了想，又点了点头，说："你说的也有一定道理！"

李老师兴致很高，嚷嚷着他也能模仿张宇，于是李老师给我们献唱了一首《雨一直下》，赢得了大家最热烈的掌声和尖叫声！整个晚上，大家不停地唱，不停地吃，不停地说笑，直至深夜……

钱柜那一夜，见证了我们深厚又亲切的师徒之情，为我们研究生的生活划下了圆满的句号！

皮　　带

在我的记忆里，其实，在读研究生之前，李老师已经给我留下了深刻的印象，证明我拜李老师为导师是多么的正确。那是一个不得不说的集体记忆里的经典场面。

记得那是 2002 年，我们本科 98 级中文系毕业前夕的一个晚上。

那一晚是我们年级师生在西区康乐园酒家大聚餐的晚上。所有老师和同学，包括李老师，都参加了晚宴。大家尽情举杯，尽情吃喝。

晚宴完毕，同学们觉得意犹未尽，出门时有人临时动议去永芳堂草坪集中，坐一坐，结果一呼百应。丘国新书记和李老师等几位老师主动陪着我们学生，一起从康乐园酒家踱到了永芳堂（现在我想，李老师能成为中文系 98 级本科同学心目中最喜欢的老师之一，是很有道理的）。

一路上，晴空若洗，似乎还有朗月皎皎，陪着我们慢慢地走，师生谈笑风生，兴高采烈，康乐园里笑声洒满一路。

师生到了永芳堂前，大家都就着永芳堂大台阶坐下了，从低至高，分坐成几排。

这时又有人提议:"今晚就来毕业联欢吧!"我一听,有点晕,本来我们年级级长余颖佳和班委商量确定并已向全体同学公告,将于几天后在室内举办官方正式而隆重的毕业联欢晚会,邀请领导和老师参加。我们几个喜爱唱歌的同学,包括高泓、薛乐和我等,已经专门排练了几天,准备了两首男女混合小组对唱的歌曲,计划在晚会上献给大家。

"择日不如撞日",我们和班委短暂商量,既然大家兴致很高,恰好也有领导、老师代表在场,那就把毕业联欢晚会提前到今夜,就在永芳堂前现场举行!

于是,薛乐等人发挥强大的天生的主持人基因,站到了大台阶前广场中央,主动担任现场百人大型晚会主持!可惜,就差了一支麦克风,讲话基本靠吼!

我们男女小组对唱很快就被请出来,到大台阶前广场中央为大家献唱,歌曲主打男女同学之间美好的感情,勾起了不少人的笑声和眼泪。丘老师、李老师等也叫好。我们苦心准备多日的节目总算没有白费!

原有的节目表演完之后,我们都很着急后续如何演下去。薛乐不愧是注定要吃主持人这碗饭的,在事先毫无准备的情况下,居然和几个骨干商量设计出了多个游戏,让现场老师和同学一起参与,直接让现场师生联欢进入了高潮阶段。

其中有一个游戏是猜拳,高泓一个人赢了所有男女同学,夺得全场猜拳冠军(这光辉一幕至今高泓都记得)。

还有一个游戏是两个人在同一级台阶上面对面跪着,四肢着地扮青蛙,听口令两人同时做动作(抬手或抬脚),如果一方做动作做错了就要当众受罚。

主持人设计的游戏越来越有难度,越来越滑稽(是的,是滑稽,不是幽默),而且丘老师、李老师等都放下了平日讲话、讲课的威严,和我们一起玩游戏,玩得相当投入,把坐在永芳堂台阶上的观众笑翻了无数次。

这时,晚会最高潮来了!

主持人突然宣布了一个游戏规则:"所有老师和同学分为四组,把每个人身上能脱下来的物件摆在地上接龙,从永芳堂最低一级台阶前开始,垂直往铜像广场草坪方向接过去,看哪一组接得最长!"

大家一听,立即炸了锅,躁起来了!有些人立即想到了肩上的包包等等物件。

一百余名师生迅速平分成了四组。

随着主持人一声令下,各组师生立马乱成一团。有人忙着脱下双肩包接龙,有人忙着脱下外套,有人忙着脱下鞋子,有人忙着脱下袜子,有人忙着脱下上身仅有的圆领 T 恤(有点辣眼睛)……

各组在地上摆的物件接龙迅速加长,不分伯仲。

在这个关键时刻,男同学急中生智,居然同时开始手忙脚乱地解下自己的皮带,扔到地上加长接龙。而我们亲爱的丘老师、李老师见状都不约而同地跟进,也开始"鸡手鸭脚"地解下身上的皮带,扔到地上接龙。

——What?解皮带??没了皮带,裤子不会滑落到地上吗???

答案是当然不会!李老师和其他男同胞一样,都用双手紧紧揪住了自己的裤子,来抵抗地心吸引力。是的,你没有看错,解了皮带,当然只能用双手揪住裤子!所有女同学全部笑到几乎趴在地上。

多亏了李老师等人贡献的皮带,最长的接龙一直伸到了草坪里……

可惜那时没有智能手机,没能保留下来这一段视频,否则那个晚上一定会产生全网最火的抖音短视频!不过这样也好,那个让李老师宽衣解带、与生同乐的画面永远地留在了中山大学中文系 98 级学生的脑海里。

惺亭日落寂,康乐桃李香。

我们将永远怀念李老师,十多年过去了,那一幕幕仍然铭刻于心,仿佛就发生在昨天,师生们响亮的笑声飘扬在康乐园上空……

2019 年 12 月 31 日于深圳

告　别

2003 级硕博连读生　李丹丹

2019年就要过去了。李炜老师，离开这个世界也已经半年多了。这半年里，我常常有种恍惚的感觉，我的老师，真的永远地离开我们了吗？

有的时候回中大去开会，去听讲座，经过五楼现代汉语教研室时，仍然觉得推开门就会看到老师的小眼睛笑成一条缝，开心地看着我说："回来啦？"有的时候开车去上班，开着开着就想起我刚刚拿到驾照时，老师第一次坐我的车，到达目的地时一边擦汗，一边跟师弟师妹们笑我："你师姐开车像开船，她开车我就敢坐！"我常常并不觉得老师不在了，似乎他正在国外讲学，又好像是回了兰州看望爷爷奶奶，也或许跟着刚叔去了云南休养，只是此时此刻不在广州，不在我跟前而已。一个电话，或者一个邮件，就能够联系到他。一个微信，一声吆喝，他就会把我们召集起来见面。然而，有的时候，正在看语料，正在备课，正在走路，正在吃饭，突然之间就反应过来：我的老师，他……不在了，永永远远地离开了我，离开了我们了……这种突然的反应常常如一记重锤出其不意地敲到胸口，一种麻木的痛会瞬间弥漫到全身。我的老师真的不在了，二十年来，这位在这个世界上如同父母一样关爱着我的人，永永远远地离开了我了。

我是1999年考上中山大学中文系的，我至今记得我第一次见到老师时的情景。那个时候我加入了系学生会，常常在系里做一些学生工作。有一天晚上九点，我和另外几位同学还在系学术报告厅布置第二天一个学生活动的现场，因为要装饰的彩纸和气球比较轻，怕被风吹走，所以我们把报告厅的门关上了。李炜老师当时是副系主任，那天晚上他可能在办公室加完班，看到报告厅的灯还亮着，想看看怎么回事，就推开了门。那个时候他还没有给我们上过课，我们又刚入学还不认识他，看到有人推开门，我就傻乎乎、直愣愣地问："您好，请问您有事吗？"李炜老师估计从来没在中文系被人这么问过，一下子愣住了，不知道怎么回答我，过了大约几秒钟，才正色道："学生的事就是我的事，你们这么晚还在这里干吗？"我这才感觉到自己刚才的"您有事吗？"问得不妥。解释之后，老师和气地让我们早点回宿舍、回去路上注意安全，就走了。后来，我们开始上"社会语言学"的课，我这才发现主讲老师李炜，就是那位被我的"天问"噎得无话可说的老师。在这门课上，李炜老师谈笑风生、妙语连珠，不仅本系、本专业的学生来上课，还有好多外系的学生来旁听，教室里常常是坐满、站满了人的。从这门课上，我也才了解到，从社会语言学的角度来说，我当天的那句"您有事吗？"有多么地不得体。惭愧之余，我把"您有事吗？"出现在不同的语境里所表示的意义进行了社会语言学的分析，以及用错语境时所导致的交际困境，提交作为此课的课程论文。

　　大四时，我获得保送攻读本系研究生的资格，需要在文学与语言当中选择一个作为专业方向，按中文系的规矩，学生也需要自己联系老师，老师和学生双向选择。我大学前几年的课程，文学和语言的成绩都不错，我对这两个方向也都有兴趣，不免犹豫。此时我想，不如看看哪一门课的成绩最好再定。一查之下，居然发现李炜老师的"社会语言学"是我大学全部课程中成绩最好的一门。我们系的学生，实习、找工作等大事都要问问系党委书记丘国新老师意见，我问他："书记，我选李炜老师当导师好不好？"丘书记笑容满脸说："好！很好！"究竟为什么好，丘书记也没告诉我，只让我给李炜老师打电话，询问能否跟他读研究生。李炜老师啥都没说，问我："'社会语言学'上了吗？成绩怎么样？"我说："上了，您给了我96分。"老师就爽快答应了："96啊，行，那就跟我读吧！"

　　跟老师入门读书之后，才体会到丘书记的那句"好，很好！"的意思。李炜老师是怎么样的老师呢？开始写本科毕业论文之时，他书柜上的书就变成了我们的书，可以随便拿走，不必跟他说，用完放回去就行了。老师办公室里的电脑，也是我们学生的公用电脑。他自己永远记不得密码，常常周末回去办公室加班时打电话问我密码究竟是多少。老师的父母来了，朋友来了，毕业的师兄师姐来了，吃饭的时候我们一堆跟屁虫可以跟着。过年过节的时候从来没有给老师送过礼，反而端午、中秋，老师常常让我们把毕业的师姐师兄们寄回来的荔枝、月饼带回去给宿舍的同学们分享。我酒精过敏，有一次吃饭时错喝了邻座的一口啤酒，手臂起皮疹，老师看到了。至此之后十几年来，只要吃饭的时候老师在，他一定会先跟大家伙说明："丹丹酒精过敏，不要给她倒酒。"

我读研一的时候，老师去了日本当客座教授，他走之前，对于我们几个研一学生的学习比较担心，就请刘街生教授托管我们，让刘老师给我们开一堆英文语言学书单，让我们按时跟刘老师汇报学习心得。又觉得我们要研究早期现代汉语，对清代的语料还不够熟悉，于是亲自请回中文系终身研究"红学"、已经退休的曾扬华教授给我们开小灶，给我们几个人开了一年"《红楼梦》研究"的小课。现在回想起来，这是多么奢侈的配置！刘老师、曾老师接受老师的托付，这又是何等的情谊！而老师远在日本，也还是管着我们，我们写完的小论文发送到老师的电子邮箱，常常很快就得到老师的批改。有一次暑假我在老家，写了一篇关于《红楼梦》中的一个特殊疑问句式的小论文发给老师，老师很感兴趣，回复我选题不错，但整个文章的结构要大改，邮件里说不清楚，询问我的联系电话。不久老师打电话到我家中，在千里之外指导我该如何改写，何处应参考何人何篇文章，整个电话打了一个半小时，我记录了十张白纸，手都写酸了。老师却十分兴奋，感觉完成了一件大事，满意地挂掉电话。这个越洋电话究竟花了多少银子？我不知道。我只知道，为了指导好自己的学生，这种千金一掷的事老师没少做过。

研一之后，我感觉自己对清代的语言现象很感兴趣，想参加硕博连读考试，继续读博士。这个时候，老师也回来广州了，我跟老师说了自己的想法，我以为老师会大力赞成。没想到，老师跟我说："我先问你三个问题。第一，你的父母身体是否健康、家里经济条件怎么样，需不需要你立即出来工作、赡养父母、改善家庭条件？第二，你有没有男朋友？如果要读博士的话，最好能先找男朋友，拿到博士学位之后怕找不到理想的。中国人男尊女卑、男强女弱的观念太过深厚，我必须先提醒你。第三，你是否对于语言学真的有浓厚的兴趣？在语言方面是否有天赋？做研究对大部分人来说是很枯燥的事情，如果没有兴趣和天赋，即使勉强拿到学位，也不能在这条路上走太远。读博这个决定，涉及你的家庭、未来的婚姻和事业，如果这三个问题，你的答案都是'否'的话，我建议你不要读。你回去好好思考一下，再做决定吧。"老师平时总是笑眯眯的，爱开玩笑，但问这三个问题的时候他神情之严肃，我至今不能忘怀。我的老师对我的要求不是只读好书，更希望我有一个幸福的人生！也是到了这一刻，我才真正体会到李炜老师是怎么样的一位老师，为什么丘书记会跟我说："好，很好！"

此时，老师尚未获得博导资格，在老师的推荐下，我跟随周小兵教授读博士。两位老师都非常关心我的学习，我确定博士论文选题为琉球官话之后，他们二位商定我转回李炜老师门下，由李炜老师指导完成博士论文。之后我申请了国家留学基金管理委员会的公派研究生项目，前往日本京都大学收集博士论文材料，老师对我的指导又变成邮件里说不清楚、就在中国往日本给我打电话。我回国参加博士论文答辩的那一天，老师坐在报告厅的最后排旁听，神色严肃，亦如同当年问我"读博三连问"时一般凝重，只在答辩主席李如龙教授评价了我的论文后才终于露出了微笑。

这样严肃的神色，之后我还见过几次。近年来印象最深刻的一次是2013年3月老师生日，此时我怀孕八个月，行动已不太方便，我先生陪我参加师门聚会。老师看到师门即将有第三代，非常高兴，但是开饭之前，却单独唤我先生坐到身边，神色严肃地嘱咐他："女性在养育孩子上会比男性花更多的时间，丹丹生完孩子之后肯定也会以孩子为重，没那么多时间做研究。但你身为丈夫，一定要想办法减轻她的负担。她一段时间内可以少做点研究工作，但做研究的这口气不能断掉。国家培养一个博士不容易，你要做好保障工作。"此情此景，恍如昨日！老师常常说："学生毕业，就像产品合格可以出厂了。但是我的学生，毕业了我也产品三包、终生保修。"阿尔泰语言调研、中大本《现代汉语》编写、国家社会科学基金重大项目"海外珍藏汉语文献与南方明清汉语研究"、中山三院神经语言学诊疗、国际职业汉语教学……我虽然已经毕业，但老师最后十年的工作，都让我不同程度地参加了。我知道，老师是怕我有了家庭负累之后把学问荒废了，再带着我跑一段……

老师生命中的最后一百多天，我们在广州的学生，陪着老师一起走过。在病房中，精神好的时候老师还和我们讲论文，讲艺术，讲人生。这些年我们都太忙！可以这样没有工作任务，不用开会、不用编书、不用调研，可以纯粹地听他教导、听他唠叨的时间太少。我好像又回到了读书的时光，好像还在上着老师的"社会语言学"的课程……或许是老师太过坚强，或许是他怕我们担心，我们没有感觉到他的生命正在无声无息地慢慢消逝，我们总存着这样、那样各种或许与侥幸的希望。

然而告别的日子，终于无可避免地到来了。我为老师写了四句挽词赠别：

不屈不挠，亦儒亦侠。
至性至性，如父如兄。

他对人生，他对道义，他对亲朋，他对我们，他担得起这四句话。

我把老师此去当作一趟远行，不过此去之处音讯不通，我们纵有挂念，也只能当他平安。我们也会自爱自强，免他牵挂。

我们跪别了他，知道终有一日，我们还会相见。

2019 年 12 月 15 日于广州

恩师李炜先生

2008 级博士生　和丹丹

2019年5月6日上午10点左右,我在微信群里突然发现晓雷师弟的信息"老师的情况不太好了,师姐们赶紧过来看看吧"。看到信息的那一刻,我的大脑一片空白,接下来便是全身心地抗拒。头天傍晚,我和亚男师妹刚去医院探访过老师,他在病床向我们两个伸出大拇指,表达他很棒、让我们别担心的意思。怎么才过了一个晚上,情况就急转而下了呢?然而不管我们有多么的不舍,恩师李炜先生在5月6日中午永远地离开了我们……

李老师离开后,他的亲人、师长、同事、好友和学生们纷纷撰文,追忆和老师之间的点点滴滴。每当读到这些悼文,常常使我和我的同门兄弟姐妹泪流满面。而今,我也鼓起勇气,用我拙劣的文笔描绘一下我眼中的李老师。

我于2008年考入中山大学中国语言文学系,成了李老师的博士研究生。在我看来,李老师有着一颗七窍玲珑心,是个绝顶聪明的"宝藏男孩儿"。跟着他读书的时间越长,就越能发现他有数不清的才能:李老师横跨学术界、文艺界乃至美食界,每界都做得风生水起。学术方面,无论是深入地进行与事介词、海外珍藏汉语文献系列研究,还是编写"瘦身不瘦脑"的《现代汉语》教材,甚至是聊天时所展现出的超凡的语言表达能力、学说方言的能力,都让我们膜拜不已。文艺界方面,李老师曾是京剧演员,唱念做打基本功深厚,浑身充满了艺术细胞,各种艺术创作都是手到拈来。美食界方面,吃碗面都能写篇《千言万语牛肉面》,对白酒、葡萄酒均有很深的造诣,多年前就被一帮"酒肉朋友们"推举为"腐败教教主"①……记得我曾向李老师"吐槽":"刚跟您读博士时,我

---

① 参见李炜《〈边走边喝〉序》,见本书12-15页。

立志三年内一定学会您三分之一的本事；快毕业时，我就自觉调低了目标，能把您十分之一的本事学到手就足够我'行走江湖'了；等到在工作岗位做了几年后，我才发现我连您的百分之一都不及，'九牛'只学了'一毛'"。李老师听到这样的话，得意地眯起小眼睛笑了。

李老师十项全能，但他最爱的还是学术。他对学术研究有着"逢山开路、遇水搭桥"的执着，治学态度也很严谨。记得博士二年级，李老师带着我写单篇小论文——《北京话"您"的历时考察及相关问题》。当我怀着忐忑不安的心情将论文交给李老师时，他对我说："看得出来，你很用心地在写这篇论文。你准备了很多材料，也有一定的发现，所以你恨不得把你发现的全部在论文中展示出来，但是论文不能这么写。你这样写，就好像一个长相十分奇怪的人——头下面本来是脖子，你却给人家安上了一只手——我们只要抓住一个最重要的问题，把它写清楚就可以了……"李老师就这样生动地把有关写作框架的修改意见告诉了我。改完框架后，他又开始磨细节了。他带着我一遍遍地通读论文，经常针对一句话甚至一个词儿跟我探讨半天。我不由得感慨：平时看起来如此粗犷的"纯爷们儿"，怎么对做学问这么认真、这么细致，实在是让人自愧弗如！

在我眼里，李老师还是一位非常尊师重道的人。无论是对自己的硕士生导师黄伯荣先生、博士生导师唐钰明先生，还是对系里年长的老教授如黄天骥先生等，李老师都非常地尊重，完全把他们当作自己的父母来侍奉。大概是 2010 年 7 月，黄伯荣先生携黄奶奶及家人一行从青岛回来，从广州转车回阳江老家，李老师带着我和另外两名博士生在繁忙的广州东站穿梭、等待许久，只为在半个多小时的转车空档时间里去拜访下黄先生和黄奶奶，陪他们说说话、向他们问声好。当年 9 月，《现代汉语》（增订五版）修订研讨会在阳江召开，李老师又派了我和同门王琳协助黄先生做秘书。会议期间，李老师也来到阳江探望黄先生。记得李老师跟黄先生谈话的时候，我跟王琳也在现场。我们两个博士生，因着"隔代亲"的缘故，一看见凳子就大大咧咧、舒舒服服地坐了下来。李老师却不敢坐，毕恭毕敬地站在黄先生旁边。直到黄先生示意，他才在沙发的边缘坐了下来，全程笑眯眯地听黄先生的训话……李老师对黄先生如此，对唐老师亦是如此。李老师比唐老师只小 16 岁，但因着是学生辈，且唐老师的一双儿女均在国外，所以李老师对唐老师和师母二人也是事必躬亲。特别是两年前，唐老师因腰腿疼痛，多次往返医院检查、治疗，从被误诊到

"拨开云雾见天日"地确诊为老年人退行性骨关节病,李老师全程不离左右。李老师这种尊师重道的精神,被我们学生奉为佳话。也正因为李老师的言传身教,所以在他生病住院时,我们在广州的博士生们自觉轮流到医院照顾,陪着他走完了最后一段路程。

转瞬之间,李老师离开已经7个多月了。他离开后,师门的每个人对他充满了浓浓的想念之情。愿吾师在天堂没有病痛,一切安好!老师,来世我们继续做您的学生!

2019 年 12 月 20 日于广州

怀念我的恩师李炜先生

2007级博士生　王　琳

李炜老师是我的恩师，虽说是我学业生涯中的最后一位老师，但是却是对我一生影响最大的老师。

老师离开我们已经半载有余，半年来，学生们都沉浸在对他的无限思念与怀念中，早该提笔写些什么，却一直没有勇气，怕思念的泪水淹没了键盘，痛苦的回忆空白了大脑。

刚开始认识李老师会给人一种错觉，他怎么是中文系系主任，甚至还穿大裤衩拖鞋去中文系办公室？他怎么是大教授，还背着个布提兜？他怎么这么说话，略带"匪气"……其实每次上课，他都穿戴整齐；用品方面，他能简就简；相处过一段时间，就会发现他性格直率、侠肝义胆。

与李老师相见于我的硕士面试，相识于我硕士阶段他给硕士一年级开设的"现代汉语语法课"，相熟于博士二年级他成为我的导师。最不能忘记他上课时手舞足蹈、忘我的沉浸状态，最不能忘记他次次给我们开小灶时的谆谆教诲，还有那在校阶段只能被老师请吃饭的"李门规定"；最不能忘记我找工作时问他学术重要还是生活重要，他建设性的意见；最不能忘记他看似表面不羁，实则面对学术严谨求实的态度；最不能忘记他幽默风趣、谈笑风生的语言风格；最不能忘记他严于律己、宽以待人的处世之规；最不能忘记他疾恶如仇、坦坦荡荡的为人之道……

每次被老师约着"吃谈"学问后，总会有种醍醐灌顶的感觉。可惜学生愚钝，快到论文接近尾声才把感想记在备忘录上，现在再次打开这些感想，看着上面的文字，跟老师的谈话好似就在昨天。真后悔为什么当时不多记一些。

其中2009年8月28日记下的"要摆事实，讲道理。不要有先验的预设在头脑中，有时只说理论、推论是很苍白的，有人就等着你说，再批判你一番，你自己别伸着脖子让人家砍。"这句话让我印象深刻，因为说得太形象了。现在想想，李老师实事求是、用事实说话的治学态度，真的影响了自己太多。类似的话还有很多很多。比如李老师有琉球官话课本的语料，他希望我能深挖些语言现象，可是我刚入门后心里着急，基础薄弱，流于表面描述。李老师多次说："你总不能把一块我给你的上等的好木材，只做成一个案板吧？"这种批评如此巧妙，既照顾了学生的面子，也让学生理解了他的苦心。

为了和家人团聚，我的工作找到了北京，这也得益于老师辗转的帮助。可以说，无论学业、工作、生活，都离不开老师的影响。即使工作后与老师相距千里之外，也心心念念李老师来京相聚。

李老师来京的机会当然很多，但能抽空见我的次数并不多。每次得以与老师相见，我总是兴致勃勃，有种娘家来人的感觉，或者有种被召见的感觉。每次见到老师，他总是跟我谈学问，我好似又回炉再造一番。但是每次也都略带惭愧，毕竟工作以后，精力的重心放在了工作和生活上，越发感觉跟不上老师的节奏。这种又想见到老师、又有点害怕见到老师的心情，恐怕是很多毕业后"无所建树"的博士的心理。

老师似乎能觉察到，为了安慰和鼓励我，每次有什么他的项目还总是招呼我也参加。他曾说过：毕业以前，学术第一。毕业以后，家庭第一。可见他是一位多么贴心的家长啊！

李老师不仅在学术上是我们的导师，也是我们的人生导师。他独特的人格魅力，在如今学术圈闪耀着光辉。他尊敬爱戴年长的师长，对其恩师唐钰明先生也如父亲一般照顾；他孝敬自己的父母，为我们树立了最好的榜样；他对待朋友重义轻利，结识了许多义气哥们儿；他为了学术，不计付出，自掏腰包，真的是当成了一种信仰，一种追求，一种实现自我价值的方式。

李老师多才多艺，人生丰富多彩，虽然天不假年，但真正活了几种人的几辈子。他擅长文艺，年少时学习京剧，一有机会，他就会让人大饱眼耳之福，如果不搞学术，他必然会是个有名的艺人，某种意义上讲，他是被学术耽误了的艺术家；他组织能力超凡，多次校庆、广东省大型活动的策划，都出自他之手；他还是广东省省情专家，虽然不是共产党员，但他对社会问题的认识，有自己宏观、独到、有建设性的见解；他还是法律顾问，常年参与法律法规的修订工作……

在我的人生关键点，感谢李老师改写了我的人生。他真的是我除父母家人外最大的恩人。乌鸦尚知反哺,可是我却没有反哺的机会。得知李老师第一次得病时,他已平安渡过。得知第二次得病,还是一次偶然的联系,迟迟不见老师回复。亚男师妹正好在老师身边,微信告诉了我。他总是这样,不想麻烦别人,什么事都自己扛着。一开始以为只是颈椎病,所以也没太担心。也是到后来才知道,原来一直都是在广州的同门们轮流照顾老师,因为我在京,他们都没告诉我。直到他离世前一个来月,我才知道了真正的病情,一开始真的拒绝接受,这么好的人,这么好的导师,怎么就会……我们都希望老师能渡过难关,希望奇迹能再次出现。但是就在2019年5月6号下午一点多我正准备上课前,我的同事告诉我噩耗,太难以接受,下午的课都快上不下去了。收拾停当,准备了下,飞赴广州,送别恩师。

老师走了,挥袖间留下了未竟的学术事业,留下了所有人对他的思念,留下了感恩于他还来不及回报的李门学生,留下了太多太多美好的东西……他踩着七彩祥云,到了天堂,过他在那里的快意人生。

李老师,学生在想念您,所有的学生都在想念您,所有的被您爱、也爱您的人也都在想念您……

2019 年 11 月 15 日于北京

追忆恩师

2010级博士生 石佩璇

初识老师是在大学二年级的"现代汉语"课堂上。那时我们在珠海校区,李老师来珠海给我们上"现代汉语"的语法部分。时值初夏,课室没有空调,李老师满头大汗走进课堂,一进门就跟我们说:"同学们,我很怕热,请允许我一边擦汗一边讲课。"这样的开场白出乎我们意料,不像老师,倒像我们一个认识很久的朋友。正当我们不知道给什么反应的时候。李老师接着说:我记名字很差,上完这门课,我也只能认得大家的脸,但记不住大家的名字。但这有个好处,我给你们的分数,就是不带印象分的实实在在的分数。然后就自我解嘲式地笑起来。于是全班在笑声中记住了这个有点不一样的老师。课堂上,李老师给我们讲的是入门的基础知识,他早就烂熟于心,但上课时,他就像第一次发现这个规律一样兴奋。这种兴奋和投入感染着我们,老师把讲台也当成舞台,老师就像一个优秀的演员,把略显枯燥的语法知识演绎成一幕幕精彩的戏剧,起、承、转、合,节奏把握得特别好。一开始,我们只是看着他表演的观众,慢慢地在他投入的表演中,我们从台下的观众变成了与他搭戏的戏中人,跟着他一起体验语言学的美好。但也正如老师所言,课程结束后,他没有记住我的名字,但他播下的种子在我心中慢慢生根发芽。

李老师讲授的"现代汉语"课是我语言学研究的启蒙课程,让我对语言学产生了兴趣。本科毕业前夕,我获得了保送研究生的资格,选择汉语言文字学作为我的专业方向,并跟随刘街生老师攻读研究生。我修习了李老师"社会语言学"的课程,课程上互动较多,老师终于记住了我的名字。

毕业后,我走向工作岗位。在平淡的工作和生活中,特别怀念母校老师的教导。返校遇到师妹,有几个师妹告诉我,李老师在课堂上向同学们介绍了我的课程论文。老师的肯定给了我莫大的鼓舞,也让我萌生了跟随李老师攻读博士的想法。

后来，我成了老师的第五位博士生。近距离接触老师，才发现一个好老师的"好"可以这么丰富而立体。老师每年都有两个招收博士生的名额，但他经常"任性"停招。我入学后一年，两位师姐毕业，我就成为在读同门中的"大师姐"，但我这个"光杆师姐"在入学第三年才迎来一个博士生师妹。我有时觉得师门"人丁单薄"，也会劝老师多招几个博士生。老师义正词严地对我说：带博士生就是师父带徒弟啊，是需要投入时间和感情的。我现在那么忙，再多招？我不能对你们不负责任啊！

老师这一句"带博士是要付出感情"不是说说而已。老师心里装了我们很多事情，论文、前途、家庭、孩子……我将未婚夫带到老师面前，老师表现出来由衷的喜悦，跟看到我写出来一篇好论文的心情是一样。在我们一次闲聊中，老师得知我有"丁克"思想苗头，十分紧张，跟我从人类文明的传承谈到为祖国培养下一代的义务，认认真真地讲了一路，临别了还说要找我专门再谈一次，一定要谈透彻，让我无奈之余，又十分温暖。

传道授业解惑是师者的本分，但是老师于本分之外，对我们付出了最深沉、最真挚的感情。老师了解我们每一个学生的性格和特点并且跟他们有不同的相处之道。博士刚入学的我有些拘谨，老师就在同门或者其他老师门前这么介绍我：我这个学生"江湖地位"很高的，我在课堂上讲的"师兄师姐"论文，一提她的名字，台下都一片"哦"，表示"我认识"。老师这种夸张但十分真诚的表扬，让我很快地消除了距离感，融入了师门大家庭。老师也充分发挥"社会语言学"的专业优势，用各种不同的称谓调节着师生间的距离：男生洒脱，对他们有兄弟般的戏称；女生规矩，对我们有父女般的昵称。无论哪种称谓，都折射出老师对我们如兄如父般的关爱，也折射出在老师心目中，我们是一个家。

老师对这个家有操不完的心，他会跟我说："她师姐，你和小雯子的研究方向比较接近，我就让小雯子跟着你了，以后你要多带着她，互相支持，要知道，博士带硕士，就是一个航空母舰啊！"老师还会跟我说："佩璇啊，最近谁谁谁有些偏激，你们年龄相近，又都是女孩子，你帮我多关心一下。"甚至在生病住院时，也还在替我们操心，他会跟我说："我这次住院，你先不要告诉你大师姐，她现在不在广州，心思又细，会很着急；也不要告诉二师姐，她家里有俩娃。"这些操心的话就如同父母对子女说的一样,这样的话温暖我们这一群人,让没有血缘关系的我们成了一家人。

现在想来,我很庆幸自己违背了老师让我对师姐们保守秘密的嘱咐,而是让我们陪伴在我们共同的大家长身边,走过老师人生最后一段路,这个大概也是我们对老师唯一的回馈,也是我们最大的安慰。

老师深爱着中山大学,他时常说:中大就是有这样的向心力,无论你在社会上是什么身份,回到母校,其他社会身份统统消解,只有一个符号——中大学生。老师说这句话的时候十分激动,我不忍打断,但其实我想对老师说:我们对学校的爱是很具体的,具体到某个人,我们对中大的爱是因为我们爱我们的老师,我想修正您的话,我爱我们的老师,并且以这个身份自豪,无论自己还有什么身份,面对老师,我们也只有一个符号——您的学生。

为老师治丧的时候,为了不让自己沉溺于悲伤,我想让自己忙起来,于是我越过师姐们,揽过协调的工作。送别老师后第二天,终究还是控制不住自己的情绪,眼泪止不住地流了一整天。师姐隔着电话安慰了我一个小时,她要去日本讲学一周,放心不下我,让我跟着她去日本讲学。老师走了,师姐像老师一样管着我们。送别老师的第三天,同门给我电话,"老师走了,师弟师妹们,我们要管起来"。

后来,师妹会跟我说:"师姐,只要是老师的事情,都是应该的。"师妹还会说:"我们都是老师的好孩子,不会走散的。"

老师远去,留下了我们。遇到困难,回望再无老师,但看看周围,我们还有彼此,还可以结伴,一往无前。

2019 年 12 月 14 日凌晨于广州

我的老师

2012级博士生　刘亚男

从开始筹备《李炜教授追思集》，两三个月以来，我数度提笔，却又数次搁笔。每次都"欲语泪千行"，痛彻心扉。也许只有在这样寂静的深夜，我才可以毫无顾忌地释放自己的思念，肆无忌惮地回想我的恩师李炜教授给予我的一切。

老师的学术贡献、艺术造诣、教育理念等自有同行去评述。作为他的学生，我只想谈谈老师是怎么爱学生的。

跟老师熟识是缘于进入中大本《现代汉语》编委会做秘书。老师是主编之一，自然我跟他的联系和相处的时间都是最多的。我的工作主要有三项：一是跟编者们联系，及时反馈彼此的意见，包括黄伯荣先生的意见；二是召集编者们集体开会，在编者们对着投影，逐字逐句推敲、修改的时候，我负责打字；三是保障后勤工作。每次遇到卡壳的时候，老师就出去抽烟，一支烟抽完，回来总能顺利解决问题。他戒了多年的烟就这样又拾起来了。在跟着编委会开了两百多场会以后，我也成长不少，亲历老师们是怎样遣词造句的，所以写论文的时候也特别注意"文从字顺"。记得2012年春节，因为教材还有亟待解决的收尾工作，我陪着老师处理，没有回家过年。除夕之夜，我们一人一盒泡面吃得津津有味。那是我永生难忘的一个春节！老师一丝不苟、严谨治学的态度深深影响了我。但老师老是念叨除夕没让我吃顿好的，在教材交给北大出版社以后，他专门为我这个河南妮儿找了个河南菜馆吃饭，让我感动不已。从那以后，他就经常叫我"妮儿"，那是我父母叫我的乳名。

在成为他学生的七年时间里，我跟着老师一起做了很多事情：办会、写论文、写专著、写项目申报书、调查方言、参加学术会议、当"一带一路"沿线国家国际职业汉语培训首期示范班班主任等，在一个个"战壕"里摸爬滚打，我也逐渐从一个什么都不懂的黄毛丫头成长为师长们觉得还算优秀的博士生。他非常信任学生，给予学生充分的主观能动性，从不会给本科生、硕士生、博士生先验地设置一些条条框框，我的每一个同门包括本科师弟做事情都能独当一面，我想这跟老师充分尊重、信任、爱护学生，鼓励学生积极参与各项活动是密不可分的。当然，参与最多的事情还是老师以"吃谈"的方式约我们谈论文、谈学术。他说这是在忙完一天的行政事务之后，最开心、最享受的事情。

有一段时间，我帮老师处理邮件。有位刚步入大学生活不久的学生给他写信，字里行间流露出对专业和未来发展方向的迷茫，还有一些消极情绪。我问老师怎么处理，他毫不犹豫地说："约他，明天中午十二点半来我办公室谈。"其实那天老师的日程安排得特别满。我不知道老师跟他谈了什么，但从他回信中轻松愉快的语气可以看出他的问题应该是解决了，并且他说他没有想到中文系的系主任、鼎鼎有名的大教授会这么在意他的想法和情绪，他爱上了让他温暖的中文系。事后，我问老师跟那位学生到底谈了什么，传授传授经验，万一以后我的学生也需要我呢。他眯着他那招牌小眼睛，咧嘴笑了："幸亏是个男生，我们来了一场男人与男人之间的对话。要是女生，那就得哄着。"老师在中大中文系工作了35年，我知道老师有很多"死党"学生，我也见过不少，我想我的那些"死党"师兄师姐就是这么来的吧。

2015年下半年，老师第一次生病的时候，由于我怀孕了，老师嘱咐大家不要告诉我。几次发现老师瘦了，头发也变少了，都被师姐搪塞过去了。我也实在难以把疾病跟我心目中的神人联系在一起。当我2016年元旦跟老师和同门一起吃跨年晚饭的时候，我才知道，老师生病了，而且是很重的病！而那段时间老师却从来没有停止用微信语音解答我在写博士论文过程中遇到的困惑！我又心疼、又自责、又愧疚，眼泪夺眶而出，老师却安慰我说："我已经好了，中国一流的医院和一流的医生给我做的手术，放心吧，老天留下我，是让我干大事的！你尽快归队！"然后，我就看到老师越来越忙了，他忙着实现他心目中宏伟的学术蓝图：描绘南方汉语、北方汉语、中部汉语的类型差异；创制基于汉语本质特征的、具有鲜明中国特色的二语习得理论；开展国际职业汉语培训，解决"一带一路"沿线国家中资企业本土化运营的汉语问题；建立基于汉语的语言障碍康复评估与治疗体系，等等。他早已不再只耕耘自己的"一亩三分地"，而是将自己的研究与国家的发展需要紧密联系起来，急国之所急，并努力付诸实践。我们也跟着老师热火朝天地忙了起来。在短短的两年多的时间里，老师带领团队发了两篇刊于《中国语文》的论文、创建了"神经语言学教学实验室"、获批了"一种失语症脑电系统"和"一种失语症测试系统"两项专利、研发的"国际职业汉语培训及评估标准体系"通过了教育部科技成果评审、成功开办了"一带一路"沿线国家国际职业汉语培训首期示范班、申请到2018年广州市科技项目"基于汉语的失语症康复训练与神经语言学研究"和2018年国家语言文字工作委员会重点项目"'一带一路'沿线国家中资企业本土化运营的汉语语言解决方案"等。另外，老师还做了很多文创项目。

　　一个人的精力是有限的。生过大病的人，病好以后一般都很珍惜自己的生命，至少会开始放慢节奏、注重养生什么的。老师的"珍惜生命"走了完全相反的路径，他总觉得要做的事情太多，时间不够用，要在有限的生命里去完成更多的事情。有时候我们提醒他要注意身体注意休息，每次他无一不反驳："不要把我当成一个病人！"现在回想起来，过去的两年多每一天他都在透支，而我们也疏忽了，竟就这样由着他？！

　　老师走后不久，我做了一个梦，梦见老师在病房里，是已经脱险在休养的状态。但他总是忘记自己是一个病人，不是在病房里抓着我们谈论文，就是偷溜出去谈工作、应酬、喝酒。大概是因为共同经历了这场磨难，胆子大了一些，我们"李门博士工作组"的几个人一人一句"批评"他，"您知道您这次脱险费了多大的劲吗？""您知道您的健康意味着什么吗？""您知道当初医生说是不治之症的时候我们有多伤心吗？""您知道……"老师就像个做错事情的小学生，低着头，小声地说："我知道错了。"我们刚如释重负，电话响了，是黄伯荣先生打来的，要请老师吃饭。他高兴地要跳起来："是黄先生啊，我的老师啊，这你们得让我去吧？"我们面面相觑，只好放行。梦醒了，枕头湿了。有时候我在想，如果当初我们"严厉"一点监督他注意身体，结果会不会不同呢？

　　老师，有一件事情，我要跟您说"对不起"！还记得吗？2019年4月28日，就是您转回六院休养的前一天，我永远也忘不了那一天！早上我喂您吃完药，让您躺下休息的时候，您忽然严肃地看着我："亚男，我问你一个问题，你只需要回答是或不是。"我一下子紧张起来，不知道您要问什么问题，只疑惑地点了点头。您盯着我说："我是不是没救了，他们才让我回六院的？"我愣住了，可能怔了两三秒，想起整个团队包括医生的嘱咐，我赶紧摇头，怕您多想，还跟您解释了几句。然后，您躺下了，闭上了眼睛。我不知道您有没有睡着，我却是借口跑出去躲到角落里哭了一场。那时，我才知道，虽然身边的每个人包括医生都跟您说有救，但您心中已有所怀疑；虽然您对每位来看望您的人，都表现出极大的乐观，但内心还是对那个未知的世界有一些恐惧的，或者是为不能实现更多的学术理想而遗憾。您一直说我憨厚老实，也许您认为我不会骗您才单独问我的吧？真的对不起，老师！

您对没有子女一直不以为意，曾自豪地说："我的学生就是我的子女，我的学生会为我养老送终的。"我们几个留在广州的同门早已做好了这样的准备，只愿您晚年能过得健康幸福。哪知，我们还没为您养老，就先给您送了终！怎不让人遗憾呢？！

不少师长跟我说，在告别会上我们为您披麻戴孝，在您一周年祭协调多方力量编写《李炜汉语语言学论集》和《李炜教授追思集》，可以告慰您的在天之灵了。但我们很惭愧，亲历您是怎样对待黄伯荣先生和唐钰明先生的，又听您说过黄先生是怎样对待导师王力先生和岑麒祥先生的，唐先生是怎样对待导师容庚先生和商承祚先生的。言传身教，我们做的不及万一。而我们，再也没有机会孝敬您了！

老师，您走了以后，我才知道您真的没有任何存款，想想经费紧张的时候您常常自掏腰包给做事情的学生发劳务费，想想您请我们吃大餐的频率，想想我们一晚上喝掉您十几瓶进口香槟的辉煌事迹……我理解了！您真的把一切都给了学生！我知道您最爱的是学生，心心念念的也是学生，老师，您放心吧，我们都挺好的，带着您在我们身上留下的烙印，相信我们每个人都会找到属于自己的一方天地的，就像您一贯相信的那样！

生病期间，您曾对我说，您做了一个梦，梦见您到了一个地方，这个地方五彩斑斓、鸟语花香，让人极度舒适，在那里人的感官是打通的，可以用耳朵看、用眼睛听，我想那个地方应该叫天堂吧？您已经在那里了吧？跟您的恩师黄伯荣先生会合了吗？您等着，若干年后我们终会在那里相遇，您再继续教导您的"妮儿"吧！

2019 年 11 月 30 日凌晨于广州

忆 老 师

2013 级博士生　黄燕璇

  半年过去了，似乎已经过了很久，又似乎近在眼前！仿佛老师还会不觉间回到我们身边……也许是我们都不愿意相信并接受这一事实吧。

  认识老师是在 2010 年师兄师姐的硕士答辩会上，当时便觉得这位老师非常幽默风趣。2011 年我答辩时，也是邀请了老师担任答辩主席，记得当时老师先表扬说这女孩子挺聪明的，先把相关概念都界定清楚了，有点当年某某某（忘记说了哪位学者了）的风范，然后又批评我最后历时演变部分做得不好，显然汉语史功底不足。没想到后来我成了老师的学生，算是把汉语史的功课给补上了，不得不说是一种机缘巧合。

  初进中大，相比很多本硕已在中大的同门和同学，一切对我来说似乎有些许陌生与疏离。但不久，老师带着两位师姐和我一起撰写《清代琉球官话课本语法研究》一书，便使我慢慢融入李门这个大家庭。写作过程中，老师的鼓励和认可，也让我充满信心，更加坚定自己的选择。也是在写作过程中，我看到老师对学术的严谨与认真，我们经常为了一个词的恰当精准而斟酌推敲，为了一条语料的真实无疑而反复调查，为了一个论证的圆融自洽而长久争论。同时，老师教导我们面对生活和学问的态度，老师经常带着我们一边写作一边"吃喝玩乐"（印象最深的是有一次在"老白家"兰州面馆，老师即兴创作了"兰州牛肉面之歌"，全场欢笑），并且对我们说，谁说做学问就一定要很苦啊，做学问和享受生活并不矛盾，最好是把做学问看作生活的一部分，把生活和学问融为一体。

  在我就学期间，老师正致力于南北中官话类型的对比，本来也希望我进行官话语法的研究，但得知我的兴趣点在潮汕方言，并且拿出可行的开题报告之后，老师便同意我做潮汕方言语法的研究了。在写作过程中，有不少观察和发现得到老师的肯定，但也有过观念的冲突，然而老师非常开明，从来不会以老师的身份垄断话语权，而是让我们以平等的身份各抒己见，能够说服他时，他更是十分欣喜。虽则为人导师者本应如此，但我知道实际上做到并不容易。正是这种宽松的环境，使我这个不甚"听话"的学生可以愉快并且顺利地完成学业。

博三的时候，突然从师弟处获知老师得了病，并且已经做了手术，正在康复中。原来老师生病期间，为了不影响我们，大部分学生并未告知。我并没有经历老师生病的整个过程，只是在后期陪伴老师去医院做术后治疗。看到老师日渐康复，而且恢复得很好，状态极佳，我想，我们老师还是得到上天的眷顾的，有最好的医疗团队，有学校领导的关怀，看来某些可怕的病也并不可怕！然而老师把这次上天的眷顾看成是给自己"做大事"的机会，更加拼命工作了，除了原有的本体研究，还将自己的研究延伸至两方面的应用——国际职业汉语培训和神经语言学。前者研发出了"国际职业汉语培训及评估标准体系"并开发建立了国际职业汉语培训云平台，后者成功建立了中文系有史以来获得学校支持力度最大的、拥有价值千万元设备的实验室——中山大学神经语言学教学实验室。我们都觉得老师太累了，稍有劝阻，但老师生性如此，我们也只能由着老师的性子来。而这次我们亲历了老师生病的整个过程，其中的揪心和起伏不愿意也不敢过多地去回顾，只是深感生命的脆弱，早知如此，我们宁愿老师不要追求什么事业理想，好好地享受生活，安度余年就好了。然而斯人已去，我们希望他最最在意的学术，他关于"给"及相关问题的研究、关于南北中官话类型差异的研究等能够得到尊重，他耗尽心血一手创办的实验室能够得到继承和发展。

老师多才多艺，且只需稍微专注于任一方面，都能达到相当的高度，因此，他学术上的光彩有时候会被其他方面所掩盖。我也曾有所误解，认为其他才艺分去了老师太多的精力，如果老师更"专注"于学术，成就将远不止如此。不过，久而久之，我发现老师最终在意的还是学术，并且把学术看作安身立命之本。老师在病中最放不下的也是学术，即便是在最后的时光里，每次去照顾老师，尽管听力已经受损，老师还是坚持跟我谈学术，谈他的未来构想。在老师的办公室看了老师的藏书，发现很多书上写满笔记，并且夹着各种纸条，在《红楼梦》《小额》《儿女英雄传》等作为语料的作品中更是标满了记号。有一次和老师聊天，谈及学术与生活，我说可能每个人的生命方式都是不一样的，老师的生命里不只有学术，还有其他，须要取得平衡，如果把其他去掉，反而不一定能把学术做好吧。老师说"你懂我"。我也不知道是不是真的懂,只是感受到他生命的厚度与层次,以至于年前老师被告知旧疾复发的时候问我"生命在于厚度而不在于长度,对吧"时,我顿时泪流满面。是啊,老师的一生丰富多彩,这是我们在叹息老师在事业的高峰期泯然离去的时候,能够给我们的一丝慰藉。

语无伦次、零零碎碎地说了这些!执笔之间,才恍然意识到老师真的已经离开了我们,并且接受这个事实,我们将继续前行。这意味着我们释然,但不代表我们遗忘!记得老师住院期间说过,自己最后的时光希望置身于山清水秀之地,可遗憾的是终究还是在病房里度过了!我想此时老师在另一个世界里,一定是清风明月自在怀,看湖光山色,听雨细风轻……

2019 年 11 月 18 日于广州

在李炜教授告别仪式上的悼词

2014 级硕博连读生　于晓雷

尊敬的各位师长、各位前辈，先师的各位生前好友，中大的各位兄弟姐妹们：

恩师李炜先生五天前永远离开了我们。今天我们在这里集会，共同送别、纪念我们大家的好老师、好父亲、好兄弟。此时此刻，千言万语堵在心头，但我不知道该如何表达内心的想念和悲痛。

这几天以来，很多媒体都发表了纪念老师的文章，其中我印象最深刻的一句话就是，他是"最爱学生的老师"，也是"学生最爱的老师"。此言诚然不虚。老师在中大工作了三十四个春秋，真真正正把自己的一生毫无保留地奉献给了他最热爱的教书育人事业，奉献给了帮助、支持每个学生的成长成材。今天在现场见到了赶来送别老师的85、86级的大师兄、大师姐，也看到了去年刚刚毕业的14级的小师弟、小师妹，以及还有仍然在读的小朋友们。可以说，李老师的每个学生都是在他呕心沥血的关心和培养下成长起来的。老师是一个舒朗开阔、不拘小节的人，但只要对待有关学生学业的事情，他总是格外地严谨认真。12级的陈浩芯师弟跟我们分享过老师给他的百篇作文评语："浩芯，看到你从第一批百篇到第三批的明显进步，老师真为你感到高兴。希望进步能成为你一生的习惯。"一年一年，这样的走心评语大概也有不止上百篇了吧，老师就这样一字一句地用他的方式把每个学生从入学带到毕业，从校园带向社会，带向更广阔的人生。老师的教学之道也是别样的"宠爱"，"惯着学生"是他一贯坚定的信条。他总是愿意点上一桌精致的美食，笑眯眯地看着我们大快朵颐，并且每每重申："就是要让你们心怀愧疚，回去好给我认认真真地写好论文，否则都对不起我的好酒好菜！"并且还酸溜溜地补上一句："你们大师姐的论文，那都是用潮州菜堆起来的，贵得很呢！"引得大家哄堂大笑，然后回去不得不老老实实认真学习。

老师一生没有子女，但他自己不以为意。他常说："学生就是我的子女,学生就是我的生命。"他的一生也是在践行这句宣言。还记得2015年老师初次患病接受手术的时候,我在医院照顾老师,我问他,躺了这么多天出院了最想干嘛?老师在病榻上跟我说:"哎呀,出去了最想跟你们几个小的谈谈论文,跟你们谈论文的时候是最放松、最舒服的时候,没有你们和学术,我真的活不下去。"今年老师住院的时候,有天老师坚持跟值班陪护的杨靖雯师妹痛聊了两个多小时的学术问题,他说那是他住院以来最开心的一天。老师的快乐其实也很简单。记得2015年年底,我代老师去台湾参加学术会议,高雄中大的戴景贤教授点评说:"晓雷做学问颇有乃师之风"。我兴冲冲地回来告诉老师,老师一盆冷水浇下来说:"那是人家戴公客气,别太当回事。"想想又说:"中午吃牛肉面奖励你加份肉吧。"后来过了许久,老师才告诉我,其实他自己偷偷高兴了好几天。就在不久前,老师缠绵病榻的最后时日,我们在医院陪伴照顾,老师每天反复跟我强调,要记得给在医院的同学订餐,要问清楚大家喜欢吃什么,并且一定要有汤,一定要由他来付钱。最后因为病情严重呼吸困难,不得不戴上氧气面罩,自己已经不能进食,这时还要酝酿半天用尽全身力气对着我和师弟王旭大喊:你们吃饭了没有?在学校八十周年校庆晚会上,老师作为晚会的执行策划人专门安排了一个节目,叫《学生是我生活的阳光》,我想这其实也是老师内心深处最真实的写照吧。

认识老师的人都会觉得,老师是一个一身侠气的学者。他在经意不经意之间也会把这种侠气传递给我们。老师一身武艺,常常用身上功夫给我们诠释人生道理。他常说,有时候正面遇敌,不要惧怕,侧身让开一个身步诱敌深入,反手一杆长枪向前推出,反而能直取命门,一招制敌。以此来教育我们,遇到困难不能退缩,要调整好自己,反过来勇敢地克敌制胜。三年来,一次又一次遭遇病魔,一次又一次向死而生,老师用常人难以想象的勇气和毅力,勇敢地直面厄运,顽强地斗争着、拼搏着,用自己的亲身经历给我们树立了一个迎难而上、百折不挠的榜样。老师也一直教育我们要做温良敦厚的君子。老师常说:"在任何一个集体,集体的利益永远是一个最大公约数,大河涨水小河才能满。在集体需要的时候,个人的得失该让的一定要让,大家都好了才是真的好。"老师还教育我们要做懂得感恩的孩子。老师侍奉我们的师爷黄伯荣先生和唐钰明先生,如同对自己的生身父母。黄先生早已仙去,每年老师还是会定期带着我们,专门浩浩荡荡开赴阳江去探望年迈的黄奶奶;黄先生家中有任何大事小情,也都会首先征求老师的意见，老师一定会在第一时间去参与帮助主持家事。去年年初，唐先生患腿疾，老师急得四处求医问药，每天坚持带着我们早起接送唐先生去医院针灸理疗，数周不懈。老师的行动，我们看在眼里，记在心上。孝义当先的品行就这样在我们师生间传承不绝。

人生难料，世事无常。万万没有想到，病魔这么快夺走了我们老师的生命。在最后的一百多天里，我们陪伴老师走完了最后的人生之路，陪老师承受了他的痛苦、艰难和无奈，也见证了老师的坚强、乐观和勇敢，直到最后一刻老师也没有放弃生的希望。在这场战役中我们最终失败了，但在抗争和不屈的人生中老师其实胜利了。

在过去的几天里，我们始终不愿相信，我们的师父、老大、李头儿已经永远离我们而去了。再不见那个在康乐园中行色匆匆满头大汗喊着"我很忙"的老师了，再不见那个在中文堂神采飞扬制造满堂欢声笑语的老师了，再不见那个聚光灯前抱着双臂指点江山快意恩仇的老师了，再不见那个端着牛肉面蹲坐在路边矮桌旁吃得不亦乐乎的老师了，再不见那个眯着小眼睛躲在一旁幸福地看着我们喝酒划拳的老师了。但我想，老师并不想看到我们被潮水般的悲痛淹没，他从来不希望把悲伤传递给别人，只愿意做快乐的制造者和传播者。我们也坚信他其实并没有远离，我们每个学生的身上，其实都有着他的言传身教对我们的影响，我们每个人都有或多或少的继承自老师的精神和品格，他仍然与我们每个人同在。我们更愿意把这种伤痛，化为无边的力量，去制造更多的快乐，去开创更广阔的事业，去享受更美好的生活。这将是对老师，最好的纪念。

这几天以来，每天晚上我们一起为老师守灵，陪老师促膝夜话，陪老师开怀畅饮，回忆往事，畅想未来，充满欢声笑语。照片上的他就那样，笑眯眯地看着我们。举杯敬吾师，还要喊一声："师父，可不要养金鱼啊！"

最后，我想对各位师长、前辈，对各位兄弟姐妹们说：老师曾讲过，他梦里另一个的世界是五彩斑斓、鸟语花香，让人极度舒适的，树的叶子都闪耀着金色的光，在那里感官是打通的，可以用耳朵看、用眼睛听。我想老师应该已经启程前往那样一个美妙的世界，将在那里观照着我们，指引着我们继续前进。

让我们共同祝福老师，一路走好。

2019 年 5 月 11 日于广州

老师与他的神经语言学事业

2015 级硕博连读生　杨靖雯

在我们的记忆里，有关李炜老师的神经语言学事业的故事，大概开始于 2017 年年初一个清朗天气的温暖的中午。老师约我们几个学生在学校旁的小馆子吃午饭，娓娓说起了语言康复这个学科，以及语言学可能发挥的价值。

事实上，在此之前，老师已经给予了这个问题很多思考，他曾在与中山大学附属第三医院（简称：中山三院）康复医学科语言康复专家交流的过程中，提出了自己关于汉字与印欧语文字系统的差异、汉字在失语症患者的康复中可能存在的重大价值等观点，让专家感到耳目一新。在那之后，老师也曾和中文系庄初升、林华勇等几位老师一同造访康复医学科，了解失语症患者的语言状况和语言康复工作的情况。在了解和思考之下，李老师更坚定了要将语言学的理论、知识和方法运用于失语症语言康复事业的想法，因此开始从中文系的语言学方向组建团队，把事情做起来。

恰逢 2017 年，老师的挚友，曾多年在中文系党政一把手战线上精诚合作的好兄弟丘国新调任中山三院党委书记。他在工作中敏锐地察觉到，目前医院的语言康复治疗工作，应该积极与语言学科"联姻"，在医学治疗的基础上，吸收语言学科的理论和原理，更好地服务于失语症患者的语言康复治疗工作。丘国新书记的想法与李老师一拍即合，在丘书记的鼎力支持下，搭起了康复医学科和汉语语言学的合作桥梁。

在合作初期，老师带领下的中文系的语言学团队多次来到中山三院康复医学科，观摩学习当前的语言康复训练实践，充分了解当下康复医学科常用的语言康复方法，同时通过权威教材学习语言治疗学的基础理论和知识。在此基础上，团队找到了语言学在语言治疗中的价值所在：语言治疗除了需要遵循语言康复的一般医学规律，还要符合语言学的规律，治疗方案需要充分结合现代汉语和汉字的特征，而不是简单复制主要来自欧美国家的国际标准。

在这个基本观点的指导下，老师和中文系语言学团队与中山三院康复医学科的治疗团队合作制定了紧密结合汉语、汉字特征的语言康复方法，制作了一批语言训练素材，并实验性地用在了当时的一些失语症患者的康复训练中。一段时间过后，这些训练方法出人意料地取得了异常喜人的好效果，一名患者从只能重复一个音，经过训练达到了能说生活中的基本词汇，甚至能够组合词汇说出简单的短语和短句表达自己的需要；一名大学生患者在车祸后丧失了绝大部分的语言能力，但在一段时间的训练后已经恢复到能够满足日常生活交流。患者及家属的认可给了团队莫大的信心，决心在语言学和语言康复的工作上做出更多成绩。中文系的多位博士、硕士、本科生也加入这项工作中来，团队在语言康复的工作中积累了很多经验，也取得了很多喜人的训练成绩。

随着语言康复实践工作的深入，老师和团队逐渐对语言障碍背后的机制产生了深厚的兴趣，要想做好语言康复，必须了解语言的神经机制和语言障碍的基本原理。因此，团队的工作逐渐扩展到神经语言学的研究上来。老师带领团队学习了大量目前国际、国内神经语言学、语言障碍领域的顶尖研究成果，参加了目前神经语言学重要的几项神经探测设备的培训，初步掌握了运用脑电波仪、近红外成像仪等神经探测设备进行神经语言学研究的方法，并通过共享我校外国语学院认知实验室设备、借用样板设备等方式，开展了一系列研究。

2017年年底，中山大学教务部开放了2019年度重点建设项目——教学实验室立项申请通道，老师和团队抓住这次机会，向教务部申请立项"神经语言学教学实验室"建设。经历一系列筛选论证，2018年4月，中山大学教务部正式批准"神经语言学教学实验室一期建设"项目立项，在中文系建立并建设神经语言学教学实验室，并划拨专项经费375万元，用于购置国际前沿的EGI脑电采集和经颅电调控系统、Eyelink眼动仪两台设备用于实验室的教学、研究工作。从此，我们的神经语言学和语言康复研究团队有了一个家。

实验室建立之后，团队利用最新设备展开了更多、更前沿的神经语言学研究，有志于这一方向研究的各级学生也不断参与研究工作中来。实验室建立以来，老师一直坚持，实验室一方面要致力于汉语语言神经机制的研究，一方面不能离开对语言障碍和语言康复的关注，一直将汉语语言障碍及其康复方法作为重点研究兴趣，与此同时，要秉承教学实验室的使命，努力拓展中文系语言学科的教学方向，为原有的"应用语言学""语言、文化与社会"等课程增设了大量神经语言学、儿童语言发展、语言障碍的相关内容，还增开了"神经语言学实验"等新课程，在野外实习的第二课堂也积极开拓了教学实践。实验室建成的一年里，神经语言学的团队逐渐壮大，研究课题稳步进行，也为中文系语言学科开辟了一个崭新的教学方向。

实验室快速发展的背后是老师巨大的付出和大量的工作。实验室的发展需要大量资源消耗，需要与医学、数据科学、生理学等多个学科充分交叉合作，也需要充分打开视野与国际前沿交流，这些"需要"给老师带来了无数次和合作学科的会议、碰面交流，带来了数不清多少个思考研究思路、探讨研究方法而熬夜的夜晚，也带来了永不停歇的长距离出差和高强度工作。对这个事业的热爱和投入，让他几乎忘记了，自己是年近六十，三年前刚从一场大病中捡回性命的人。

2019年，老师罹病住院，病中一直向实验室的同学们隐瞒病情，以"颈椎不适"搪塞，生怕影响了实验室的正常运转，耽误了哪怕一天的学习和研究。直到5月，老师病重无力回天，永远离开了他无上热爱和眷恋的这个世界，也离开了他无比投入和重视的神经语言学事业，这时实验室的绝大部分成员才了解到老师生病的始末。他们不知道的是，老师在病中，除了始终乐观地期待战胜病魔的一天，就是满心牵挂他的各项研究和实验室的工作，每每有人询问和问候，他除了编出轻松的谎话安抚对方，就是切切叮嘱，某项研究要如何深入，某个工作要如何改进。

即便如此牵挂，老师还是离开了。老师离开后，神经语言学团队的每一位成员都久久不能从震惊和悲痛中回复，但事业还在继续，我们只有以加倍努力的方式缅怀这位过早离开我们的开路人、领导者、家长、战友。2019年5—8月，实验室数次赴广东清远等贫困地区开展儿童语言障碍筛查工作，把语言服务送到贫困地区。2019年10月，包含老师重要学术观点的论文在第三届中国语言康复论坛荣获优秀论文奖。与此同时，一篇篇老师指导下开展的研究成果逐渐成熟，陆续投向国际、国内多个高水平学术会议和期刊。

桃李春风一杯酒，江湖夜雨十年灯。老师在时，带领大家一起奋斗，研究和工作有忙的有苦的，但老师总能让生活有花有酒，让前路洒满信心和热情,让每一步都走在春风里。老师走后,桃李春风不再,前路还有许多盏雨夜的孤灯在等,但老师亲手搭起的事业还在,一起奋斗的团队还在,路也还在。很多盏孤灯之后,大概就是发光。到那一天,老师在天上高高的云彩背后,想必也能看见他生前珍视的这个角落发出的光芒。

2019 年 12 月 1 日于广州中山大学

追忆恩师李炜先生

2014 级博士生　张荣荣

李炜先生是我攻读博士学位的指导老师，时至今日，他离开我们已有半年多了。我还是不能接受这一现实，老师给我的印象始终是精神饱满、身强力壮，即使那时他已饱受病痛折磨。每次提及广州、念及中大，脑海里最先浮现的还是他，好像他还在中文堂，依然步履匆匆地处理着各种工作，切换不同方言授课。今提笔记录与老师交往的点滴往事，以表怀念。

我与老师相识不算太久，最早追溯到 2013 年。我们的师生缘，缘起于老师对高校青年教师底层生活的理解与宽容。那时我还是个"小硕"，面临着专业水平再提升的巨大压力，打算报考博士研究生。孩子尚小，就想选个离家稍微近点的学校，方便来回跑，就想到了中山大学，打开博士招考目录，首先就看到了李老师的名字。查阅学校网页，了解到老师在兰州长大，从事现代汉语教学，与黄伯荣先生一起编写了《现代汉语》教材。我顿时觉得我们有了交集，因为我（老家陕西）也是西北人，也承担现代汉语课程，于是就决定报考李老师。可是我从未见过李老师，对他的了解也都来自期刊网和学校网站介绍。听报考过博士的朋友说，至少要征得导师同意才可报考，否则成功概率不大。我这下慌了，没有老师任何联系方式，但我还是填着各种报名表格，拿去学院找领导签字盖章。正巧被问到报考哪里，我实言相告，并袒露了我的担忧。领导听后说他认识李老师，并给了我联系方式，真是天助我也。拿到电话号码后反而忐忑不安，迟迟未打，就这样我在老师不知情的情况下先完成了报考手续。后来，学院组织教研室几位老师去广州学习，去的就是中大。去时是周末，李老师很忙，没能见到，我当时写了一封信，大概介绍了自己的情况，投递到中文堂老师的信箱，也给老师发了一条短信。没过几分钟，李老师回了短信，大意是介绍他的研究方向。老师的回复给了我极大的动力，算是和老师有了联系，回家之后就安心读书备考。初试成绩出来后，我收到了面试通知，也陷入了两难境地。那时真的压力很大，要上课、带孩子，又要复习，为了早日摆脱这种困境，我也报考了广州另一所高校，哪知两个学校的面试时间在同一个周末，中大面试环节和那个学校英语口试时间冲突。我陷入了矛盾，复习了一年，总担心竹篮打水一场空。记得很清楚，那是个周五的下午，我独自坐在中文堂外面的石凳上，思考许久，鼓起勇气给老师发了一条短信，向他如实说了我的处境，问他面试能否把我排在最后，给我一个面试机会。没想到，短信发出没多久，就收到了老师的回复"好的"，我如释重负。第一次见李老师是在复试的时候，进门后正对面坐了三位老师，老师个头清瘦，眼睛微微眯着，手上还戴了串香檀木的佛珠，显得很精神，也有点时尚。整个过程老师话语不多，表情严肃，面试有介绍研究计划环节，我汇报得很粗糙，那时李老师刚申报成功重大项目，于是经庄老师提议，李老师同意接收我，并告知杨泽生老师负责文字部分，让我跟着杨老师学习。这样，我就正式成为中山大学的一名博士生了。

我真正在中大学习的时间只有一年，老师的教导，不是耳提面命式的，很多事情都通过微信或电话联系。刚到中大没多久，老师在微信群里通知同门聚会，那时我没有微信，老师特意提醒大家聚会时记得叫上我。老师本来希望在职读博的学生至少有两年时间安安心心地在中大学习。我刚来中大读书时，爱人有三个多月独自带小孩，工作忙，做家务又很慢，孩子也是三天两头生病，感冒、鼻炎、便血、头晕，折腾了大半年，有好几次孩子哭着给我打电话，每每想到这些我心里都很不是滋味。这些情况我没有向老师提过，可每次放假离开广州发短信告知老师时，收到的信息都是"好的，祝一切顺利"，每次收到老师短信，都会觉得心里无比温暖。博士一年级结束时，老师主动提起，让我带上资料回家写论文，嘱咐我在家一定要严格要求自己，认真学习，有不懂的地方多电话、微信联系。老师承担着行政工作，每天要处理很多事情，可还记着学生的这些小事，其实我们都知道，他心里装着每一位学生。

回到漳州后，每次都是我把写好的东西发给老师看，他再把修改建议用微信发给我。有一次，不知什么原因，我竟然没收到老师发的语音回复，大概是看我很久没有回复，他又发信息问我。明白实情后，他又在电话里把修改意见原原本本地说了一遍，放下电话后我才发现，时间已经过了一个多小时，我的手机已经发烫了。

他经常教导我们，做学问要认真、精益求精。由于我方言音韵功力欠缺，预答辩时老师们指出了论文中涉及音韵论证的硬伤，老师可能以为我做事还不够细致吧，他显得有些生气，告诉我一定要把错误改过来，时间来不及就推迟答辩。预答辩后老师有事就急匆匆离开了，他说会和我微信联系。过了两天，我收到了老师的微信，内容我至今难忘，他说："做学问一定要精益求精，不懂的要多向老师们请教，不要想当然的写，在毕业论文、出版物上出现硬伤，那将无法抹去。"

每个人的成长都会遇到贵人，我始终觉得，李老师就是我的贵人，如果没有他在生活上的理解和宽容，学业上的严格要求，也许我还在水深火热的日子里继续挣扎。

2019 年 11 月 19 日于漳州

这世上最好的老师

2015 级博士生　林梦虹

　　还记得入学时第一次师门聚餐是在蒲园餐厅，老师对我们说："大家可别拘束，我们这是个大家庭，没那么多规矩。"也还记得那天老师身体不适，师姐们问他为何不另选个时间，他说："那可不行，我答应你们了嘛。"

　　也还记得上一次老师大病初愈的时候，召集大家在一起吃饭，那时他才告诉我们所有人他真实的病情，他告诉我们那一切都过去了。在那之后，我们又跟老师一起吃了很多顿饭，在饭桌上，老师会对大家的文章给出具体细致的修改意见，会畅谈他的思路和想法。每顿饭老师总会精心搭配菜式，他常说："吃好了才能做出好学问。"有时也会开玩笑地对旁人说："我给他们吃好的，他们就不好意思不好好学习了。"就这样，这些年里，在很多美酒美食相伴的时刻，见证了许多闪光的想法，经历了真实的温暖和亲切。

　　我看着老师的气色一点点好起来，曾经的病痛渐渐淡去。直到 2019 年年初，我将开题报告发给他，他告诉我说最近颈椎疼得厉害，可他还是一口答应帮我看开题报告，帮我约好了参加开题会的老师们。开题当天，临近开始的时间，收到老师发来的语音，他说他因为颈椎疼，实在走不快，可能会迟到一会儿。其实那天老师没有迟到，他只是一直很重视和我们的约定，从不轻易失约。回想起来，老师当时所承受的其实已经不是普通的疼痛，他却表现得和往常没有什么差别。老师平日里是经常在朋友圈分享生活点滴的人，春节和老师生日都没再看到他更新动态，我有点儿担心，后来得知老师生病了，比较严重，可我总还是盼着他像上回一样，像个超人一样跟我们宣布他没事了，一切都过去了。老师离开之后，我一直没勇气打开开题时的录音，我想我会在完成学位论文初稿的时候，再点开那个录音文件，再听一次老师的教导。

老师走之后，我们聚在一起拼凑和他有关的记忆，每个人心里可能都有一个带有独特印记的老师，而在每一个有关老师的印象里，他都是最爱我们的老师。那个最爱我们的老师，不知道您现在在哪个时空，总觉得您并没有远离，还如往日一样微笑地看着我们。

写下这些文字的时候，又一次去翻看了老师再也不会更新的朋友圈。去年年底，他在美丽的中大校园散步后写道："中大的树也许是这世上最美的树""中大的老房子也许是这世上最漂亮的房子"。我想说的是，其实不管您在哪个时空，都是这世上最爱我们的老师，没有"也许"。

2019 年 11 月 29 日于广州

炜哥，亦师亦友真性情

——忆导师李炜教授

2015级博士生 张 超

炜哥，全名李炜，是中山大学中文系教授，著名语言学家，也是我的博士生导师。对于我这样一个比较重视"师道尊严"的人来说，要称老师为"炜哥"其实心理上是很难接受的，然而对于李炜先生，我最终还是开始习惯背称他为"炜哥"。不是因为我最终失了师道之礼，实在是因为李炜先生于我等弟子之亦师亦友。先生离世已有半年多，我脑海里关于先生的点点滴滴，依然清晰可见。

成为李炜先生的博士生，说起来也真算一种缘分。2015年开始报名参加高校博士生招考的时候，我同时报了华中师范大学、贵州师范大学、中山大学三所高校。前两所高校我所报考的导师我都有过接触，或师或友，而唯独中山大学这边我报考的李炜先生，向来只闻其名，未见其人。所以，对于考到李炜先生门下做其弟子，我内心其实一直没有底。然而有些事情就是这么巧。这一年，华中师范大学博士生招生考试开始前我发现自己忘了交报考费，于是无法参加考试；贵州师范大学博士生招考开始前，我怎么也想不起报考平台密码，也导致无法参加考试。就这样，我怀着惴惴之心，最终只参加了中山大学的博士生招生考试，从此开始了和李炜先生的师生缘分。

2015年4月，在博士生招考复试现场，我才第一次见到李炜先生。虽然我那时年龄已不算小，且也有了多年的工作经历，然而第一次见到自己的导师，心里还是很拘谨。不过面试快结束时，先生的一句问话让我彻底放松了。记得是在我现场翻译了一篇关于江淮官话的全英文论文摘要之后，庄初升先生说"可以了"，而李炜先生突然打断庄先生的话，说："不，我还要问一个问题。"我一时紧张起来，以为导师会问高难度的学术问题。李炜先生面带微笑："你能喝多少酒？"我一时愣住：怎么会是这样的问题？不过我还是老实回答："不多，最多半斤。"李炜先生一听，眉眼上扬，一脸阳光地爽朗地笑起来："哎哟，厉害厉害，以后出去调研喝酒不用怕了！"先生这一笑，我的拘谨立即消除了。我心想：得如此平易近人之导师，实乃人生幸事！

  后来的相处中，我更发现，李炜先生不仅是一个平易近人的师长，更是一个可以谈心的学友。据同门学长们介绍，先生常常在请学生吃饭的过程中讨论学术问题，修改学生论文，让学生既聆听教诲，也享受美食。我入学后，得知先生身体已然不如从前，遂不敢奢求像学长们那样在饭桌上聆听先生教导。然而李先生却不想因为身体原因让我这个后入门的弟子得到"不公平"的待遇。2015年冬天，先生硬是撑着还不太利爽的身体，邀了在广州工作的部分学长和尚未毕业的一众弟子共进晚餐，主要目的是为我等新入门的弟子"接风"，让我们弟子之间相互熟悉，当然，也少不了要在他的谈笑风生之间聆听一些教导。说是教导，还不如说是一种学问和生活上的平易交流与探讨。先生在愉悦的心境中谈谈，我们在轻松的气氛中聆听，偶尔也表达一下自己的观点。倏忽间已至夜深，师生之间才依依话别。后来我有两篇学业论文请先生修改，先生也特约几人一起就近请我们吃饭，于饭桌上和我交流文章的意见。为了让我完全消除拘谨，李先生还常常笑着喊我"超哥"。或许先生很懂得心理学，这样一个称呼，确实让我这个初入门的弟子完全放下了"师道尊严"下的拘谨，从而可以大胆表达自己的想法，充分和先生交流。几次"饭局"下来，我感到：我不仅得到了一个好导师，也得到了一个好朋友！

  在与学界人士相处中，李炜先生更富有一种豪侠之气，总能赢得一片人气。我回单位上班后，李炜先生曾两次莅临我校，对我以及我所在学院的工作给予了莫大的支持，这既基于师生情缘，也基于他对朋友的真诚。2018年6月，全国高等院校现代汉语教学研究会年会在我校召开，作为研究会副会长的李炜先生出席会议，并抽空为我校学子开设了一场讲座。会议期间，李炜先生与我所在的文学院时任院长吴俊先生一见如故，刻意相约会议晚餐之后于路边小店聚谈，我等几个弟子及朋友相陪。席间，李先生一展"西北大汉"之气概，与吴俊先生一阵豪饮阔谈，给吴先生及我院众多教师留下了深刻印象。后来李炜先生对我校华文教育基地的鼎力支持更令我院全体教师感动。同年10月，李炜先生又应邀为我校承办的

"国培计划"贵州少数民族地区双语教师普通话培训班开设了一次专题讲座。这一次,已经退休的吴俊先生听说李先生到来,临时推掉其他应酬,专门来请李先生吃饭畅叙。吴先生后来告诉我:"你的这位导师真性情,身上的豪侠之气令人欣赏!"

然而先生与人相处,不仅豪侠仗义,也总把阳光洒向他人。事实上,朋友们都知道,李先生情感生活上并不顺利,许多人遇到这类事情,自身很难高兴起来,更不要说让别人感受到温情了。然而李先生不同,面对情感生活上的不顺,他能泰然处之,而且能始终以其爽朗幽默,给人以阳光。记得2018年全国高校现代汉语教学研究会结束之后,李先生带着我陪同陆俭明、马真、邵敬敏、张先亮等老先生观览贵州景观,在贵阳附近的青岩古镇吃中餐时,为消除众人旅途中的疲惫,李炜先生即兴拿出少年时于京剧班学到的本领,用筷子敲着节奏,唱起了著名的京剧片段,赢得众人阵阵叫好。众人的旅途疲累,就在李先生的唱说谈笑中渐渐消除。用中山大学中文系彭玉平教授的话来说,李炜先生就是一个"明媚了周边世界的炜哥"!

一个于学生亦师亦友,于朋友豪侠仗义、真性坦诚的人,在学术研究上会否有荒嬉之虞?非也。我自己的经历就显示:先生对学术研究的态度非常严谨。我入学后第一篇学业论文是关于西南官话"法"的多功能性和语法化的,稿子给先生后,先生既耐心也毫不客气地指出问题,并给出了修改建议。有时先生回到家临睡前还不忘用微信语音补发一些意见过来。就这样,一篇稿子,前前后后修改了八九次之多尚不能定稿。在先生身体状态不好的情况下,这让我感到惭愧,也感到敬佩。

就这样一位亦师亦友、豪侠真性的老师和学者,却遭上天妒忌。2019年5月6日,李先生因病而长眠了,令人十分痛惜。李先生曾对我说,卸下系主任职务后,感到可以专心务本了,于是有了宏大的学术研究计划,如高质量完成国家社会科学基金重大项目"海外珍藏汉语文献与南方明清汉语研究"、研究国际职业汉语教育的相关标准和人才培养问题、推动中山大学神经语言学和语言治疗项目的建设等。学界许多朋友也都期待着李先生出更多的成果。然而这一切,终究成了先生离世时的未竟之业,成了我们一众弟子的伤痛,更成了中国语言学界的一大遗憾!

李炜先生兰州的一位朋友曾说:"人活着的价值,不在于长度,而在于高度。李炜的生命不长,但活得有高度!"是的,李炜先生对中国语言学的贡献已经人所共知,这就是一种高度!我也常常在想:从更宏观的角度看,人生几十上百年,本来就很短暂。有的人终其一生默默无迹,对社会无所贡献;而有的人则如流星划过夜空,给人们留下美好。李炜先生可谓生命短暂,但已然如闪亮夜空的流星,为我们的记忆留下了美好!在这颗流星的光亮中,我要说:"炜哥,一路走好!您的精神将永存!"

2019 年 11 月 30 日于贵阳

忆 恩 师

2017 级硕博连读生　洪　妍

2019 年 5 月 6 日中午，我接到师姐打来的电话。看到来电显示的名字那一刻，心里猛地一沉。坐在赶往医院的出租车上，我看着窗外这两个月来经常来来回回的风景，感觉这段路从来没有那么遥远过。

但我始终还是没能见上李老师最后一面。后来，我跟师姐去照相馆接老师的遗像回家，相馆的人把盖着的布揭开的一瞬间，我又看见那张眯着小眼睛的熟悉笑脸，眼睛一酸，又立马盖住了。那天回去的路上下了点毛毛雨，我抱着照片，经过老师曾经跟我聊过论文的咖啡店，走进偶遇过老师的西门，他打着电话，行色匆匆，跟我微微点头，仿佛就在昨天。

我的人生中遇到过许多老师，但李老师是真正改变了我人生的那一个。两年前保研的时候，我因为兴趣选择了语言学，但还从未想过读博，对语法研究也没有深入的了解。李老师通过师姐找到我，给了我这个难得的机会，将我一步一步领上了现如今的这条路。那天保研面试通过后，老师就很兴奋地告诉我，自己手上有一批闽语文献的材料，有很多有价值的东西可以挖，一定能做出许多东西来。后来，老师又几次叫上我跟师姐师弟们一起吃饭，说是吃饭，其实每次都是一次小小的学术讨论会。老师常说，学问是在饭桌上讨论出来的，只有吃得好，才能做好学问，末了还不忘笑眯眯地补上一句："你们要是写不出好文章，可就对不起我这一桌好酒好菜！"

去年年底，我把我的第一篇语法论文交给老师看时，他就已经开始头痛了。有时候看着看着，便疼得整个人都要蹲下去，方能稍稍缓解。但他仍坚持看完，还给了我许多意见。快到春节的时候，老师住院了，治疗是个艰苦且漫长的过程，但他始终保持坚强、乐观，甚至常常反过来安慰我们，说相信自己一定会好起来，大概也是这样暗暗地给自己加油打气。

我在师门里边年纪较小，真正成为李老师的学生，只有不到两年的时间，不像师兄师姐们与老师相处的时间长，因为性格内向，平日里跟老师的交流也不多。真正开始接触李老师并熟悉起来，是3月初到医院轮流看护后的事情。但也就是这短短的两个月里，我看到了一个比在课堂上更让人敬佩的李老师。

即便是在病痛中，他也常常事无巨细地操心着我们的事情。他不止一次地说过，自己现在最想做的事情，就是起来看学生们的论文；会反复确认我们有没有吃上饭，叮嘱我们要多喝水；给他点外卖，他也一定坚持着把饭钱给我们，有一次还一脸严肃地对我说："我一定要确认你收到了才能吃，不然就不吃"……

能够成为李老师的学生，我很幸运，也很感激。大三那年，我帮忙给14级师兄师姐们的毕业典礼采风，李老师大病初愈，专门从医院赶过来，给毕业生们发表讲话，一如以往那样神采飞扬。我在下边听着，完全想象不到这是一个刚刚经历了一场与病魔殊死搏斗的人。现在回想起来，大概要感谢上天，多给了老师这三年时间，在这两三年里，我有幸成了李老师的学生，陪他走完了这最后一段路，见证过了这个坦荡而有趣的灵魂。

老师，半年时间转眼即逝，我如今博一了。今生相识的时间太短，还没来得及好好了解您，您也还未对我"严厉"过一次，便这样匆匆去了彼世界。我会听您的话，尽力做"有灵气"的学问，不给您丢脸。

相信您一定去了个有美酒美食的好地方。非常想念您。

2019 年 11 月 30 日于广州中山大学

感恩李炜老师

2018级博士生　沈　冰

2019年2月4日，大年三十，我照例给老师发去了新年的祝福"祝老师新的一年身体安康，事事顺遂"。老师秒回了一句"猪年诸事顺遂"。后来才得知，这一年的春节，老师没有安康，也没有都顺遂。老师在春节前就已经住进了医院，大年三十，那时躺在病床上举着手机，收到各路祝福短信的老师，心里肯定是一片寂寥。

我和老师的熟络是从他病倒后才开始的。在李门我不是年龄最小的，却是与老师相识时间最短的。我与老师的相识不到一年。师姐师哥们与老师有着长达十几二十年的交情，就连本科的师弟与老师也能推杯换盏，调侃谈天。我不是，看着老师的严肃，怯生的我更加怯生，见到老师都是不自主躲得远远的。他应该不知道我的名字吧，我猜。直到有一天，我照常到医院陪护，病床上的他用依然中气十足的声音喊我："沈冰你来，坐过来。我现在顾不上你了，但我们是个大家庭，你不用担心。"说完兴致上来，强忍着那时不时侵袭过来的头痛，开始跟我讲"系统性"。一点儿都不像个病人，他又变成了讲台上那个神采飞扬的李教授。

老师是个典型的西北汉子，有着大西北的豪迈，却也不乏柔情。病中的他总惦记着怕学生花钱，要求我每次给他买完东西都一定要"报数"。下雨了嘱咐我回去的路上路滑要小心，建议我喝汤最好还是在饭前……病痛也没有影响他的食欲。那一阵他已经难以起身，听得也不是很清楚，却一如既往地对美食、对远方抱有希望和憧憬。我以为他对我的家乡海南一无所知呐，他却说他去过好多次临高。"临高的烤乳猪、萝卜干、香煎马鲛鱼可真是香呀。哎，临高话的'吃饭'是不是说'kon fia'啊。"谈起美食他总是忍不住眉飞色舞。聊到兴起，还会吆喝一声："抓紧治疗，出院去吃烤乳猪。噢对了，还要配一碗酸笋。"就是这么个讲究的人啊，什么肉配什么样的酒，在什么时辰喝。什么场合穿什么样的衣服搭配什么颜色的围巾，都是要讲究的。在医院也不能降低要求。每次用餐后的洗漱流程依然完整，每天尽量把自己收拾得整整齐齐。有谁担心他，为他忧心，他还要教育教育，要相信医院，相信他，能挺过去的。即使是最后带着氧气面罩，与死神奋力抗争的他，还不忘比着手势，给学生加油打气。这个坚强的老师，在医院常常还是意气风发、挥斥方遒。我以为他无所畏惧，所向披靡。但有那么一次，是老师刚经历转院的颠簸，要面临新一轮高强度治疗方案的那一天，他整夜没睡好。我安慰他放宽心，他看着天花板缓缓地说"我也是个普通的凡人啊"。我禁不住潸然泪下，在病魔的面前，我们都是弱者。陪着走过来的人都知道，老师已经尽了最大的努力。

  3月初我加入陪护队伍，5月初老师离开。在老师生命的最后两个月，我们慢慢熟络起来。我从刚开始的拘谨，只会到点了给老师喂药、张罗餐点，到后来老师头疼的时候，能帮他按按摩，舒服地聊天。可我存着那样深深的遗憾。在他还神采飞扬的时候，我们陌生得像个路人；在他病倒的时候，只能等待来日方长、改日再叙。奋战过却失败了的我们，都只能接受这样的结局。各自留着关于老师的那些美好的回忆，重新投入新一轮的战斗中。而我也只能安慰自己，大概我和老师的缘分就是这样吧。我是那个要克服生分，参与陪他度过病痛，走过人生最后一段时光的学生。他对学生的严厉、大方、体贴，对生活、对学术的热情与激情，我都无缘再体会到了。活着的我们只能重新整理好行囊，带着老师对人世的这份不舍与希冀，继续走向前。

2019 年 11 月 25 日于广州

师　父

2002 级本科生　王　健

　　大概每一位男学生都对师父有特定的称谓，尊称与黑号同享，师父乐在其中。他眯着眼，在不同场合炫耀着，"他们每个人叫我都不一样"，像历数着那许多"爱妃"，对的，炫耀的不是徒儿们，是"妃子们"。

　　谁的酒量大，谁的女朋友多，谁高光时刻，谁糗事百科，趣闻掌故就这样在一拨拨儿师兄弟间传唱。师弟大概都是会对师兄服气的，师兄也总有什么能耐可以让师弟服气，师父很享受我们相互的雄性崇拜。大家一激动就各种表决心，掏心窝，痛哭流涕，放肆任行，师父眯着眼，笑。

　　我理解的爱妃和徒儿的差别，师父看我们，眼里充满了欣赏，远远大于疼爱，所以我们这一门，不会有孙大圣喊"徒儿们"的那一番情景。

　　一群男学生，平日里黑话多了，看着就是个小江湖。我们这一门，有很多仪式，多在午夜，酒后吃碗牛肉面，立冬吃顿羊肉煲，重大赛事集体观摩，文艺活动群策群力，这一门的青春，就洋溢在师父眯着的眼睛里。师父的好友，央视某导演说，大学生就应该是这个样子的，眼睛里有光，身上有劲儿。师父眯着眼，笑。

　　师父是个爱好运动的伪球迷。爱好运动人所皆知，游泳、跑步、打拳击，当真教过我们直拳与勾拳。伪球迷大概也是人所皆知吧，在篮球场上喊过京剧样式的喝彩，很尴尬有没有。2014 年世界杯，决赛阶段我们几乎天天在一起，前半夜喝酒、后半夜看球，每天夜里的激情点评与贺炜的诗歌遥相辉映，难怪姓名包含同一个"炜"字，如此真球迷吗？师父评球，总是从难以想象的另一个维度开扯，还总是扯得头头是道。

　　2004 年亚洲杯，师父带我们跑出校园看球；2019 年欧冠决赛，我睡到比赛 80 分钟，醒了看一眼比分，就翻过身去了。我也许有时眼睛里没光了，身上没劲儿了，师父还是师父，眯着眼，笑。我常说，师父把一拨拨儿意气少年熬成了中年，中年会找师父放肆，找回青春的感觉；看着又一茬少年，成长，出门，走天下，回家，找师父放肆……师父还是师父，总在那儿眯着眼，笑。

我们这一门好酒，是真好酒，大江南北，世界各地，无所不好。我和师父开玩笑，面食就酒，格外的豪气，且只有在北方才显得豪气。想象一盘儿包子，一碟儿花生米，二两二锅头；想象一笼叉烧包，一份萝卜条儿，一瓶九江双蒸；师父哈哈大笑。很长一段时间，师父和我满广州找包子；很长一段时间，师父到了北京，总要抽个中午，在庆丰包子铺，一盘儿包子，一碟儿花生米，二两二锅头，再打电话向我炫耀一番；很长一段时间，拜师父所赐，我和包子有了必然的紧密的联系，甚至互相代称。

"本来中文系男生就少，再不喝点酒"，师父一口戏言，成了口头禅。喝酒的气势起来了，胸中添了许多豪气，人也就自然而然的，爽朗坦荡了许多，所以我们这一门，尽管少年不再，中年却不油腻。

今年上半年，我陪夫人在英国待产，没有见到师父，我想如此场景我是受不了的。师弟说，新生命多好，有希望。可师父终究是唯一的师父，原来人生无常，心安便是归处。2019年就要过去了，我很想念他。

师父，再见痛饮三千碗。

2019 年 12 月 10 日于康乐园

脍不厌细

2005 级本科生　段　超

和李老师吃过饭喝过酒的人太多了，我大概算是"常客"里最胖的一个了吧。

那年大四，终于选到李老师做导师，毕业论文即将开题，一筹莫展之际，李老师适时约饭。中大老师一向以请学生吃饭而闻名，李老师则更是豪气，特地带了苏北名酒坐镇，那时寒冬时分，蒲园鱼脍边炉，腾腾氤氲，推杯换盏，暖心随意。

又转至毕业前夕，和老师谈至半夜，论文诸事已经烟消，转头老师竟然"冒昧"随我杀到一个十来人的师弟局，未曾想到就顺势"杀"了个通宵——老师胃不好，只喝常温啤酒——在小北门的"苍蝇馆子"里撸串，面对一群后生的车轮战毫不畏惧，"两瓶冻一瓶不冻"的吆喝声，是翻江倒海和叫苦连连。冻啤不伤人，年少皆无知，师父晨曦而归，徒弟酣畅稀碎。

毕业后几年，兜兜转转又回到广州来，是清酒寿司接风；每逢入冬，又邀我将勃艮第新酒豪饮。脍不厌细的乱炖 STYLE 路数也是迷花了眼：高地单麦，本地双蒸，贵刁配拱桥，庆丰兑小二，大俗小雅之间穿梭，让我一个"捞松"到骨子里的毛头小伙子一时也摸不着头脑，埋头猛吃，只觉膘圆，未知生蚝哪国鲜，只知拉面谁最强。隐隐约约觉得，吃喝搭配的秩序是不能乱的，乱搭配会被师父批评的，像论文没写好一样批评的。

说起批评，大家都是成年人了，面对师长，虚心要接受，坚决可不改。我自诩西北正宗，口味之固执在广东多年也未曾屈尊，辣椒配醋可拌白饭，生蒜就葱恰似水果，什么粤菜清淡本真的口味，我一概不买单，就地自行勾兑，师父磨破嘴皮子也是拿我没办法。

驾车归穗，取道顺德，碰上饭点，师父说就地搞一下，便硬是在旧街陋巷里找了他 20 世纪 80 年代初来广东时吃过的"污糟鸡"老店。上了年纪的服务员很"串"地告知不过两三道主菜可以选,别的都没有,不愿意吃就算了,如此,竟然让师父感叹改革开放三十余年这里的服务品质已经大有提升(什么鬼!?)。一顿饭不过一鸡一鱼一青菜,狼吞虎咽后,我才发现我未曾加醋加辣加酱,师父则是爽朗地大笑,好似六打了白骨精,十八擒了孟获。

如此说来,比起同门硕博学霸,我学艺未精,唯一可夸口的地方大概就是挺省钱——他们码的字儿都是潮州菜堆出来的,我拉面扯面手擀面已是活蹦乱跳。

白驹过隙,我也成家,斗盏杯璃,高低错落,琳琅寂寂,无可奈何。

家中餐桌上一直供奉着山西的陈醋和胡麻油底炸的辣椒——加之,想你骂我;不加,想你笑我;该加,一味黄土;不该加,食精脍细。

2019 年 12 月 3 日凌晨于广州

致 恩 师

2015 级本科生　魏兴舟

　　第一次见您还是在 2016 年 5 月的中文系"五月花海"活动上,活动结束后您拍着我的肩膀说:"小伙子普通话说得不错,但是听口音还是能听出来,西北来的吧?"我自然也知道咱们是老乡,很自豪地回答道:"李老师好,我是兰州来的。"

　　"那你兰州话会说哩不?"

　　这突如其来的乡音让我一时不知所措,只是傻傻地望着您那可爱的笑脸和期待的目光。我忘了我当时说了什么,只记得后来加了您的微信,您还说:"兰州话有很多东西要做,到时候你就跟着我,要不你就荒废了!谝来呢不?(明白吗)"说罢便匆匆离开了。我一个人站在那儿许久,憧憬着以后跟着您一起做学问的样子。

　　您总跟我和旭说,"兰州方言语法研究"是您毕生的愿望。"兰州话现在是会说的人不会研究,会研究的人说得不成。又能说又能做的全中国,就我李炜一个。任重道远啊。你看看现在兰州话都变成啥样子了,再不做兰州话就真的死掉了。"每每听到这里,我总是倍感压力,肩上仿佛也扛上了一份沉甸甸的重担。可有您在前头领路,我心里就踏实很多,也无比坚定。虽然我也是土生土长的兰州人,但您总嫌弃我的兰州话被普通话影响得太严重了,说不好兰州话以后研究会很有问题。的确,自从上了中学,除了和家人或者最好的朋友在一起时偶尔说说兰州话以外,还真的不怎么常用。我不敢怠慢,努力练习着。

　　一个月后,您带我们出去吃饭,席间上了一道板栗炖肉。您指着板栗问我这用兰州话怎么说,我自信地回答:"毛栗子!"您笑了笑,频频点头,我正暗自窃喜,准备迎接即将到来的褒扬,可您立马又一脸无奈地看着我说:"你发现问题了没有,你现在的普通话又有毛病了。你怎么学一个扔一个?普通话和兰州话都得说好,让你来啥就得来啥。以后还得再学个粤语,南北通杀,普方通杀,这才像话。你看看你现在这个前后鼻音,本来普通话说挺好的呀,哎呀,真是愁死我了!"

您对学问一向很严谨。大三快结束的时候,我磕磕绊绊,总算完成了第一篇关于兰州方言的论文。我天赋不是很高,第一次写论文畏手畏脚,总怕自己写错什么,虽说基本上都是自己写的,终归是照葫芦画瓢,隔靴搔痒。您看得到我的困惑,跟我说:"做学问不能按部就班地一步一步来,要连滚带爬式,边读书边思考,发现问题再解决问题。你总想着先学习理论,再慢慢入门,咱可没那么多时间。学问做得好的人永远是聪明的人,而不是只会使蛮力的人。你现在努力有余,巧劲不足。"听着您的教导,我暗下决心,毕业论文要好好完成。遗憾的是,您最后没能看到它。

您总带着我做很多文创的工作。我本对这非常陌生。可您说您不会看错人,相信我可以做好。您带着我编写大明宫芭蕾舞剧本,组织冬至晚会,举办陈小奇老师的讲座。您的要求也是一如既往地严格,有时候出去喝到酩酊时您也揪着我的耳朵说:"看你这样我也心疼,可是男娃娃不能只知道做学问,不然你也就废了。"跟您出去学到了很多,您也逢人就说:"这是我的学生,我以后就像带个瓶子一样把他别在腰上,走哪儿带到哪儿。"雷哥一直念叨等我再过几年就接过他"大秘"的工作,我也一直期待着跟您纵横江湖、驰骋天下的日子。

而细细数来,跟您闯天下的日子并没有很久,我总觉不甘心,总觉得还有很多事应该做、应该学,却没能跟您学到。而现在手机里再也看不到那一段段60秒语音,我也再没有去过中文堂的八楼和西区。但我每周坚持去岗顶吃老白家的牛肉面,去小北门吃秦川食坊的"三合一"。他们是您最爱的两碗面,我和您吃得最多的也就是这两碗面。

我很庆幸自己能在大学遇到您,您给我方向,给我启迪,给我视野,给我人生更多的可能性,您已经给了我太多太多。可我却还是不满足,无数个夜晚,我都会在梦中梦到和您讨论毕业论文,跟您学习文化创意,陪您一起游山玩水的日子。每次惊醒时,一切仿佛都回到了2018年的那个夏天,我们在皋兰宾馆收集方言录音,一起喝着旭带的金门高粱酒,您看着我们几个划拳时的样子。这是您最喜欢的场景,也是我最难忘的记忆。不论是在兰州喝酒划拳,吃牛大,还是在小店品着您研发的海带排骨汤,啃着雷哥的辽河稻田蟹,只要您和我们师兄弟姐妹在一起,研究学术,讨论美食,侃侃八卦,这便是我们,想必也是您最幸福的时刻吧。

您总教我们要做一个有温度的中文人，对身边爱的人好，对家乡好，对母校好，也要对自己好。近日，我找了宾哥、米妮姐、嫦娥姐，还有邓叔和苏叔，向他们了解和您的交往情况，每一次的小访谈就像一部微电影，听到了很多我原本不知道的故事。我也很庆幸，自己能做这样一份工作。我一句一句地把这些故事和记忆转录成一段段有温度的文字，只愿对您的记忆能再多一些，再清晰一些。您的生命所及之处，充盈着无限的光明和温暖。学生会在您的庇护下，铭记师训，砥砺向前。

2019 年 11 月 29 日凌晨于广州中山大学

他在曾经拥有你们的春秋和冬夏

——我记忆中的师父：李炜

2016 级本科生　王　旭

李炜教授是我的老师，我喜欢跟着师兄师姐叫他"师父"——对我来说，他既是恩师，也是慈父。

我的师父是一个"矫情"的人。有一事迹最能将他的"矫情"体现得淋漓尽致：听说有一天晚上，他在自己的办公室忙到深夜，要收工离开时，无意刷到了歌手朴树在北京街头给行人唱歌的视频，一时兴起，搜索朴树的代表作《那些花儿》，播放、静听，然后在没有任何征兆间，潸然泪下。我得知这一"事件"时的第一反应是：即将步入老年的师父竟然会被朴树的歌打动，着实令人费解……

我有幸从本科一年级开始便跟着师父学习——学着做人，学着思考，学着生活。第一次和师父面对面交流是在 2016 年 10 月的康乐园。从中文堂出发，去他最喜欢的一家饭馆吃饭。刚走到小礼堂，忽然下起了小雨，我们于是就近借小礼堂的屋檐避雨。我正望着对面的中山先生像出神时，师父扭过头来，眯起他标志性的小眼睛，操着在场只有我听得懂的兰州话，对我说："我选了个粤菜馆子，主要是得照顾一哈我们大家，光我们两个，我就把你领上吃牛肉面去了，哎你不知道，客村那有个东方宫哩，做哈的面还是好吃着呢……"——其实没有来得及跟师父说，作为一个土生土长的兰州人，他的"小老乡"，我事实上并没有很喜欢吃牛肉面。但是，在那之后的三年里，每次跟他出去吃牛肉面，都无疑是我最珍贵、最美好的记忆。

我的师父在方方面面都很宠我，宠到每每使我忘乎所以——但是唯独在面对学术时，他又像 20 世纪 90 年代国产家庭伦理剧里的"后爹"一样，对我毫不留情。还是康乐园初见面的那一天，饭桌上，我正畅想着未来的一年，这位李老师会怎样指导我的写作，让我编故事的水平进一步精进——彼时我尚有一个幼稚的梦想：做"中国的马尔克斯"……而我的师父，冷不丁地扔给我一部书："去看吧。我想你大概看不懂，不过没关系，慢慢啃吧，啃完感受一下自己会不会对语言学产生兴趣。"这本书便是苏联语言学家龙果夫的《现代汉语语法研究》。于是，此后的三年里，这本书成了我的梦魇，也成了我学习之路上的圣经。我猜，我大概有过至少一百次被这本"恶毒"的书"摧残"到怀疑人生的时刻，但也正是这本书，让我彻底爱上了语法研究。

慢慢地，我开始接触到语言学的方方面面，知识的积累有了一点点基础之后，胆子也慢慢地变大了，讨论起问题来也渐渐有了口无遮拦的倾向。某天睡前，我们师徒几人在线上讨论汉语中词的重叠问题，我冷不丁冒了一句："××方言的动词为什么不重叠呢？很值得研究哦。"片刻沉默之后，我师父发来一段语音，语音的最后一句是："你对汉语史一无所知。"

这么一场简短的睡前讨论，让我失眠了大半夜。之后的两三年里，我一直在啃各种各样的汉语史研究经典，直到现在，已然变成了习惯，甚至可以说，汉语史已经变成了我最感兴趣的模块之一。

狂啃了一段时间汉语史，我又觉得自己行了，走路又开始带风了。这时候，我的师父又给我带来一个"晴天霹雳"——让我去给他的研究生课程做"助教"，制作课件。他扔给我一大堆论文、草稿，以及一点"可有可无"的排课思路，然后淡淡地说："你就按照自己的思路来编，编完再说，发现思路不对，逻辑不通，理解有误，我再慢慢找你'算账'。"我只能硬着头皮，按着师父一贯以来教育我的"连滚带爬"模式，啃着那些晦涩难懂的语句，艰难地做着课件。而令我意外的是，师父更多的时候，经常在当堂给大家讲授的时候，一边寻找我的错误，一边"实时直播"式地当着满教室的研究生师兄师姐的面指出："哎王旭你这里错了""哎你这儿理解得也不对""这里的逻辑应该是这个样子的"……每每使我羞得面红耳赤，之后也只能更加下功夫去吃透文章，更深入地思考其中的逻辑。如此循环往复，直到最后一节课下课，师父突然眯着眼，问我："怎么样，这一趟连滚带爬下来，爽不爽？学到了多少东西？"现在回过头去看，那段"受苦受难"的经历，可以说是我学到最多东西的一段时间。

入学到现在,我只从师父那里得到过一次表扬,彼时他刚下飞机,还没来得及拿行李,隔着手机听完我的思路,他发语音对我说:"很好,你就像这样继续思考吧。"我想,这唯一的一次表扬,值得我铭记一辈子;我想,我会永远感谢我的恩师,感谢他从来不拿我当本科生来教育,而是让我带着问题和一身的"残疾",与学术"亲密接触",在思考和犯错、纠错中连滚带爬,学到"真本领";我想,今后的岁月里,我可能再也无缘遇到如我师父这般下功夫教育我的良师了。

自从步入青春期,我和我父亲总共加起来恐怕没有说过超过一千句话,我把它视为"男人与男人之间的对话"。而我的师父,则让我感受到了另一种"父亲"的表现形式。他知道我吃饭不喜欢喝水,声称这样下去"老了有你受的",于是每逢一起吃饭,都要盯着我倒水、喝水,并强烈建议我带着保温杯出门;知道我抽烟,于是每每喝到微醺,都会语重心长地教育我:"以后就没有合法的地儿给你明目张胆地抽烟了,现在不戒以后连烟都买不到了,你看我,我抽烟的年头比你多多了,我不也戒了……";在中关村午夜的街头,走在前面的他,竖耳听到身后的我和师兄师姐们低声商量着要"脱离组织",偷偷出去喝酒,马上凑过来说:"好呀好呀,那咱们找地儿吧",完全忘了把自己摘出去;每逢我剪了个自以为很"成熟稳重"的发型,被他撞见,他都会端详片刻,说:"你这个发型太'脖'了,本来长得跟我一样丑,还瞎捯饬,踏实剪个短发吧,重要的是气质、气质,咱们这类人适合以气质制胜。"于是在他住院期间,我剪了短发,去到病房里,他看了非常满意,表示:"终于找了个好理发师。"

师父生命的最后几天,是戴着氧气面罩和输着营养液度过的,他最喜美食美酒,美其名曰"食色性也",所以自然可以想见,在意识清醒的情况下,连着几天没法吃饭是什么感受,用主治医生的话说,我们根本无法想象,在那种情况下坚持呼吸需要多大的毅力。而就在他离我们而去的前一天下午,我坐在床边,他突然想起来什么似的,侧了侧头,隔着氧气面罩,吃力地、一字一顿地问我:"你吃饭了吗?"

师父那时的听力有所下降,我就只能扯着嗓子回答:"不急。"

他眯了眯眼,像没听见似的,说:"你快去,快去吃饭。"

在师父住院期间,我总是以一种像往常一样轻松而非特殊时期的语气和他交流,以至于被他吐槽"不要再逗我笑了",但那一刻,我转过头,泪水早已止不住。

和师父遗体告别的前一天晚上，为他守过灵后，已经是半夜一点多，我从他家出来，漫无目的地在逸仙路上溜达，那一刻，突然觉得曾经令我爱到不行的校园，怎么变得陌生，变得容不下我了。我靠在惺亭的台阶上，想起了师父的"矫情"往事，于是学着他，打开了音乐播放器，听着那首《那些花儿》，同样毫无征兆地，潸然泪下。

也就是那天，我觉得自己明白这首歌为什么会打动他了。

斯人已逝，唯有不负师恩，奋勇前行。但是我自始至终都相信，我的师父会像朴树在歌里唱的那样，"在我生命每个角落，静静为我开着"。

2019 年 11 月 28 日于广州中山大学

难忘师恩

2010 级硕士生　胡佳艳

2019年5月6日下午，大学同学群被一条信息打破了往日的宁静："李炜老师走了。"惊愕之余，不敢相信。与留校的师姐确认，未料竟然是真的，不禁潸然泪下。

得益于中大中文系全程导师制的优良传统，我从大一起结缘拜师于李老师门下，在其悉心指点下，开始了大一的百篇作文、大二的八篇读书报告，后对其教授的社会语言学方向感兴趣，因而本硕六年全程都由李老师指导，至今回忆起来实乃人生中最宝贵的一笔财富。

李老师20世纪60年代生于西北，在中大读博、任教，长期在岭南生活。走南闯北的经历，让他既有西北汉子的粗犷与豪情，骨子里又有着南方人的细腻与柔情。

语言学较为枯燥晦涩，可李老师总能很轻松地运用高超的语言艺术，将艰深枯燥的语言学知识讲得深入浅出、生动有趣，而且得益于早年京剧的舞台表演功力，他往往在课堂上唱吟念打，段子包袱信手拈来，有时一时兴起，还会当堂表演一个后空翻，据说后来因年岁渐长，有一次摔了个趔趄，方才作罢。这样一个活力四射、幽默风趣的老师的课堂，自然往往欢声笑语、精彩满堂，就连开全校性的讲座也是座无虚席，对此，老师称之为语言的力量，还发明了一个词——"语力"。

李老师特别善于将语言学原理和社会实际联系起来，任何一种习以为常或是不起眼的语言现象都能成为他的研究对象，比如颜色中的语言学含义，又比如詈语中的社会学密码等。近两年随着"一带一路"建设的兴起，李老师开始致力于"一带一路"汉语教学，"把学问写在大地上"，由其主持研发的国际职业汉语培训及评估标准体系成为国内语言学界第一个教育部科技成果，他曾豪情满怀地表示，希望通过为海外运营的中资企业提供本土化运营的语言解决方案，筑起"一带一路"的汉语服务之桥。

老师的家国情怀由此可见一斑。

李老师不仅有豪情，也注重脚踏实地，踏踏实实地指导好自己的学生。老师极为重视训练中文人的笔头能力，落脚点就是大一的百篇文章。我大一那会儿，新生都在珠海校区，老师纵然工作繁忙，也每隔一段时间从广州过来看望指导学生，和我们聊聊百篇还有其中透露出的思想动态、心绪起伏。记得那时刚入学离家千里，老师来看望我们，最后告别时，提起我在文中写到"最不喜别离"，作为系领导，他没有一丝责备、没有一点教育，只是笑眯眯地看着我说："小女生有离情别绪挺正常的"。反倒让我不好意思起来，却也拉近了我和他的距离。

别看老师外表大大咧咧、宽厚热情，治学却极为严谨认真，坐得住学术的冷板凳。在他工作最忙的那几年，接连在《中国语文》《方言》《语言研究》等全国语言学权威刊物上发表了多篇高质量的学术论文。对学术精益求精的追求从未放松，连新编写的《现代汉语》中的例句都是精挑细选出来的，生动鲜活且极具时代感。暨南大学邵敬敏教授在追忆李老师时提到，2015年召开广东省中国语言学年会，那时李老师刚生大病开了刀，邵教授希望李老师能好好治病，不让他参加会议。结果没有料到，开幕式那天李老师居然捧着吊瓶打车赶到会场，并发表学术演讲，演讲完再赶回医院，拼命劲头真让人既敬佩又心疼。

李老师爱学生，远近闻名。每每找我们讨论学术，一番疾风细雨的教导让我们自觉羞愧，眼见天色渐晚或是饭点将至，他总会说"走，吃饭去！"然后点上一大桌的美食，笑眯眯地看着我们大快朵颐，"就是要让你们心怀愧疚，回去好好给我写论文，否则都对不起我的一桌好菜，"并且还会酸溜溜补上一句："你们大师姐李丹丹的论文，那可都是用潮汕菜堆起来的，贵得很哟。"后来，在老师的指导下，我的本科毕业论文《从"红楼梦"称谓语看清代中国传统封建社会》获得校级优秀本科毕业论文，老师高兴极了，接连请了好几顿大餐，美其名曰犒赏。时过境迁，美食的味道已记不清了，但老师开心宠溺的神态却深深留存心中。我想老师那首诗《学生是我生活的阳光》，应该就是他最真实的写照。

李老师爱美食，也乐意带朋友和学生品味美食。藏匿在广州珠江新城中的一间闹中取静的小酒吧是我们饭后的据点。老师常常笑呵呵地问我们女生要不要来点儿意大利的冰激凌，然后和朋友们挥斥方遒、豪情万丈，也教我们如何品尝上好的德国黑猪肉片，配上恰到好处的红酒，美食、美酒，芳香甘甜，还有散场前一大帮人大声合唱的《阿里郎》，悠扬的旋律常常回旋脑中，动情动人。

　　李炜老师身上似乎总有一股化繁为简的能力，不管是策划操办高规格的中大八十周年校庆晚会等大型活动，还是主持国家语言文字工作委员会"一带一路"汉语教学等重点项目，无论多么重大艰巨的任务，李老师总能操办得圆满而精彩，殊不知背后却是他付出的汗水与努力。他满怀爱意地用力拥抱这世界，尊师长、爱学生、重学术、懂文艺、赏美景、品美食，才华横溢，内心敞亮，豪爽又不失温暖细腻。

　　毕业后我回到宁波，与老师相隔两地，少了联系。只是偶尔趁出差空隙探望过老师，记得最后一次见他，是在中大的大草坪上，他正忙着学校的草地音乐节，神采奕奕、一如往昔。也记得临别时，他给我的那个温暖有力的拥抱，却未曾料想那是最后一面。

　　听闻老师在重病期间，曾描述过这样一个梦，梦里老师到了一个五彩斑斓、鸟语花香的地方，在那儿感官是打通的，可以用耳朵看、用眼睛听，一如追悼会上送别老师的那曲《伦敦德里小调》，美好、明净而开阔。我想最终没能战胜病魔的老师，想必是去了那样一个天堂般的地方吧。谨以此篇怀念我的恩师，愿老师在那清风明月的彼世界安好，恩师之情永远铭记心中。

2019 年 11 月 26 日于宁波

（本文原刊于《宁波晚报》2019 年 9 月 10 日 A14 版）

吾师炜哥

2010 级硕士生　吴　翀

　　在无涯的时间里，在无尽的轮回中，我相信我们终会再度重相逢。　　　　　　　　　　　　　　　　　——题记

　　李炜老师是我本科后期及研究生阶段的导师。按照他的性格来看，在这篇文章中，我想用第二人称的"你"来称呼他。然后他会笑得眯起眼说一句，就你会想。

　　你的身份很多：是学生的导师，是中文系的系主任，更是你常提到的 86、87 级师兄师姐的哥们儿，炜哥。关于你，我有很多故事可以讲，但现在脑子里像塞了一团乱麻，千丝万缕，唯独少一把快刀，痛快地理出个头绪。这真不像你的性格：豪迈洒脱，快意恩仇。

　　那就从此说起吧。我好像把你说得有些江湖气。可是你看，你和学生们以哥们儿相称、相处，可以不介意且乐意与我们开玩笑，我们从来都有足够的胆量和你对话，称呼时多是用"你"而少用"您"，这在大学中恐怕是少见的，可能也是有人不待见的。然而你常说："高兴就好。我跟你们说，最妙不过大块吃肉，小口品酒，一碗二细的兰州牛肉面。"所以你的江湖气更像是烟火气，多少次我跟着你和师兄师姐去吃饺子、就着西班牙小黑猪肉品智利红酒，听你八卦前几届师兄师姐的风流韵事。你很爱学生。每次聚餐前，你都特地叮嘱我，"叫上你的饭搭子"，即使她并不是你带的学生。你曾自豪地说，我的学生吃过我不知道多少顿饭啊，你某某和某某某师姐的博士论文，那都是我用多少顿潮汕菜给喂出来的。大家往往会心一笑，充满了温情。

　　在学术上，你一丝不苟。我时常怀着惴惴不安的心情走进你的办公室，生怕看到你平时笑眯眯的眼神变得严肃起来。我印象深刻的一次是大四的时候，你看着我的开题报告说，"咱能不能把思路捋顺再开始写，我

怎么有点看不懂了呢?"我心里难受极了,看到你仍是笑眯眯的、丝毫没有责怪和冷漠的脸,心里充满了内疚。

你曾评价我像个卡通人物,是"透明的",想法特别多,有时候天马行空。抱歉了炜哥,当时的我太懵懂,不懂你的苦心。十年弹指而过,多想再被你点评一次,看看我的想法还是那么多吗,是否多少变得圆熟和世故,是否还能像之前一样天马行空,跟你一起写完盛世大唐的故事,把整座长安城搬到西安的舞台上。

毕业后我去北京端了铁饭碗,后来又外派海漂了两年,我们相见的次数开始变得少之又少。最后一次相见,应该是在紫荆园,送别黎光创师兄回国的餐桌上。(你看,又是请大家吃饭)。那次我为了赶去珠海怀旧而匆匆离席,你也没有责怪我。我们的联系也变少了,后来你病了,我知道得很晚。有在外工作的原因,也跟我母亲生病有关。2018年4月13日,我母亲因为胃癌去世了,现在你也离开了这个世界。之所以说这个世界,是因为我还舍不得删掉你们的电话号码,也还保留着你们的微信对话框,万一不小心进入平行世界、五维空间或可以时间旅行了呢?咱们肯定还能坐在一起,点上三碗兰州牛肉面,到时你会像之前一样说,你妈妈那是把闺女托付给我啦,我肯定得让你家里人放心。你知道吗,因为你,我专门去了兰州,顿顿都吃牛肉面,确实顿顿都好吃。我发微信跟你说,这面碗大、汤浓,色泽艳丽,牛肉贼香,跟你形容的一模一样。现在每次在饭堂吃兰州牛肉面的时候,我的眼睛鼻子都会发酸,就像我还看不得别人家的妈妈和孩子亲亲热热一样。

你特别孝顺,对待你的导师黄伯荣先生如同对待自己的亲生父亲。黄老生病时,你东奔西走,心急上火,嘴唇干裂。二位合著的汉语教材不仅是中大中文系的骄傲,也是中文教材界的典范。炜哥,你走了以后,亚男他们忙前忙后,费心为你编著追思文集,很是辛苦。我这篇文章讲的都是吃吃喝喝、个人感受的小事儿,没那么严肃。但我知道,人的一生会经历很多次的分别,有些很短暂,有些则显得过于长久。但无论哪一次,都应该用力且郑重地告别。请允许我在最后认真说一句:李老师,您好,谢谢您。躬身施教不拘一格传授为人之道,乘鹤西去嬉笑怒骂著写千古文章。老师,你教我的学生已牢记在心,一路平安,咱们终会再见。

2019年11月4日晚于北京

怀念李炜老师一二事

2010 级硕士生　何琬冰

今年 11 月，同学亚男向我发约稿函的时候，一时间有些恍惚。李老师是 5 月份离开我们的，一晃竟然已经半年过去了。回想往昔点滴，许多细节仍历历在目。

初识李炜老师是在 2008 年，那时的我还是本科三年级的学生，在全系大会上见到李老师，第一印象是这位老师与"刻板印象"中的中文系教授似乎不大一样，具体怎么不同呢？大概是言语风格生动活泼，不似一般文科教授文质彬彬吧。几年后，偶尔听闻某年自主招生，李老师出的题目是"江湖"，听后不觉莞尔，这个题目的确非常"李氏风格"。"江湖气"，甚至带着点"匪气"，如果一定要问我李老师性格是怎样的，这大概就是答案吧。

2011 年冬，研究生毕业在即，对于要找什么样的工作，不免有些困惑和迷茫。当时学校尚面向应届毕业生招收党政管理人员，在有几次和李老师的聊天中，提到也在考虑留校。印象非常深刻的是，在又一次谈起这个话题时，李老师一改平时轻松的语气，严肃地问："你是真的想留校工作吗？你告诉我，留校的目的，仅仅是为了找一份看似有寒暑假、稳定的工作，还是真的爱中大，认同她的发展、她的理念，希望自己也能成为其中的一员？"突如其来的严肃提问，让我一时措手不及。李老师见状，语重心长地对着我说："女孩子，希望以后有一份稳定的工作，这可以理解。但你们作为中山大学的毕业生，还是要有担当，有抱负，更要有情怀。留校不是为了让你去逃避走向社会，去混日子，虽然很多人可能都这样想，但我不希望你也是其中的一员。你回去仔细想一想，你内心中有没有把自己作为中大的一分子，愿不愿意融入其中，愿不愿意用你所学的知识、你的能力为学校的发展做一点点努力。想好了再下决定吧。"

那天，李老师还讲了很多关于人生、关于他和中大的故事与体悟，也就是那一天，我才发现，中山大学在李老师心中是怎样重要的地位，也明白某次他酒后拍着桌子说的那句："你说我李炜可以，没凭没据说中大，不行！"不是作秀，而是情之所至的自然流露，是一个江湖性情中人的快意与不羁。

时至今日，我在学校已经工作了7年，加上上学的时光，已经十余年了，时常有人问，你不觉得厌倦么，每天走同样的路，看同样的风景。然而我并没有这样的感觉，即使在今天，依旧对学校充满了感情，时不时也会和朋友开玩笑地说，因为我有情怀啊。就像李老师说的一样，要把心融入中大，要和学校一同呼吸，一同成长……

转念，忽而想起恩师已逝，不免感伤，但仿佛在学校，又还留着许多李老师的影子。路过食堂，会想起李老师某次夸赞蒲园餐厅的白灼虾，有"蓬勃"的口感；路过中文堂，会想起曾经在这里上过李老师的课，想起他手把手教我写活动策划……想起师兄在李老师离世后发的一条朋友圈"再见痛饮三千碗，一碗加肉牛肉面"，有江湖侠士的飒沓不羁，也有烟火人间的温情暖意，真真是最适合您了。愿您在新的江湖继续纵情畅快，洒脱无往。

谨以此文纪念尊敬的李炜老师。

2019 年 12 月 7 日于广州

追思恩师小事几则

2013 级硕士生　张湖敏

时光飞逝！距离 2019 年 5 月 6 日恩师离开已有将近半年时间，每每想来仍是觉得这件事不那么真实，然而，它却又真实得让人很无力……不那么真实，是因为曾经坚信恩师所说"我在看最好的医生、吃最好的药"，所以病痛必然痊愈；无力则是因为感慨世上将不再有学生能像我这般幸运被恩师收入门下。

恩师自身在学术上的造诣、在学界的地位无须赘言，这些成就源自他对语言学无比的热爱；他的授课声情并茂、深入浅出，总是能把艰深晦涩的语言学理论变得简练深刻，"老妪能解"一词便是对他的讲学最好的诠释；他带过的学生尤其是博士生个个堪称其"死党"，不仅在他的指导下积累了扎实的学术功力，能帮他照顾硕士生、本科生，还在他被病痛折磨时悉心照料陪伴他渡过一次次的难关，师徒间的关系可谓"一日为师终身为父"的真实写照。我想恩师此生最大的宽慰有三，这是其一——做好了一流的学问。

其二，过好了一流的生活。恩师爱美食、美酒，并从艺术的角度赋予了它们生命。秉承"心要专一，舌应博爱"的理念，恩师向来不避讳在微信朋友圈展示各国各地的美食和美酒。他所谓的"美食无贵贱"，其中既有对一碗粉、一碗面的坚守（他曾极具仪式感地宣称自己"北爱兰州牛肉面、西爱贵州羊肉粉、南爱越南牛肉 fo"），也有在好奇心的驱使下对新鲜美食的探求。大家都称赞他是一名优秀的美食评论家，他也不吝于分享一张张有美食相随、美酒相伴的照片，并会配文五六七八个道道儿向大家细数哪家正、如何正，乐此不疲。还记得 2014 年的冬天，他带我们去怡乐路的"红头船"吃饭，让我对潮州菜留下了深刻的印象，以至于参加工作之后我还时不时地会拉上同事再寻"红头船"。生腌虾、卤水鹅肝、蚝仔烙、卤水拼盘、椒盐濑尿虾……每一道老师点过的菜，都像是脑海中的回忆一般在我舌尖绵延，也正是在当年那个饭桌上，恩师手把手地教我们"红酒配红肉,白酒配白肉,而且不能同时摆桌上",教我们要"生活得像贵族",一切记忆犹新。

其三,恩师是我心目中的一棵常青树,坚韧、挺拔,为学生带来大片的荫凉。回想在校当学生时,恩师身体就已发现病痛,只不过当时病情控制得良好,病魔也不至于像后期那样凶猛,所以他不喜欢被我们当作病人看待,总是叫我们"不要担心"。记得有一次在课间碰到刚从医院回来的老师,看着他清瘦的脸庞便一时忘了他的叮嘱,眼一酸张口就跟他说"今后得少喝点酒、少吃点肉,要好好养胃",然而还没等我把话说完,他立马变脸,模仿起我垂眉的样子,一跺脚说"哎呀呀最不喜欢你这样,老师我好着呢,该吃吃、该喝喝,都治好了"!这倒差点让我笑出声来,他传达给我们的总是乐观和信心,却唯独将自己与病魔抗争的艰险隐藏了起来。恩师常对我们说,"做学术不要把自己搞得很苦,做学术本不应该和美妙的生活相冲突""当你以后踏入社会不得不面对其他更多的烦恼事时,才会知道埋头于论文最轻松、最可爱",然后便乐呵呵地自掏腰包带着我们去吃香喝辣,将我们暂时解救于"论文的苦海",但正当我们一边吃得酣畅淋漓,一边听他这位美食评论家讲评如何吃、如何吃好时,他又会突然话锋一转,开始谆谆教导甚至"威胁"我们"吃了我这么多好吃的就要用一篇优秀的论文来回报",真是让人哭笑不得,只好加倍努力将眼前的各色美食收入肚中再转变为论文的笔酣墨饱以聊谢师恩;最让我们感动的是,饭毕天晚他一定会安排好每个学生回校,或是亲自送回,或是由大师兄大师姐护送着小师弟小师妹,如同家长一样总觉得自己的学生就是需要被照顾的小孩,尽显师长风范;对于指导我们撰写论文,他的态度却是一丝不苟到让人紧张,在我写硕士论文的日子里,有一次恩师在外地出差,想到他作为系主任公务繁忙、日理万机,于是我把论文传到了他的邮箱,想着总算可以轻松几天等他回来后再谈论文的事了,没想到中午传过去下午就接到了恩师的电话,原来他正好在登机前收到了我的邮件,于是赶紧下载下来好在飞机上批阅,然后趁着候机中转的时间给我打电话提出修改意见,听着他在电话里着急的语调,我顿时心生惭愧和感激。

尽管我是他众多优秀学生中最不起眼的一个,但"李炜老师"这四个字于我而言是永远的自豪和荣耀。愿天堂有酒也有肉,愿恩师在天堂平和安好,愿恩师在那里依旧是令人敬仰的语言学大师!

2019 年 11 月 27 日晚于广州

我眼中的李炜老师

白俄罗斯联合培养博士生　尤丽雅

我叫尤丽雅,来自白俄罗斯。认识李老师仿佛就在昨天。那天,因为我打算通过"新汉学计划"奖学金去中国联合培养,所以在寻找一所合适的大学和一名能指导我的导师。当时我对汉语介词比较感兴趣,我的论文也跟汉语介词有关,因此我寻找的是在这个汉语语法领域中有成就的专家。第一次去中国留学时我上了一所北京学校,所以我也先找了中国北方的学校,不过找了好久也没找到合适的。于是我又开始寻找中国南方的学校。在看广州中山大学导师名单时我看到了李炜老师的名字和他写的文章。我发现老师写的论文都跟介词有关!原来他是一位著名的研究介词的中国语言学家。旁边还看到了他的照片。在照片上我第一次看到了老师。看着他开朗的笑容、慈祥的眼睛,我立刻意识到,他就是我命中注定的导师。

就这样,我到广州了。在我们外国人中,有这样的一种理念:第一次去中国学习的城市将会是你永远感到最亲切的地方。长期以来,我一直以为对我来说这个城市是北京,但是,李老师改变了我的想法。现在,广州就是我在中国的家乡。

李老师的高学识、能力无须赘述,他的知识渊博,以及他对中国语言学,乃至对全世界语言学的贡献,都是众所周知的。

我想谈的是我眼中的李炜老师。

有人说,东方和西方最大的差别之一是社交关系。在西方世界里,人们坚持个人主义,而在东方世界里,人们是一个团队,是一个大家庭。我不知道事实是否真的如此,但是我很确定,在李老师的教研组里一直充满着传统的东方亲密家庭气氛。我一直非常喜欢老师的每个学生之间紧密而友好的关系,他们互相帮助,而且为一个共同的事业努力。他们的每项小研究都是一项重大工作的一部分,每个人的论文都在对一个大研究方向做贡献。甚至那些已经毕业的学生也继续帮助师弟师妹。我坚信，正是李老师的管理指导塑造了这一切。我刚到学校的时候，很多事情都不知道、不了解，而老师立刻就安排他的学生刘亚男做我的导员，让她给我提供全方面的支持和帮助。后来亚男成了我的密友，也是我在中国的最亲密的人之一。与她和李老师的其他学生一起度过的时光是我对中国最美好的回忆。

老师对我的关心可谓无微不至。广州的冬天十分寒冷，又没有暖气，老师就把自己的取暖器借给我用。还有一次，我跑步不小心扭伤了脚，老师给了我疗伤的药。再后来，我妹妹来中国看我时，也得到了老师的照顾。

毫无疑问，老师传授给我的知识是无价的。但让我惊奇不已的是，老师不只是在语言学领域中学识渊博，在其他方面也非常多才多艺。例如他精通艺术，热爱芭蕾舞，而且不止一次当过广州文化活动的主策划之一。他在培养学生的同时，也在不断丰富他们的文化知识。我永远不会忘记我们在中国不同城市的文化之旅，还有老师推荐给我们的关于中国文化的精彩书籍。

尽管李老师的年龄比我们所有人都大，但他却紧跟时代，和年轻人打成一片。有时候我们也会一起去酒吧或其他年轻人常去的地方。老师总是很熟悉现代年轻人喜欢的音乐和节目。老师还非常了解西方文化及传统，他经常给我们介绍法国和意大利的风俗，我认为他是一位通晓世界语言和文化的教授。

回忆着那段早已过去的时间和经历，我心情十分沉重。如今，李老师已不在我们的身边。但是，他留给我的知识与经历是如此珍贵，我将铭记一生。每每翻开老师亲手签名赠送的几本书籍，我眼前就仿佛浮现出老师和善的面孔、率真的笑容，耳畔又响起他温和的声音……

李炜老师，感谢您对我一直以来的支持、关怀和栽培，感谢您让我变成了更好的人。愿您在天堂一切安好！

2019 年 11 月 27 日于白俄罗斯明斯克

怀念我的老师李炜先生

越南籍留学生　黎光创

　　一直期待着您带团过来考察"越南人明清时代学习汉语"的课题，但……

　　您一直嘱咐我找红杏师姐，但我来华时学姐已毕业回国去了。去年年底，我们与红杏师姐和我同班同学黄玉阮红见面，已商量好今年一定邀请您过来。5月6日听到您的消息，我们都觉得像天塌下来一样，不敢相信，几次跟师妹打听，也不敢确定这个消息的真实性，师妹们最终确认了，请您来越南讲学的计划永远无法实现。

　　因为时间紧迫，我马上安排好工作，赴华参加恩师的告别仪式，送恩师一程。

　　记得我刚来中大读硕时，上您的社会语言学课，因为我们身为教师，过来深造，所以您的一举一动都受到我们的关注，深受您智慧的启迪。您的科研态度严谨，尤其是您的为人，更让我们刻骨铭心，您不仅是一位可敬的老师，生活中更像位可敬的父亲，但又像位亲切的朋友，平易近人，从老师的言行我们学到了不少道理。硕士毕业后我收到攻读博士的中国留学生优秀奖学金，中文系的各位老师都好，但可能缘分注定，最终还是决定选您为博士导师，那时候我冒昧过来找您，您还要我把过去在研讨会和杂志上已发表过的文章（包括越南杂志的要翻译过来）复印交给您看。您仔细看过才确定收下，我感到很自豪。

　　我家庭比较贫困，读博士期间偶尔争取时间去打工。知悉后，您有点不满意。我明白您心中总希望我把全部精力放在科研上，把成绩做出来。几次请教关于我们博士研究题目的想法，但您总是要我先投入，先把成果弄出来。您给我印象最深的几句话是："要把材料摆在桌子上""先把研究成果拿出来再谈""先做再说！"

　　因为您太忙，除了在办公室谈之外，您还争取在吃饭的时间谈，而每次都让您破费。几次想买单,但您不允许,并且坚决地讲:我有个规矩,上学期间我付钱,以后毕业了,赚到钱了,到时你们付!

　　因为我的论文关联到越中两国的文化,当时大多数学者们不太清楚两者之间的差异,基本上都笼统地讲越南深受中国文化的影响,把越南归入中国文化圈,但到底如何影响?哪些是越南的因素?哪些是中国的因素?所借用的文化因素变化如何?很少人弄清楚,有可能涉及政治和思想的问题,因此我向您请教,您说:"科学是科学,科研和政治想法要分开,我们纯粹搞科研,科研要靠证据!"您的话让我大悟,最终论文的结论也出了点成绩!

　　人生无常,虽恩师已别,但您的教诲、您的智慧永恒不变,一直流传后代,望您安息,走好!我们越南三个学生,现都是三个名校中文系的副主任,我们一定不会让您失望!

2019 年 11 月 30 日于越南河内

怀念李炜老师

2003 级本科生　崔文惠

突然知道要写一篇怀念李炜老师的文章的时候，真是不知道该如何下笔。因为即便他已经走了半年多了，我仍然觉得有些恍惚，感觉他其实还在广州，哪天会在微信上突然出现，相约着去吃饭谈天。

怀念一个人，我觉得还是应该怀念跟他一起度过的愉快的时光，我想如果倒过来，是李炜老师在怀念我，我也希望他的笔下，是一个开心明朗的我。所以这篇文章，我希望是温馨明快的，一如李炜老师留在我记忆中的样子。

认识李炜老师已经快 15 年了，大学时第一次见到他是在中大南校区的大草坪，语言轻快，笑容有点孩子气，不太像我印象中的大学教授。因为不是在同一个学院，所以本科时期见到李老师的机会并不多，大多是从其他同学、老师处听到关于他的消息。那时对他的感觉是一位很有才华，对学生很负责任的老师。

真正相熟起来还要从 2011 年开始，那时我回学校主持一系列文艺晚会，总策划基本都是李炜老师。他是一个很全面的人，文学、艺术融会贯通，可以把一台台晚会完美地呈现出来。之后再到新西兰、澳大利亚的巡演，接着是母校九十周年校庆的一系列活动，合作越来越多，对李炜老师的认识也愈加丰满起来。

他是一个对生活有着无限热爱的人。我一向认为一个对食物有要求、有热情的人，他一定是一个热爱生活的人，李炜老师就是这样一个人。他对美食的热爱经常可以在他的朋友圈里看到，经他介绍的兰州牛肉面、饺子、大闸蟹，或是日本料理、意大利菜，仿佛都有了生命，在唇齿间鲜活起来。每次跟他一起吃饭，基本都是我们这些旁人在吃，他在讲，配上他生动的语言和表情，感觉就像身处《舌尖上的中国》拍摄现场，普通的一顿饭也会让人记忆深刻，他总是可以带给人们快乐。

他也是一个有点孩子气的人，就像第一次见到他，他的笑容一样。他对人很真诚、很热情。向他求助，他都会一口应下，全力而为。他有很多对他死心塌地的好友和学生，大家都会被他吸引被他感染。他有着西北的豪爽个性，也有着南方特有的细腻情怀，这种融合形成了独一无二的李炜老师。有些人天生就会成为大家的中心。

他是一个对工作追求极致的人。得知我还有继续进修学业的想法，他给了我很多积极的建议，并拿给我由他和恩师编纂的《现代汉语》，让我认真阅读。他说他想把现代汉语推广到更远的地方，他希望做一系列教学短视频，可以让更多外国人用更加便捷的方式学习汉语。他说希望由我来负责出镜录制教学演示，但是前提是一定要熟读那本书，也许录制结束，会对我下一步进修有很大的帮助。平常他都是笑眯眯的，但是只要谈起工作，他的表情就会严肃起来，认真严谨的语气像换了一个人。

惊悉噩耗那天，我已经在北京待产，无法赶回广州参加送别仪式。心里实在难过，只能在微信写下：不敢相信，心痛不已，世事无常。与您合作的《现代汉语》视频课程录制无法完成了，但情谊永留心间。愿逝者安息，一路走好。跟李炜老师的微信对话，我一直都没有删除，在写这篇文章的时候，我还拿出来翻了翻。真的，感觉他还在那儿，一转身："走，去吃好吃的去。"

2019 年 11 月 25 日于北京

忆我们敬爱的李炜老师

2010级本科生 丁 可

2019年5月6日中午，在微信朋友圈突然看到您离世的消息，心里一阵紧张，不敢相信消息中的"李炜"是您，又仔细看了几遍后，立刻打电话给师兄，电话那头，师兄的声音沙哑、悲伤、无力地回答我三个字：是真的……电话这头，我号啕大哭，责怪师兄为什么不提前告诉我，我完全可以回广州看望老师、照顾老师啊，太意外，太突然了……师兄的声音渐渐模糊了，我泣不成声，久久不能平静。

其实，就在前两三天晚上，我躺在床上准备睡觉，突然想到好久没跟老师联系了，最近也没看到老师多姿多彩的朋友圈消息，也不知道老师五一去哪游玩了，抽空要问候一下呢，想着想着我就进入了梦乡。但是第二天、第三天我居然忘记了跟您联系，完全忘记了。之后，便是听到了您离世噩耗。我陷入了深深的自责中，无论如何都不能原谅自己的"懒惰"。错过了，竟然会有这样巨大的遗憾，遗憾到自己无论做什么都没法弥补……

我迅速请假，购票，回到广州，回到中大。看到师兄师姐各个面容憔悴，身心疲惫，我知道，在老师生病住院的这段时间，他们有多辛苦。我再一次陷入深深地自责，没有照顾老师、陪伴老师最后一程，甚至连老师生病住院都不知道的我，有什么资格、有什么权利去责怪师兄"之前为什么不告诉我"……跟师兄师姐的没日没夜的精心照顾相比，我的脾气、我的抱怨显得如此自私无理。感谢师兄师姐对老师的照顾，感谢师兄师姐对我的包容。

我陆续从几位师兄师姐那里了解了老师的病情，老师走得很突然、很平静。我一直不敢相信，那么自信、乐观、幽默、无敌的您怎么就这样匆匆地，悄悄地永远离开了我们，再也听不到老师亲切地呼唤"我们小可"；再也没人给我讲兰州话中一些AAB、ABB词语结构的由来；再也没人跟我互飙兰州话;再也没人一脸兴奋地告诉我"我发现一家超级正宗的牛肉面,要不要试试";再也没人用兰州话跟拉面小哥调侃"我要大碗,但是面少些,汤和萝卜多些";再也听不到您夹杂着兰州话、粤语、京腔京韵的幽默,再也看不到那个意气风发恰似少年的您了……

送您走后的那两天,漫步在熟悉的中大校园;漫步在我们曾经的拍戏场地;漫步在我们聚会的小餐厅,无数回忆涌上心头……

准确地讲,我并不是您的"正牌"学生,但我却是那个您"宠爱"有加,没有严格要求的"嘻哈旁听生"。

第一次见您是在南校的小礼堂,我在兼职做礼仪,礼仪队长说有老师要选中大宣传片女主角,推荐我去试试,我自知自己脸圆不上镜,比不得南方姑娘的秀美,就去凑个热闹玩玩。当时您坐在小礼堂侧厅中间的沙发上,一副严肃、认真、大教授的神态,并没有特殊的感觉。但在我介绍完自己的各种业余技能:跨栏、长跑、短跑,还会打篮球等之后,我看到了您眼神的变化。印象深刻的就是自己眉飞色舞地讲自己会这个会那个,反正会的都是跟学习无关的"本事"。您在那儿抿着嘴笑眯眯地看着我,眼睛笑成了弯弯的一条线。就是笑着,什么都没说。后来一位学长告诉我"宣传片拍摄选角可能是你了,这两天准备一下吧"。我当时既兴奋又担忧:自己那么普通,怎么就是我了呢,万一搞砸咋办啊?当然了,接下来的日子中,我知道有您的指导,师兄帅姐的帮助,我就算再普通,也不会"扑街"①。

在您办公室看宣传片成片时,播到最后放慢的镜头,我哭了。所有的情感在那时交汇到一起:感动、委屈、兴奋、自豪……感动,自己真的做到了,身体僵硬的我也能通过同学的帮助跳一段舞;委屈,拍摄期间自己发着高烧,心想不能被我拖了进度,休息一天后,继续完成后面的拍摄;兴奋,这部宣传片从策划到拍摄再到完成制作,所有都是出自中大自家人之手;自豪,毕竟其貌不扬的我作为女主角同中大男神完成了中大首部官方版宣传片。没有任何表演基础的我,居然也能把我们中大精神展现得那么完美。您一直在鼓励我,夸我表现好,也夸自己会选人。偶然得知我小时候在兰州长大,您是我老乡老师呢,您瞧,缘分总是说不清道不明的。

后来,您分享了一个小秘密:当初第一眼看见我做礼仪穿旗袍的样子

---

① 广州话,此处意为"搞砸"。——编者注

就觉得这姑娘不错，面试时我兴高采烈讲自己会跨栏，会吹圆号，跑800米不到3分钟，即便没学过跳舞，也能落落大方地比画两下的傻模样，心里立马敲定我是女主人选了。因为这部宣传片女主的人物设定就是阳光、健康、大方、运动型女孩。您还告诉我，您当时也藏了小心思，您告诉自己不能马上展现出来欣喜若狂"就你了！"的想法，怕我骄傲，怕我得到太容易轻视这次拍摄任务。您说您故意端着，仿佛一位很有威严的教授，微笑着点点头。当然，虽然我沉浸在自己"表演"的过程中，也机灵地发现了您眼睛里闪烁出异样的光芒，那满意的笑容。之后我也偷偷告诉您："我是人来疯，您越肯定我，越夸我，我越有自信，我越可以没有包袱地展现自己。"

在以后的日子里，只要有那种开拓视野、增进交流的场所，您都会召唤我一起参加，只要跟您见面，咱这一对"业余师生"，一会儿兰州方言谝几句，一会儿粤语哇啦两下，一会儿又纯正京腔调侃一下，总有说不完的话，总能听到您对我的各种鼓励与肯定，您时刻为我树立信心，帮助我成为更好的我。

那是2013年的冬天，我们不约而同回兰州过年。相约某天下午去逛兰州有历史意义的街道，寻找兰州话中AAB、ABB词语结构的历史印记，晚上又去正宗的兰州馆子品味正宗的兰州饮食文化。我们不停地聊着，从兰州话语系、兰州方言、兰州人生活习俗，兰州的发展，一直讲到个人的生活经历、生活故事。我是小话痨，您是大话痨，咱俩一路走着谝着，抢着说话，抢着分享，那时候我和您好像不是师生，而是十分要好的朋友，分享着不敢和长辈表达的想法、看法。您也没有因为我的异想天开而摆出一副长辈教育孩子的模样，只是听着，想着，再讲自己的故事。腊月里，兰州的寒冷没有让咱俩感到丝毫寒意。是啊，在这个世界上喜欢教育指导别人的太多了，年轻的我们可能也是想宣泄一下自己的情绪，其实未必会付诸行动。您是一名优秀的倾听者，从不轻易指责、说教别人，总是站在对方的角度去理解、去思考。

说者无意，听者有心。记得那年过年的时候，我随口说："怎么还没发展我成为预备党员啊，我都是老积极分子了。"我随便抱怨的话，您却记在了心里。开学后不久，您打电话问我，询问我预备党员的事情有没有进展。我忐忑不安地告诉您，没有任何进展，我甚至连我们院支部书记是谁都不能确定。没想到您在电话那头非常生气地说："就你这样还想入党呢？从思想深处就没有积极入党的准备，先好好学习，自我提升……"好像这是第一次您特别严厉地教育我，我突然发现您在追求进步、思想品德、工作学习、意识形态等方面，是非常严肃、认真、一丝不苟的。这与您在生活上笑嘻嘻的样子形成了鲜明的对比。

大四那年我失恋了。心情差到了极点，实在难受，又没有什么排解的方式，打电话给您，刚说完我失恋了，就哭得稀里哗啦，接着您只是俏皮的跟我说：晚上把自己打扮得漂漂亮亮，穿得美美地，约上晓雷，咱们去吃顿高级的西班牙大餐。饭桌上，我似乎又成了女主角，中大极具魅力的教授，中大校学生会主席陪着我，一老一少，一个有趣可爱，一个帅气绅士，您讲您的爱情故事，师兄讲他被甩经历，您跟师兄一唱一和，捧哏逗哏换着哄我开心，我在那几个小时间，真真地忘记了伤心的感觉。您还风趣地给我们讲"白肉配白酒，红肉配红酒"的故事。我知道我又麻烦您了，又让您操心了。但我真的感谢您，您从不随意评价我的年少幼稚的爱情观与世界观；在我忘乎所以"瞎嘚瑟"的时候，适时适地地提醒我应该注意什么；在我想考双学位的时候帮我找老师，补习功课；在我遇到伤心事时带我吃饕餮大餐。

天天让您操心，终于有"表现"的机会了。偶然间，我看到您随身携带的手帕有点破旧，灵机一动，某宝上精挑细选了一番，一盒包装豪华、貌似高大上的手帕就这样"孝敬"给您了。您每次擦汗、擦嘴都要跟大家显摆，这是"我们小可"送我的精美礼物。每次听到这话，我都十分不好意思，这么普通便宜的手帕让您这么爱不释手，我知道您并不在意礼物的好坏，价格的高低，是因为您懂得学生的心意，看到我的成长，我的逐渐懂事。您也是在"炫耀"，"我有这么贴心的学生，你们都没有。"我知道您的小心思，我知道您的小得意，我也知道您的小幼稚。

在我心里，您是老师，是家长，是朋友，是闺蜜。尽管大学毕业后我回北京工作，但我从来不觉得我们真的分开了，你经常来北京开会交流，我也时不时地回中大看看，我以为我们能经常见面，跟您拥抱，听您叫"我们小可"，我可以继续偷偷告诉您我又喜欢了哪个帅哥，告诉您我的异想天开，告诉您一个又一个小秘密……但是现在，如同许多"以为"那样，再也无法实现了。

您离开之后，我跟妈妈说，如果当时我高考分数再高一些，我就不会跟中大的汉语言文学专业失之交臂；如果当时考上了自己的第一志愿：汉语言文学，我会不会在 2010 年就认识了您？成了您真正的学生？我会不会因为"不踏实学习、不钻研学术"，被您劈头盖脸地训斥？我会不会同师兄师姐一样跟着您回兰州学校交流？我会不会被中文系的"百篇"搞得焦头烂额，但是依然感谢"百篇"。其实这段"错过"我没有跟您细聊，因为我觉得错过就是错过，没能成为您真正的学生也许是有些遗憾，但我更喜欢与您成为"挚友"。还是别让您知道我有点贪玩，在学术上"不怎么上进"这个缺点吧。我想如果我成为您的学生，我的大学生活会截然不同，我的职业生涯也会跟现在完全不一样，但是，终究是没有如果，我与您因为宣传片而结缘，也因为您的突然离世，使这段缘分成为永久的回忆。

也很奇怪，您离开之后我总是想起您，比您在世的时候想您的频率高太多。这就是常言所说的思念吧。您在世的时候，我知道您工作顺利，乐观豁达，心态好，吃得好，喝得好，见识多，不用为您张罗、为您操心。但是现在我看到好吃的、好玩的都会想起您，工作、生活有什么问题，也会想起您，甚至听到别人讲方言也会不由地想起您。

老师，学生没让您失望，我现在已经是一名正式的中国共产党党员。我在工作岗位上也很勤奋、很努力，在不断学习，提升自己。

老师，您在那边还好吗？我很想您！

2019 年 11 月 30 日于北京

第五编　各界寄语

学生寄语

我和李炜老师最早认识是在1986年，他当时是教我们"现代汉语"课程的老师。李老师有很多"名片"，比如很高的学术成就，桃李芬芳，朋友满天下，诙谐幽默的口才，学识渊博，等等。但很少人知道，他有一颗未泯的童心！

也许是因为没有孩子的原因，李老师对学生，对朋友的孩子，有一种发自内心，淳厚的爱。小男孩们称他"炜哥"，女孩子们则甜甜地叫"李叔叔"。他总是能够和孩子们一见如故，打成一片。

两年前，我和叛逆期的女儿曾有段时间关系很紧张，偶然的机会，我向李老师倒苦水，他安慰我说：和孩子们打交道，我有秘诀，你把孩子的微信给我。他和孩子们聊明星八卦，聊美食，聊穿衣打扮……和李老师相熟的人都知道，他非常忙，应酬很多，但一有机会，他就拉孩子们出去吃饭。孩子们很快就把李叔叔当成了好朋友。他得知我女儿大学准备报读幼儿教育专业，非常鼓励，主动邀请我女儿去中大参加他和博士生们的科研项目，帮助有语言障碍的儿童进行语言康复训练。

女儿从小就不擅长和陌生人打交道，李老师专门安排她去做"问卷调查"的工作。女儿回来说，看似简单的工作，由于和性格孤僻的孩子们打交道，很受教育。后来，女儿报读澳大利亚悉尼大学幼儿教育专业，李老师还专门为孩子写了推荐信。结果，我女儿很顺利并且很快就收到了悉尼大学幼儿教育专业的录取通知书。我女儿只是李老师热心帮助的孩子之一。

李老师的一生除了学术上成就卓著外，他对学生、对朋友，以及他们的孩子们，都是用一颗炽热、真诚的心，给我们带来快乐，带来欢笑，带来温暖。我们同学在一起的时候，现在还常常会说这么一句话：如果李老师还在，他就会怎样怎样说，那就更开心啦。

——张志兵　中山大学中国语言文学系1985级本科生

我还是不习惯面对故人的辞世，尽管写下这些文字的时候，李炜老师离开我们已有半年时间。

2014年9月，参加母校中山大学中国语言文学系入学二十周年纪念活动时，李老师还与我们谈笑风生。那时我已得知他患病的消息。但老师精神抖擞，风采依旧，完全看不出是个病人。

最后一次见李老师，是2018年10月，在北京保利剧院观看陈小奇音乐会。隔着几排观众，我向李老师挥手示意。不想这竟成诀别。

李炜老师追悼会那天，我从醒来就开始啜泣，完全没有心力赴会。经年累月的生活打击，让我变得格外脆弱。许多过去信手拈来的事，如今却摇身变成洪水猛兽。更遑论出席老师追悼会。

在短短4年的本科生涯里，李老师为我创造了许多长见识、增才干的机会。还记得因为通宵备战校际辩论赛，第二天我在课堂上呼呼大睡。李老师不但没有批评，反而逗趣地笑我，"趴的姿势特像认真听课的样子，不仔细看还不知道她睡着了。别叫醒她。"

1998年，本科保送硕士研究生时，我选报了周小兵老师与李炜老师合招的现代汉语语法学专业。李老师当时对我的要求很简单："英语过六级"。捧着一本六级词汇书，啃了几个月。放榜那天一看，60分，不多不少。李老师得知消息，眯缝着眼，笑，"行啊，就那么一说，你还随随便便就过了，读吧"。

1999年，广东电视台《女性时空》栏目开播，作为李老师的学生，我也被带上了荧屏。回看那时的对答，我直率而纯真。李老师对我的点评，彼时的我大概并未参透。

而他自己，似乎也知易行难。

故人已去，愿留下美好，挥别伤心。

——潘慕婕　中山大学中国语言文学系1994级本科生

2019年5月6日，我在上海看完以色列导演列文的遗作《安魂曲》，乘坐高铁返京。

这部改编自契诃夫三部小说的朴素作品，围绕着死亡的主题沉重展开，从头到尾，一直有死神顾临。我一直在想，契诃夫为穷人代言的生死叩问，如果让真实的人来回答，会是怎样的光景。那时候，对我来说，死亡只不过是舞台上的一个戏剧主题而已。

接驳地铁之际，我看到了李炜老师去世的消息，却不能相信。然后一个又一个校友介入话题、确认，我想，这一定是真的了。给黄天骥老师和欧阳光老师分别发了信息，两位老师一个复我：好人不永，今夜无眠了。另一个复我：泪飞顿作倾盆雨，愿他天堂安息。

　　行走在初春的北京街头，寂寥寥得不知是何滋味，直到推开家门的那一瞬，我才放声大哭。我的老师走了，而我远在千里之外，满室清冷，无人能诉。

　　中大三年，专业不同，我没上过李炜老师的课，原本不宜提笔。但他是我导师欧阳光老师的挚友，两人亲如兄弟，故而也有不少交集。李老师的一个学生曾说，他辅导自己参加大学生演讲，不仅专业上悉心教导，还请自己吃饭，实在想不到教授对学生这么好。这倒让我想起来，上学期间，戏曲史专业的老师们跟学生有着君子协定：请客吃饭一律由老师来，因为老师有工资。想来，这是中大中文系老师对待学生的一贯支持和至诚。

　　读研期间最快乐的事，是研究生跟老师一起，每年为系里的自考生改卷，那是一年中氛围最轻松的时候，打破专业界限，突破师生隔阂。李炜老师是我们最爱的段子手，大家都喜欢挨着他坐，某位老师的"糗事"，哪个学生的"搞怪"，经他眯着眼睛笑嘻嘻地以语言学家的功力一点染（配以广州极稀罕的标准普通话和自带磁性的男中音），立即桩桩件件趣味盎然，活色生香。如若不幸去晚了，没占到他周边的座位，便只能全程羡慕，由得一阵又一阵的笑声传来。

　　毕业的时候，李炜老师本着对欧阳老师的兄弟情谊，为我操心工作。他想着我性子静，坐得住，便推荐我去一家科研单位，带着我亲自跑院长办公室，说尽我的好话。大中午的从院子里出来，他一鼻头的汗，张罗我在一个小店吃饭，规矩当然还是老师请。我还记得，一只蚂蚁悬浮在青菜里，我支支吾吾，他一筷子挑出来，紧接着一口菜夹进嘴里，眯着眼睛笑：洗菜的匆忙了一点，没事。此后我的人生中，少有惊呼尖叫，我想跟老师的这份淡然宽容，有着极大的关系。

　　我后来选择了广州日报社，没去研究所，但李炜老师依然关心着我。毕业后，他还曾想让我跟他的一个研究生一起做一个语言学的研究课题，因为各种原因，没有做成，我也就这样失去了跟老师合作的机会。

2012年，我调任北京，请专业老师和95级的同学一起吃饭，李炜老师也来为我送行。饭后他问我们想不想吃广州最好吃的冰激凌，一桌女生全都喊着要。于是他带着我们穿街走巷地找到五羊新城的一家西餐小店，转战战场。如今，隔着数年的时光，冰激凌的味道我已忘记，但一帮毕业10余年的学生，一人一杯冰激凌，吃得像孩子一样，旁边李老师满足而宠溺地看着我们的场景却犹如昨日。

　　2018年9月返穗，跟黄天骥老师和欧阳光老师聚会，得知李炜老师病了，却未及去探望他。总觉得来日方长，总觉得他还是2012年告别那个晚上的模样，眯着眼睛告诉我：迎春啊，去了北京，满大街你就只能吃庆丰包子了……

　　我的老师走了，我后悔莫及，没能跟他好好地再说一次话，也没能好好地了解他。

　　那个爱笑的老师，必定希望他的亲友们，在这世间相亲相爱吧。这样，他在彼岸，也会常常眯缝着眼睛，像往常一样欢喜。

——龙迎春　中山大学中国语言文学系1995级硕士生
（本文原刊于2019年5月12日广州日报客户端）

　　2019年5月11日，我和97级本科部分同学怀着沉重的心情参加李炜教授的告别会。我们都觉得世界很不公平，病魔很残忍，硬是把多才多艺的、学生最爱的李老师夺走。中山大学派出一辆又一辆的大巴载着来自各地的师生，还有自己开车前往告别会的各界人士站满了整个会场，足以见证老师生前极好的人缘和独特的人格魅力。告别会上，学生代表回忆李老师住院期间说过，他给学生指导论文的时间是他在病房上过得最快乐的时间。这无不让在场学生动容，也许这恰恰道出了许多学生爱戴李老师的原因：李老师太爱学生了！

　　李炜老师是我本科毕业论文的指导老师。尽管已经过去10多年，可老师对我的教诲，我想我一辈子也忘不了。当时我是汉语言文字学的保研学生，李老师就让我参与他课题的一小部分研究。语言研究的前提是收集足够的语料。李老师让我负责收集巨著《红楼梦》里面所有关于"给"字句和"与"字句的语料。年少不更事的我还没做好基础功课，就贸然开工，收集的每一条语料都不是一个完整的句子。记得李老师非常生气，把我狠狠地说了一顿："都要读研了，还不踏踏实实地下功夫，重做！"

于是，我又把《红楼梦》上、下两册翻遍，老老实实地重新收集了一遍语料，并认真按照老师给出的句式分类标准，把所有语料进行了细致的分类。最后本科毕业论文《〈红楼梦〉中"给"和"与"的异同》以优秀等级通过，论文部分内容经过修改发表在《华南理工大学学报（社会科学版）》上。可以说，李老师是第一位引我入门从事语言学研究的导师，我会铭记老师对我的"恨铁不成钢"，努力改进完善自己，在做人方面、在做学问方面。

从5月6日李老师去世那天开始，广州的雨就一直淅淅沥沥地下个不停，连上天也在为他流泪。今天老师的出殡日，天终于放晴，这似乎暗示着老师的遗愿，他希望我们都能像他那样热爱生活，热爱身边的每一个人，充满正能量地生活。让我们把对李老师的哀思化为对他永远的怀念，好好地勇敢地生活下去。

——单韵鸣 中山大学中国语言文学系1997级本科生

（本文原刊于2019年5月12日广州日报客户端）

我的好大哥——中山大学中国语言文学系李炜教授的追悼会今天举行。参加后心绪难平，撷取几个片段。

还记得第一次认识您是在20年前，我第一次参加全国大学生演讲比赛，您是我的指导老师，不仅一对一辅导，还请我吃饭，让我头一回感受到大学教授还能对学生这么好。

后来，和您的交集越来越多。一起做中山大学75周年校庆晚会的主持人，一起做领队去杭州参加"五月的鲜花"，一起带队暑期"三下乡"，一起在您家里过春节、度中秋……

当然，和您的故事里总是少不了酒和段子。

还记得那次在西湖边，我替您挡了几杯大酒，您开玩笑说以后我就是您的救命恩人了；

还记得有次开怀畅饮后送您回家，您父亲说你们怎么能喝成这样，一点都不像知识分子，就像菜市场里杀猪的；

还记得在去杭州的绿皮火车硬座车厢里，您一边喝酒一边讲了一整晚的笑话，让我们完全忘记了旅途的劳累，很多小故事至今都记忆犹新……

炜哥，一路走好！

相信从今天开始，天堂里一定会有更多的欢声笑语，不过，我们真的想你……

——唐　锐　中山大学管理学院 1997 级本科生

（本文原刊于 2019 年 5 月 12 日广州日报客户端）

无论岁月如何变迁，在我的内心深处一直盛放着一碗腾着热气的"清朝年间的河粉"，这碗粉曾温暖过我单薄迷惘的青春，至今还仍然赋予我能量，让我心存善良与美好，激励着我在漫漫人生旅途中不断拼搏奋进。

记得大约 1997 年 10 月前后，我们大一新生刚刚参加完中大的首月军训不久，隔壁系的一位新生因为一件生活琐事遗憾地选择了某种极端的处理方式。

得知这件事后，一贯认为"大一新生无小事"的李炜老师就立即与我们 97 级班干部紧急协商，在后来的迎新晚会上专门策划了一个有关挫折教育的小品。

然后老师又自掏腰包带着一批"精心"挑选出来的学生去广州最繁华的北京路步行街看电影、吃特色小吃。挑选标准是来自外省偏远地区或性格相对内向、拘谨的同学，老师担心我们初来乍到，还一时难以适应陌生的环境。作为来自外省又兼具"多愁善感"特质的学生代表之一，我也非常"荣幸"地被老师选中了。

那是记忆中最幸福最阳光的日子，当天李炜老师带着我们一行十余人浩浩荡荡地奔赴北京路一家电影院，感觉很是拉风。看完一场轻松搞笑的电影后，整个人顿时感到全身心的放松和愉悦，入学以来的那份远离家乡的孤独感也被一扫而光。

接下来李老师说要带我们去品尝广州最好吃的河粉！我们早就听闻李炜老师有着双重身份，他是中文系最特别的一位美食家级别的"教授"和教授级别的"美食家"！老师对广州大街小巷的经典小吃摸得一清二楚，这对我们吃货来说简直就是价值连城的线索！什么石牌老马家的拉面，文信甜品的双皮奶……听着老师对广州美食小吃如数家珍般的介绍，我们一个个馋得口水直流。李炜老师看着我们一副"摩拳擦掌、跃跃欲试"的馋相情不自禁地哈哈大笑，说只要我们喜欢，他会找机会带着我们吃遍广州经典小吃！我们当时感动得眼泪几乎都快掉下来了。

怀着对城中最美味河粉无比期待的心情，绕过几条七弯八拐的街道，我们终于来到了位于北京南路的太平沙财记河粉店！只见档口内外一片热气腾腾，牛腩温暖的香味充盈其间，十分馋人！我们师生一行人刚一落座，店里就立刻人满为患了，老师专门为我们每人挑了最大份十多块钱一碗的招牌牛腩河粉。20世纪90年代的十几元钱可是够我们在学校饭堂两天的伙食费了！这碗"广州最好吃的河粉"果然名不虚传，米粉的细腻口感融合着牛腩特有的鲜味，那股浓郁的鲜香至今仍然留存在我的味蕾记忆中。我风卷残云一般把一大碗河粉吃得干干净净，最后连汤汁也不放过，喝得一滴不剩！

记得当时李炜老师不无神秘地说，这就是从清朝年间传承下来最地道好吃的广州河粉，一般人我是不会带他们来的，正因为你们是李炜的学生才有这个条件，你们就自豪吧！今天你们都要吃饱饱的，不够吃的可以再点，这四年安心把中文系当自己的家！记得有事找"炜哥"！我当时还傻傻分不清地问了一句，"请问老师，炜哥是谁啊？"只见李炜老师舌眯眯地回应了四个字：本尊便是！话音刚落，河粉店里就响起一片热烈的掌声和大笑声。

接着老师又语重心长地说，我今天可是把一切重要的事情都推掉了，朋友请吃大餐我都没去，就是为了来陪大家痛快地玩，痛快地吃一碗河粉，我们一起努力，以后人家一提起"中文97"我就感到脸上有光，好不好！

听了老师一席话，我鼻子一酸，两颗眼泪终于不争气地掉进了碗里，刚好被李炜老师瞥见了，老师带着微微的"坏笑"说，礼义你是嫌河粉不够咸吗，都这么大了至于吃个粉还掉泪吗，长点出息好不好！说完老师又哈哈大笑起来，我也只好跟着"尬笑"起来。

春风化雨，润物无声。李炜老师对我们每位同学的关爱是实实在在的暖心，老师的一言一行都带着特有的"李氏温度"，感染和影响着我们每一位同学，其中有欢笑也有泪水，无论是笑也好泪也罢，如今都化作和煦的阳光，照耀我们坚定而快乐地前行！

——杨礼义　中山大学中国语言文学系1997级本科生

经历了生离死别，我才认识到思念其实不是我原来想象的那样无时无刻地长久笼罩，但却是随时随地地突然袭来。走在街上见到兰州牛肉面店,立刻想起了李老师,想起老师带我们去吃全广州最正宗的兰州牛肉面,想起了老师爽朗的笑声。辅导孩子作业,翻出《现代汉语》,又想起老师在课堂上风趣幽默的讲解,想起他如何把一门枯燥的课讲得生动易懂。当我整齐地穿好制服,戴上帽子的那一刻,就想起老师评价我的形象最符合传统审美观,想起老师对学生们总有说不完的鼓励,对学生们的各种夸赞。遇到挫折想逃避时,我也会想起老师教育我必须要成长起来,不能总依靠别人。原来思念是这样如影随形、随时随地的。其实是恩师对我的教导早已注入我的人生路。

谢谢您,敬爱的李老师。您的教导,我会一直铭记在心。

——梁　静　中山大学中国语言文学系2001级本科生

李炜老师追悼会前的那天晚上,我因为工作上犯了错误,赔罪喝酒到凌晨五点。第二天一早赶到银河园,走在初夏的阳光下,内心却如深冬般冰冻。

进入追悼会现场,当屏幕上再次出现李老师的音容笑貌时,我脑海里突然想起老师讲过的话:职场中人不会像父母老师一样护着你们,犯了错误,大大方方地说一句"对不起,我错了",再想办法积极补救胜过找千百个理由狡辩。

那一瞬间,内心冻结的种种情绪,工作上的委屈,失去恩师的悲痛,通通化成泪水流出眼角。李老师带给学生的,不仅是学术上的传道、生活上的关怀,还有做人做事的教诲。在追悼会现场,也许一千个学生有一千个流泪的理由,但大家肯定都会想起李老师讲过的某一句教诲,触动了当下工作生活的情境。而老师的这些话,在毕业十年、二十年、三十年后,可能都不会再有人告诉你。

追悼会结束后,走出银河园,初夏的阳光再次照到身上,犹如老师的音容教诲,明亮和煦。您的话我们会时常记得,只是世间已少了一个温暖、真实而有趣的灵魂。

——谢　明　中山大学中国语言文学系2004级本科生

今年是我们本科毕业十周年,回校那天最遗憾的就是李师不在了。您经常说学生就是您的孩子,那天重遇许多同门,确实每位学生身上都有您的影子。无论我们身在何处身在什么岗位,都带着您的殷切期望,在语言学在艺术在审美在文化等诸多方面都有所进步。像您一样，成为热爱美好、热爱生活、热爱生命的中文人。

前阵子我在就职的广东美术馆策划了"汉语之美"的项目。关于这个话题，我总会想起李师当年"语言艺术与人生高度"的演讲。李师是引领我走向语言学学科的恩师，他不仅对语言本体研究深厚，在语言应用领域更是专家。他经常说，语言本体研究都没做好谈应用那是无水之源。李师还有一个很明显的特质就是兼容并蓄，南北差异什么的对他来说完全不是问题。因为闽方言的影响我说话常带有"台湾腔"，李师觉得很正常，他说，你要是哪天字正腔圆地说话我都感觉不到你是潮州姑娘了……李师的研究并不局限于中文学科，他在美术、舞蹈、音乐、舞台表演等多种艺术门类上也研究颇深。记得我刚入职时很迷茫不会写美术评论文章，李师还非常耐心地指导了我，并且感慨中国人打小受到的审美教育和熏陶太有限了。李师的思想一直影响着他的学生，尤其是他开阔的视野和包容的心态。我也将专注"汉语之美"这个宏大而美好的话题，让更多的观众了解汉语及其所蕴含中国文化的博大和多元。我想，这也是李师希望学生能做到的。

谢谢我的李师和同门师姐们。

——陈文哲　中山大学中国语言文学系 2005 级本科生

2019 年 5 月 6 日中午，惊闻李炜老师去世的噩耗，不由得惊呆半晌。可以说李炜老师早已是中文系的一个符号，对每位中文学子来说，他都是一位熠熠生辉的精神导师。

2008 年，我们还在珠海校区学习，李炜老师从不因我们远在"边疆"而忽视我们的成长。重要的学生活动场场必到，从活动策划到活动推进他都悉心指点，活动现场兴致来了接过话筒大步登台，唱吟演练无不手到擒来。

恐怕大部分中文学生最惧怕的就是现代汉语这门课，枯燥无趣，然而李炜老师的语言学讲座却场场爆满、座无虚席。至今犹记得他的一场关于"语言的力量"的讲座，他意气风发地说："我发明了'语力'这一词，什么是'语力'？哈，就是'语言的力量'！"得意之情溢于言表。谈及应用实例的时候，讲到兴致之处又从前往后猛地搂一下头发，潇洒得一塌糊涂。

毕业后再见李炜老师是在中大的草地音乐节上，他看到我很是高兴，对旁边的老师说："你们发现没，我们中文系的女孩子工作后越来越像花一样！"然后又标志性地猛搂一下头发，走近对我说："多回系里来看看！"一如一位慈父对孩子的叮嘱。

李炜老师去世后，2005级的师兄在老师电脑中查找资料时，给我一张截图留作纪念。那是我们2007级本科生的毕业论文，原稿、修改稿、终版稿……这是一张多么有温度的图片啊！按照年级、学位类型细细分类，悉心保管，那让人又爱又恨的毕业论文呐，我们有多头痛，老师就有多关怀。

5月11日上午，李炜老师的告别仪式上，我们用力地回顾他的一生，但实难尽述。李炜老师对自由的追求，对学术的执着，对学生的热爱让我们震撼。纪念视频中，李炜老师在我们级毕业晚会上说，"毕业季总是能让人鼻子酸酸的，大家都在一遍一遍地告别"，今天我们却真的要和老师说告别了。我猜李炜老师一定是个侠客，逍遥快意此生，又去到另一个江湖了，他这一生虽短，但活出了生命的宽度。

李炜老师，一路走好！

——李　青　中山大学中国语言文学系2007级本科生

（本文原刊于2019年5月12日广州日报客户端）

李炜老师是当年系里安排指导我大一写作百篇作文、大二写作读书报告的导师。身为系主任的他不仅教学任务重，还要承担诸多公务，但让我没想到的是，在指导的时间里还依然仔细地批阅我的百篇作文，发现我的好文好句总会标记起来，写上批注和建议。甚至还敏锐地把我行文里透露的固执、疑惑和懵懂记在心里。老师每到珠海校区工作的时候，都会邀请我和同学们聚餐，面聊人生，解答心事。他是我百篇作文唯一的读者，也是我那段青春的见证者和领路人之一。大三之后李炜老师不再担任我的指导老师，尤其是毕业之后更鲜少联系，印象中只剩下毕业合影里他的笑容，现在回想起来还是活生生的脸庞。

——何　超　中山大学中国语言文学系2009级本科生

（本文原刊于2019年5月12日广州日报客户端）

"妮儿"是老师叫我的名字,我昨天还梦到他叫我了。李老师见过了很多人一辈子没见过的风景,用侠肝义胆的衷肠和唯我独尊的霸气挺过了很多事,也因为个人性格强烈、豪爽仗义显得如此与众不同。他的学问、艺术和品格,他的多面和丰富,像一本大书。他还有很多创想未及实现,就匆匆离开了……

我们所有的情感和心事、计划,都默认彼此共生同存,所以面对死亡,从来没有准备好的时候。

好在我们终会再见的,想到这里,突然没那么怕了。

——张诗洋　中山大学中国语言文学系 2009 级本科生

（本文原刊于 2019 年 5 月 12 日广州日报客户端）

我自 2014 年 7 月从中山大学中国语言文学系毕业之后,通过师姐同学听到过两次有关李老师的消息。第一次是听说李老师在医院度过了一段时间,但已经大好出院了。回想自己在校的时候李老师身体十分健康硬朗,又已经出院了就没放在心上。也是因为远离广东,远离老师,又怪自己疏于与老师和师姐们联系,再一次听到李老师的消息便是 2019 年 5 月,这一次来的便是噩耗,消息来得太过突然、太过仓促,犹如晴天霹雳,令人一时无法接受。

虽然只在老师门下念了两年研究生,但李老师是我遇到过的所有老师中最儒雅风趣,活得最真实洒脱,最温暖、最容易感知的一位老师。他最懂学生,记得一次师门聚会的席间,正值学生毕业季,谈到中文系的毕业季喊楼文化,有人提出要禁止此类活动,李老师便不愿意了,老师说中文系的"喊楼文化"那是要保护的,这不仅是我们系的特色,符合年轻人的性格特点,都快毕业了,男孩子暗恋了人家女孩子好几年,你不给个机会让他表白,这不好吧？李老师就是这样处处为学生考虑,处处体会年轻人的想法,所以他自己也活得年轻。

李老师人特别,所以他的课堂也很特别。李老师的课堂有个传统,几乎所有学术探讨都在饭桌上进行。记得我写毕业论文那会儿,老师点了康乐园最好吃的菜,拉家常式地聊聊天,在我毫无压力毫不紧张的状态下,简单几句点拨到我的问题关键所在。一顿美食下肚,问题也轻松解决了。别看老师表面宽松,其实李老师非常严谨,我的论文他一字一句读了,大到观点框架逻辑上的问题,小到语法错误、语言重复,老师都挨个指出并给了指导。老师经常要求我们不仅要毕业,还要高质量毕业。

短短两年的相处时间,从老师那里学到的可不仅仅是语言学课程里的那几个知识点,我们学到的是老师那种"将做学问作为一种人生常态"的人生状态,以及洒脱幽默又认真的人生态度。老师已经离我们远去,可老师以自己最令人尊敬的姿态活在了我们每个学生心中。

——李　乔　中山大学中国语言文学系2012级硕士生

李炜老师去世了,真是晴天霹雳!老师还这么年轻,积累了数十年的学问,到了最好的时候,大家都期待着那甘美芬芳的果实了,怎么说走就走了呢?

印象中李炜老师是中文系讲课水平最高的老师之一。他给我们上的是语言学这门课,这是中文系最抽象、晦涩、难懂的课程,对青年教师来说,要讲得通俗易懂已经是超纲的要求。如果还要形象生动、风趣幽默就更是"从河南到湖南"的"难上加难"。但这对曾经当过京剧演员的李老师来说,仿佛都不是事儿。李老师伶牙俐齿、能说会道,张嘴就是段子、浑身都是包袱。听李老师说笑话儿,是同学们的期盼。如果你上过他的课,你就会知道,课堂就是李老师的舞台,他很轻松地就运用了高超的语言艺术,精彩地讲授了艰深枯燥的语言学知识。他对课堂的节奏和气氛把握得非常准确,学生们在积极主动地欣赏中国语言的艺术美之余,还对语言学产生浓厚的学习兴趣。这寓教于乐的教学能力,罕有所匹。

李老师对学生的好,远近闻名。我是中文系的本科生,毕业后就离开了中文系,和老师们的联系并不密切。但是,我后来在历史系读博士的时候,因为进行医学史的研究,遇上了医学诊断名词的演变这一又大又硬的拦路虎。记得李老师是语言学的大专家,尽管知道老师已经不记得我了,还是冒昧前往请教。果不其然,李老师尽管当时在墨西哥出差,还是用手机发了回复短信,交代我去找哪位解决问题。我实在是又感激又感动。可更让我感动的是,在他去世那一天,我终于知道,原来当时老师已经在病中,但一直坚持不懈地追求着自己的理想和事业。老师一直工作到了最后一刻,给我上了一堂人生的大课。

——朱素颖　中山大学历史系2013级博士生

我记忆里的李炜教授，总是和珠海联系在一起。2013年，我入读中山大学中国语言文学系，前两年在珠海校区。李炜教授就像是护雏的老母鸡，生怕我们这些刚摆脱高中牢笼的小孩子被带跑了，得把我们放自己眼皮子底下盯着，所以每次见着我们，总是会说："总有一天要把你们带回南校去。"第一次从珠海回广州见导师，就是李炜老师带的队。他带着落单的我们几个，走遍了中大西区（导致我至今对中大的印象就是一个大迷宫），还到蒲园去吃乳鸽。席上，李炜老师一个个地问我们的籍贯、姓名。他是西北汉子，性格豪迈，虽然是第一次一起吃饭，却不会让人感到不自在。他在蒲园的谈笑风生，音容宛在。

拍本科毕业照时，我们特意回到了珠海，在那亚洲最长的教学楼前合影留念。我们终于如他所愿离开珠海回到广州，李炜老师却不在了。呜呼！逝者已矣，生者如斯，谨以此文纪念李炜教授。

——邝倩莹　中山大学中国语言文学系2013级本科生

～～～～～～～～～～～～～～～～～～～～～～～～～～～～

有幸在李炜恩师门下受教的几年有太多深刻难忘的记忆。记得初见恩师是2014年博士生面试考试时，在陈述完自己浅陋的研究计划后，恩师就用"我唱给你听"对我进行考查。每学期初和期末恩师请同门聚餐，师生围坐一桌，畅聊学术和人生，气氛欢洽，多次到晚上十点多、十一点才兴尽而散。当我把不得要领的小论文发给恩师，恩师总是"不遗余力"地批评我，我心里当然明白恩师平时行政事务繁忙，多年来养成了说话"一针见血"的习惯，对于自己门下的弟子更是不屑于拐弯抹角。在中大脱产学习两年后，我回湛江边工作、边继续学习和研究，通过微信和恩师沟通交流，恩师每次对我进行论文指导的语音信息总是长达几十条。恩师曾说："好好做学术，就是对我最大的回报。"恩师经常说："做学术要有'逢山开路，遇水搭桥'的精神。"

李炜恩师不仅是我学术道路上的领路人，更教会我直面困难的勇气和决心。2018年2月27日，在同恩师微信沟通后，我回中大重新开题。当晚，恩师，同门师姐刘亚男、黄燕旋，师弟于晓雷，我们5人围坐在中大小西门外的一个餐馆里，当然又是恩师请客。其间多是恩师在说，而我则埋头"奋笔疾书"进行记录。如今，我的毕业论文《〈元曲选〉宾白语法研究》也已顺利通过博士学位论文答辩，并获得答辩委员一致好评。如果这篇论文有一些闪光点的话，那也是站在恩师这位"巨人"的肩膀上取得的。没想到 27 日一聚，与恩师竟成永诀。再见恩师，也只能在梦中。恩师并没有走，他用鼓励和期待的眼神望着我，我知道我还欠恩师一个学术上的交代。

——范培培　中山大学中国语言文学系 2014 级博士生

　　四月的时候和兴舟通电话，彼时他正好在医院照顾老师，听他讲着老师的情况，心里极难过，好在兴舟说老师精神尚可，才有了一些安慰。又提出通过视频看看老师，但是时候太晚，就此作罢。那天晚上挂了电话睡不着，不断想起老师干练精神的样子，他的眼睛总是亮晶晶的，笑眯眯的。

　　于是计划五月带着老师喜欢的花去看看老师，想好要在卡片上写："愿您有任何人都无可奈何的勇气和志在必得的生机！"但还没来得及就听到了噩耗。

　　此后总是不时地想起老师，觉得唏嘘又觉得极不真实。最后一次见老师是在毕业前几天，逸夫楼下，和老师打了个照面。老师笑着说："小丫头终于长成大姑娘了！"千山险阻，音问久疏，我对老师的记忆留在了那一天，我总觉得老师一直都还在康乐园里，只要点开微信的那个"现代汉语"头像我就又能收到老师的信息了。今年的教师节，我照常给老师发信息，我也知道再也得不到回复了。

　　前几天又迷迷糊糊梦见了老师，还是那样干练精神，亮晶晶的眼睛笑眯眯地对着我说："大姑娘，带你去吃好吃的！"我忙在后边跟着老师，背后藏了一束花，想着等老师再一转身，当作惊喜送给他。到底还是没有转过身。

　　醒来觉得很失落，再一想又觉得大可不必。我曾说这个年纪的他是下午三点的太阳，热烈而不匆忙，耀眼却又谦柔，彼时老师听了很高兴。

　　千乘万骑归邙山，下午三点的太阳会对世界说些什么呢？

　　"走吧！我们天黑之后去喝酒！"

——朱小丫　中山大学中国语言文学系 2014 级本科生

　　我第一次和李炜老师见面是在大一入学的家长见面会上，那天正好是我的 18 岁生日，系里为同一个月生日的学生组织了一个集体生日会。我总还记得老师捧着蛋糕祝我生日快乐，告诉我要更勇敢地表现自己，珍惜大学时光的样子。后来我有幸成了老师的学生，跟随老师学习了两年，老师为人豪爽，经常鼓励我多尝试新的事物，并为我创造机会和条件，认真细致地为我的文章提意见，关心我们的学习和生活情况……老师治学之严谨，为人之谦和，也点点滴滴地在日常相处过程中教给了学生。在我眼中，李炜老师是无所畏惧的乐天派，虽知道他曾受到病痛折磨，但以为只是无碍的小病小伤，因此没有特意问候，谁知下一次听闻老师的消息，竟是如此的噩耗！我惭愧，后悔，然而时光终究不能重来。先生之风，山高水长，学生必将谨记教诲，不负所望，告慰老师在天之灵！

——曾慧祺　中山大学中国语言文学系 2016 级本科生

2017 年我大一入学，成了李炜老师门下新生。老师工作繁忙无法抽身，但一直记挂着我们两个新生，特意托师兄师姐代他请客吃饭。后来老师在蒲园餐厅亲自请我们吃饭时，很认真地说，大一新生是最"脆弱"，最需要好好照顾的，我们平时学习生活如果有什么大小困惑，都可以和老师联系。老师知道我是陕西人，在广州很难吃到乡味，所以后来请我们吃饭时，常特意挑陕西面馆照顾我的口味。大一第一批百篇作文里，我写了很多怀念家乡的内容，交上去之后，老师语重心长地教导我说，在乡愁上，流于表面的简单回忆看似讨巧，但对人的实际的长进却助益不大，他借给了我一本《故乡是带刺的花》，希望我认真研读思考，明白其中"故乡"的含义。我现在再看大一的作文，自己都忍不住发笑，但老师一点都不嫌弃，他真挚地给出了很多中肯建议，为了照顾我的"玻璃心"，一句批评都没有。

有一次我和父母闹矛盾，心里特别委屈和茫然，一时激动给老师发了消息。一觉起来发现老师发了好多条语音给我，语气非常担心，问我需不需要下午当面找他谈心。我受宠若惊，连忙解释和道谢。后来我了解到，那段时间老师忙讲座活动忙得脚不沾地，但他还是愿意为学生的琐事临时挤出几小时宝贵时间，我心里觉得又感动又抱歉。

在我的记忆中，老师永远是笑眯眯和蔼可亲的，对学生就像对自己的孩子一样关爱。直到现在，我每每想起老师已经去世，还是觉得非常恍惚。我总不愿意相信老师已经走了，或许只要人们一直记挂着、怀念着，老师就没有离开，他会一直活在大家心里。

——李立原　中山大学中国语言文学系 2017 级本科生

各界友人寄语

　　1993年的某一天，炜哥来我的店里剪发。聊了几回，发现他对我们的美发行业很有见地，也很欣赏我做美发的一些理念和原则，还称赞我不是理发，而是"雕发"。因此，他的头发一直都是我来剪。虽然炜哥不懂剪发的技巧，但他对于美发的美的理解是很深刻的。我们也就成了很要好的朋友。

　　后来炜哥也带过他的父母来我店里理发。炜哥的父亲曾对我说："你们这样的人一定要发达。勤奋的人总会有好的结果。"炜哥曾帮过我很多，我现在的事业离不开他的支持，帮我解决了很多麻烦。我当然很感谢炜哥对我的帮助，但我想，我最好的感谢方式应该就是继续做好我的事业，让他对我更加认可，我想这才能让我们的关系更紧密。

　　他是一个有幽默，讲正气的人。炜哥很有才华，而且能将自己的才华巧妙地、适宜地用在生活中的各个角落。每每在店里剪发总会滔滔不绝，其他客人听到他的长篇大论也总是很感兴趣。经常有人打听他是谁，我总会很自豪地说："那可是我们中大中文系的李大才子！"凡多次到过我们店的人，不论是顾客还是员工，都知道"李才子"的大名。

　　回忆了这么多，转眼都过去了。而现在每每想到你，炜哥我真的很感谢你，正是因为有了你，我才能在中大一路坚持下来，这个社会总是在有些事情上不太公平，一个如此有才，如此善良的你，为什么走得这么快呢？

——刘　宾　与李炜教授相识于1993年

　　我在中文系办公室工作逾二十年。初识李炜老师时，他是正在攻读博士的青年教师，是我的服务对象，而我是他的"小兄弟"。后来，李老师历任副系主任、代系主任、系主任，前后超过十五年，又一直是我的领导。尤其在他主政中文系后，学科建设方面的材料通常都是我执笔、他改定，他戏称我俩是"相依为命"。对一个相处二十余年的故旧来说，关于李老师的值得回忆的事情实在是太多了。

不说他在可以评三级教授时将机会先让给其他老师,"我不用系里一分钱"还倒贴横向经费和个人收入的高风亮节。也不说他策划第八届全国少数民族传统体育运动会联欢,参与策划第 16 届亚运会文化活动的多才多艺。甚至可以不说他倡议国家加快"一带一路"国际职业汉语人才培养,主持研制国际职业汉语培训及评估标准体系的胸怀格局。但是,一定要说说他的"中文人"情怀。他常说"中文人是有温度的",并且一直在践行着这种属于中文人的"温度",将他全部的光与热都倾洒在了他所爱的母校与母系的每一个需要他的人身上。也因此,他每天都是那样的激昂澎湃、热力四射。充满爱与激情的灵魂永远是年轻的。怀念我的"李老师"!

——詹拔群　与李炜教授相识于 2000 年

中山大学中国语言文学系李炜老师治丧委员会[①]:

这里写的是我对李炜老师的记忆,那是我们在一起工作时他对我说过的话,我写出来,想通过你们转交给他的父母,他们有这么优秀的儿子。也想让贵系师生了解他更多一点,活生生的李炜。

他的父母,我们在日本工作时见过面,我也很尊重二位老人家。拜托你们了,请他们看看卢老师心中的李炜吧。

他说希望写在墓碑上的话,是他的原话。

祝各位安好!

北京外国语大学退休教师
卢燕丽
2019 年 5 月 7 日

写给李炜

你说过,咱们生命的百分之一
　　是一起在日本东京大东文化大学度过的,
　　要好好珍惜,慢慢回忆。

[①] 本文是 2003—2004 年与李炜老师共驻日本东京大东文化大学任教的忘年友人,北京外国语大学卢燕丽老师写的一封信。——编者注

你说过，你要成为父母和学校的骄傲。
　　我看到了你做学问的努力，再努力。
你说过，关键时刻，中国人就是中国人，
　　日本人就是日本人，这，不容置疑。
你说过，你身着乳白色的绸衫绸裤，
　　走在中山大学绿色的校园里，
　　青春、潇洒，也引人注意。
你说过，你对吃过的美食，自己尝试做一下时，
　　一定要做出新意。
你说过，让生活充满乐趣，不要勉强自己。
你说过，你死后，希望在自己的墓碑上写下这么一句：
　　"一位教授，一个语言学者，睡在这里。"
你充满活力，你乐观有趣，你讨人欢喜。
你不该这么早早地离去，
　　不该这么早早地离去。
你有做语言学家的才华和天赋，
　　学界还需要你，还需要你。

——卢燕丽　与李炜教授识于2003年

11月份的一天，在办公室上班，兴舟走过来跟我说写追思文章的事，还没等他开口说几句，我就把他"轰"走了。我眼圈红红，泛着眼泪，到四楼的天台上平复了很久。心里只是不断地重复着：原来李老师真的走了。

转眼间已经半年多过去了，我却觉得您依然在人世，从未觉得也不愿意接受您离开了。总在想：一定会在电梯口，某个办公室再见到您笑眯眯的样子，然后听您说"翠嫦，今天这套衣服搭配得还可以"，"翠嫦，你怎么似乎又感冒了"，"翠嫦，我今天这套搭配好看吧"。然后我会和余老师一起调侃您的蓝色格子裤子，会一起跟您"撒娇"。有时候，又会隐约觉得似乎听到您的声音在中文堂，那么爽朗，那么开心，会产生错觉，觉得您没有离开，这依然是往常日子。

心里是遗憾的。在得知您生病后，多次向您的学生打听情况，却真的"遵守规则"没有去医院看看您；您离开的前一晚，学生给我打电话说"很严重了"，我带孩子在游乐场却一直走神，我在想"要去看看您"，可

是还是"遵守规则"没有去。第二天出差去了云南,下飞机时得知您已离开。一直是您心中那个"乖学生",可是这一次,我那么后悔做了"乖学生"。如果不是那个"乖学生",我多想可以在您住院时给您做顿念叨了很久的湖南菜,我多想哪怕只是去看看,听你说说话。1月份的冬令营时,您是面试老师,我在一旁做记录,结尾时,您说:"各位老师,我下去了哈,医院的车在接我,最近脖子痛得很,大家春节快乐!"然后您几乎是雀跃着离开会场的,还不忘鼓励那些即将经历高考的营员们。没想到,这一次见面,就是最后一次见面了。

心里也是充满力量的。这些力量源于您。

刚刚参加工作时,面对突然要一个人在珠海带两百多学生的情况,我时常觉得有压力,您对我说:翠嫦,我相信你。也许是您知道我一人驻扎在珠海六七年不易,也许是您明白为了守好在珠海的低年级本科生(学生,是您的心头肉)可能会让我有所牺牲,几乎每一个学期的开学、结尾你都会专门坐车来珠海请我吃饭,有时候还是和党委书记一起来。您观察到我工作疲惫时,把好吃的拿给我;我迷茫时,您便一次次告诉我"翠嫦,吃亏是福,相信我,要积德,尤其是对学生"。而这一句您常常挂在嘴边的"吃亏是福,相信我;要积德,尤其是对学生",几乎成了我工作的信念,让工作快十年的我至今依然无比坚信。它让我在工作中很少迷茫,很少懈怠,才发现这么简单的话,于一位老师而言有多重要。我照着这句话,一步一个脚印地、笨拙又坚定地前行,回头才发现自己已经不再彷徨,不再觉得自己无法胜任,从未觉得吃亏,反而是"赚到了"很多。

在写这篇文章时,学校召开辅导员大会,让我代表全校的党政专职辅导员在大会上发言。发言在小礼堂,全体校领导和中层领导干部都参加,会后的发言稿被"中大学工"全文转发,得到很多学生甚至老师的由衷夸赞,随后又在中山大学官微推出。这大概是我工作十年来最高光的时刻了。发言中,我这样说:谢谢在这个校园里遇到的那些美好的人,他们告诉我"吃亏是福"。如果您能听到,您应该知道,我在给您交一张答卷。我多想,您坐在台下听到我所说的话,我多想骄傲地跟您说一句:李老师,我做到了。汇报时,我就在想,李老师,您一定能听到吧,您一定会笑眯眯地说:我们翠嫦真不错!

——柳翠嫦　与李炜教授相识于2005年

跟李炜老师认识了十几年了，我一直就觉得您是个人品很好的人。一开始我由唐老师介绍到了您家工作，这么多年来，您一直很信任我，将家里的钥匙也交给我。但是这么多年，我很少碰到您，有时来您家打扫卫生，我才刚到您就要出去了，等我快要收拾完了，您回来一趟又赶忙出门。您不常在家，也不怎么在家吃饭，我的工作就只是帮忙打扫灰尘而已，所以我常笑您，说"李老师你们家的厨房都是做样板用的，不煮饭！"您也哈哈大笑。您是一个口快心直又随和的人，算工资的时候，常常是我说做了多少次，您就按着我说的给，毫不计较。您平常睡不好，家里两张床换着睡，为此您还多次跟我说抱歉，担心给我添麻烦。

今年年后，您跟我说您回去几天就回来，我也就照旧按时给您打扫卫生，结果您过了好久也没有回来，我将钥匙交给唐老师后给您发消息，要您回来后一定跟我联系，谁知不久后从唐老师那里得知，您已经离开了。我心里很难受，您平时是多么硬朗的一个人啊！这么多年来我非常感谢您，您很信任我，也帮助了我不少，您是一个非常好的人。

——刘自香　与李炜教授相识于 2005 年

好久不见，还挺想念你的！1989 年的珍酒地、1987 年的董酒已经共饮，还有 1987 年的习酒和 1987 年的鸭溪窖酒等着与你品鉴，但已不知在何时何地了！

称呼您老师，是因为丹丹；敬重您是兄长，确因为您的性情与为人（您总是戏称我为"翔哥"，不知是否同样缘由）。记得第一次见面是在东风公园的西餐厅，您在微醺的状态下，拧了我的耳朵，是给我一个下马威，还是不舍得将丹丹交给我的那份纠结？对您一切的疑惑在我慢慢融入您的师生圈子后，终于解开。您是那么的真实、那么的性情、那么的善良和正直，那么地对生活充满激情，以至于您在学术上取得的成就也黯然失色（至少对于我来说是这样）。您对您的学生以及身边的人来讲，不仅仅是传道授业解惑，更重要的是给大家带来了对生活的热爱，与对生命的珍惜与尊重！

每次和您一起吃饭，都是一种享受，也是一种折磨。享受的是您对美食、美酒和各种文化的精辟阐释，让人有一种物质与精神的融合与升华；折磨的是您总是唯一的中心，滔滔不绝，不给我半分表现的机会……

李老师，您走了，走得匆忙，以至于没能赶上和您道别，没能见您最后一次笑容……没关系！今后的好酒，我会留您一杯；您的学生们，作为大姐夫的翔哥会为您好好看着，放心走吧，天堂也有美酒、更有真情，一路走好！

——高　翔　与李炜教授相识于 2005 年

第一次见李老师应该是 2006 年，那时中文堂大楼刚建起来不久，我就调来中文系工作了。

对李老师的第一印象非常深刻，为人豪爽，很关心我们平时的工作和生活，平时叫我的时候直呼"兄弟"，没有一点距离感，没有教授那种高高在上的架子。

李老师有时从外地出差回来，会带一些当地的特产，诸如干果、辣酱、水果、茶叶等，每次他都会非常慷慨地发给我们几个人。每逢过年，也会给我们发红包，表达祝福。

结识李老师至今已经 13 年了，对李老师的印象一如既往，他依旧是那么年轻，那么朝气蓬勃。

2019 年上半年一直再没见到李老师出入中文堂，问到李老师的学生才得知生病住了院。随后便收到了李老师去世的噩耗，感到很痛心。追悼会上看到李老师的遗容，非常不忍心。

李老师就像一位好朋友，好哥们儿，总是面带微笑，总是善待他人。

——邓冬贵　与李炜教授相识于 2006 年

微信我一直保留。总觉得您只是去哪里玩儿去了。也许某一天，还会神秘兮兮地拿着某样东西来 404① 跟我们分享。对了，顺便跟您汇报一下，"花"不堪我的欺压，调走了。我以后的上班地点也不在 404 了，以后要去小红楼了。

　　多喝一点酒，多吹一些风，
　　能不能解放，生活有些忙。
　　坚持有点难，闭上一只眼，
　　点上一根烟，能不能不管。

---

① 本文"404"指"中山大学中文堂 404 室"。——编者注

你最近好吗，身体可无恙？
闭上眼睛就在我面前转呀转，
我拿什么条件能够把你遗忘，
我拿什么条件可以袖手旁观。

——余咏梅　与李炜教授相识于 2008 年

认识李炜老师，缘于 2008 年我老婆和丹丹读他的全职博士生。读书期间，作为师门家属，我参加过好几次和李老师师门的聚会聚餐，有时喝酒，有时唱 K，那段时光一生难忘。李老师的魅力非常明显，语言才华了得，口若悬河，侃侃而谈，由于我本科也是读的中文专业，所以对李老师非常敬仰。李老师学术专业造诣很深，同时多才多艺，活跃于学术界、行政场、新闻媒体界、文艺界，一直记得他曾经说他的一天相当于别人的两天，可见他一天的工作量有多大，有多少行业和专业领域的同行找他、需要他。同时，他的为人很好，乐于助人也能够助人是他的显著特点，性格豪爽也直爽。对待学生，视同自己的孩子。可以是说，李老师处处想着别人，唯独没有他自己。

李老师的形象在我心里一直像大山一样巍峨耸立，生病期间，我也去看过，觉得他真的病倒了，觉得命运不公平，李老师这样的人怎么能停下来呢，好多的人都需要他，都离不开他。李老师的一生经历非常丰富，成果丰硕，但也有一丝坎坷，我们疼爱老师，我们也心痛老师，我们多么希望老师一直都是那么的好，那么的喜笑颜开，那么的为工作忙碌而乐在其中。李老师侃侃而谈的风采，匆忙忙碌的身影，一直在我的心里，从未远去也从未倒下！

——汤玉华　与李炜教授相识于 2008 年

那天收到晓雷（李炜教授的博士生）发来的微信，让我写一段回忆和纪念炜哥的话，心里的伤感又被激起。转眼间，炜哥离开我们已半年有余，时光悄悄地流逝，然而他的身影在我心里却没有离开过，手机里的电话号码、聊天记录及照片至今保留，不愿删去。在以前，每当遇到点啥事，工作上的、生活上的，总会想到打电话给炜哥，炜哥从来没有拒绝过一次！

与炜哥的相识要追溯到 10 年前，那会我在医院针灸门诊实习，跟随符文彬教授（我的导师）出诊，炜哥陪同他的恩师来门诊做针灸调理，符老师用针后让我全程负责，从此炜哥那种谈笑自若、谦谦君子的特质便深深印在我脑海。最让我敬佩的是他对恩师的敬重与照顾，恩师一旦有身体的不适，他总是特别紧张，帮忙找医生，帮忙各种安排。每次我跟他汇报恩师情况好转时，他便像个孩子似的喜出望外，直呼："太好了，太好了"，心里才算松了口气。

认识的时间长了，炜哥成了我无话不说的好朋友、大哥哥、老师、长辈。他身上还有个特质深深地感染我，那就是他对工作的执着，他对中文系那种融进骨子里的爱。有一次，他脚踝扭伤，肿胀得很厉害，很疼，来到医院找我做了处理，当下肿消了，勉强能穿上鞋，我的医嘱是一定要休息，少走路，要不还得肿起来，可是他说晚上要继续作为主持参加中文系的活动，因为这个活动关系到整个系的荣誉，绝对是不能缺席的。我当时心里就在想：怎么会有这么不听话的病人呢？果不其然，第二天肿得更厉害。类似情况，常有发生，特别是患病之后，我以医生的身份试图劝止他没日没夜的工作状态，却也无果，对他来说，工作才是一切。

炜哥，小妹还等着你有空一起去吃广州最好的兰州牛肉面，听你品评各种奶酪、火腿与红酒的搭配，给你扎上几根调理的针，但你离开得却那么匆匆。炜哥，近来怎样？

——温秀云　与李炜教授相识于 2009 年

"炜哥"，是我在酒后对他的尊称，没有酒来壮胆，我随太太叫他老师；"明哥"，是他在餐前对我的昵称，有了酒的催化，他因爱徒叫我女婿。我和李炜教授很多次会面都是在餐桌上的，他很繁忙，经常在餐桌上传道授业解惑，偶尔遇到一起，他必不让我离开，我也就经常忝列于诸位教授博士之中，在提升人文修养的同时，对他的好感从尊敬逐渐变为亲切。他爱学生，学生也爱他。2018 年除夕，他生病住院，我和太太煮了饺子拿到病房与他同医护人员分享，那时的他还是像往常一样乐观生动而又侠肝义胆。告别仪式上，我陪同太太早早到银河园帮忙一同料理，铺天盖地的挽联在我的眼睛里一点点变得模糊。平日里和故去后，他和他的学生那种深厚真挚的感情，我是震撼的。

我和李炜教授最深刻的记忆是 2013 年的秋天，他到上海出差，那时我刚从广州调去上海工作，他特意来看望，我们在外滩饮酒，在沙家浜唱戏，在阳澄湖品蟹，我也见证了他生命中非常幸福快乐的那段时光，那也是唯一一次没有太太在场，我和李炜教授的生活交集。至今我时常还会想起他在沙家浜一招一式的精气神，那大概是他烙在血液里的品格。斯人已逝，他的风骨已经融入学生的基因。

炜哥，您在哪儿都是好样的！

——郝　明　与李炜教授相识于 2010 年

～～～～～～～～～～～～～～～～～～～～～～～～～～

   花时同醉破春愁，醉折花枝作酒筹。
   忽忆故人天际去，计程今日到梁州。

  我和您因酒而结缘，从交流饮酒心得的普通酒友到无所不谈的挚友，我们隔三岔五就会约一次酒局，数日不见即心生挂念，就这么交往了近十载；如今您已故去数月，但我似乎仍不愿意相信您的离开，每当静心独酌我都会想起这首诗词，与您觥筹交错、欢声笑语的情景仍历历在目，犹如昨日，总觉得您只是出了趟远门，不久就又会回来与我把盏言欢。

  炜哥，您是我的良师益友，您的博学多才令我钦佩，您的风趣幽默让人开怀，您的真诚直率让人感动。

  还记得您在酒桌上常以诗词歌赋助酒兴，以"一枝红杏出墙来"押遍了所有七言绝句，令人拍案叫绝。

  还记得您用不同的方言讲段子，模仿得惟妙惟肖，惹人捧腹抹泪的同时，又让人不得不佩服您在语言学上的功底与造诣。

  还记得您借着酒兴在半夜来一曲京剧《打虎上山》，您嘹亮的嗓音直唱得方圆百米楼房的灯全亮了，就差警车的警灯了！

  炜哥，您是语言学界中的葡萄酒专家，您对葡萄酒有着非常独到的理解，您的品酒辞通俗易懂又贴近生活，从知识型提升到文化型，把葡萄酒的味蕾享受直接升华到精神享受，把酒文化推高了几个层次，影响了一大批人。

  炜哥，您是"美"的发现者和传播者，美酒、美食、美事、美景、艺术之美、生活之美……

  您懂得欣赏一切美的事和物，并乐意与人分享。

  您平时很注重仪容仪表，认为这是对别人的尊重；

  您平时爱秀你的名牌衣服和皮鞋，认为这是有品位的体现；

您平时爱拨弄你乌黑油亮的头发，认为这是朝气蓬勃的标志；

您平时爱笑，眯成线一样的小眼睛其实也很迷人，它透着真诚、闪着智慧。

葡萄酒是上帝所赐，天堂不缺葡萄酒！

——李建偲　与李炜教授相识于 2010 年

初识李炜老师，缘于我想去中大做访问学者。我怀着忐忑的心情，尝试着给李老师发了邮件，没想到李老师很快回信了，欣然同意收我做学生。

2013 年 9 月，我背着行囊到了中大，李老师热情地接待了我，并让我找亚男、燕旋和琼姿，进入他们的国家社会科学基金重大项目资料室学习和查阅资料。

在中大教室，我有幸聆听了李炜老师、庄初升老师、刘街生老师的课，收获颇丰。李炜老师爱穿颜色鲜艳的裤子，头发打理得一丝不苟，风度翩翩。他上课幽默风趣，总能举出海外文献中与方言应对的例子，每每此时，他眼里会发出兴奋的光芒，正因为如此，经常有其他院系的学生跑来李炜老师这里蹭课。

在中大访学一年，李老师指导我们参与广东省中国语言学会年会的举办，事无巨细，他都亲力亲为，那届年会给大家留下了深刻的印象。李老师还带我参加他的博士生、硕士生聚会，那是一次小型的学术沙龙，我因此结识了不少语言学的青年才俊。在交流中，李老师叮嘱大家要做到科研与为人的同步。我深知，这是李老师对我们的殷切希望。

访学结束时，李炜老师特别交代我，有学术上的问题，随时都可以问他。这让我感动不已，李老师就是这样一个严谨治学、善良热情的好老师！

李炜恩师永远活在我们心中！

——李绍群　与李炜教授相识于 2013 年

刚跟我的太太刘亚男交往的时候，有一次说到她的导师，我说："你老板……"我话还没完，她就义正言辞地打断我："不是老板，是我的老师、我的恩师、我的导师、我的灯塔……"我被她严肃的表情弄得又紧张又莫名其妙：紧张的是她生气了，莫名其妙的是不明白她为啥生气，因

为称导师为"老板"在理工科很普遍。那时,李老师在我心里是个神秘的神人形象,高不可攀。

后来,沾亚男的光,我"攀"上了,还有幸被视作女婿,不断地感受着这个团队师生之间的爱与温暖,见识到了我所没有经历过的老师与学生之间那种深厚的感情。我才明白,"老板"这个词确实太亵渎他们的师生之情了。最喜欢听到亚男转达李老师的话"把我的女婿们叫上",跟李老师吃饭是一种享受,菜品、酒品一经他点评仿佛都有了生命。有时候吃着喝着聊着会拍着我的肩膀叫我"龙哥",让我受宠若惊。

李老师"变脸"也很快,前半段正吃着喝着、谈笑风生,后半段就认真严肃、一本正经地挨个谈论他们的论文了。如果要喝酒,那这前后半段的节目往往会颠倒一下,先谈论文。李老师风趣幽默、能说会道,即便是谈论论文,我这个外行人听着也不会觉得枯燥。

最后一次见李老师,是 2019 年 4 月 28 日,那是个周末。因为第二天要转回中山六院休养,亚男一大早就去医院帮忙收拾和打包东西,我负责给他们送自家包的饺子。记得那次李老师胃口不错,一口气吃了 16 个饺子,还蘸着醋。吃完,李老师和李大伯夸我煮饺子的水平高,亚男打趣说她教导有方,李老师嗔怪"温柔是一种力量"。大家说说笑笑,那个场景让我难忘,仿佛李老师得的是没什么大不了的小病,有种岁月静好的感觉。不曾想,这种岁月静好的日子竟如此短暂,即便是陪在他身边的人,也觉得太过突然,让人难以接受!

李老师终究是离开了,这些年我们享受着他春风化雨般的温暖,却未能回报一二,此生憾事。

————尹　龙　与李炜教授相识于 2013 年

那一年,广州从化的一个乡村文创项目请我去当顾问,年过五旬的老板说这次请的另一个顾问是特别的大咖级人物,是他当年在中山大学中文系读书时的老师,现为中山大学中文系的系主任。一听是他的中文老师,我脑海中马上浮现了一个老年书呆子样貌,木木的形象。就算老板不断地吹他还是广东什么创意协会的创始人,还有非常多个协会的会长、主席之类的名头等,我心里都觉得这只是江湖地位高而已吧?谁知道一见面完全让我服了!

当时李炜老师穿着时尚的牛仔裤、彩色的 T 恤衬衫、乌黑的短发下一对微笑得弯弯的小眼睛点烁着青春的光耀。与他带来的年轻研究生晓雷等人站在一起就好像哥们一样，特别有精气神，对比一下反而觉得自己略显老气了。

经过交流后我才了解他是名副其实的，一名真正让我服气的创意名师。我俩很快就熟了起来，李炜老师也开玩笑地说他"粉"我很多年了，他说在认识我的两年前已经住过我主笔执行设计的雷州樟树湾五星级酒店，而且他在2014年7月5日的珠海文化大讲堂上主讲"中国文化创意元年与中大、与珠海"时说，当他入住雷州樟树湾酒店后，"就仿佛看到了中国设计的希望"。这件事让我受宠若惊。李炜老师对他的学生们说想不到今天在农村里竟荣幸地认识了樟树湾酒店的设计师。从那天起，李炜老师及他带的硕士生、博士生们都亲切地叫我"连大师"，我认为自己长长的胡子也挺像算命的，叫也无所谓，因为社会上算命的都叫大师。他让我叫他李炜兄就行了，从此后我就亲切地叫他李炜兄。

李炜兄的才华与创意，他的幽默、友善、热情等一大堆优点，都是公认的。我最欣赏李炜兄在文创方面的智慧，李炜兄带头创办了中山大学文化创意公司，希望让文化基础深厚的中山大学中文系师生插上创意的翅膀，飞向美好的明天。

我很荣幸受邀为中山大学文化创意公司设计办公室空间，由于设计工作的原因我经常与李炜兄沟通，发现他对工作非常地认真，非常执着地投入。中文系的行政、教学、社团等都非常需要他，他为了我们国家的文化事业无私的贡献，每分每秒都在燃烧着生命的激情。但人不过是血肉之躯，他太累了，累倒了。原来李炜兄应该是天上的文曲星下凡帮忙我们，上天心疼他太辛苦了，让他回天堂休息一下，相信他还在天上为人间祝福着。

很荣幸认识李炜兄，感恩有你，你是我永远的好兄长。

——连　君　与李炜教授相识于2014年

第一次见李炜老师是在2014年8月，那时我刚调来中文系工作。有一天他从楼下经过，因为我也不认识他，就站起来打了个招呼。没想到李炜老师便和我聊起天来。他说："你是新调来工作的嘛？我是系主任，我叫李炜，你叫我李炜老师就可以了。"

后来又问我的老家，问我工作怎么样，临走时说："兄弟，来了这要好好干呀。"

　　李炜老师就是这样平易近人，性情豪爽，很讲义气。平时拿一些好吃的美食来中文系总会分我们一些，还说道："把这些都给兄弟们分一下，让兄弟们都尝一下！"这一声声兄弟，显得格外亲切。

　　印象最深的一次是在 2018 年 10 月左右，我是个北方人，也比较爱吃面。有一次看到我自己在一楼煮面吃，便说："兄弟，你爱吃面的话，下渡路那边有一家陕西面馆不错，我自创的'三合一'非常好吃，我帮你叫一个吧。"我很不好意思，连声推辞。可没想到李老师上去后大概 20 分钟左右，就有人送来了一份李老师说的"三合一"。后来我也经常去那家店吃。

　　人与人之间都有感情的，一个人对别人怎样，每个人都是明白的。更何况李炜老师对我们兄弟们真的很好。我对李老师的逝世一直非常心痛，现在还是会不时想起李老师的音容笑貌，一声声的"兄弟"总能让人感到家人般的温暖。遗憾的是因为我们值班的工作问题，最后只能让邓师傅一人去参加追悼会。只愿李老师的在天之灵依旧潇洒自如。

——苏全亚　与李炜教授相识于 2014 年

　　得知李老师离开的消息，心情久久不能平息，很长一段时间都不愿意相信李老师真的离开了，工作中李老师亦师亦友，记忆最深刻的一件事情就是 2016 年年底学位点评估时，李老师语重心长地跟我讲，"妹子，拜托你了，这个事情你一定要认真处理，事关中文系的未来。"此番话既亲切又意义重大，到现在也不能忘怀。

——张淑华　与李炜教授相识于 2014 年

　　第一次见到您大概是在 2015 年八九月，那个时候您刚大病初愈，第一次到我们这边吃饭，后来就成了常客。起初您常常找我们聊药膳、养生之类的事情，我们以为您只是对这方面感兴趣，后来才知道您是因为自己的身体状况不太理想。于是我们常常给您熬些汤水调养身体，在您住院的时候也每天给您送餐。康复后，您虽仍来这儿喝茶、喝汤，但由于工作任务重，您只能断断续续地偶尔来饮食调养一下。

　　2018 年 12 月，您跟我说颈椎好痛，我叮嘱您要注意休息保养。1 月份的时候还见您来店里吃饭。春节之后，我们得知您生病住院了，听力也变得不太好,那时根本没想到病情已经很严重了。到了开学的时候,也没见您带着学生来店里聚餐,结果没想到是这个样子,知道您的消息后全店的人都很伤心,都感到惋惜。在我们眼里,您是一个性情中人,开心起来就唱歌,随和,不摆架子,是一个不像大学教授的大学教授。您来店里吃饭,常常是先在微信上跟我说好再过来,记得您说过您喜欢吃老蛋,说滑蛋是年轻人们吃的;冬天您爱吃羊肉煲,说羊肉暖胃;您最爱吃的杂菜煲,总叮嘱我多加番薯。还有黑白蒜蒸仓鱼、海带排骨汤、芋荷蒸土猪肉……都是您爱吃的。您的私人菜单我也一直保留着。

一直记着您说的"你们一定要坚持做健康饮食的理念,宁愿不大众也要健康"。我们会坚持做下去,您在天堂也多注意饮食,健康比什么都重要。

——米　妮　与李炜教授相识于 2015 年

有一些话语,你说的时候就知道自己是在对天空之外的某处呼唤。那你要怎么样的喜悦心情呢?我很难看到自己的这种欢喜感觉,眼泪会流出来,是因为我依然在人间,看到阳光在水波里荡漾。晓雷博士说让我写一段话,是为了怀念……炜哥已经离开我们半年多了。

炜哥说我是他丽江的妹妹,晓雷是炜哥博士生,感情更像是一家子,所以自然我就成了美莲姑姑。

2016 年年底,炜哥最后一次来丽江时,我们在丽江束河的院子里晒太阳,炜哥说太享受这种懒懒地晒太阳还工作效率奇高的生活。忍不住要和广州城里的朋友嘚瑟一下做村主任的感觉。他说以后半年至少来丽江住一段时间,这是我们最后一次见面,这一次他送了我他父亲的新书《鸿爪雪泥》。炜哥之前送给我一本他写的《现代汉语》,我说我读书时候对这门课并不喜欢,因为太难了,炜哥写"美莲我妹惠存"那就做收藏吧。之后我在深圳出差,炜哥给我电话,说从广州到深圳陪我"腐败"一下,要好好带我吃喝。我说我还会去广州的。然而今天,我就要以这样的方式来表达我想对炜哥说的一些话。

第一次见炜哥,是 2015 年夏天,在丽江拉市海刚哥家,那天上午小雨,他从屋外进来,一边收雨伞,一半抱怨说,今天这天气,让他没有早餐吃,昨天说好的做餐的人喝酒太晚,没做早餐。害得他要出门去找吃的,简直就是迫害红太阳!我当时觉得不用大惊小怪,丽江不是就这样吗？从中午开始，我就一边默默泡茶请炜哥喝，他好几次"迫害红太阳"的话语让我奇怪了，偷偷问刚哥才知道那时他刚出院身体恢复中，但他总给我是那种幽默诙谐后的意志坚强的感觉，还有对别人的无限的关心和帮助。我常想，如果还有机会拥抱炜哥，我一定要认真地告诉我哥，"世界太多事，您不需要付出这么多去证明您多爱我们，爱这个世界。因为你在的所有场景，我们都能感受无比的爱的涌动。您要做的是好好关爱自己！"

晓雷问我，给炜哥的花圈上写什么？

我说，妹子：美莲。

——王美莲　与李炜教授相识于2015年

人生大抵是会遇见不同的人，再跟这些不同的人走散。

在我人生下半场开始的这年，有缘遇见了李炜老师，尽管我们只有寥寥的几次见面，却记忆深刻，如认识了多年的好友、知己。李老师成了我这一生经常想念和惦念的人，可是由于身处不同的两个城市，见面的时间有限，这辈子很多没有说完、没有来得及说的话，只能遗憾地盼望着下辈子再见面的时候，再叙。

2018年4月的一个下午，我在办公室第一次遇见了李老师。当时他就坐在我对面，从广州风尘仆仆地赶来，感动之余，更是他认真对待工作的态度。那天他一直没有休息，几个小时的交谈下来，天已经渐黑了。那是大约晚上8点钟，我们才匆匆在公司附近的华侨城创意园的德记砂锅粥吃晚饭，闲谈间，知道了他和我一样都是兰州人，都超爱牛大碗。

2018年5月28日，为了工作我赶到广州，第二次见到了李老师。那天他穿着立领黑色T恤衫、黑色短裤、灰白色运动鞋，手里拿着一个小包，戴墨镜的他，我竟然没有认出来，看上去根本就不像这个年纪的人，说他像三十几岁的小伙子一点不为过，那天我们都很开心，合影留念，这张照片成了唯一一张我们的留念。工作结束后，我们不约而同地一起去吃了牛大碗。现在想想心里还是甜丝丝的。

之后的一段时间我经常跑广州，每次过去总要见他，他不论多忙，都会邀约大家一起聚聚，聊聊我们不同专业相互之间的碰撞，聊聊兰州的记忆。

他有着兰州人典型的性格，爽朗和仗义；他有着学者的儒雅和风趣；

有着文人的浪漫和诗意；他热爱生活，钟情兰州美食，喜欢品美酒，畅谈地方语言，更钟情于他的工作和事业。

他喜欢笑，每当他笑起来的时候，方正的脸庞上一双本来不大的眼睛便眯成了一条缝，尤其是讲起来兰州方言的文化时，更是侃侃而谈，谈笑风生。听着他说，我们除了欢笑，还是欢笑。每当听到他说受邀要去做讲座时，总是提前想让他告诉我他的独家秘籍，他总会简洁总结一两句话，让我一直这么深地记在了心里。

他也会着急，着急的性子大抵是我们这个类型的秉性，看着他着急，我能想象他在父母宠爱中长大的过程，看着他，就像看见我自己一样，心里乐滋滋的。

后来他经常出差，又出国访问，许久未见。之后再见是在 2019 年 3 月 14 日，他生日的前一天，我们大约只是寒暄到晚上 9 点，我就匆忙赶回深圳，现在想想当时应该留下来，这也成了我一生最大的遗憾。

再后来，李炜老师走了，最后也没能再去看望他，不是不惦念，而是觉得这份缘分今生匆匆，来生一定会再续。

——董锦绣　与李炜教授相识于 2018 年

第六编 媒体报道

生前媒体报道

咬定青山不放松

——李炜教授与海外珍藏汉语文献的不解之缘

中山大学李炜教授主持的国家社会科学基金重大项目"海外珍藏汉语文献与南方明清汉语研究",致力于海外汉语文献收集、整理与研究工作,对深化汉语史尤其是南方汉语发展史研究具有重大意义。

只有加倍努力,进一步发掘、整理并抢先深入研究宝贵文献,才能体现出中国学者应有的责任与担当,显示中国学者的研究实力,进而在国际上掌握学术话语权。

汉语曾是亚洲多个国家文人学士的共通语,在长期的研究中,他们留下了大量的汉语文献,特别是我国明清时期的文献。这些文献客观地反映了我国明清时期汉语的语言面貌,对汉语史尤其是方言史的研究弥足珍贵,具有中国传世文献所无法替代的研究价值。

中山大学李炜教授主持的国家社会科学基金重大项目"海外珍藏汉语文献与南方明清汉语研究",致力于海外汉语文献收集、整理与研究工作,对深化汉语史尤其是南方汉语发展史研究具有重大意义。而李炜教授获得广东省首个语言类国家社会科学基金重大项目,也绝非偶然。早在20世纪80年代,日本学者波多野太郎把在日本发现的清末北京话作品《小额》作为礼物送给王起教授,中山大学中文系资料室也就有了第一部海外珍藏汉语文献。20世纪90年代,李炜教授做博士论文时就很好地利用了《小额》和威妥玛的《语言自迩集》等海外珍藏清代北京话文献。

近年来,李炜教授带领学术团队对海外珍藏汉语文献进行深入研究,发表了十余篇高质量的学术论文。在此基础上,他成功申请了国家社会科学基金年度项目"清代琉球官话系列课本语法研究"和重大项目"海外珍藏汉语文献与南方明清汉语研究",在这些项目资金的支持下,海外珍藏汉语文献研究获得了长足进展。

"十多年来,我们一直专注于海外珍藏汉语文献研究,没有偏离过方向。"这是李炜教授时常挂在嘴边的一句话。他和他的研究团队,利用琉球官话课本等具有南方地域特色的海外文献,以《语言自迩集》《小额》《燕京妇语》等清代北京话海外文献为基本语料,展开纵向的历时演变与横向的共时描写和比较研究,打通古今界限,突破方言—官话的藩篱,取得了一系列较有影响的研究成果。

颠覆了学界原有的"官话观"

以往学者大多倾向把官话等同于北方官话,认为共同语都是以北方方言为基础的。李炜教授的团队研究发现,以琉球官话为代表的"官话"至少在语法上与以北京话为代表的北方官话存在明显而系统的对立,而与闽、粤、客、吴等典型的古老南方方言相平行。琉球官话体现出鲜明的南方地域特征,可以说是有别于北方官话的"南方官话"。《中国语文》上发表的文章《琉球官话课本中表达使役、被动义的"给"》《琉球写本〈人中画〉的与事介词及相关问题——兼论南北与事介词的类型差异》《琉球官话课本的使役标记"叫""给"及其相关问题》等,用丰富的语料说明了这个问题。"官话"在语法和词汇层面都体现了"最大公约数"的特点,而且有南北之分;以往被学界忽略的"南方官话"最晚在距今两百多年前就已用于对外汉语教学。这是李炜教授团队的发现。

明确近现代汉语语法的切分点

学界从政治、社会等综合因素考虑,将 1919 年五四运动作为现代汉语的起点。李炜教授团队则从语法研究角度提出了不同看法。他们发现了清中叶琉球写本《人中画》的母本——早于前者一百多年的啸花轩本《人中画》,通过两个版本的语法对比研究,提出了汉语近现代语料断代的标准;并且发现,琉球写本《人中画》用"给""把""都"等 23 条语法项目替代了啸花轩本中相应的"与""将""皆"等近代语法项目,呈现出汉语现代语法的特点。据此,将汉语现代语法的上限定为 18 世纪中叶。无独有偶,18 世纪中叶的北京官话作品《红楼梦》也是以汉语近代语法为其主要特征的(主要体现在大多数人物对话中)。而早前的《金瓶梅》等则是以近代语法为其主要特征的。现代语法和近代语法切分点的界定,回答了近代汉语在哪一个世纪终结,现代汉语在哪一个世纪开始的问题,对汉语史、近代汉语、现代汉语研究在理论上具有重要意义。有趣的是，直到这时大家才恍然大悟：王力先生早年以《红楼梦》对话部分为研究语料，写成了《中国现代语法》，其中是大有深意的。

另外，汉语近代语法转变为汉语现代语法之后，进入了迅速发展阶段。近百年来的汉语语言面貌发生了巨大变化。李炜教授利用《语言自迩集》《小额》等文献，发现了北京话"您"是清代晚期才出现的尊称形式，与中原官话表多数义的"恁"无关。这些发现和研究不仅拉开利用海外珍藏汉语文献研究"现代汉语史"的序幕，也显示了"现代汉语史"研究的价值。

引申出类型学和语言接触两个研究视角

李炜教授在海外珍藏汉语文献中发现了官话语法项目在地域上的南北对立，这种对立具有类型学上的意义。也就是说，汉语本身存在类型差异，这种差异不仅存在于方言，也存在于官话层面。带着这个问题，研究团队进行了广泛而深入的调研，发现北方官话在一系列语项上与阿尔泰诸语相对应，而南方官话除了与古汉语的特征相平行外，许多语法项也与南方少数民族语言相对应。然而，在民族语言接触问题上，研究团队却十分谨慎，当研究更加深入、论证更加充分之后，才向学界正式发布。目前的研究表明，语言接触引发汉语内部变化是不争的事实，类型学和语言接触是深化汉语研究的新方向。

以上成果和发现，都是在海外珍藏汉语文献的基础上获得的。李炜教授说："发掘、整理、研究这些海外珍藏汉语文献是中国学者义不容辞的责任。只有加倍努力，进一步发掘、整理并抢先深入研究这些宝贵文献，才能体现出中国学者应有的责任与担当，显示中国学者的研究实力，进而在国际上掌握学术话语权。"但是，仅仅依靠某位或某几位专家学者的力量是不可能完成的，要完成如此艰巨的学术重任，必须组建足够规模、优势互补的研究团队。

"海外珍藏汉语文献与南方明清汉语研究"这一国家社会科学基金重大项目的另一位主持人庄初升教授，就是这支研究团队中默默无闻的坚守者。多年前，庄教授就致力于利用海外汉语文献进行汉语方言研究，他曾主持国家社会科学基金年度项目"从巴色会文献看19世纪香港新界的客家方言"以"优秀"等级结项。由于共同的研究爱好、共同的研究旨趣，李炜、庄初升两位学者为了共同的学术理想联手申报了"海外珍藏汉语文献与南方明清汉语研究"这一重大项目。在他们的共同努力下，海内外20余名专家学者先后加入研究团队。研究团队立足广州，连接港澳，辐射海外，在筑牢研究主力的同时吸引了一大批青年学者，建构了完备的人才储备和培养机制，并利用"海外珍藏汉语文献与南方明清汉语研究"这一国家社会科学基金重大项目，完善了相关学科的平台建设，促进了相关专业的蓬勃发展。

"咬定青山不放松，立根原在破岩中。千磨万击还坚劲，任尔东西南北风。"学术理论研究，需要的不仅仅是研究者精深的研究技巧，更为重要的是对于研究的那份赤诚与热爱。我们相信，更多的学者会在国家社会科学基金重大项目这一平台上，在自己对于学术研究的执着与感悟中，产出更为丰硕的学术果实。

（本文原刊于《中国社会科学报》2013年8月14日B05版）

首期"一带一路"国际职业汉语培训示范班结业在即

——"六个月，我就会说中国话了"

1月20日，为期6个月的"'一带一路'沿线国家国际职业汉语培训示范班"就要在广州举行毕业典礼了。56名学员分别来自32个国家的中资企业，这也是全国首次有针对性地对"一带一路"沿线国家中资企业的外籍员工进行职业汉语培训。

埃塞俄比亚学员Habib Yasin去年入职美的集团驻非洲商务机构，6个月的学习后，他已经能够结合手势进行简单的汉语交流。"6个月，我就会说中国话了。"他甚至给自己起了一个很地道的中文名字"杨海滨"。

任课老师介绍，职业汉语培训不计划培养上知天文、下知地理的"中国通"，而是就外籍员工即将回国服务的中资机构及其岗位，进行有针对性、个性化定制的"职业汉语"专门训练。这种职业角色"沉浸式"培训方式能够为中资机构培养企业急需的懂汉语的员工。美的集团就表示，希望自己的外籍员工经过短期培训，能够在工作中用准确的中文表达涉及职业角色的关键词汇、语句，如"汇率""合同""产品型号"等。

总部位于东莞的华坚集团目前在埃塞俄比亚建有6000人规模的工厂，

需要600名懂职业汉语的当地基层主管，而其正在建设中的华坚国际轻工业园，预计未来需要3000～5000名能够用职业汉语进行准确沟通的基层主管。职业汉语人员需求十分庞大。

广州市贸促委①一直倡导、推广国际职业汉语，并为本次示范班的开班做了大量工作。广州市贸促委主任王旭东介绍说，近两年，广州市贸促委积极带领企业赴巴基斯坦、白俄罗斯、印度尼西亚等"一带一路"沿线国家开拓市场，越来越感觉到，国际职业汉语教育是我国企业践行"一带一路"的瓶颈。驻外中资企业和商务机构数量的增长和业务范围的拓宽需要吸纳更多海外人力资源，同时当地居民对进入中资机构的愿望越来越强烈，都使得职业汉语人才的需求量与日俱增。但国内传统的国际汉语教学体系与海外市场需求脱钩，培养一个双语人才往往需要3～5年的周期，严重制约了中资企业发展与建设。

中山大学是本次职业汉语培训示范班的主办方，由中山大学中文系教授李炜主持的《国际职业汉语培训及评估标准体系》刚刚通过教育部科技成果评审，创造性地建立了一套科学性和实用性极强的培训体系。而其核心团队与相关技术公司合作建立的"国际职业汉语培训云平台"，真正实现了线上线下同步开展、个性化教学、协同促进的教学模式。

首期示范班32国56名汉语"零基础"学员现在已经能够使用汉语与参会嘉宾进行交流了，成为能够用汉语工作的实用人才，他们回国以后多数能够胜任"一带一路"沿线国家的中资企业和商务机构从事路桥、高铁、市政、产业园区建设等相关职业的管理工作。

按李炜的设想，国际职业汉语培训必须走出去，哪里有中资企业和商务机构，国际职业汉语培训就要走到哪里。他和他的团队将通过对首期示范班的总结，不断优化教学方案，进而扩大在"一带一路"沿线国家国际职业汉语的影响力。下一步，国际职业汉语培训将朝着更加专业化方向发展。在适当的时候，国际职业汉语也将有自己的等级培训和认证，以及学业学力评价体系。国际职业汉语将以更标准化、专业化的形象，架起"一带一路"沿线国家沟通与合作之桥。

（本文原刊于《人民日报》2018年1月18日12版）

---

① 本文"广州市贸促委"指"中国国际贸易促进委员会广州市委员会"。——编者注

"一带一路"沿线国家国际职业汉语培训首期示范班成效明显

——未来"职业汉语"服务也可定制

很难想象,从零基础始,仅学习两个月汉语的埃塞俄比亚年轻人杨海滨(中文名)竟能与记者对答如流。这名外国小伙目前正在他所在国的一家中资企业工作,不少管理层和工程师都是中国人。为了能更好地适应工作,杨海滨饥渴地学习汉语。今年7月,他加入"一带一路"沿线国家国际职业汉语培训首期示范班学习。今年8月1日,"一带一路"沿线国家国际职业汉语培训首期示范班正式开班,并在暨南大学华文学院举行了开班仪式。来自安哥拉、孟加拉国、肯尼亚、坦桑尼亚、埃塞俄比亚、格鲁吉亚、白俄罗斯、俄罗斯、斐济、印度、泰国、印度尼西亚、吉尔吉斯斯坦、哈萨克斯坦等32个国家的56名学员参与。两个班的学员学制都是六个月。该示范班由中山大学中文系主办、暨南大学华文学院承办、广州市跨境电商交流中心赞助。

现状:"汉语+"人才需求旺盛

"学员学习都非常高效,一半以上学生已能够基本对话交流,这在以前的对外汉语学历教育中是很难想见的。"第一次教职业汉语课程的暨南大学华文学院教师黎静如是说。中山大学中文系教授、国际职业汉语教学团队的发起人与组织者李炜说,国际职业汉语培训没有计划将学员培养成为上知天文、下知地理的"中国通",而只是对其即将回国服务的中资企业和机构所从事的具体工作进行有针对性、个性化定制的"职业汉语"专门训练。

国际职业汉语是个新词语。随着"一带一路"倡议的深入推进,越来越多中资企业已经走出了国门。同时当地居民对进入中资机构的愿望越来越强烈。但目前驻外中资机构普遍面临着双语技术人才短缺的困境。

总部位于东莞的华坚集团是全球最大的女鞋生产企业之一,2011年11月,华坚集团开始在埃塞俄比亚进行投资建厂,目前华坚集团在当地拥有一座6000人左右规模的工厂,是当地规模最大的生产型企业;而位于埃塞俄比亚首都亚的斯亚贝巴正在建设中的华坚国际轻工业园,预计在2020年建成后,能吸纳当地就业3万~5万人。

华坚集团表示,目前6000人规模的工厂需要600名懂职业汉语的当地基层主管,3万~5万名当地员工需要3000~5000名能够用职业汉语与中方管理人员在工作中进行准确沟通的基层主管。

李炜认为,以华坚集团打比方,传统学历教育成本高、周期长,与企业巨大而专业化的用人需求严重不相适应。

仅以广东省为例,截至2016年年底,广东企业在160多个国家和地区设立非金融类企业8603家。"保守估算,假设每个企业需10名双语专业技术人才,放眼全国,这个需求量将非常巨大。"他认为,随着中国企业更坚定地"走出去",迫切需要建立的一套短期见效、实用性强、内容专业指向明确的国际职业汉语培训的模式。

关键:课程从实际需求出发

国际职业汉语培训应运而生。首期示范班的教学方向,即在较短时间内将汉语"零基础"的学员培训成为胜任汉语工作的职业人才,且能根据行业特点提供个性化的职业汉语培训。课堂上,示范班开展全汉语环境的"沉浸式"教学,把培训的整个过程变成一个大课堂,除了睡觉休息时间以外,学员用餐、运动、娱乐等各个生活环节都将成为一堂堂生动的语言课。"除了第一堂课,其余几乎全部是汉语教学。"李炜说。

不仅如此,在示范班教学的基础下,李炜团队创新性地首次提出国际职业汉语培训与评估标准体系,并设置体系的课程方案及主要内容。

课程设置主要分为两大系列:一是基础汉语,分为初级、中级、高级三个级别,从汉语的拼音、词汇、基本句法等基础内容开始,课程结束后学生能运用汉语进行日常基本对话,并具备很好的继续学习能力。二是专业汉语,分为文化汉语、行政汉语、工程汉语、商务汉语四个类别。评估方面,该课程为非学历课程,教学从实际需求出发,内容专业指向明确,课程精致紧凑,紧贴"一带一路"沿线国家企业的要求,学成后颁发相关中资企业认可的专业技术证书。

此外,课程学时适当,以中短期培训为主,学制为三个月至半年,既满足当地人才对自我提升的要求,同时减轻当地人才在经济和精力上的负担。

2017年8月31日，该标准体系正式通过教育部科技成果评审（教技发（评价）字〔2017〕第001号），这是迄今为止国内语言学领域通过的第一个教育部科技成果。评审意见中写道："该项成果紧扣'一带一路'国家战略需要，运用了语言学、教育学及信息科技等多学科的理论和研究方法，形成了一套定位清晰、方法科学、行之有效的职业汉语培训与评估标准体系。""该体系以'顺畅沟通'为导向，集中学习与在线学习相结合，取得了多方面的创新性成果。"

未来：定制职业汉语培训

"国际职业汉语培训云教育平台"（简称"云平台"）则是该体系的另一个创新之举。李炜介绍，团队与安博教育合作，推出"国际职业汉语培训云教育平台"，打造SPOC（Small Private Online Course：小规模限制型在线课程）创新教学模式。SPOC针对"一带一路"人才的培训特点制定更加精细化的学习路径以及评测。课程内容信息含量丰富、密集，学员可以暂停、回顾任何一个知识点，是一种非常高效的信息传递方式。据悉，目前"一带一路"的人才培养项目的云平台已经建设完成。

可以想见，未来，一位"零基础"的外籍钳工或电工，想学习汉语胜任汉语工作的职业人才，他可直接登录云平台，匹配他的国度、职业、学习时间，即可自动获取一整套有关"钳工""电工"的职业汉语学习套餐。李炜说，考虑到企业需求人才的集中性和专业性，他们还将为企业订制服务。

"不同工种，不同需求，不同类型企业，都可以在云平台上获取个性化的职业汉语订制服务。"比如为华坚集团量身定制制鞋行业汉语培训教案；为高铁走出去定制高铁建设与运行行业汉语培训教案，为路桥建设、港口调度、电子商务都量身定制各自不同行业的汉语培训教案。

除了标准体系与云平台，下一步，国际职业汉语培训还将朝着更加专业化方向发展。李炜说，在适当的时候，国际职业汉语也将有自己的等级培训和认证，有自己的评判标准，有自己的学业学历评价，国际职业汉语将以更标准化更专业化的形象，架起"一带一路"沿线国家沟通与合作之桥。

（本文原刊于《南方都市报》2017年11月20日A05版）

数学成绩差， 问题竟出在语言上

——专家呼吁在国内实行低龄儿语言精准筛查
神经语言学研究或为语障儿童带来福音

"还有十几个学生呢"，连州市瑶安瑶族乡民族学校政教处主任陈小璘喃喃地说，"看来今天是做不完儿童语言发展障碍筛查了，真的好可惜"。

陈小璘手上拿着的学生名单是由各班班主任上报的，这些学生的共同特征是交际表达能力欠佳、注意力不集中、成绩落后。

5月中旬，中山大学神经语言学教学实验室的科研团队以"少数民族多语贫困地区儿童语言发育障碍筛查和矫正"为主题，走访了粤北连州市和连山壮族瑶族自治县的4所学校，在实验室科研团队看来，问题根源可能与语言发育的迟缓或障碍有关。

贫困家庭儿童发病率较高

"麻烦您给我们家孩子看看吧，两岁了还不说话，也不理人。"在连山县民族小学学校走廊里，闻讯而来的家长忧心忡忡地说。

小明（化名）已经2岁2个月大，仍不会说话，只能嘟嘟囔囔说一些无意义的音节，同时有呼之不应、不理睬他人、不与小朋友玩耍的情况。中大神经语言学教学实验室团队为其做全套筛查。随后的多项语言、交际和认知测试结果显示，小明很可能患有早期自闭症。筛查活动结束后，在科研人员的建议下，小明妈妈带着小明来到广州，接受进一步精密筛查，被诊断为语言发育障碍。

语言发育障碍是最常见的儿童发育性障碍，常表现为发音异常、理解困难、表达障碍、社交障碍等。

此次少数民族多语贫困地区儿童语言发育障碍筛查调研工作，由内地高校第一所神经语言学教学实验室——中山大学神经语言学教学实验室主持，师生们先后走访4所民族学校，筛查采集样本逾200人次。

据中山大学神经语言学教学实验室负责人、中山大学中文系副教授陆烁介绍，以连州、连山为代表的粤北山区，是省内经济欠发达地区，留守儿童较多，且汉、瑶、壮等民族杂居，语言环境十分复杂，是理论上的儿童语言发育障碍的高发区，"此次调研活动，充分印证这一点"。根据初步数据显示，贫困家庭儿童发病率较高，有所学校送检的 10 名贫困学生中，完全合格的仅 2 人。

联合项目组成员、中山三院党委书记丘国新在接受采访时表示，我国的儿童语言发育水平受重视程度低，且长期缺乏来自神经语言学的学术支持，导致检出率低、矫正效果差。此次调研活动依托中山大学神经语言学教学实验室，组建了文、理、医、工多学科交叉团队，显著提高了工作效率。

"省内多层级的援建，让山区教育的硬件设施得到了极大的改善。而在软件扶持上，我们希望能略尽绵薄之力。"陆烁说。

开发障碍语言评估系统

中山大学神经语言学教学实验室在广州市区内也开展了一系列语言障碍筛查工作，在广州市詹天佑小学进行筛查时，学生小薇（化名）被老师选出参加筛查。

老师反映，小薇在读二年级，在校期间不爱说话、不喜欢与同学交流，语文和数学成绩都在全班垫底，参加课外补习也没有明显效果，让老师和家长都非常头疼。

中山大学神经语言学教学实验室团队给小薇进行了全套语言、认知、智力测试，并配合脑电、近红外多个精密仪器检查项目，测试发现小薇在智力上丝毫不逊色于同龄其他儿童，注意力也没有障碍，主要问题出在文字认读上。小薇的脑电和近红外测试结果也显示，她在文字加工方面存在异常，导致了阅读、数学学习等多个方面的困难。在找出核心问题根源的基础上，实验室已经着手为小薇设计文字认读能力提升训练方案。

中山大学神经语言学教学实验室科研人员针对语言障碍儿童，开发了基于大数据机器学习的障碍语言评估系统。系统涉及流畅度、语音、语义、语法、特殊发音特征等多项指标，并利用前沿技术对人工标注语料进行机器学习，更加系统而精确地把握障碍儿童的语言水平及特征。

而基于汉语特定的神经规律，实验室还推出了用于汉语语言障碍矫正的手机应用程序，进而实现矫正方案的个性化，并可远程矫正，及时追踪训练效果。

这一系列革新，其核心精神在于，让语言障碍问题回归语言学研究。也就是说，用最新的语言学研究理论和方法，赋能语言障碍的矫正与康复训练；而不是将它们简单地当成一种病，全部付诸临床医学。

陆烁介绍，语言障碍的儿童，其语言学表征的一致性极高。因此，矫正和康复训练应充分尊重这一特点，具体方案的制定和实施，每个环节都应充分考虑语言学理论的基础，"从语音、词汇、汉字、韵律等环节进行康复和矫正"。以发音困难为例，发音部位靠前的声母相对简单，如b、p、m；位置靠后的比较困难，如g、k、h。那么，在发音训练中，相关人员就应依此规律来制定方案。

语法结构的康复训练亦是如此。陆烁介绍说，依据语言学家乔姆斯基的基本理论，动词和宾语的关系是内建的，要紧密于主语和动词的关系。因此，"动词+宾语"结构的矫正，应早于"主语+谓语"。事实上，这一特点已经在实践中被反复证明。病患在训练中学会"吃饭"，的确比学会"我吃"更快一些。

这种基于汉语语言特征制定的矫正方案，效果甚至优于研究人员的预期。据上述实验室成员、中大中文系教授林华勇介绍，语法训练中小朋友常常会自然地给动词后边带上"了、啊"，似乎是一种直觉性的、与生俱来的冲动。

上述科研人员在采访中反复强调，新理论、新方法的科学性已初步显现。但解决问题的关键，依然是"早筛查、早介入"。当务之急，应在我国低龄儿童中实施全面、精准的语言障碍筛查。

高精密仪器助力检测

中山大学神经语言学教学科研人员通过引进国际通行的韦氏认知能力智力水平测试量表，配合眼动仪、脑电、近红外等设备，儿童的语言、智力与认知、情绪、注意力、交际行为等领域，都得到系统而个性化的检测。

而当这些精密仪器，在语言学的理论与方法指导下使用时，其科学性则更为显著。低龄的幼儿无法用语言表达时，常常难以确定是否真的"听不懂、不能说"；学龄儿童则不能确定是"不爱说"还是"不能说"。

仪器介入后，通过检测儿童的脑部活动，科研人员可以找到症结所在。比如，对于本身识字量极低的幼儿，研究者将采集其在观看汉字时的脑电波形，通过与正常汉字认读的波形比对，便可预测幼儿在未来的学习过程中，是否存在汉字加工困难的风险，进而提前安排针对性训练。实验室的眼动追踪系统、近红外光学成像系统的运用，也都具有类似的意义。

有的儿童存在篇章阅读困难，一句"看不懂"并不能给矫正提供建议。通过长篇阅读的眼动测试，高精度追踪儿童目光移动与停留的轨迹，研究者便可判断，被试儿童究竟是单个汉字认读困难，还是词汇提取困难，抑或句子的语义或语法加工困难，又或是篇章逻辑理解困难，继而给出针对性矫正方案。

中山大学孙逸仙纪念医院神经外科主治医师赵义营对这一技术的运用大为赞赏。他介绍，传统脑功能区定位需要用核磁共振，实施过程非常复杂，而且儿童基本无法配合完成。

新兴的神经语言学实验室，其研究人员的学科背景往往是多样的。以中山大学神经语言学教学实验室为例，虽然以"语言学"命名，但其在成立伊始便与该校信息科学与计算机学院达成紧密合作，业已引进了3名拥有数据科学背景的研究人员。

多学科的协同作业，让语言发育障碍筛查治疗的科学性进一步增强，也让攻克这一难题的前景更值得期待。

（本文原刊于《南方日报》2019年6月11日A10版）

媒体纪念追悼

"学生是我生命的阳光"

"语界忽惊凋巨擘,春风长使忆先生"
——追记著名语言学家、中山大学教授李炜

2019年5月11日上午,广州市殡仪馆白云厅,白色的花圈如云似海、墨书的挽联铺天盖地,上千名中大师生、各界人士自发从四面八方赶到追悼会现场,来送别一位他们深深敬重的好老师——著名语言学家、中山大学中文系李炜教授。

遗像旁边悬挂的主挽联"爱母校,爱师友,遍尝苦辣甜酸,能受天磨,引吭长歌舒浩气;精语言,精学术,兼擅唱吟念打,忽惊柱折,奠君清泪到黄泉!"出自中山大学中文系著名学者黄天骥教授之手,满溢着中山大学的领导、同事们对李炜教授英才早逝的痛惜之情。

摆放在厅堂正中央的花篮上书的"不屈不挠,亦儒亦侠;至情至性,如父如兄",则是六位已毕业的博士生代表全体授业弟子为恩师献上的挽词,诉说着中山大学中文系的学生们对李炜教授的深爱与不舍。

北京大学、复旦大学、浙江大学、南开大学、南京大学等近百家单位发来唁电,其中香港中文大学、澳门理工学院、台湾中山大学等港澳台同行不仅高度肯定他的学术成就,更赞誉他振臂呼吁、积极促进粤港澳及海峡两岸的学术交流。陕西师范大学、西藏民族大学、贵州师范学院深切缅怀了李炜教授为西部高校与广东高校交流所作的学术贡献,盛赞他为人豪迈、侠肝义胆、古道热肠,一身正气。

"语界忽惊凋巨擘,春风长使忆先生"[①],李炜教授才59岁就溘然长

[①] 引自中山大学中国语言文学系2015级学生陈哲代表全级同学所赠挽联,见本书第382页。

逝，然而他的学问精神、师范风采长留在中山大学的师生心中。

"语言研究南融北合"

他认为，作为一名现代学者，不能躲在象牙塔里闭门造车，不能只做为自己而做的学问，而是要做对国家、对社会、对民族、对后代有用的学问

李炜教授先师从著名语言学家黄伯荣先生攻读硕士学位，进入现代汉语研究领域；后又跟随著名语言学家唐钰明先生攻读博士学位，将研究视域拓展到汉语的历史演变研究。

黄伯荣先生作为主编之一的《现代汉语》，被誉为中国文科教材销售史上的奇迹，历久不衰、畅销多年，为全国多所高校所选用。在他的晚年有一个心愿，就是将《现代汉语》变得更为简洁明了、生动有趣，让《现代汉语》能够为21世纪的中国学生学习本国的语言文字而继续发挥作用。

为此，李炜教授与其导师黄伯荣先生开始了合作编写中大本《现代汉语》的工作。该书从筹备到最终面世，从第一版到第二版，从编写配套学习资料《〈现代汉语〉学习参考》，再到拍摄《现代汉语》微课、《和你一起做作业》微视频⋯⋯

这一工作从2009年一直持续到李炜教授生前的最后一刻。其间，他和编写组的老师们在中山大学中文系的现代汉语教研室里开了两百多场教材编写和修改讨论会，每个周末都是吃着盒饭、喝着咖啡，熬过去的。

李炜教授的博士生刘亚男时任中大本《现代汉语》的编写组秘书，她至今还记得，2012年春节该书第一版临近出版，为了书的收尾工作，李炜教授没有回家过年。大年三十当天工作到傍晚，李炜教授笑着对她说："妮儿，没有饺子，咱们还是得吃点面，就吃个泡面，一起过个年吧！"吃着泡面，就着《现代汉语》的手稿，师徒俩吃得有滋有味，那个除夕，也成为刘亚男一生中最难忘的春节。

2015年李炜教授第一次患病做完大手术之后，也仍然坚持参加这一编写工作。

同年，这本北京大学出版社出版的教材被评为国家"十二五"规划教材，香港三联出版社出版了它的繁体字版，盲文出版社出版了它的盲文版。

"哇！想象一下，盲人朋友们用手来感受《现代汉语》、来学会《现代汉语》，是什么感觉！是不是充满了诗意？同志们，我们要继续努力啊，编写的语言可不能太艰涩难懂了，我们简明性的编写原则要注意是连盲人朋友们都能'摸'懂的简明易懂！"李炜教授跟编写组的其他七位编委激动地描述他的心情。

为一本教材倾注十年的光阴，千锤百炼、不断打磨，在当今社会，殊为不易。在他逝世前，还在组织编写团队筹备编写该书的对外汉语版，为培养"一带一路"沿线国家知华友华的汉语人才而殚精竭虑。

国家"一带一路"倡议提出以后，李炜教授敏锐地观察到，"走出去"的中资企业普遍面临着目标国本土汉语职业人才短缺的瓶颈，而目标国民众对了解中国文化、掌握使用汉语工作的能力也有着强烈需求，形成一种"双向刚需"。

于是，他从汉语本体研究与教学出发，带领团队全力研发以顺畅沟通为根本导向，短期见效、实用性强、职业指向明确的"国际职业汉语培训及评估标准体系"，致力创制基于汉语本质特征的、具有鲜明中国特色的二语习得理论。

2017年8月，李炜教授主持研发的国际职业汉语培训及评估标准体系正式通过教育部科技成果评审，这是迄今为止国内语言学界获得的第一个教育部科技成果。

2018年8月，该项研究又获得了国家语委科研重点项目的立项。李炜教授曾充满情怀地说："'一带一路'，汉语铺路。希望能够通过为海外运营的中资企业提供本土化运营的语言解决方案，帮助更多优秀的中国企业走向世界，筑起一带一路的汉语服务之桥！"

李炜教授常常对学生说："要把学问写在大地上。"他认为，作为一名现代学者，不能躲在象牙塔里闭门造车，不能只作为自己而做的学问，而是要做对国家、对社会、对民族、对后代有用的学问。

编写《现代汉语》如此，研究神经语言学也是如此。

近几年，他在多年思考汉语多个本质性问题的基础上，对汉语背后的神经机制也产生了浓厚的研究兴趣。

他注意到，罹患失语症与语言认知障碍的人群是一个巨大的群体，而语言学与神经学科、康复学科的合作，对于这些患者的语言恢复、语言治疗工作，有着不可预计的作用。于是成立研究团队开展了相关的研究，并取得了初步的喜人成绩。

2018年，中山大学批准拨款在中文系成立中山大学神经语言学教学实验室，他本人担任实验室主任，成立仪式当天他的致辞是这样说的：

> 我们要努力用上最先进的进口设备，学会国际上最先进技术和研究方法，但不能对国外主要基于印欧语的研究思路亦步亦趋，我们要坚信汉语在本质特征上与印欧语有着重大的差别，我们要做的神经语言学研究，是基于汉语的神经语言学。

此外，李炜教授对于西北方言中的阿尔泰语化现象也关注多年，多次带领学生前往兰州多地调研，正在构思写作《兰州方言语法研究》等揭示语言接触规律的专著。

中山大学周小兵教授听闻李炜教授逝世，含悲写下一副挽联："语言探秘南融北合，教育无疆海阔天高"。从汉语本体研究到《现代汉语》教学，从国际职业汉语培训再到基于汉语的神经语言学，南融北合、海阔天空，李炜教授确实做到了用一生都在践行他"把学问写在大地上"的学术理想。

"琉球在日本，希望琉球学在中国"

他对琉球官话的研究带着强烈的使命感，体现了一名现代中国学者的国际视域与家国情怀

2003年至2004年，李炜教授在日本大东文化大学任客座教授，归国之际带回了清代琉球官话课本数册。

琉球曾是中国的藩属国，琉球官话课本就是清代的琉球国人为了跟中国往来、学习当时的汉语官话的教材。

李炜教授认为这些教材能够客观真实地反映中琉关系史、汉语海外传播史，归国后马上组织团队开展研究，他的第一个博士生李丹丹的博士论文题目也定为《清琉球官话课本〈人中画〉语言研究》。

为了更好地收集琉球官话课本的相关研究资料，2007年李丹丹申请了国家留学基金委的公派研究生项目前往日本留学。

在寻找日本合作导师时她有两个选择，一位是与李炜教授私交甚笃、学术观点也相近的教授；另一位是与李炜教授不仅素未谋面，而且学术观点也有差异的教授。

因为后者当时持有的材料与研究的成果更为丰富，李丹丹希望选择后者，然而不免担心老师会反对自己去向持不同观点的学者学习，因此，去系里找李炜教授聊这个问题时，脸憋得通红还是不敢说出来。

没想到，李炜教授见了李丹丹，居然主动提出："你去跟××老师学习吧，我们的观点有一些不一样，这样你能够更加全面地了解琉球官话的国内外研究现状。"她的眼泪刹那间就冲出了眼眶。

现任暨南大学副教授的李丹丹已经毕业多年，但她至今记得在出发去日本之际，李炜教授对她的嘱咐：

> 日本关于中国学的研究材料确实非常丰富。我希望你去日本之后，广纳材料、博览群书，既要努力向日本的学者们学习，也要有独立的思考精神。学界有一种说法叫"敦煌在中国，敦煌学在日本"，希望有一天，有人说"琉球在日本，琉球学在中国"。

自 2005 年以来，李炜教授的团队陆续发表与琉球官话相关的论文十数篇、专著两部，申请到国家社会科学基金一般项目与重大项目各一项，将琉球官话归属为中国南方官话的一种，将琉球官话这一之前少有中国学者涉猎的研究领域推向前沿，取得了研究的国际话语权。

他对琉球官话的研究带着强烈的使命感，体现了一名现代中国学者的国际视域与家国情怀。北京大学中文系漆永祥教授评价李炜教授在琉球官话方面的研究是"通绝域方言，成传世宏作"，李炜教授逝世令人痛惜，"继往遗泽留遐世，从兹名士少斯人"！

"学生就是我的子女……"

他对所有的学生视若己出，他给许多博士生的赠言是："毕业前学术第一，毕业后家庭第一。"要做一流的学术研究，也要过好幸福美满的人生

李炜教授没有子女，他常常说："学生就是我的子女，学生就是我的生命。"

李炜教授 1985 年到中山大学中文系任教，从教 34 年，给历届学生留下了深刻印象。学生们说：只要你听过他的一堂课、一次讲座，甚至只是

跟他吃过一次饭，就会被他折服，喜欢并且信赖这位可亲可敬的老师。

李炜教授讲课生动活泼，把课堂变成舞台，语言极具感染力，很受大家欢迎。黄天骥先生评价他是"中山大学讲课的一张王牌"。

作为老师，李炜教授的传道授业解惑不只是在课堂上，更在课堂之外。边吃边谈的"吃谈"上课方式成为历届学生对他最深刻的回忆。

从路边的大排档到法国大餐，从学问方法、生活艺术谈到更广阔的人生，但无论在哪里，无论是美酒、美食还是音乐艺术，最后都能和语言学完美衔接，都能让学生感悟到人生哲理。

他说："文章不是在课堂上教出来的，那是在课后，吃着饭、散着步慢慢谈出来的。"因而，在课堂以外，他的绝大部分时间和精力，也都留给了自己的学生。许多学生都记得李炜教授请过自己吃饭，甚至有时他一请就是一个班、一个年级。

李炜教授喜欢"吃谈"，但从不让学生买单。这是他不容挑战的规矩。学生们在读期间不能打破规矩，就在毕业后带着礼物来看望他，这时他却不完全拒绝。

每年在南国荔熟、中秋月圆这两个时节，毕业的学生会给他送来荔枝和月饼。虽然他自己并不爱吃荔枝和月饼，但因为有好多在读的学生是从北方来，没怎么吃过荔枝，离开家在中秋时节特别期盼团圆，所以他都收下这些礼物，转分给同学们，让同学们都能感受到师姐师兄们的关爱，感受到老师们的善意。

课堂上的老师是可敬的，传授的是理性的知识；"吃谈"中老师是可亲的，传递的是生活的力量。这样带着温度的教育方法，影响了一届又一届的学生，并形成了更大的影响。

一些学生听了他课堂上讲如何利用语言学知识识破电话录音中的黑话，来辨别犯罪嫌疑人身份，于是毕业后选择了警察的职业；毕业后成为教师的学生也沿用李炜教授"吃谈"的方法，并且贯彻不许学生买单原则，有温度地用人生经历为学生答疑解惑，影响更多的学生。

李炜教授把学生当成自己的孩子，最牵挂的是学生，最大的快乐也来自学生。

他的博士生于晓雷第一次到海外参加学术会议，得到学界肯定，有位老教授鼓励他说："晓雷做学问，颇有乃师之风"。

他兴冲冲把这句话转告给李炜教授，李炜教授怕初出茅庐的博士生骄傲，赶紧当头浇冷水："那是人家客气，别太当回事。"随后又补充说："那中午吃牛肉面奖励你加份肉吧！"后来过了许久，他才告诉于晓雷，他因为这件事偷偷高兴了好几天。

李炜教授不仅关心学生的学业，更关心他们的生活。有段时间他的博士生林梦虹由于哮喘引发肺部感染，一场病下来耽误了两三个月的时间，她担心老师会批评落下学业。

当林梦虹再次见到李炜教授的时候，发现他最担心的还是自己的身体健康。尽管事务繁忙，他还是亲自给梦虹联系医生，让她调理好身体，并安慰她说先把身体养好才是最重要的。

看医生的那天，李炜教授因为前一天连夜工作很晚才休息，但还是按时赶来，把她郑重地托付给信赖的医生。

他对所有的学生视若己出，他给许多博士生的赠言是："毕业前学术第一，毕业后家庭第一。"要做一流的学术研究，也要过好幸福美满的人生。

李炜教授爱生如子，他爱每一位学生，也不放弃任何一位学生。每个学生在他心里都有一个特别的位置，他了解其中的每一个人，尽管每个人的性格各不相同。他对每一位学生的好也是不一样的，让每位学生都受到重视。

在李炜教授生病住院期间，他的学生自发轮流到医院陪护照顾。有些已经成家的博士经常带上亲自做的饭菜去看望老师。只要他身体状态好，都会把饭菜吃完，并且不吝惜他的赞美："这是我吃得最好的一顿，吃得最多的一顿，你可千万不要告诉你其他师姐师妹啊。"学生们听后都十分开心和欣慰。

在李炜教授去世后学生回忆起来，这才发现他对每个送饭的学生都说过一样的话。

他的博士生石佩璇回忆起最后一次陪护李炜教授的情况。那天李炜教授从他喜欢的饭店订来午饭，打开饭菜的一刻，老师立马跟她说："赶紧过来，有你最喜欢吃的菜——白切鸡，咱们一起吃。"

那时，李老师的身体已经很虚弱，但他的胃口和心情都特别好。吃完，他动情地说了句："以后，我只想和我的学生好好吃白切鸡。"听他这么说，学生不禁伤感。李炜教授感觉这一点，立马劝慰她："你放心，过两天转院后，我会有一个质的飞跃，我会慢慢站起来，好起来的！要有信心。"

李炜教授既是传道授业的导师，也是无微不至的家长，还是推心置腹的挚友。就这样,三十四度春秋,他对每一届学生都报以无限的热情相待,不仅仅把学生当学生,更是当孩子、当家人、当朋友。只可惜,世事无常,这样一位好老师,被无情的病魔过早地夺去了生命。

李炜教授的好友兼多年工作搭档、中山大学附属第三医院党委书记丘国新如此评价李炜:"虽然表面看起来潇洒粗犷,但骨子里很有原则、讲政治,将思想政治教育贯穿于教学和科研工作中。"

照顾好自己的每一个学生,在他看来就是他生命中最重要的事,是"比天还大的事"。

在中山大学八十周年校庆晚会上,李炜教授作为晚会的艺术总监专门策划了一个节目,叫作《学生是我生活的阳光》,这,其实也是他内心深处最真实的写照;而中山大学 2000 级本科生的那副挽联:"一生最爱,炜哥走好!"则是全体学生们对李炜教授最真挚的呼唤。

(本文原刊于《新华每日电讯》2019 年 5 月 20 日第 5 版)

中山大学中文系教授李炜因病逝世,师生深情回忆: 他是学生喜爱的老师 也是很爱学生的老师

中山大学中文系教授、博士生导师,广东省中国语言学会会长李炜,因病于 5 月 6 日在广州逝世,享年 60 岁。中大师生陪伴他走完人生的最后一刻。

李炜于 2012 年至 2017 年任中山大学中文系系主任,其为中文系和中山大学的建设和发展做出了突出贡献,深受学生爱戴,也深得同事和同行的尊重。

学者——促进中文系与其他学科融合

"李炜一方面注重传统学科建设,另一方面又非常注意拓展新的研究领域。"现任中山大学中文系系主任彭玉平说。

李炜专研现代汉语语法、汉语语法史(近现代)、汉语方言语法等领域,师从现代汉语教学的开拓者之一黄伯荣教授。2012 年,黄伯荣与李

炜历时两年多联合主编的新编《现代汉语》正式出版，2014年入选第二批"十二五"普通高等教育本科国家级规划教材。

近年来，李炜还将研究领域拓展到神经语言学，并与中山大学附属第三医院合作，建立中山大学神经语言学教学实验室。与李炜共事多年的中山大学附属第三医院党委书记丘国新说，这是李炜学术道路的一大拓展，不仅促进了文理医工各科的融合，还推进了中文系的研究广度和深度。

李炜一直心心念念促成"粤港澳语言信息平台"建设。2018年，李炜主持申报的"'一带一路'沿线国家中资企业本土化运营的汉语语言解决方案研究"获得国家语委立项，将为"一带一路"建设提供语言支撑和服务……如今斯人已去，他对中文学科的规划和发展蓝图，只能留待后人去完成。

师者——亦师亦友的"炜哥"

为了夯实学生基本功，练就准确表达的笔头功夫，中山大学中文系从1986年开始，在本科第一年推行"百篇作文"写作训练教学，获得好评。但是，社会上也存在一些评论，认为这样的教学没有创新。对此，李炜直言"守旧"就是"守真"，中文系最重要的是踏踏实实地指导好自己的学生，"百篇作文"将会成为中大中文系毕业生最为闪亮的集体记忆。

6日李炜去世的消息传开，86级中文系校友张全欣感到非常震惊和哀痛。他说，这位和他亦师亦友、无话不谈的炜哥，很多人眼中的西北汉子、性情中人、风流才子，如今却输给了天妒英才的"魔咒"。一些李炜的学生也将微信头像换成和老师的合照，默默寄托着哀思。彭玉平说，李炜愿意投入时间陪伴学生、为学生付出，所以他能与学生打成一片。

实际上，李炜已经患病4年多，病情一度得到控制，但是在今年年初突然出现反复。李炜住院期间，他的学生轮流陪护，同事也经常到医院看望。彭玉平说，李炜一直表现出与病魔抗争的坚强品格，他的乐观豁达一如既往没有改变。

"学生喜爱的老师，也是很爱学生的老师。"丘国新如此评价李炜。虽然李炜表面看起来潇洒粗犷，但骨子里很有原则、讲政治，"他将思想政治教育贯穿于教学和科研工作中"。

（本文原刊于《南方日报》2019年5月8日A10版）

中大中文系教授李炜因病逝世：尘世一甲子　桃李满芬芳

刚刚过去的这个周六，中山大学不少师生校友的心，随着中大中文系教授李炜的离去，被哀伤笼罩。

李炜一生致力于语言学研究，中山大学中文系教授、博士生导师，广东省中国语言学会会长，第十一届广东省政协委员，他为人风趣幽默、乐观积极，在与病魔抗争数年后，于 2019 年 5 月 6 日 12 时 38 分，在广州逝世，享年 60 岁。

斯人已逝，幽思长存！随着李炜的离去，师生友人对他的怀念与日俱增，言谈笔墨中的思念之情也愈发浓烈。

中山大学在他的讣告中写道：李炜教授胸怀博大，作风正派，为人坦荡，治学严谨，工作勤勉，才华横溢，师德高尚，注重立德树人，教学业绩显著，深受学生爱戴，也深得同事和同行的尊重。

友人王刚在追悼文中痛呼：你走了，把我心目中美好的榜样也带走了……你走了，我失去了这个世界上最知道我的人，我甚至失去了再回广州的理由。

正如黄天骥教授所书：中山大学从此失去一位优秀的教师，我国学坛也从此失去一位有影响、有前途的语言学家，同学们也从此失去一位难得的良师益友。

学者李炜：将语言研究延伸到神经语言学领域

李炜教授的逝世，是中山大学及中文学科的重大损失，也是我国汉语语言学界的重大损失。

李炜著作等身，曾主持国家社会科学基金重大项目"海外珍藏汉语文献与南方明清汉语研究"等多项国家级课题，著有《清代琉球官话课本语法研究》等著作，并与恩师黄伯荣合作主编《现代汉语》等教材，在《中国语文》《方言》《语言研究》《语言教学与研究》等学术期刊发表数十篇有重要影响的论文，为中文系和中山大学的建设与发展做出了突出的贡献。

在黄天骥教授的印象中，李炜的学术思路十分活跃，"他严谨治学，却又不是只躲进书斋，而是把语言学原理和社会实际结合起来"。

据李炜的好友兼多年工作"搭档"、中山大学附属第三医院党委书记丘国新介绍，李炜十分注重学术的钻研和创新。近年来，李炜开展跨学科创新项目的研究，将研究领域拓展到神经语言学，并与中山大学附属第三医院合作，建立中山大学神经语言学教学实验室，这将促进文理医工各科的融合，进一步推进语言学研究的广度和深度。

他还致力于"一带一路"汉语教育的发展，其主持申报的"'一带一路'沿线国家中资企业本土化运营的汉语语言解决方案研究"，在2018年获得国家语委立项，将为"一带一路"建设提供语言支撑和服务……

师者李炜：豪爽直率，学生亲切地叫他"炜哥"

"这几天，天天为您守护，恍恍惚惚，感觉您无处不在！就那样一直笑着看着我们！""他在人间，对世事，始终是一个活蹦乱跳的纯真孩童，怀有赤子之心。他的双眼总如弯弯明月，他的话语总能点燃后生心中的火花……""有炜哥出现的地方，总是充满了欢乐。"……

李炜逝去的日子里，不少学生将自己的头像，默默换成了和他的合影。学生们都说，李炜虽然是老师，但经常"没大没小"地和大家打成一片，多才多艺的他，将原本乏味的语言学讲得生动活泼；生性豪爽直率的他，常常还自掏腰包和师生们"煮酒言欢"。渐渐地，学生们口中的李炜老师便变成了"炜哥"。

李炜最后的100多天时光，是在中大师生校友轮流的照顾中度过的。在最后的日子里，他保持着幽默与豁达，用顽强的意志和病魔做着斗争。

其实，在他患病数年的日子里，乐观与坚强是常态。他常常忍受着疼痛，应邀出席系里学生或校友的活动，并尽自己所能为活动添彩。时常应邀上台做一些演唱或诗朗诵表演时，他其实身体都带着"状况"。有时，他会在自己的朋友圈，悄悄调侃式地透露："大家说我完全'进戏'了，痛苦感极强……其实是我是借机将当时真实的生理感受适时地宣泄了出来，不然我会撑不住的。"

酷爱美食和音乐的他，也常在朋友圈发表觅食记，配上一段段趣味横生的文字，让人读来欢喜。他还有让学生们羡慕不已的特殊才能，"无论说美食、音乐还是美酒，最终总能自然和语言学完美衔接"。喜爱兰州牛肉面的他，曾在病床上提出要偷偷溜出去吃一碗面，或让学生做一碗他喜爱的打卤面……不过，这些最终都成了无法再实现的愿望了。

学子李炜：尊重师长的典范，待老师如待父母

在黄天骥的眼中，李炜作为教育工作者，是尊师爱生的典范。黄天骥在追忆文中特别提到了李炜和恩师黄伯荣教授的故事。

几年前，李炜在兰州大学求学时的业师——兰州大学语言学家黄伯荣教授，退休后回到了家乡阳江市。李炜得知后，不顾交通不便，多次到阳江拜望，扶着黄老师散步，带着他品尝美食，帮他整理家务。《现代汉语》教材就是在那个时间段，由黄教授指导下，两人共同整理完成。这部教科书，在语言学界产生了重大的影响。

在黄老看来，李炜待老师，如待父母。在黄教授生病期间，焦急的李炜一有空余，便买食物、买药品，远赴阳江，连住数天，为老师端水煮药。过了几个月，黄伯荣教授不幸逝世，李炜带了几位研究生，到阳江黄家，跑上跑下，帮助黄家子女料理后事。让黄天骥教授难忘的是，在追悼会上，他第一次见到生性乐观的李炜，如此痛楚、哀伤。"他身披孝服，在老师灵前，泪流满面，长跪不起。这就是平素喜欢说段子、开玩笑的李炜吗？"黄天骥老师在悼文中感叹："从他对老师逝世的哀痛中，我看到他对老师真挚的感情，看到他尊师重道的高尚品德。"

中大人李炜：为中大发展不计报酬、费尽心力

2016年春节，病床上的李炜时任中大中文系系主任，他给中文系全体师生写的"家书"，让人至今读来仍十分动情。有同事告诉记者，其实李炜和信中不少老师一样，也是那个为了同事申请重大项目需求，主动放弃申请评职称等级的人之一。生活中的他，默默地不知道替多少同事和学生解决了工作和生活中的种种问题。

为了中文系的发展，他常常通宵制订周详的发展计划。为了母校和中文系的发展，他时常不计报酬地费尽心血。很多人都记得，会唱京剧、能言会道、交友甚广的李炜，在中大八十周年校庆时，因有大型文艺晚会运作经验被委以庆典艺术总监的重任。在他亲力亲为的努力下，当年的校庆活动做得十分圆满。

为了让学生学好写作，将写作锻炼和实践有机结合，李炜用制度和导向，将中大中文系从1986年开始的"百篇作文"写作训练予以继承和创新推广，将德育和智育结合起来，让学生学习和写作更有动力和收获。

李炜教授

男,汉族,山东冠县人,1960年3月15日生于兰州。

1978年9月至1982年7月,就读于西北师范学院中文系,获学士学位;

1982年9月至1985年7月,就读于兰州大学中文系,获硕士学位;

1999年9月至2002年6月,就读于中山大学中文系,获博士学位。

1985年10月起在中山大学中文系任教,先后任讲师、副教授、教授,2006年起任博士生导师,其间于2003年3月至2004年4月在日本大东文化大学讲学。2002年7月起任中山大学中文系副主任,2011年3月起任代理主任,2012年1月至2017年2月任中山大学中文系系主任。

(本文原刊于《新快报》2019年5月15日A06版)

附录一　唁电、挽联

唁　电

澳门理工学院澳门语言文化研究中心唁电

中山大学：

贵校中文系教授李炜先生病逝的噩耗传来，学界深感震撼，顿陷悲痛之中。李炜教授用他不太长的生命谱写了人生的壮丽篇章——他不仅发表有大量高质量的学术论著，培养了大批高水平的语言学人才，而且为人讲原则、重情义、一身正气、疾恶如仇，赢得了语言学界的普遍赞誉。李炜教授正值五十几岁的大好年华，适逢大湾区语言文字研究如火如荼进行之际，怅然离去，令人扼挽痛惜。李炜教授英年早逝，实是李炜教授的至亲，是贵校，也是中国语言学界的重大损失。我谨代表澳门理工学院澳门语言文化研究中心并以我个人名义，向贵校并通过贵校对李炜教授的去世表示沉痛的哀悼，向李炜教授的遗属表示诚挚的慰问，悲请遗属宽辟哀情，节哀顺变！

李炜教授千古！

肃此电唁。

澳门理工学院澳门语言文化研究中心
主任、教授：周荐
2019 年 5 月 7 日

北京大学中国语言学研究中心唁电

中山大学中国语言文学系并李炜先生家属：

惊闻李炜教授不幸因病去世，我中心同仁深感悲恸。

李炜先生学问精深广博，在汉语语法、汉语方言、北京官话和南方官话领域做出了杰出的贡献。李炜先生勇于开拓新的研究领域，近年来在语言障碍和矫治、海外汉语文献领域又取得长足进展，是语言学工作者的榜样。

李炜先生长期担任中山大学中国语言文学系领导工作，还长期承担广东省中国语言学会、中国语言学学会的负责工作，为中国语言文学学科，尤其是语言学学科无私奉献，贡献巨大。

李炜先生光明磊落，一身正气，慷慨仗义，勇于担当，充满人格魅力。

李炜先生虽然离去，但他的精神之光仍照亮大地，他的灵魂仍陪伴生者，为中国语言文学学科的健康发展继续努力。

北京大学中国语言学研究中心全体同仁对李炜教授的去世表示沉痛的哀悼，并向李炜先生的家属表示最诚挚的问候。

北京大学中国语言学研究中心
2019 年 5 月 8 日

北京大学中国语言文学系唁电

中山大学中国语言文学系李炜先生治丧办公室：

惊悉贵系李炜先生不幸因病仙逝，我们深感悲痛！李炜先生在现代汉语语法、汉语语法史、汉语方言语法、汉语社会语言学等方面成就卓著，《清代琉球官话课本语法研究》等学术著作在语言学界具有广泛影响。李炜先生为人坦荡，师德高尚，治学严谨，立德树人，学术声望，享誉学界。李炜先生的去世既是中山大学中文学科的重大损失，也是我国汉语语言学界的重大损失。在此我们谨致沉痛的哀悼，并请向李炜先生的家属转达我们诚挚的慰问。

李炜先生千古！

北京大学中国语言文学系
2019 年 5 月 9 日

大东文化大学唁函

　　貴学、教授李炜先生のご訃報に接し、謹んでお悔やみ申し上げます。貴国における中国言語学研究のパイオニアとしての数々のご苦労に敬意を表しますとともに、本学外国語学部中国語学科にて教鞭をとられ、学生の指導に力を注がれた在りし日のお姿を偲び、心よりご冥福をお祈りいたします。

　　听闻贵校李炜老师的讣告，我们深感遗憾。他是贵国的中国语言研究先驱，我们为他所做的众多贡献致以崇高的敬意，同时，本校的外国语学部也深受其教诲，追忆过去他尽心尽力指导学生的身影，我们从心底为他祈祷冥福。

大东文化大学校长　门协广文
2019 年 5 月 10 日

福建师范大学文学院唁电

中山大学中国语言文学系：

　　惊悉贵系李炜教授因病不幸过世，哲人其萎，深感悲痛！

　　李炜教授是著名的语言学研究专家，才华横溢，著述丰硕；他教学业绩显著，深受学生爱戴；他工作勤勉，在担任中山大学中文系系主任期间，带领全系教师开拓进取，取得了很大成绩，对中文学科的发展做出了重要贡献。

　　李炜教授英年早逝，是贵校贵系中文学科的重大损失也是我国教育界和学术界的重大损失，对于李炜教授的逝世，我们痛感惋惜，不胜哀悼！

　　李炜先生千古！

肃此，电达。

福建师范大学文学院
2019 年 5 月 7 日

复旦大学中国汉语文学系主任陈引驰教授唁电

彭玉平主任及中山大学中国语言文学系：

  惊悉贵系前主任李炜教授因病英年而逝，非常悲痛！李教授既为语言学研究名家，著述丰富，又领导中大中文系多年，于中文学科卓有贡献。本人与李教授多有公私交往，留有美好印象，也因而哀情尤深。谨以我个人的名义并代表复旦大学中文系，向中山大学中文系致以深切的哀悼，并请代向李炜教授的家属转达慰问之意。

复旦大学中国语言文学系系主任陈引驰
2019 年 5 月 6 日

广东省中国语言学会常务理事会唁电

广东省中国语言学会沉痛哀告：

  我会新任会长、全国高校现代汉语研究会副会长、中山大学中文系原系主任、博士生导师李炜教授因病不幸于 2019 年 5 月 6 日 12 点 38 分英年早逝，享年 59 岁。这不仅是中山大学的重大损失，也是我们语言学会无可挽回的灾难。

  李炜教授一身正气，对党的教育事业忠心耿耿，一辈子献身语言学的研究与教学，并做出可喜的成绩。他主持国家社会科学基金重大科研项目，发表多篇有真知灼见的优秀论文，开拓神经语言、汉语语言障碍的新研究方向，致力于"一带一路"的汉语教育，出版广受欢迎的国家级规划教材，培养了多名杰出的博士和硕士。他为人正直仗义，乐于助人，富有侠气，是我们的好兄弟、好战友。在中国语言学界拥有良好的口碑。

  李炜教授长期担任广东省中国语言学会副会长兼秘书长，为学会工作出谋划策，任劳任怨，无私奉献，得到了学会全体会员的高度赞扬和拥戴。当选新一届广东省中国语言学会会长后，他对学会工作更是关心，宏图在胸，充满激情。

李炜教授因病治疗期间，跟病魔进行了顽强的斗争，克服了常人难以承受的痛苦，显示了他的顽强奋斗的意志。

对李炜教授的去世，我们无限悲痛。我们一定继承李炜教授的遗志，发扬广东省中国语言学会的优秀传统，把学会建设得更兴旺更有朝气和活力。

李炜同志，安息吧！你永远活在我们的心头！你永远伴随我们奋勇向前！

广东省中国语言学会常务理事会
2019 年 5 月 6 日

广州大学人文学院唁电

中山大学中国语言文学系：

惊悉李炜教授不幸病逝，无限震惊！李炜教授教书育人，桃李芬芳；治学严谨，成果卓著；热情待人，广结同道；人品风范，足堪缅怀。李炜教授生前曾多次受邀到我院讲学交流，对我院语言学科发展建议良多。李炜教授的英年早逝，是中国语言学界的一大损失，广州大学人文学院谨向贵系及李教授家属深表哀悼之忱！

广州大学人文学院
2019 年 5 月 8 日

贵州师范学院文学与传媒学院唁电

中山大学中国语言文学系李炜教授治丧委员会：

李炜教授于 2019 年 5 月 6 日中午离世的消息传至我院，全院教师颇为震惊，深感悲痛。

李炜先生在现代汉语语法研究、近代汉语语法史、汉语方言语法研究等方面颇有建树，是我国著名的语言学家之一。他主持的国家社会科学基金重大项目成果斐然，主编的国家级规划教材备受好评，主持的神经语言学和语言治疗项目研究也成绩可喜。他对语言学和现代汉语教学的贡献，学界有目共睹。

  而在自身研究繁忙之际，李炜先生依然爽快答应我校邀请，担任我校华文教育基地客座教授，并于2018年下半年两次莅临我校开展大型讲座活动，多次与文学与传媒学院教师交流座谈，为我院及华文教育基地以及相关学科的建设和发展出谋划策，对我校贡献颇多，受到了我院师生的广泛好评。李炜先生平易近人的态度、爽朗亲切的笑容，令全体师生印象深刻。

  李炜先生的英年早逝，是中国语言学界的损失，是全国高校现代汉语学界的损失，是中山大学的损失，也是我校的损失。人之离世，不可复来，带着深深的遗憾，唯愿李先生英灵千古！

  怀着悲痛之情，特向贵系、李炜先生家属及其众弟子表达诚挚的问候，望节哀顺变！

  愿李炜先生安息！

贵州师范学院文学与传媒学院
2019年5月7日

华东师范大学中国语言文学系唁电

中山大学李炜教授治丧小组：

  惊闻李炜教授不幸辞世，我系同仁表示深切悲悼，并向李炜教授家属表示诚挚的慰问。先生乃我国著名的语言学家，治学严谨、著述颇丰，在国内外学术界享有极高的声誉。先生致力于语言学学科发展，勤恳工作、立德树人，为推动学科的良性发展不懈努力，深得同行的尊重和敬仰。先生之逝世，乃学界之巨大损失，令我们悲痛不已。

  李炜教授千古！

华东师范大学中国语言文学系敬挽
2019年5月7日

华南农业大学中文系唁电

中山大学李炜先生治丧委员会：

　　惊闻李炜先生不幸病逝，十分悲痛！李炜先生才华横溢，治学严谨，学问人品深为学界敬重。李炜先生不仅是现代汉语研究的中坚，还开拓了神经语言、汉语语言障碍的新研究方向，致力于"一带一路"的汉语教育。李炜先生的去世，是中国语言学研究事业与教育事业的重大损失。在此谨向你们及李炜先生的家属表示最沉痛的哀悼！

　　李炜先生千古！

华南农业大学人文与法学学院中文系
2019 年 5 月 7 日

吉林大学文学院唁电

中山大学李炜教授治丧办并请转其家属：

　　惊悉李炜教授不幸逝世，学人同悲！吉林大学文学院全体成员，谨此表示沉痛哀悼，向李炜教授的家属表示诚挚的慰问！

　　李炜教授乃学术名家，他笔耕不辍，发表多篇影响深远的论文；他开拓进取，引领汉语语言障碍研究的新方向；他诲人不倦，培养出了众多学界英才；他孜孜以求，致力于建设高质量的汉语教育事业。李炜教授为人豪迈，侠肝义胆，天南海北，学缘广结。他的离去，是中国语言学界的重大损失！

　　斯人已逝，精神永存！李炜先生千古！

吉林大学文学院
2019 年 5 月 6 日

吉林省语言学会唁电

广东省中国语言学会：

　　惊闻贵会会长、中山大学李炜教授不幸辞世，我学会深表哀悼。

李先生精勤不倦，奋斗不息，堪为语言学界楷模。他的英年早逝不仅是广东省语言学界，也是我国语言学界的一大损失，给我们带来无限的伤痛。在此，我们向贵学会，并通过你们，向李炜先生的家属转达最诚挚的问候，望李炜先生家属节哀顺变。

　　李炜先生千古！

吉林省语言学会
2019 年 5 月 6 日

暨南大学文学院、暨南大学中文系唁电

中山大学中国语言文学系李炜教授治丧委员会：

　　惊闻李炜教授于 2019 年 5 月 6 日不幸逝世，深为震惊，不胜悲痛！

　　李炜教授是著名语言学家，在汉语研究，尤其是在现代汉语语法研究、近代汉语语法史、汉语方言语法研究诸多方面卓有建树。他主持国家社会科学基金重大项目，主编国家级规划教材，主持语言神经和语言治疗的最新研究，在教学科研方面取得突出的成就。

　　李炜教授在担任贵系系主任期间，为加强我们两校院系的学术和教学的合作，做了大量建设性的工作。双方的研究生、博士生更是亲如一家，进行有效的学术交流和合作，至今仍被传作学界佳话。

　　李炜教授长期担任广东省中国语言学会秘书长兼副会长，在学会建设以及开展学术活动方面做了大量艰巨而有效的工作。他担任新会长后，更是雷厉风行，大胆创新，提出许多很有远见的构想。

　　李炜教授英年早逝，令人悲痛！这是中山大学中文系的巨大损失，也给我们带来无限的伤痛。在此，我们向贵系，并通过你们，向李炜先生的家属转达最诚挚的问候，望李炜先生家属节哀顺变。

　　李炜先生千古！

　　李炜先生一路走好！

暨南大学文学院
暨南大学中文系
2019 年 5 月 6 日

暨南大学华文学院唁电

中山大学中国语言文学系李炜教授治丧委员会：

惊悉李炜教授于 2019 年 5 月 6 日因病不幸逝世，噩耗传来，不胜伤悼。我院全体师生为学界失去一位博学多才、师德高尚的知名学者而同声哀悼。

李炜教授是一位风采卓然、治学严谨，具有远见卓识的语言学家。他为人正直，作风正派，在现代汉语语法研究、近代汉语语法史、汉语方言语法研究诸多领域的贡献巨大，深受广大同行和师生的敬重与爱戴。十几年来，李炜教授及其团队以中国学者义不容辞的担当，发掘、整理海外珍藏汉语文献并进行深入研究，取得了一系列极具影响力的研究成果，对深化汉语史尤其是南方汉语发展史研究具有重大意义。学术研究之余，李炜教授还倾注了大量精力，与其导师黄伯荣教授合编了《现代汉语》教材，为多所院校所采用。近年来，他所领导的团队把注意力投向了语言康复治疗、职业汉语教学等语言学应用领域，取得了令人欣喜的研究成果。

李炜教授的突然离世，是中国语言学界的重大损失！他的治学精神和学术成就将永久嘉惠学林，激励后学。

兹专电致唁，并慰哀衷，亦望家属节哀释念。

李炜先生千古！

暨南大学华文学院
2019 年 5 月 7 日

暨南大学汉语方言研究中心唁电

中山大学中国语言文学系并李炜先生家属：

惊悉广东省中国语言学会会长、中山大学中文系教授李炜先生不幸因病去世，我们暨南大学汉语方言研究中心的各位同仁深感震惊和悲恸。

李炜先生在汉语语法、汉语方言等领域做出了令人瞩目的成绩。他主持了国家社会科学基金重大项目"海外珍藏汉语文献与南方明清汉语研究"等多项国家级课题，他的《清代琉球官话课本语法研究》等著作、合作编写的《现代汉语》等教材在业界有较高的评价。

李炜先生的研究在坚持中国语言学优良传统的基础上，勇于开拓新的研究领域，近年来在神经语言学、海外汉语文献领域也取得不菲的成绩，是我们广东语言学界的翘楚。

李炜先生长期担任中山大学中文系、广东省中国语言学会、中国语言学学会等多个单位的领导工作，为中国语言文学学科，尤其是语言学学科做出了很大的贡献。

李炜教授的逝世，是广东省语言学界也是中国语言学界的重大损失，暨南大学汉语方言研究中心全体同仁对李炜教授的去世表示深切的哀悼，向中山大学中文系并向李炜先生的家属表示真挚的问候。

暨南大学汉语方言研究中心
2019 年 5 月 8 日

江苏师范大学语言科学与艺术学院唁电

广东省中国语言学会、中山大学中国语言文学系：

惊悉中山大学中文系教授、广东省中国语言学会李炜会长英年辞世，我院全体同仁深感悲恸，专函致唁，并慰哀衷！

李炜教授毕生致力于我国语言科学研究、人才培养和语言学学科建设，在现代汉语语法和方言研究方面成绩卓著，为中国语言学的发展做出了重要贡献。李炜教授的骤然离世既是学会的重大损失，也是我国语言学界的一大损失。

愿李炜教授安息！

江苏师范大学语言科学与艺术学院
2019 年 5 月 7 日

兰州大学文学院唁电

中山大学中国语言文学系：

惊悉贵系李炜教授因病辞世，我们感到万分震惊。我院师生对李炜教授的逝世感到万分痛惜！

李炜教授是著名语言学专家，他具有深厚的学术造诣、宽广的学术视野和广泛的学术兴趣。李炜教授长期从事语言学教学与研究工作，主持多项国家级课题，在方言语法、汉语语法史（近代汉语）、语言接触、神经语言学等学科领域均有所建树，其研究成果多发表在《中国语文》《方言》等专业顶级刊物。

　　李炜教授既结合自身兰州方言背景，着力探究北方汉语与阿尔泰语接触问题，将西北方言的风貌展现给学界；又致力于海外汉语文献的搜集，关注南北汉语类型问题，为"南方官话"正名；李炜教授沟通认知科学与语言学桥梁，开拓汉语特色的神经语音学研究，勇攀学术高峰。

　　李炜教授恺悌君子，为人师表，为学界培养了诸多新生力量，桃李遍天下。李炜教授是兰州大学文学院的杰出校友，他对兰州大学一直都有很深厚的感情，一直与西北的语言学同仁们保持着密切联系！

　　李炜教授的英年早逝是中山大学中文系的重大损失，是兰州大学文学院的重大损失，更是中国语言学界的重大损失！

　　谨此对李炜教授的逝世表示沉痛哀悼，并向李炜教授的亲属表示诚挚的慰问。

兰州大学文学院
2019 年 5 月 6 日

兰州大学校友总会办公室唁电

中山大学中国语言文学系：

　　惊悉李炜校友仙逝，万分悲痛。

　　李炜校友 1985 年毕业于兰州大学中文系，是著名语言学专家，毕生致力于中国汉语语言学科研究和教学工作，在方言语法、汉语语法史（近代汉语）、语言接触、神经语言学等领域著述弘富、成果斐然。李炜校友一生潜心治学，静心育人，为人为学皆称楷模。李炜的父亲李东文系兰州大学新闻系教授，为兰州大学新闻学科发展做出杰出贡献。同为兰大人，李炜校友生前关心母校发展，为母校学子讲学，兰州大学 110 周年校庆、文学院 90 周年院庆之际，先生专程返校祝福。我们深表感念。

李炜校友的逝世是中山大学中文系的重大损失，是兰州大学的重大损失，更是我国汉语语言学界和中文学科的重大损失。哲人其往，精神永存！我们谨此致以深切哀悼，并祈先生家属节哀珍摄。

兰州大学校友总会办公室
2019 年 5 月 7 日

南京大学文学院唁电

中山大学中国语言文学系：

惊闻李炜教授不幸病逝，谨向贵系并请代向他的家人表达我们的悼念之情。李炜教授是我国著名的语言学家，在汉语史、方言、域外汉语文献、语言应用等领域多有建树与开拓。他在担任贵系主任和教育部中文教指委委员期间，曾对我院的学科建设、本科教学等工作予以指导与支持。并与我院同仁结下了深厚的学术情谊。倘天年得久，他将会有更多的学术贡献，培养更多的优秀人才，他的逝世是中文学界的重大损失。他的师德风范和学术成就永远值得我们学习缅怀。

南京大学文学院
2019 年 5 月 6 日

南开大学文学院唁函

中山大学中国语言文学系同仁：

惊悉李炜教授不幸因病溘然辞世，南开大学文学院同仁无不深感悲痛！我们为中山大学中文系失去了一位优秀的教师，中国语言文学学科失去了一位才华卓越的学者，南开大学文学院失去了一位倾心相交的挚友而垂泪痛惜！

李炜教授心胸豁达，襟怀坦荡，古道热肠，才华横溢；他热爱自己的专业，自己的学生，自己的同事，也热爱自己的每一位朋友；他工作任劳任怨，勇于担当，公而忘私，积极进取。在并不漫长的人生道路上，他已经留下了足以自豪的成就，无论在教书育人还是在学术研究方面。他所到之处，总是给大家带来欢声笑语，他的音容笑貌，将永远留在我们的心中！正如一位诗人所说："有的人死了，却依然活着。"任凭死亡和时间，都无法带走我们对他无尽的怀念！他的精神将永远砥砺我们前进！李炜教授永垂不朽！

在此，南开大学文学院同仁对李炜教授的逝世表示最深切的哀悼！也请中大中文系同仁代我们向李炜教授的亲属表达最深切的慰问！

南开大学文学院

2019 年 5 月 6 日

全国高等院校现代汉语教学研究会会长张先亮唁电

中山大学李炜教授治丧委员会礼鉴：

惊悉著名语言学家、本研究会副会长李炜教授因病逝世，噩耗传来，不胜痛悼！

李炜教授潜心语言研究与现代汉语教学，在琉球官话研究、近代汉语语法研究、方言语法研究等领域孜孜以求、成绩突出，在现代汉语教材编写和课程建设上贡献卓著。他为中国语言学研究与教学事业所做出的重要贡献，将永为世人缅怀和铭记。

我谨代表全国高等院校现代汉语教学研究会全体会员并以我个人的名义，向你们并通过你们向李炜教授的家属表示诚挚的慰问。

李炜教授永垂不朽！

全国高等院校现代汉语教学研究会会长张先亮

2019 年 5 月 6 日

陕西师范大学文学院院长张新科教授唁电

中山大学中国语言文学系：

惊闻李炜先生不幸去世，我们非常悲痛。他的逝世，是学界的一大损失。我谨代表陕西师范大学文学院并以我个人名义，向李炜先生的逝世表示沉痛哀悼，并向其亲属表示深切的慰问！

李炜先生千古!

陕西师范大学文学院院长张新科敬挽
2019 年 5 月 6 日

陕西师范大学语言资源开发研究中心唁函

中山大学中国语言文学系:

  惊悉著名语言学家、贵系教授李炜先生不幸逝世,我中心全体人员深感悲痛!

  李炜先生一生致力于人才培养和学术研究,在学科发展、语言研究、教材建设等方面做出了杰出的贡献。李先生襟怀坦白,刚直不阿,视野开阔,守正创新,为学界所称道和敬重。他师德高尚,才华横溢,重情尚义,尊师爱生,深受学生爱戴。近年来,李先生带领研究团队,努力挖掘海外珍藏汉语文献,推进明清南方汉语研究,开辟神经语言学和失语症康复等应用语言学新领域,并已取得突破性进展。李先生正值壮年,遽然辞世,使语言学界失去了一位好学者,学生失去了一位好老师,同道们失去了一位好朋友!真是令人无限痛惜!

  在 2018 年举行的第七届西北方言与民俗国际学术研讨会上,李炜教授曾与我中心主任邢向东教授畅谈如何在西北地区语言与文化研究领域开展合作,约定"西北方言与民俗国际学术研讨会"他每届必到。音容笑貌,犹在眼前;而斯人已逝,岂不痛哉!

  当此万分悲痛之时,陕西师范大学语言资源开发研究中心主任邢向东暨中心全体人员,对李炜教授的逝世表示沉痛的哀悼!对贵系和李炜先生的亲属、学生表示诚挚的慰问!万望节哀顺变!

  李炜教授千古!

陕西师范大学语言资源开发研究中心
2019 年 5 月 8 日

首都师范大学文学院唁函

中山大学中国语言文学系并李炜教授家属：

惊悉李炜教授英年早逝，不胜震惊，万分悲痛。李炜教授长期从事汉语语法和海外汉语文献研究，发表了大量有重要影响的学术论著；近年来更开拓神经语言、汉语语言障碍的新研究方向，致力于"一带一路"的汉语教育，出版广受欢迎的国家级规划教材，成就斐然，得到学界广泛赞誉。李炜教授还长期担任中山大学中文系负责人，为我国中文学科发展做出了突出贡献。李炜教授的逝世，不仅是中山大学的巨大损失，也是我国语言学界的重大损失。对于李炜教授的逝世，我们表示深切的哀悼，并祈李炜教授家属节哀！

李炜教授千古！

首都师范大学文学院
2019年5月7日

天津市语言学会唁电

中山大学中国语言文学系：

惊悉李炜教授不幸逝世，不胜震惊和悲痛。李炜教授尚处英年，不料竟溘然长逝，令人深感哀恸惋惜。

李炜教授治学严谨，诲人不倦。在汉语语法史（近现代）、现代汉语语法、汉语方言语法、汉语社会语言学等领域做出了杰出成绩。李炜教授的逝世是中国语言学界的重大损失。

天津市语言学会谨表深切哀悼，并向李炜教授家属致以诚挚慰问！望李炜教授家属节哀顺变。

李炜教授千古！

天津市语言学会
2019年5月7日

武汉大学文学院唁电

中山大学中国语言文学系：

惊闻李炜教授不幸逝世，倍感痛惜。李炜教授治学严谨，成果丰硕，成就卓著，道德、文章皆为学界楷模。在他担任系主任期间，中山大学中文系学科建设长足发展，业绩斐然。先生毕生致力于汉语语法史、现代汉语语法、汉语社会语言学等领域的研究与教学，孜孜矻矻，兢兢业业，形成了自己的学术思想体系，产生了重要的学术影响。先生的去世是中国语言学界和教育界的重大损失！

武汉大学文学院全体同仁特此深致哀悼，并向李炜教授亲属及贵系师生表示诚挚慰问。

李炜教授千古！

武汉大学文学院
2019年5月7日

西北师范大学唁电

李炜先生治丧办公室：

惊闻李炜先生不幸逝世，西北师范大学全体师生深感悲痛。我们对李先生的逝世表示沉痛的哀悼！并请向李先生家属转致诚挚的慰问！

李炜先生是我校杰出校友，长期以来关心关注母校改革发展。先生一生淡泊名利，师德高尚，献身学术，治学严谨，工作勤勉，笔耕不辍，先后主持国家社会科学基金重大项目"海外珍藏汉语文献与南方明清汉语研究"等多项国家级课题，为中国语言文字学研究做出了巨大贡献。斯人已逝，风范长存！

李先生千古！

西北师范大学
2019年5月10日

西北师范大学文学院唁电

中山大学中国语言文学系李炜教授治丧办并请转其家属：

惊悉李炜教授不幸辞世，深感悲痛！西北师范大学文学院全体教师，谨此表示沉痛哀悼，向李炜教授的家属表示诚挚的慰问。

李炜教授 1978 年 9 月至 1982 年 7 月，就读于我校中文系，是著名校友。李炜教授是我国著名的汉语语法学专家，长期从事汉语语法史、现代汉语语法、汉语方言语法等方面的研究，毕生诲人不倦、笔耕不辍，为我国语言学事业鞠躬尽瘁，做出了卓越贡献，受到了国内外同行的广泛尊敬和爱戴。他的逝世是我国语言学界的重大损失。

李炜先生千古！

肃此电达。

西北师范大学文学院
2019 年 5 月 10 日

西北师范大学中文系 82 届丁班全体同学唁电

中山大学中国语言文学系暨广东省中国语言学会：

惊悉贵系博导、学会会长李炜教授不幸因病与世长辞，我们感到十分震惊和万分悲痛！在此，我们表示深切的哀悼，并向逝者的亲人表示诚挚的问候！

李炜教授是我们就读西北师范大学中文系时的同窗好友。他天资聪颖，活泼热情，勤奋笃学，多才多艺，是班里少有的人才。走上工作岗位之后，他以身作则，工作有方，团结同仁，求真务实，从严执教，育德树人，深得同仁及学子的赞誉。

李炜教授的辞世，让我们失去了一位热情直爽才华横溢的好学友，也使中大的同仁及学子失去了一位厚德博学的良师益友。这无疑是中大及学会的一个重大损失，也是现代汉语研究领域的一个重大损失！在此，我们再度表示哀痛和惋惜！

愿李炜学友魂归乐土，风范长存！

西北师范大学中文系 82 届丁班全体同学
2019 年 5 月 8 日

西南大学文学院唁电

中山大学中国语言文学系李炜先生治丧小组：

惊闻李炜先生病逝，西南大学文学院全体师生深感悲痛，深表哀悼。

李炜先生治学严谨，成果丰硕，道德文章皆为学界楷模。先生毕生致力于汉语语法史（近现代）、现代汉语语法、汉语方言语法、汉语社会语言学的研究与教学，孜孜矻矻，形成了自己的学术思想体系。先生的去世是中国语言文学界的重大损失，殊足可惜！国内学人将同声致哀！

李炜先生为教育献身、为学术立传，素为学界所景仰，亦将沾溉学林、泽被后世。愿先生安息，请家属节哀。我们永远怀念他！

西南大学文学院
2019 年 5 月 7 日

香港中文大学中文系唁函

中山大学中国语言文学系李炜教授治丧委员会：

惊闻李炜教授逝世，本人谨此代表本系和本中心表示沉痛的哀悼，并请向李教授家属转达我们深切的慰问。

李炜教授是中山大学中国语言文学系教授、广东省中国语言学会会长、著名语言学家，曾任中山大学中国语言文学系主任。李教授致力汉语方言语法、近代和现代汉语语法、社会语言学等领域的研究，并积极开拓神经语言学、语言障碍等新领域，丰富汉语研究，对中国语言学的发展，建树甚丰。近年来，他大力支持我们两校粤港澳大湾区建设的合作计划，推动方言比较、大湾区中文教研等方面的工作，贡献良多。李教授的逝世，实在是汉语语言学界重大的损失，我们对此深表哀痛！

李炜教授千古！

香港中文大学中国语言及文学系系主任
兼中国文化研究所吴多泰中国语文研究中心主任
邓思颖
2019 年 5 月 9 日

香港中文大学—北京语言大学汉语语言学与应用语言学联合研究中心唁电

中山大学中国语言文学系并转李炜教授家人：

惊悉李炜教授辞世，不胜哀戚。专函致唁，沉痛悼念，并向李炜教授家属致以最诚挚的慰问，望节哀顺变。

李炜教授是当代杰出的现代汉语、近代官话研究专家。他为人正派，治学严谨，才华横溢，工作勤勉，深受学生的爱戴与同行的敬重。由他主持的"海外珍藏汉语文献与南方明清汉语研究"项目卓有建树，沾溉学林。

李炜教授的逝世，不仅是中山大学的损失、也是我国汉语学界的重大损失。由于工作的原因，我们不能参与李炜教授的遗体告别仪式，劳请林华勇教授代我们敬献一个花圈，以表我们对李炜教授的悼念之情。李炜教授奉献学术的崇高精神永垂不朽，我们永远缅怀他！

香港中文大学—北京语言大学汉语语言学与
应用语言学联合研究中心主任
冯胜利　泣奉
2019 年 5 月 7 日

浙江大学中国语言文学系唁电

中山大学中国语言文学系并李炜先生家属：

惊闻李炜先生英年早逝，我系同仁不胜悲恸！

李炜先生是我国杰出的语言学家，为我国的语言学和教育事业做出了重大贡献。先生多年来在汉语方言语法、琉球官话研究等领域取得了非凡的成绩，近年来致力于交叉学科研究和"一带一路"汉语教育政策研究，成绩不俗。

先生还是一位优秀的教育家，几十年来潜心教育，培养了一大批优秀人才。2011年在浙江大学主办的"中文学科建设：历史经验与全球视野"国际学术研讨会上，先生以中山大学中文本科生教学为例，针对大学生母语教学提出了深刻的见解。

先生在担任中山大学中文系系主任期间，鞠躬尽瘁、一片冰心，中大中文学科因此取得了骄人的成绩和长足的发展。

先生的不幸逝世实是我国语言学和教育事业的一大损失！桃李不言，下自成蹊。先生严谨而追求卓越的治学精神、豪爽而乐于助人的人格魅力，在学界同仁心中永存！

兹特致唁电，表示沉痛的哀悼，并向李炜先生家属表示诚挚的慰问！

浙江大学中国语言文学系
2019年5月6日

浙江大学汉语史研究中心、浙江大学汉语言研究所唁电

中山大学中国语言文学系和李先生家属：

惊悉李炜先生不幸逝世，本中心和本所同仁不胜悲恸。

李炜先生是我国杰出的语言学家，为我国的语言学事业做出了重要贡献。先生论著宏富，在汉语语法史、现代汉语语法、汉语方言语法、汉语社会语言学等领域均成绩卓异，尤其对于琉球官话的研究独具特色，影响深广。

先生主持国家社会科学基金重大项目"海外珍藏汉语文献与南方明清汉语研究"，发表了一批高质量的论著，择撰材料，研寻问题，俱臻美备。

先生性情豪爽，敢于担当，担任广东省中国语言学会副会长兼秘书长及会长期间，任劳任怨，为广东省语言学事业的建设与发展做出了突出贡献。

先生英年逝世，实为我国语言学事业的一大损失！

兹特致唁电，表示沉痛的哀悼，并向李先生家属表示诚挚的慰问！

浙江大学汉语史研究中心
浙江大学汉语言研究所
2019 年 5 月 6 日

中国人民大学文学院唁电

中山大学中国语言文学系：

  惊悉李炜教授仙逝，沉痛万分，中国人民大学文学院全体师生谨致以深切哀悼。

  李炜教授是我国著名的语言学家，生前担任广东省中国语言学会现任会长，并曾长期担任广东省中国语言学会副会长兼秘书长，全国高校现代汉语研究会副会长，中山大学中文系系主任等多种行政职务和学术兼职，在现代汉语语法研究、近代汉语语法史、汉语方言语法研究、语言神经与语言治疗等多个领域卓有建树，著有《清代琉球官话课本语法研究》等著作，合作主编《现代汉语》等教材，在《中国语文》等学术期刊发表数十篇极具影响的学术论文，并主持或参与国家社会科学基金重大项目等多项国家级研究课题，对中国语言学学科建设具有重要的贡献。李炜教授的逝世，是中国语言学界的重大损失。

  李炜教授千古！

中国人民大学文学院
2019 年 5 月 7 日

中国语言学会唁电

中山大学中国语言文学系：

  惊悉中国语言学会常务理事、广东省中国语言学会会长李炜先生于 2019 年 5 月 6 日病逝，我们深感悲痛。

  李炜先生长期致力于语言学的研究与教学，发表多篇优秀论文，在语言学诸多领域卓有建树；他积极提携后学，培养了大批青年学者，在语言学学科建设、人才培养等方面成绩斐然。

李炜先生长期担任广东省中国语言学会副会长兼秘书长，中国语言学会第九届理事会常务理事，为中国语言学事业的健康发展做出了重要贡献。

李炜先生的逝世，是中山大学的重大损失，也是我国语言学界的重大损失。谨向贵系并通过贵系向李炜先生的家属致以沉痛哀悼和诚挚慰问！

李炜先生安息！

中国语言学会

2019 年 5 月 7 日

挽　　联

主挽联：
　　爱母校，爱师友，遍尝苦辣甜酸，能受天磨，引吭长歌舒浩气；
　　精语言，精学术，兼擅唱吟念打，忽惊柱折，奠君清泪到黄泉！
　　　　　　　　　　　　　——中山大学中国语言文学系黄天骥

　　半载同窗，燕园永结兄弟义
　　卅年相知，南国长留故人思
　　　　　　　　　　——北京大学中国语言文学系汉语专业1981级

　　文修天上，桃李春风今去矣
　　星陨人间，名师音容渺云山
　　　　　　　　　　——中山大学中国语言文学系1998级中文系敬挽

　　山东广东，一身儒骨侠风杳无迹
　　兰大中大，卅载人伦师表犹有躅
　　　　　　　　　　——中山大学中国语言文学系1999级学生

　　桃李天下，著作等身谈何憾
　　豪情万丈，快意江湖笑苍生
　　　　　　　　　　——中山大学中国语言文学系1999级学生

雅望传千古,珠水同悲思懿范
师恩记心田,云山仰止继遗风
      ——中山大学中国语言文学系1999级学生

一生最爱 炜哥走好
      ——中山大学中国语言文学系2000级泣挽恩师

"一带一路"汉语培训课题初开长卷失擘画;
中大中文全程导师制度受教学生痛伤神。
李炜老师安息!
      ——中山大学中国语言文学系2001级本科生拜挽

弗丧斯文,子云学问鸿飞远;
不遗一老,康乐宗风水泽长。
      ——中山大学中国语言文学系2005级全体同学

桃李难言痛失恩师空余憾
炜管含悲再听教诲已无期
      ——中山大学中国语言文学系2013级硕士非遗MCA班全体

李炜先生千古

东南地陷,西北天倾,语界忽惊凋巨擘
桃李泣零,輶轩迹在,春风长使忆先生
      ——中山大学中国语言文学系2015级本科生敬挽

缅怀李炜

(一)

敢哭敢笑敢作敢当敢温柔,是为真汉子
能宽能厉能恭能义能敦厚,无乃大丈夫

（二）

从兰州到广州，千山万水终归海
冶艺术并学术，九仞一篑勉成峰

——北京大学出版社 杜若明

郁乎其文，仁乎其怀，刚乎其德；
哀哉吾师，伤哉吾友，痛哉吾兄。

——学生高伯齐痛挽

如此韶华青犹未老，何来噩耗人竟云亡

——纪宗安　泣挽

学问可丰桃李身后
才情更领风骚事先

——李华、李平叔侄敬挽

樱花时节初逢君，感君国学造诣深。
重情率性真男子，艰勤精业报国心。

——北京外国语大学 卢燕丽

炜哉雄哉千言万语缕析条分两代匠心孜孜传久永，
兄兮友兮百年半世星耀日暖一脉桃李灼灼待后生。

——三十三载江湖小弟铭建痛挽

通绝域方言，成传世宏作，继往遗泽留遐世；
善四方德友，品世间美酒，从兹名士少斯人。

——北京大学漆永祥挽

站三尺讲台能说能唱，
育八方学子亦师亦友。

——钱小菊悼念

精学术，踏踏实实，著书强系，名山藏也，名校辉也；
大胸怀，坦坦荡荡，立德树人，学林重之，学生爱之。

——挚友王见痛挽

鸿论高深，卓育菁莪，无奈驾鹤同绯使
青州从事，义气慷慨，留我抛咽仰玉楼

——台湾中山大学中文文学系系主任杨济襄 率师生泣挽

痛失知音肝肠断，大哭号啕泪涟涟。
依稀昨日说样板，谁信今朝灯一盏。
南粤灵前声声唤，魂兮魂兮回五泉。
彤管有炜音容在，从此不敢忆少年。

——深切悼念我亲爱的小兄弟李炜教授英年早逝，扼腕叹息！

——岳逢春敬挽

语言探秘南融北合
教育无疆海阔天高

——周小兵敬挽

哭李炜兄

当年把盏醉方休，故纸红颜作尔述。
噩耗传来成一恸，康园细雨浥红楼。

——朱其智

悼李炜兄

康园好男儿，才高八斗，为人为师德泽无垠，虽然文章未竟，可谓三生有幸；
北国真汉子，魂归九天，是神是仙死生有命，毕竟苦厄不再，有道五蕴皆空。

——庄初升

附录二　李炜教授年表

1960 年

3 月 15 日，生于甘肃兰州。

1973 年　13 岁

进入兰州市青年京剧团工作。

1978 年　18 岁

考入西北师范学院（现西北师范大学）中文系。

1982 年　22 岁

从西北师范学院中文系毕业，获学士学位；
考入兰州大学中文系现代汉语专业，攻读硕士研究生，师从黄伯荣教授。

1985 年　25 岁

从兰州大学中文系毕业，获文学硕士学位；
任教于中山大学中文系。

1987 年　27 岁

获聘中山大学中文系讲师；
论文《兰州方言给予句中的"给"——兼谈句子给予义的表达》发表于《兰州大学学报（社会科学版）》1987 年第 3 期；
论文《北京方言中的"丫"》发表于《中国语文天地》1987 年第 6 期。

1988 年　28 岁

论文《兰州方言的两种"一个"句》发表于《宁夏大学学报（社会科学版）》1988 年第 2 期。

1989 年　29 岁

论文《兰州话、河州话两种混合语及其关系——兼谈西北话的阿尔泰化》收录于《双语双方言》（中山大学出版社）。

1990 年　30 岁

论文《口语中的"N 给 V 了"》收录于《语言文字论集》（广东人民出版社）。

1992 年　32 岁

论文《"V 个 N"结构》收录于《语法研究和探索（六）》（语文出版社）。

1993 年　33 岁

论文《"将"字句和"把"字句》收录于《广州话教学与研究》（中山大学出版社）；

论文《口语中对称的使用》发表于《语文建设》1993 年第 5 期；

论文《甘肃临夏一带方言的后置词"哈""啦"》发表于《中国语文》1993 年第 6 期；

参与策划广东省纪念毛泽东诞辰一百周年大型歌舞晚会《巍巍昆仑中国魂》。

1994 年　34 岁

参与策划广东省纪念改革开放十五周年大型歌舞晚会《新世纪的太阳》。

1995 年　35 岁

论文《句子给予义的表达》发表于《中山大学学报（社会科学版）》

1995 年第 2 期；

参与策划学习邓小平理论大型文艺晚会暨七一晚会《中国之路》。

1997 年　37 岁

获聘中山大学中文系副教授。

1999 年　39 岁

获批国家社会科学基金青年项目"现代汉语'给'字及其相关句式的研究"（项目号：99CYY002）；

于中山大学中文系攻读汉语史方向博士学位，师从唐钰明教授；

论文《京×话——一级京兰话、京广话语法问题例析》收录于《双语双方言（二）》（香港彩虹出版社）；

论文《香港公文中出现的语法、修辞、词汇、欧化等问题及其解决方法》收录于《双语双方言（六）》（香港汉学出版社）；

论文《兰州话、河州话两种混合语及其关系——兼谈西北话的阿尔泰化》转载于《双语双方言与现代中国》（北京语言文化大学出版社）；

与广东电视台节目主持人、国家一级播音员侯玉婷合作主持广东电视台大型访谈节目《女性时空》。

2000 年　40 岁

论文《香港公文中的语言问题》发表于《中山大学学报（社会科学版）》2000 年第 5 期。

2002 年　42 岁

从中山大学中文系毕业，获文学博士学位；

任中山大学中文系副主任；

论文《清中叶以来使役"给"的历时考察与分析》发表于《中山大学学报（社会科学版）》2002 年第 3 期；

论文《从〈红楼梦〉〈儿女英雄传〉看"给"对"与"的取代》发表于《兰州大学学报（社会科学版）》2002 年第 4 期。

2003 年　43 岁

在日本大东文化大学（东京）讲学，次年回国，带回清代琉球官话系列课本数册。

2004 年　44 岁

获聘中山大学中文系教授；

论文《琉球官话课本编写年代考证》（濑户口律子、李炜）发表于《中国语文》2004 年第 1 期；

论文《加强处置/被动语势的助词"给"》发表于《语言教学与研究》2004 年第 1 期；

论文《清中叶以来北京话的被动"给"及其相关问题——兼及"南方官话"的被动"给"》发表于《中山大学学报（社会科学版）》2004 年第 3 期；

论文《对"知识分子"一词的反思》发表于《社会科学战线》2004 年第 3 期；

论文《〈语言自迩集〉中含"给"字的给予句及其给予义的表达》发表于《文与哲》2004 年第 4 期；

论文《北京话"给"字表达使役、被动义的历史与现状》发表于《外国语学研究》2004 年第 5 号；

策划庆祝孙中山创办中山大学八十周年大型文艺晚会《文化广东山高水长》。

2005 年　45 岁

获批广东省哲学社会科学"十五"规划项目"现代汉语与事介词的演变研究"（项目号：05J-01）；

论文《〈语法研究入门〉读后——向青年语法研究爱好者推介一本好书》发表于《南开语言学刊》2005 年第 1 期；

论文《北京话、兰州话、西安话中第三人称代词的尊称形式》发表于《外国语学研究》2005 年第 6 号。

2006 年　46 岁

获聘中山大学中文系博士生导师；

论文《琉球官话课本中的与事介词"替"》发表于《中山人文学术论丛（七）》（澳门出版社）；

获聘第八届全国少数民族传统体育运动会民族大联欢大型活动执行策划。

2007 年　47 岁

获批国家社会科学基金一般项目"清代琉球官话系列课本语法研究"（项目号：07BYY046）；

论文《琉球官话课本中表达使役、被动义的"给"》（李炜、濑户口律子）发表于《中国语文》2007 年第 2 期；

论文《清代"小琉球""大琉球"考》收录于《中山人文学术论丛（八）》（台湾文津出版社）；

论文《从版本、语言特点考察〈人中画〉琉球写本的来源和改写年代》（李炜、李丹丹）发表于《中山大学学报（社会科学版）》2007 年第 6 期。

2008 年　48 岁

论文《琉球官话课本的"官话"性质》（李丹丹、李炜）发表于《吉林大学社会科学学报》2008 年第 1 期；

论文《清中后期两种北京话口语材料中含"给"字的给予句及其给予义的表达》（李炜、李丹丹）发表于《兰州大学学报（社会科学版）》2008 年第 2 期；

论文《两种"给"字系统与清代南北官话——兼谈鲁迅与赵树理作品中的"给"字使用差异》（李炜、李丹丹）收录于《第三届汉语方言语法国际研讨会论文集》（暨南大学出版社）；

完成第二届广东省宣传思想战线优秀人才"十百千工程"社会科学类第三层次培养，成绩合格。

2009 年　49 岁

论文《兰州方言名词、量词的重叠》收录于"华中语学论库"(第二辑)《汉语重叠问题》(华中师范大学出版社);

代表中山大学中文系邀请黄伯荣先生编写中大本《现代汉语》,并担任第二主编;

获聘广东省第十一届人民代表大会立法顾问;

获 2008—2009 年"广东省志愿服务银奖"(个人奖);

策划第 16 届亚洲残疾人运动会倒计时一周年大型文艺晚会《阳光生命》;

策划广东省文艺界庆祝中华人民共和国成立 60 周年大型文艺晚会《祖国步步高》。

2010 年　50 岁

论文《清中叶以来北京话的"跟"及相关问题》(李炜、和丹丹)发表于《安徽大学学报(哲学社会科学版)》2010 年第 6 期。

2011 年　51 岁

任中山大学中文系代理主任;

获批中山大学重大项目培育项目"海外珍藏汉语文献的发掘与明清时期南方汉语的研究"(项目号:11100 – 1137109);

论文《北京话"您"的历时考察及相关问题》(李炜、和丹丹)发表于《方言》2011 年第 2 期;

论文《琉球写本〈人中画〉的与事介词及其相关问题——兼论南北与事介词的类型差异》(李炜、王琳)发表于《中国语文》2011 年第 5 期。

2012 年　52 岁

任中山大学中文系系主任;

获批国家社会科学基金重大项目"海外珍藏汉语文献与南方明清汉语研究"(项目号:12&ZD178);

主持的国家社会科学基金一般项目"清代琉球官话系列课本语法研

究"结项，等级优秀；

与黄伯荣先生联合主编的《现代汉语（上）》和《现代汉语（下）》在北京大学出版社出版（该教材于 2014 年 10 月入选第二批"十二五"普通高等教育本科国家级规划教材）；

获聘苏州大学汉语及汉语应用研究中心兼职研究员。

2013 年　53 岁

《"百篇作文"实践教学，能力和品行同步提升——26 年的坚持与收获》获中山大学第七届教育教学成果奖一等奖；

获批广东省哲学社会科学"十二五"规划 2013 年度项目"海外珍藏汉语文献与清代官话语法研究"（项目号：GD13CZW15）；

论文《琉球官话课本的使役标记"叫""给"及其相关问题》（王琳、李炜）发表于《中国语文》2013 年第 2 期；

与黄伯荣先生联合主编的《现代汉语学习参考（模拟题与练习答案）》在北京大学出版社出版；

当选中国人民政治协商会议第十一届广东省委员会委员。

2014 年　54 岁

《"百篇作文"实践教学，能力和品行同步提升——26 年的坚持与收获》获第七届广东教育教学成果奖一等奖；

论文《早期客话文献〈客话读本〉中的双标式差比句及其相关问题》（石佩璇、李炜）发表于《方言》2014 年第 3 期；

获聘 2013—2017 年教育部高等学校中国语言文学类专业教学指导委员会委员；

当选中国语言学会第九届常务理事。

2015 年　55 岁

获中山大学"卓越服务奖"；

著作《清代琉球官话课本语法研究》（李炜、石佩璇、刘亚男、黄燕旋）在北京大学出版社出版；

论文《北京话与事介词"给""跟"的语法化及汉语与事系统》（李炜、石佩璇）发表于《语言研究》2015 年第 1 期；

论文《西南官话的"跟"——从〈华西官话汉法词典〉说起》（李炜、刘亚男）发表于《中国语文》2015 年第 4 期；

获聘 2015—2019 年广东省本科高校中国语言文学类专业教学指导委员会主任委员；

获聘广东省党外知识分子联谊会理事；

任中山大学无党派知识分子联谊会第一届会长。

2016 年　56 岁

获"中山大学人才工作优秀院长"称号；

提案《加快"一带一路"沿线国家商务汉语人才培养》被《人民日报内参》第 1639 期采用；

与黄伯荣先生联合主编的《现代汉语（上）》（第二版）和《现代汉语（下）》（第二版）在北京大学出版社出版；

当选第八届广东省电影家协会副主席。

2017 年　57 岁

主持的广东省哲学社会科学"十二五"规划项目"海外珍藏汉语文献与清代官话语法研究"结项，等级合格；

作为第一完成人研发的"国际职业汉语培训及评估标准体系"获教育部科技成果评审通过；

著作《清代琉球官话课本语法研究》获广东省哲学社会科学优秀成果二等奖；

《三十年的"百炼成篇"与社会服务——中大中文系本科实践教学模式》获中山大学第八届教育教学成果奖一等奖；

论文《粤方言词"焗"来源考辨》（张荣荣、李炜）发表于《语文研究》2017 年第 3 期；

论文《从给予句 S_2、S_3 的选择看汉语语法地域类型差异》（李炜、石佩璇）发表于《中国语文》2017 年第 6 期；

策划、组织制作《〈现代汉语〉微课》视频课程；

当选广东省流行音乐协会副主席。

2018 年　58 岁

《〈现代汉语〉微课》获"2017 年广东省优秀科普视频作品征集大赛"一等奖；

《三十年的"百炼成篇"与社会服务——中大中文系本科实践教学模式》获广东省第八届教育教学成果奖一等奖；

获批中山大学重点发展工作——教学实验室建设项目"神经语言学教学实验室"；

获批国家语言文字工作委员会"十三五"科研规划 2018 年重点项目"'一带一路'沿线国家中资企业本土化运营的汉语语言解决方案研究"（项目号：ZDI135 - 77）；

论文《从多功能词"给"的不同表现看汉语官话语法类型》（李炜、刘亚男）发表于《语言研究》2018 年第 1 期；

策划、组织制作《现代汉语学习参考》视频课程；

《关于大力推动我省文化创意产业发展的提案》获评广东省政协十一届五次会议优秀提案；

当选广东省中国语言学会第九届会长；

获聘贵州师范学院华文教育基地客座教授；

获聘《华文教学与研究》（季刊）编委。

2019 年　59 岁

论文《从给予句 S_2、S_3 的选择看汉语语法地域类型差异》获广东省哲学社会科学优秀成果二等奖；

论文《重论"我唱给你听"》（李炜、黄燕旋、王琳）发表于《华文教学与研究》2019 年第 2 期；

2019 年 5 月 6 日卒于广州；

获批实用新型专利"一种失语症测试系统"（专利号 ZL201721097351.4），发明人：李炜、陆烁、杨靖雯；

获批实用新型专利"一种失语症脑电系统"（专利号 ZL201721097352.9），发明人：陆烁、李炜、杨靖雯；

论文《陈小奇歌词作品中的规范与创新》（李炜、石佩璇）发表于《中国文艺评论》2019 年第 8 期；

论文集《基于域外文献的南方汉语研究论集》（李炜、庄初升主编）在商务印书馆出版；

著作《清代琉球官话课本语法研究》获第八届高等学校科学研究优秀成果二等奖。

附录三　立项项目表

（一）学术类项目

项目名称	立项年份	项目号	完成情况	项目类别
现代汉语"给"字及其相关句式的研究	1999年	99CYY002	已结项	国家社会科学基金青年项目
现代汉语与事介词的演变研究	2005年	05J–01	已结项	广东省哲学社会科学"十五"规划项目
清代琉球官话系列课本语法研究	2007年	07BYY046	已结项并获评"优秀"	国家社会科学基金一般项目
海外珍藏汉语文献的发掘与明清时期南方汉语的研究	2011年	11100–1137109	已结项	中山大学重大项目培育项目
海外珍藏汉语文献与南方明清汉语研究	2012年（2014年获滚动资助）	12&ZD178	在研	国家社会科学基金重大项目
海外珍藏汉语文献与清代官话语法研究	2013年	GD13CZW15	已结项	广东省哲学社会科学"十二五"规划2013年度项目

续上表

项目名称	立项年份	项目号	完成情况	项目类别
神经语言学教学实验室	2018年	—	在研	中山大学重点发展工作——教学实验室建设项目
"一带一路"沿线国家中资企业本土化运营的汉语语言解决方案研究	2018年	ZDI135-77	在研	国家语言文字工作委员会"十三五"科研规划2018年重点项目

（二）非学术类项目

项目（活动）名称	项目年份	承担内容	主办单位
纪念毛泽东诞辰一百周年大型歌舞晚会《巍巍昆仑中国魂》	1993年	创意策划 总撰稿	中共广东省委宣传部 广州军区政治部 广州军区文化部 广东省文化厅
纪念改革开放十五周年大型歌舞晚会《新世纪的太阳》	1994年	创意策划 总撰稿	中共广东省委宣传部
学习邓小平理论大型文艺晚会暨七一晚会《中国之路》	1995年	创意策划 总撰稿	中共广东省委组织部 中共广东省委宣传部
民族舞剧《荼薇花》	1996年	编剧	广东省文化厅 广东歌舞剧院
庆祝孙中山创办中山大学八十周年大型文艺晚会《文化广东 山高水长》	2004年	艺术总监 电视后期制作指导	中共广东省委宣传部 中山大学

续上表

项目（活动）名称	项目年份	承担内容	主办单位
第八届全国少数民族传统体育运动会民族大联欢（长隆）	2007 年	创意策划 艺术总监 总指挥	国家民族事务委员会 国家体育运动委员会
第16届亚洲残疾人运动会倒计时一周年大型文艺晚会《阳光生命》	2009 年	创意策划	亚运会组委会 广州市人民政府
广东省文艺界庆祝中华人民共和国成立60周年大型文艺晚会《祖国步步高》	2009 年	创意策划 总撰稿	中共广东省委宣传部 广东省文化厅

附录四 荣誉、奖项

获奖情况

1. 2001 年 12 月，获"2001 年度优秀工会积极分子"称号；
2. 2002 年 1 月，获 2001 年度蔡冠深奖教金；
3. 2005 年 5 月，论文《对"知识分子"一词的反思》获《社会科学战线》2004 年度优秀论文特等奖；
4. 2009 年 12 月，获"2007—2008 年度中山大学优秀工会工作者"称号；
5. 2010 年 5 月，获"2008—2009 年度中山大学校友工作先进个人"称号；
6. 2012 年 8 月，国家社会科学基金一般项目"清代琉球官话系列课本语法研究"结项，等级优秀；
7. 2013 年 4 月，获中山大学第七届教育教学成果奖一等奖："百篇作文"实践教学，能力和品行同步提升——26 年的坚持与收获；
8. 2014 年 6 月，获第七届广东教育教学成果奖一等奖："百篇作文"实践教学，能力和品行同步提升——26 年的坚持与收获；
9. 2015 年 11 月，获中山大学"卓越服务奖"；
10. 2016 年 12 月，获"中山大学人才工作优秀院长"称号；
11. 2016 年 12 月，提案《加快"一带一路"沿线国家商务汉语人才培养》被《人民日报内参》第 1639 期采用，获得中央常委领导批示；
12. 2017 年 6 月，获中山大学第八届教育教学成果奖一等奖：三十年的"百炼成篇"与社会服务——中大中文系本科实践教学模式；
13. 2017 年 8 月，广东省哲学社会科学"十二五"规划项目"海外珍藏汉语文献与清代官话语法研究"结项，等级合格；
14. 2017 年 8 月，作为第一完成人研发的"国际职业汉语培训及评估标准体系"获教育部科技成果评审通过：教技发（评价）字〔2017〕

第 001 号；

15. 2017 年 10 月，著作《清代琉球官话课本语法研究》获广东省哲学社会科学优秀成果二等奖；

16. 2018 年 1 月，获"2017 年广东省优秀科普视频作品征集大赛"一等奖：《〈现代汉语〉微课》；

17. 2018 年 1 月，在广东省政协十一届五次会议期间提出的《关于大力推动我省文化创意产业发展的提案》获评优秀提案；

18. 2018 年 4 月，获广东省电影家协会"先进电影工作者"称号；

19. 2018 年 5 月，获广东省第八届教育教学成果奖一等奖：三十年的"百炼成篇"与社会服务——中大中文系本科实践教学模式；

20. 2019 年 6 月，论文《从给予句 S_2、S_3 的选择看汉语语法地域类型差异》获广东省哲学社会科学优秀成果二等奖；

21. 2019 年 12 月，著作《清代琉球官话课本语法研究》获第八届高等学校科学研究优秀成果二等奖。

聘　　书

1. 2006 年 2 月，获聘第八届全国少数民族传统体育运动会民族大联欢大型活动执行策划；

2. 2009 年 5 月，获聘广东省第十一届人民代表大会立法顾问；

3. 2012 年 9 月，获聘苏州大学汉语及汉语应用研究中心兼职研究员；

4. 2013 年 4 月，获聘 2013—2017 年教育部高等学校中国语言文学类专业教学指导委员会委员；

5. 2015 年 3 月，获聘 2015—2019 年广东省本科高校中国语言文学类专业教学指导委员会主任委员；

6. 2015 年 11 月，获聘广东省党外知识分子联谊会理事；

7. 2018 年 10 月，获聘贵州师范学院华文教育基地客座教授；

8. 2018 年 10 月，获聘《华文教学与研究》（季刊）编委。

结业证书

1. 2006 年 6 月，参加第三期高校哲学社会科学教学科研骨干研修班，期满结业；

2. 2008年11月，完成第二届广东省宣传思想战线优秀人才"十百千工程"社会科学类第三层次培养，成绩合格；

3. 2016年8月，参加"中山大学2016年院长（系主任）延安研修班"，学习期满，准予结业。

后　　记

2019年5月6日，李炜教授不幸在广州与世长辞。

李炜教授逝世后，他的师长亲友、同事学生深感哀恸，纷纷发来悼文、唁电和挽联表达追思之情。哲人其往，风范长存。为缅怀李炜教授，中山大学中国语言文学系现代汉语及语言学教研室决定编辑出版《李炜汉语语言学论集》与《李炜教授追思集》。2019年11月6日，经中山大学中国语言文学系学术委员会审议与系党政联席会议审批，《李炜汉语语言学论集》纳入"中国语言文学文库"之"学人文库"出版计划。同时，《李炜教授追思集》也在同事、师友等各界人士的积极推动之下，进入编辑出版的议程。现在，《李炜教授追思集》一书的编辑工作即将完成，我们由衷地感谢中山大学中国语言文学系领导的指导，感谢现代汉语及语言学教研室庄初升、陆烁两位老师的经费支持。

本书由唐钰明先生担任顾问，总体编辑原则由同事们商定，具体编辑工作则由李炜教授生前的多位学生执行：李丹丹负责统筹，和丹丹、石佩璇、刘亚男负责收稿和编辑，于晓雷负责外联。具体章节的组稿人员如下："生平简介""照片选编""附录二：李炜教授年表"（洪妍、王旭），"同事追思""学界追思""亲友追思""学生追思"（石佩璇、刘亚男、徐凤翎），"各界寄语""附录三：立项项目表""附录四：荣誉、奖项"（于晓雷、魏兴舟），"媒体报道"（和丹丹），"附录一：唁电、挽联"（王琳、张超）。各编校对的负责人员如下："同事追思""学界追思"（刘亚男、洪妍），"亲友追思""学生追思""各界寄语""媒体报道"（石佩璇、魏兴舟、徐凤翎），附录一至四（和丹丹、王旭）。衷心感谢各位学生所做出的努力。衷心感谢李炜教授学术界、文艺界的多位师友、中山大学的多位同事和学生发来追思文章。李炜教授的音容笑貌、品格风范将永远保存在这些文章之中。尤其要感谢唐钰明先生、黄天骥先生、江蓝生先生、陆俭明先生、邵敬敏先生等诸多学界前辈赐稿。特别感谢陈平原教授在百忙之中撰写长文为本书作序。

感谢中山大学出版社对编辑出版本书的大力支持，感谢编辑王旭红老师为本书的出版付出了大量精力。

愿李炜教授安息！

中山大学中国语言文学系
现代汉语及语言学教研室
2020 年 3 月 14 日